InDesign CS3

DISEÑO Y CREATIVIDAD

Título de la obra original:
Adobe InDesign CS3 Classroom in a book

Responsable Editorial:
Eugenio Tuya Feijoó

Traductor:
Sergio Tarancón Faus

Ilustración de cubierta:
Sandra Cordova Yusta

InDesign CS3

Adobe Press

ANAYA MULTIMEDIA

Todos los nombres propios de programas, sistemas operativos, equipos hardware, etc. que aparecen en este libro son marcas registradas de sus respectivas compañías u organizaciones.

Edición española:

© EDICIONES ANAYA MULTIMEDIA (Grupo Anaya, S.A.), 2008
Juan Ignacio Luca de Tena, 15. 28027 Madrid
Depósito legal: M. 50.150-2007
ISBN: 978-84-415-2336-4
Printed in Spain
Imprime: Lavel, S. A.

Índice de contenidos

Prólogo

Kathryn Chinn
Jefe de producto de Adobe InDesign CS3 y Adobe InCopy
Adobe Systems, Inc.

Gracias por comprar este libro, una de las guías oficiales de Adobe Systems. Esperamos que lo encuentre tan fascinante como nosotros al descubrir sus nuevas características y mejoras incorporadas en esta versión CS3 de InDesign, las cuales garantizan un salto notable en cuanto al aumento de la creatividad y la productividad.

Cada versión de Adobe InDesign CS3 está cincelada a base de las peticiones que nuestros clientes de producción demandan día tras día mientras realizan su trabajo. Con InDesing CS3, los diseñadores pueden dedicarse más fácilmente a la parte creativa, la plantilla de producción puede cumplir los plazos (todo ello con menos esfuerzo) y el personal de TI puede mantener la eficiencia elevada a la par que los costes bajos. Con cada nueva versión, un número mayor de revistas, periódicos y empresas de creación gráfica en todo el mundo se pasan a trabajar con InDesign, consiguiendo aumentar su productividad, logrando unos resultados mucho más fiables a la hora de la impresión y creando un contenido infinitamente más creativo.

InDesign CS3 reúne un nuevo conjunto de características que responden a los flujos de trabajo que el mercado demanda hoy en día.

Buena suerte con la lectura y gracias.

Kathryn Chinn
Jefe de producto de Adobe InDesign CS3 y Adobe InCopy
Adobe Systems, Inc.

Introducción

Antes de comenzar

Bienvenido a Adobe InDesign CS3. InDesign es una potente herramienta de diseño y producción que le ofrece precisión, control e integración coherente con otras aplicaciones gráficas profesionales de Adobe. Con InDesign puede producir resultados a todo color, de calidad profesional destinados a imprentas de alto volumen o a una amplia gama de periféricos y formatos de salida como impresoras de sobremesa o dispositivos de alta resolución. También puede crear archivos PDF y convertir sus documentos para utilizarlos en Internet mediante la exportación de diseños a XHTML o XML.

Hoy más que nunca y por medio de una variedad de medios sin precedentes, escritores, artistas, diseñadores y editores pueden comunicarse con un público extenso. InDesign es compatible con esta visión gracias a su integración coherente con el resto de las aplicaciones Creative Suite 3.

Acerca de este libro

Adobe InDesign CS3 forma parte de la colección oficial de aprendizaje de software de edición y gráficos Adobe de Adobe Systems, Inc.

Los capítulos están diseñados para que pueda aprender a su ritmo. Si es novato en Adobe InDesign CS3, aprenderá los fundamentos que necesitará para dominar y hacer funcionar el programa. Si ya ha utilizado Adobe InDesign CS3, encontrará que este libro le enseña muchas características avanzadas, incluyendo trucos y técnicas para usar esta excitante herramienta de diseño.

Cada capítulo ofrece instrucciones paso a paso para crear un proyecto concreto. Puede seguir el libro de principio a fin, o seguir sólo aquellos capítulos que encuentre interesantes y útiles. Cada capítulo finaliza con una sección de repaso que resume lo que ha estudiado.

Recursos adicionales

Este libro no pretende sustituir la documentación que incorpora el programa. Únicamente los comandos y las opciones utilizados en los capítulos se explican en el libro. Si necesita más información sobre las funciones del programa, tenga en cuenta las siguientes sugerencias:

- La Ayuda de InDesign, a la que puede acceder si selecciona Ayuda>Ayuda de InDesign, como se describe en un capítulo posterior.
- Recursos de formación y aprendizaje del sitio Web de Adobe (`www.adobe.com`), a los que puede acceder por medio de los comandos Ayuda>Asistencia en línea si dispone de una conexión a Internet.

Enlaces útiles

- Página de inicio de InDesign `www.adobe.com/products/indesign`.
- Foros de usuario de InDesign `www.adobe.com/support/forums/`.
- InDesign Exchange `www.adobe.com/cfusion/exchange`.

- Complementos de InDesign www.adobe.com/products/plugins/indesign.
- Recursos de formación de InDesign www.adobe.com/products/indesign/training.html.

Certificación de Adobe

Los programas de formación y certificación de Adobe se han diseñado para que los clientes de Adobe mejoren y amplíen sus conocimientos sobre los productos.

El programa ACE de Adobe intenta reconocer los conocimientos de los usuarios expertos. Los proveedores de formación certificada de Adobe sólo recurren a expertos reconocidos de Adobe para impartir clases sobre programas de Adobe. El programa ACE es la mejor forma de dominar los productos de Adobe. Si necesita más información al respecto, no dude en visitar la dirección http://partners.adobe.com.

Novedades

Novedades de Adobe InDesign CS3

Bienvenido a Adobe InDesign CS3. Se encuentra ante una importante actualización de una aplicación de composición de páginas realmente completa. Este libro le proporcionarás los detalles necesarios para crear eficaces diseños con Adobe InDesign CS3. El libro que tiene entre manos se ha revisado y actualizado para incorporar las nuevas funciones y características añadidas al programa. Si ya está familiarizado con versiones anteriores de Adobe InDesign, encontrará gran cantidad de novedades que le permitirán ampliar su productividad. En esta sección realizamos un repaso de las principales novedades de InDesign CS3. La lista completa es mucho más extensa y la puede encontrar en `Adobe.com`.

Espacio de trabajo mejorado

InDesign CS3 tiene ahora un nuevo aspecto (véase la figura 1), así como un nuevo comportamiento en lo que respecta a los paneles de los lados del espacio de trabajo. Los paneles pueden colocarse ambos lados de la pantalla y la zona de dibujo puede permanecer abierta o cerrada. Esta zona también puede ser minimizada a un icono y los paneles pueden mostrarse u ocultarse de forma individual haciendo clic en el icono del panel.

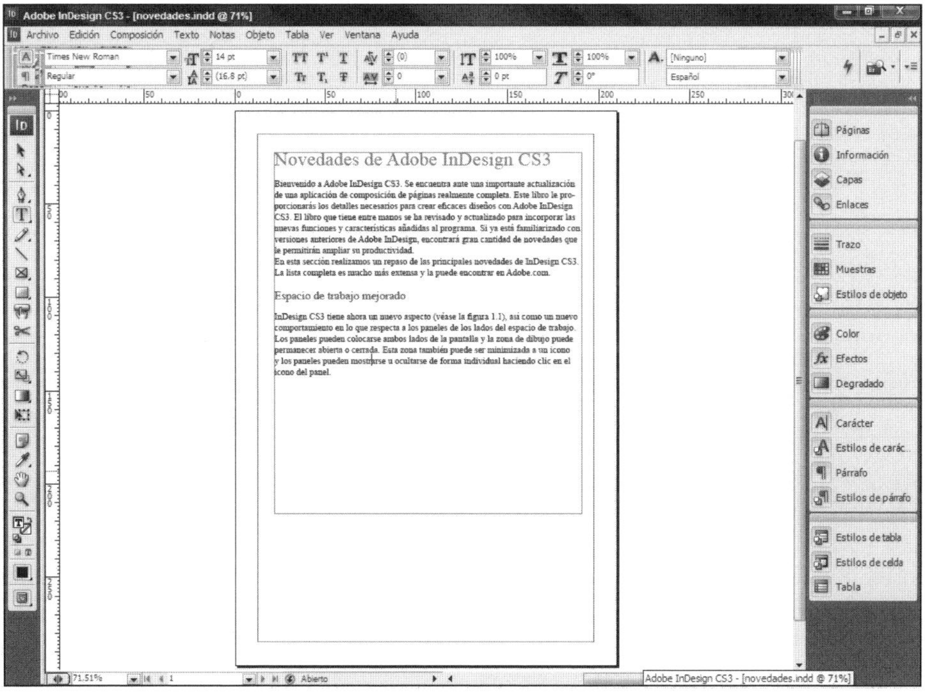

Figura 1.

El nuevo aspecto de InDesign CS3.

Interfaz de usuario personalizable

Una de las novedades de InDesign CS3 es que podemos activar o desactivar los menús así como cambiar el color de los elementos mediante una interfaz de usuario parecida a la de Photoshop desde Edición>Menús (véase la figura 2). También podemos crear una GUI (*Graphic User Interface*, Interfaz Gráfica de Usuario) desde dentro de InDesign donde definir cómo los *script* interactúan con la GUI.

Mejora en la productividad

InDesign CS3 ofrece varias formas de trabajar mucho más rápido. Por ejemplo, cuando arrastre y suelte páginas a un documento diferente, el cuadro de diálogo Mover páginas aparecerá preguntándonos dónde queremos mover las páginas.

Este cuadro de diálogo tiene ahora un campo que nos permite mover páginas a cualquier documento abierto. Además, el panel Páginas (véase la figura 3), muestra las imágenes en miniatura de las páginas principales. Cuando seleccionemos objetos, hacer doble clic sobre el marco gráfico, provocará que se intercambien las herramientas Selección y Selección directa. Si hace doble clic en el objeto que es miembro de un grupo, seleccionará el elemento individual.

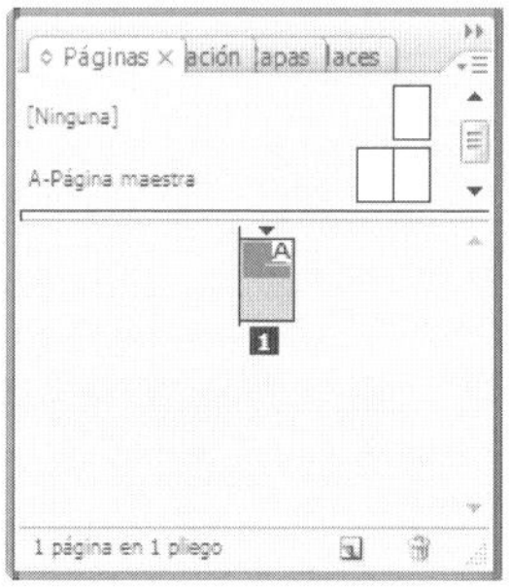

Figura 3.
El panel Páginas.

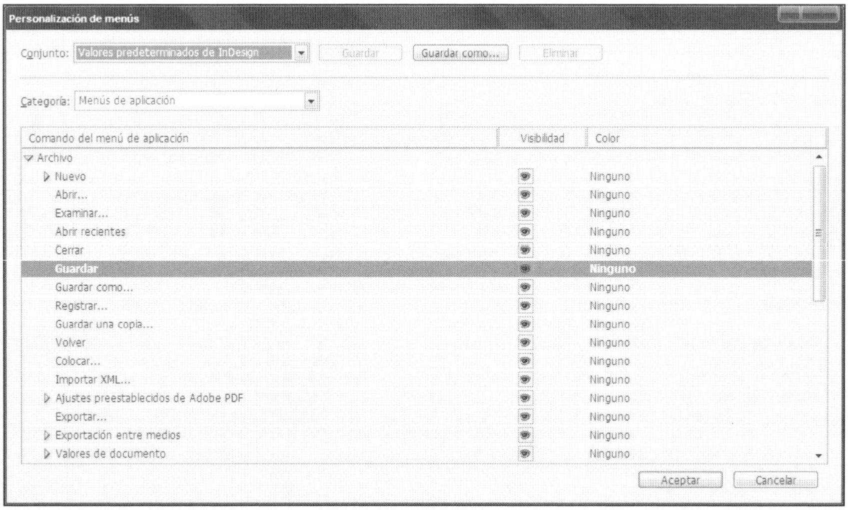

Figura 2.
El menú de personalización de InDesign.

Características de disposición de elementos aumentadas

InDesign CS3 nos da mayor flexibilidad y control sobre las páginas principales, lo que es de utilidad a la hora de crear varios documentos que comparten algún otro, o todos los elementos principales de una página. El uso del menú del panel Páginas permite utilizar páginas principales de distintos documentos InDesign. Si se utiliza una página principal que ya está abierta, InDesign actualizará la disposición de la página principal con la última versión. Podemos asignar un atributo en función de los objetos para evitar la sobrecarga de la página principal. Esto hace más sencillo la sobrecarga de varios elementos de una página sin tener que seleccionarlos todos de forma individual, y también sin tener que sobrecargar todos los elementos de la página principal. A parte, el panel Alinear (véase la figura 4), tiene ahora un menú contextual que permite elegir si la alineación será relativa a la selección, a los márgenes, a la página o al pliego.

Figura 4.
El panel Alinear.

Funciones de texto mejoradas

InDesign siempre se ha caracterizado por sus funciones de texto y el caso de InDesign CS3 no iba a ser una excepción. Existen opciones mejoradas para las viñetas y la numeración, incluida la numeración jerárquica por secciones y la opción de insertar párrafos en las listas. Cuando se utilicen estilos de texto, se podrán utilizar las carpetas personalizables por el usuario de los paneles Estilos de párrafo (véase la figura 5) y Estilo de carácter para la organización de estilos. Se han realizado ciertos cambios para mejorar las funciones de búsqueda y de reemplazamiento, por ejemplo, poder utilizar expresiones regulares y el permitir utilizar ambas funciones en atributos de objetos, peticiones para guardar y personalizar el alcance de la búsqueda. Ahora Aplicación rápida nos permite encontrar un menú, un menú contextual o un comando del menú de los paneles y *script* desde dentro de la ventana Aplicación rápida.

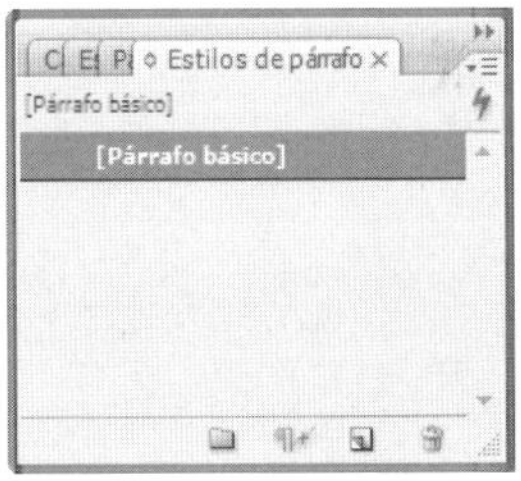

Figura 5.
El panel Estilos de párrafo.

Funciones mejoradas de procesamiento de gráficos

Quienes suelan trabajar con gráficos a menudo estarán encantados con las mejoras en el procesamiento de gráficos de InDesign

CS3. Para los principiantes, cuando inserten imágenes, una imagen en miniatura de la imagen seleccionada o un archivo de texto aparecerá en el cursor, permitiéndoles asegurarse de que se está insertando el gráfico adecuado. En el cuadro de diálogo Colocar (véase la figura 6), podemos también seleccionar varios archivos y dejarlos abiertos en el cursor al mismo tiempo. Además, el nuevo panel Control (véase la figura 7), tiene botones para realizar una imagen tanto horizontal como vertical de la imagen, así como para rotarla 90 grados tanto en sentido de las agujas del reloj como en sentido contrario.

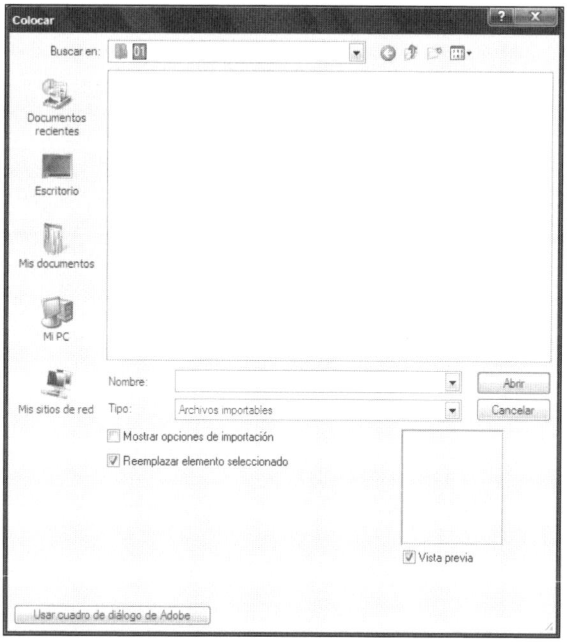

Figura 6.
El cuadro de diálogo Colocar.

Otras mejoras son los efectos de transparencia adicional como resplandor interno, resplandor externo, biselar y grabar o satinar todos ellos aplicables a objetos. Estos efectos pueden utilizarse desde Objeto>Efectos (véase la figura 8) y pueden visualizarse en el panel Transparencia.

Mejoras en documentos largos

Trabajar con libros y documentos largos es ahora más eficiente, gracias a las numerosas mejoras entre las que se encuentran la creación y trabajo con libros que contienen más de 100 documentos. En el panel Libro, dentro del cuadro de diálogo Opciones de sincronización (véase la figura 9) existen también nuevas opciones que sincronizan las páginas principales entre los distintos documentos del libro. Para aquellos que trabajen con documentos grandes y que utilizan varios idiomas, ahora existe el cuadro de diálogo Opciones del panel Índice que les permitirá especificar el lenguaje de los textos (Románico, Cirílico, Griego...) y en qué orden.

Exportar a XHTML

El usuario será capaz de exportar documentos o elementos de la página seleccionada a XHTML mediante Archivo>Exportación entre medios>XHTML / Dreamweaver (véase la figura 10).

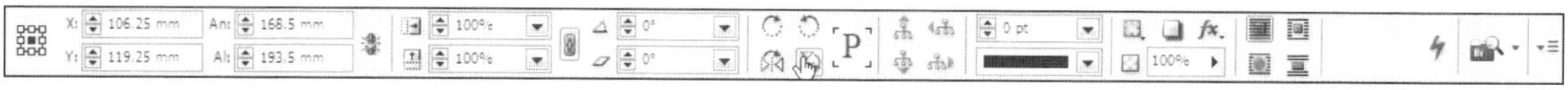

Figura 7.
El panel Control.

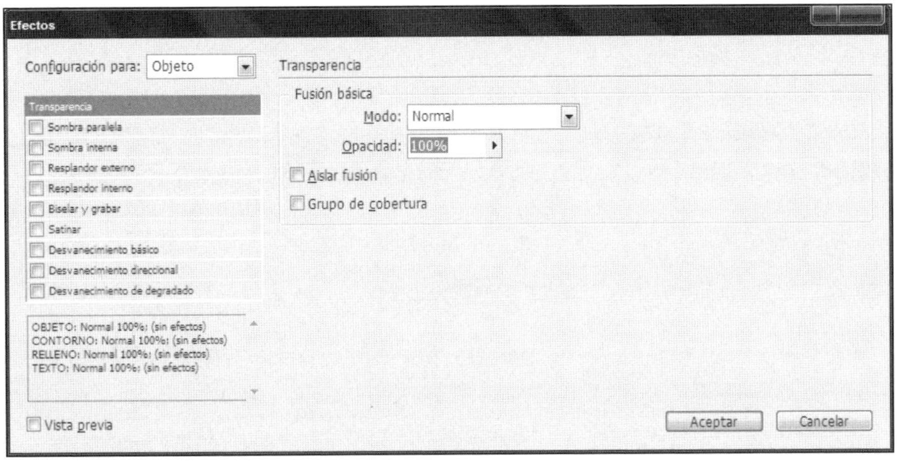

Figura 8.
El cuadro de diálogo Efectos.

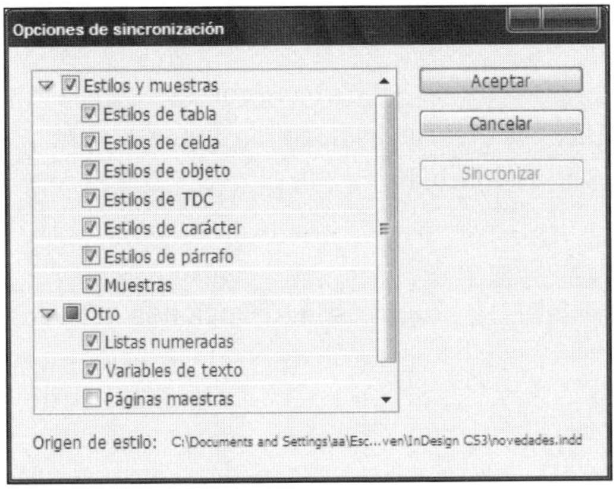

Figura 9.
El cuadro de diálogo Opciones de sincronización.

Este proceso tiene soporte para la optimización de imágenes, estilos CSS y vinculación de los *JavaScript* con un archivo `.js` externo.

Funciones XML

Los usuarios más avanzados agradecerán las mejoras XML. Cuando importen XML, el cuadro de diálogo de la figura 11 permitirá indicar que se aplique una plantilla XSLT al XML seleccionado. También se puede crear un conjunto de reglas de disposición de los elementos (mediante *script*) que realice las acciones relacionadas con el formato y la creación de los marcos.

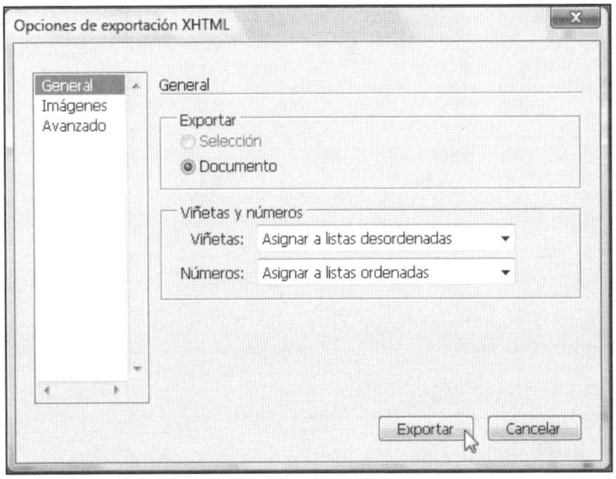

Figura 10.
El cuadro de diálogo para exportar a XHTML.

Aunque las características anteriores no reflejan todas las novedades que trae InDesign

CS3, son un buen ejemplo de los logros de Adobe en cuanto a proporcionar las mejores herramientas posibles para las necesidades de edición y publicación. Esperamos que el lector disfrute tanto trabajando con InDesign CS3 como nosotros en diseñarlo.

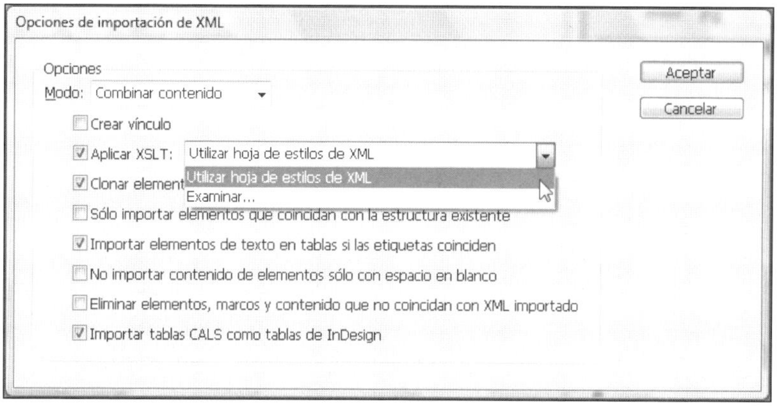

Figura 11.

El cuadro de diálogo Importar XML.

Tour

Un recorrido rápido por Adobe InDesign CS3

Este recorrido rápido de Adobe InDesign CS3 le ofrece una visión general de las características clave del programa, entre las que se encuentran:

- Uso de Adobe Bridge para acceder a los archivos.
- Visualización y navegación por los documentos.
- Creación, colocación y aplicación de estilos al texto.
- Manipulación de imágenes.
- Estructuración de las páginas.

Antes de comenzar

Para comenzar el recorrido, abriremos un documento parcialmente terminado. Añadiremos los retoques finales a este artículo de seis páginas sobre el arte popular mejicano escrito para una revista de viajes imaginaria. Antes de iniciar Adobe InDesign CS3, debería restaurar las preferencias predeterminadas de InDesign CS3, si todavía no lo ha hecho en esta sesión. De esta forma, se asegura de que las herramientas y los paneles funcionan tal y como se describe en este capítulo. Cuando haya aprendido a utilizar InDesign CS3, este paso ya no será necesario.

> **Nota:** Si es la primera vez que utiliza InDesign, consulte el primer capítulo para familiarizarse con el área de trabajo.

1. Elimine o desactive los archivos predeterminados de InDesign CS3 siguiendo el procedimiento explicado anteriormente.
2. Inicie Adobe InDesign CS3. Cuando se abra la pantalla de bienvenida, haga clic en **Cerrar**.
3. Haga clic en el botón **Ir a Bridge** (véase la figura 1) en el panel Control. De forma predeterminada, el panel Control se encuentra en la parte superior del área de trabajo de InDesign. Desde la pestaña Carpetas, situada en la parte superior de la ventana de Bridge, seleccione la carpeta `Lesson_00` del CD adjunto.
4. Dentro de la carpeta `Lesson_00`, haga clic en el archivo `Tour_done.indd` que aparece en la parte derecha de la ventana de Bridge. En la parte izquierda encontrará la pestaña Metadatos, con información sobre el archivo mostrado.

   Puede ver información sobre el documento, incluyendo colores, fuentes, la versión de InDesign utilizada para crearlo y otros datos, si se desplaza por los paneles situados en la parte izquierda de la ventana de Bridge.

Figura 1.
Panel Control.

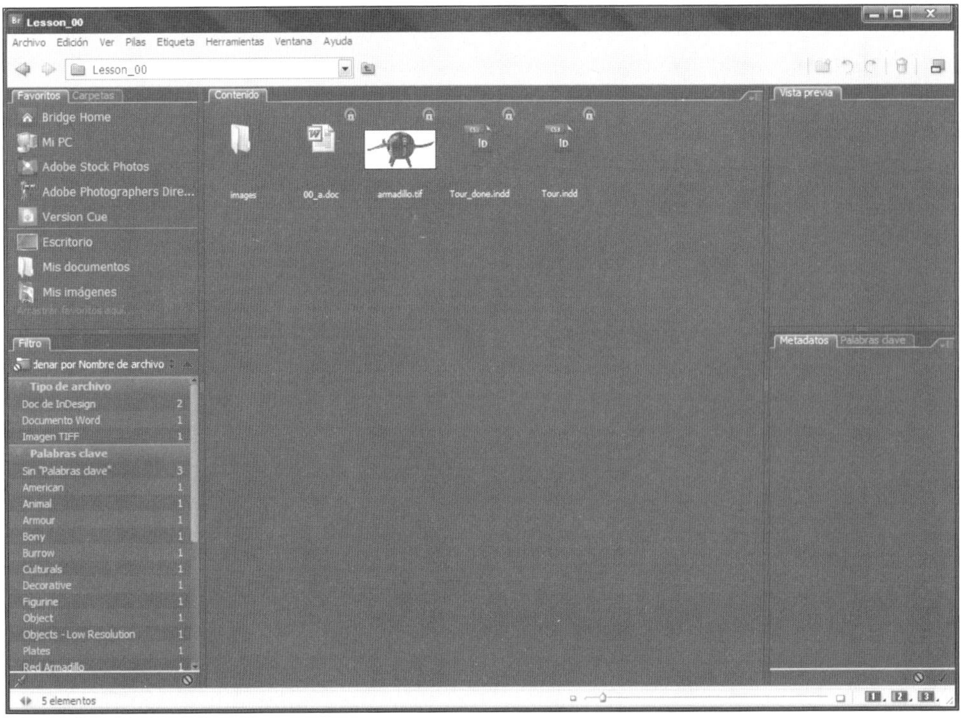

Figura 2.
Adobe Bridge.

También puede aumentar la escala de las miniaturas con ayuda de la barra de desplazamiento situada en la parte inferior de la ventana.

5. Haga doble clic sobre el archivo `Tour_done.indd` para abrirlo (véase la figura 3).

Utilizaremos la combinación **Alt-Control-0** (cero) en Windows o **Opción-Comando-0** en Mac OS para hacer que la primera página se ajuste al máximo con la ventana. Seguiremos utilizando este archivo de 6 páginas para completar esta lección. Cuando hayamos terminados haremos clic en Archivo>Cerrar.

Nota: Aunque Bridge le permite acceder a sus archivos y ver más información sobre los mismos sin necesidad de abrirlos, también puede abrirlos si selecciona Archivo>Abrir en cualquier momento. No es necesario utilizar Bridge para acceder a los archivos de InDesign, aunque le recomendamos que lo utilice. Encontrará más información al respecto en un capítulo posterior.

Ver el documento

1. Adobe Bridge permanecerá abierto hasta que salga de la aplicación. En Adobe Bridge, haga doble clic sobre el archivo `Tour.indd` para abrirlo.

Figura 3.
El documento terminado.

2. Seleccione Ver>Encajar pliego en ventana, opción que le permite ver todas las páginas adyacentes de un pliego.

   El primer pliego (páginas 2 y 3) aparecerá en su pantalla. A continuación veremos el resto del artículo de seis páginas por medio de diferentes métodos de navegación. En primer lugar, utilizaremos el panel Navegador, que resulta muy útil para cambiar el tamaño de la vista.

3. Seleccione Archivo>Guardar como. En la ventana Guardar como, seleccione la carpeta `Lesson_00` y asigne el nombre `Tour_Lesson`. Como tipo de archivo, seleccione Documento de InDesign CS3 y haga clic en **Guardar**.

4. Seleccione Ventana>Objeto y maquetación>Navegador para que el panel aparezca en pantalla (véase la figura 4).

5. Sitúe el puntero sobre el botón de menú del panel situado en la parte derecha de la ventana del panel, y seleccione Ver todos los pliegos (véase la figura 5).

Figura 4.
Panel Navegador.

Figura 5.
Como otras paletas, el panel Navegador cuenta con un menú que ofrece opciones adicionales.

6. Arrastre la esquina inferior derecha del panel hacia abajo para modificar su tamaño. De esta forma podrá apreciar mejor los pliegos (véase la figura 6).

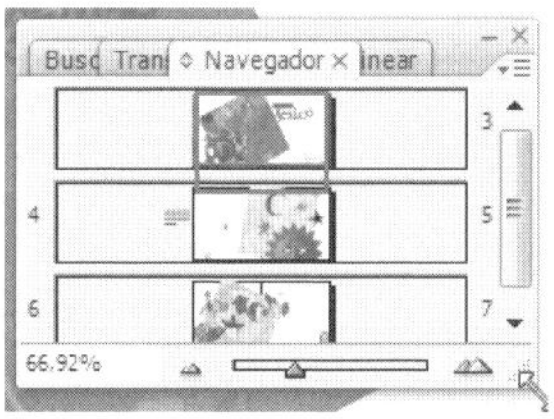

Figura 6.
Puede redimensionar el panel Navegador arrastrando la esquina inferior derecha del mismo.

7. En el panel Navegador, haga clic en el centro del pliego central para ver las páginas 4 y 5. Fíjese en el cuadro de vista de color rojo, que muestra la zona del documento reproducida. Si desplaza el cursor sobre este cuadro, se convierte en un icono de mano que le permite modificar la posición de la vista (véase la figura 7).

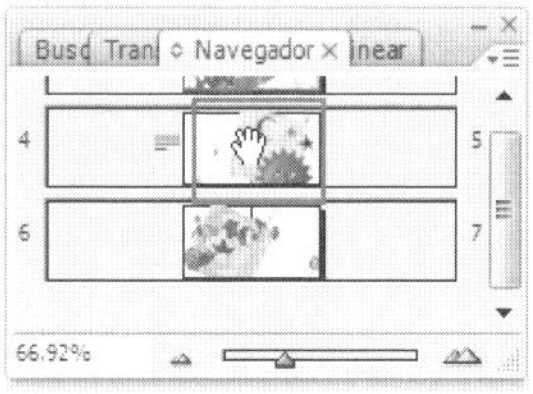

Figura 7.
También puede modificar la posición de la vista.

El deslizador situado en la parte inferior de la ventana control el tamaño del documento. Si lo desplaza hacia la derecha aumenta la ampliación del mismo; si lo desplaza hacia la izquierda, disminuye. El cuadro de vista rojo cambia de tamaño al desplazar el deslizador.

8. Seleccione Ver>Ajustar página en ventana. Apreciará cómo el tamaño mostrado en el panel Navegador se actualiza de forma automática. Puede utilizar el panel Navegador para desplazarse entre las páginas de sus documentos o para acceder a partes concretas de una página. A continuación nos centraremos en el panel Páginas, otra herramienta muy útil para pasar de una página a otra. La utilizaremos a lo largo de este recorrido, por lo que la separaremos de las otras dos paletas.

9. Seleccione Ventana>Páginas para ver la pestaña Páginas (véase la figura 8) y arrástrela por debajo de las otras paletas. Suelte el panel cuando se separe de la zona de acoplamiento. De esta forma se desprenderá de la misma y podremos ubicarla en una posición diferente.

Truco: Coloque y disponga a su antojo los paneles de la interfaz durante esta introducción. Puede mover una paleta si arrastra su barra de título. Puede colocar una paleta en la zona de acoplamiento de la parte derecha de la ventana de documento si arrastra la pestaña del panel hasta dicho punto. También puede hacer clic en el botón **Minimizar** o en el botón **Cerrar** de la barra superior de una paleta separada.

10. En el panel Páginas (véase la figura 9), haga doble clic sobre los números 6-7, situados bajo los iconos de página, para ver el último pliego del documento. Al hacer doble clic sobre los números situados bajo los iconos de página, el pliego completo se centra en la ventana de

documento. Al hacer doble clic sobre un icono de página, la página se centra en la ventana. Para centrar el pliego en la ventana, haremos doble clic en la herramienta Mano del panel de herramientas.

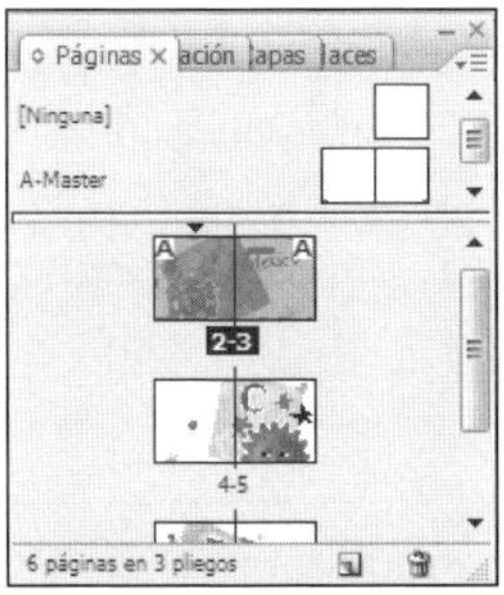

Figura 8.
El panel Páginas.

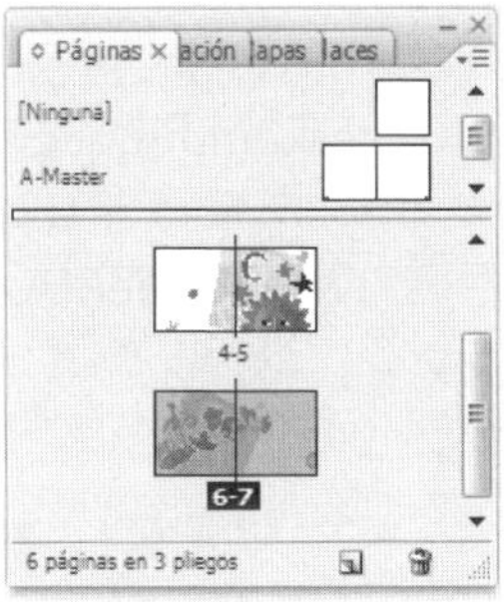

Figura 9.
Seleccione los últimos pliegos del documento.

Ahora que ya hemos visto los tres pliegos, volvamos a la página 3 y comencemos a trabajar.

11. En el panel Páginas, haga doble clic sobre el icono de la página 3 para situarse en la página 3.

Cambiar el modo de vista

Puede cambiar el modo de vista de una ventana de documento por medio de los botones de modo situados en la parte inferior del cuadro de herramientas. Vista previa le permite ocultar elementos que no se impriman, como guías, cuadrículas y bordes de marco. También puede ver una vista previa del documento con las zonas de sangrado e indicaciones incluidas.

Pulse y mantenga pulsado el botón **Vista previa** situado en la parte inferior del cuadro de herramientas para seleccionar un modo de vista previa. El modo Vista previa muestra los elementos en una ventana estándar y oculta elementos que no se imprimen como por ejemplo guías, cuadrículas y bordes de marco.

Seleccione el botón **Sangrado** para ver el documento junto con la zona de sangrado predefinida que se extiende más allá de los límites de la página. Seleccione el botón del modo **Indicaciones** para ver el documento junto con la zona de indicaciones predefinida. Es la zona situada fuera de la página y el sangrado que contiene instrucciones de impresión o información sobre la conclusión del trabajo.

Seleccione el botón de modo **Normal** situado en la parte inferior del cuadro de herramientas para recuperar la vista normal.

Truco: También puede ejecutar los comandos Ver>Modo de pantalla y seleccionar uno de los cuatro modos de vista. Una marca de verificación indica el modo de vista seleccionado.

Figura 10.
El botón Vista previa.

Activar las guías

En este documento las guías están ocultas. Activaremos las guías para que resulte más sencillo ver la cuadrícula y ajustar los objetos. Las guías no se imprimen y no reducen el área de impresión.

Figura 11.
Antes y después de activar las guías.

Únicamente se utilizan como referencia para alinear objetos y texto en la página.

- Seleccione Ver>Cuadrículas y guías> Mostrar guías (véase la figura 11).

Añadir texto

Puede importar texto creado en otros programas de procesamiento de texto o crear texto directamente con InDesign CS3. En este ejercicio, añadiremos un título secundario a la página 3.

1. Con la herramienta **Texto** T, pulse y arrastre para crear un cuadro para este título, situado entre las dos guías que aparecen debajo de la palabra "México" en la columna derecha de la página.

   Si el cuadro de texto no se alinea exactamente con respecto al tamaño de las guías, puede utilizar la herramienta **Selección** (véase la figura 12) para hacer clic en las esquinas del cuadro y aumentarlas o reducirlas según corresponda.

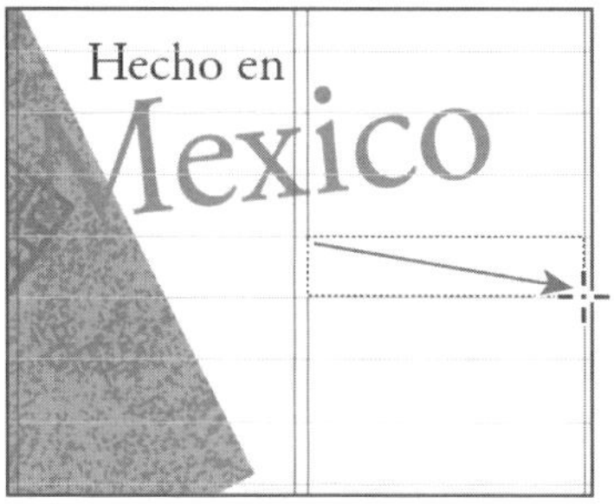

Figura 12.
Uso de la herramienta Tipo.

2. Introduzca el texto **Exploring Mexican Folk Art** en el cuadro de texto (véase la figura 13).

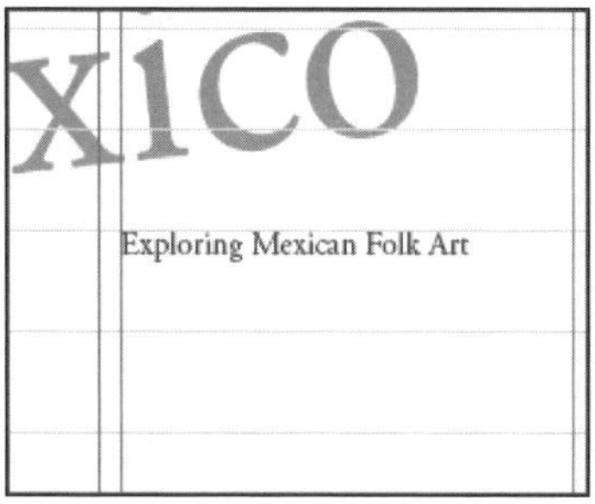

Figura 13.
Introducción del texto.

InDesign CS3 sitúa el punto de inserción de texto en el marco una vez creado ya que para ello se ha utilizado la herramienta **Texto**. En el caso de marcos creados con otras herramientas, primero es necesario hacer clic dentro del marco para poder introducir texto.

3. Utilice la herramienta **Texto** para seleccionar el texto que acaba de añadir. Sitúe el cursor dentro del marco de texto y seleccione Edición>Seleccionar todo para seleccionar el texto.

4. Utilice el panel Control para cambiar los atributos del texto. Haga clic en la flecha situada a la derecha del menú desplegable de nombre de fuente y seleccione Adobe Garamond Pro (que se encuentra bajo la letra G, no bajo la A).

5. Haga clic en la flecha situada a la derecha el menú desplegable de tamaño de fuente y seleccione un valor de 18 puntos (véase la figura 14).

Truco: Puede seleccionar palabras y caracteres concretos con ayuda de la herramienta Texto para aplicar formato al texto, como en cualquier programa de procesamiento de texto.

Enlazar texto en marcos

Por lo general, en InDesign CS3 el texto se añade dentro de marcos. Puede agregar texto a un marco que ya haya sido creado o puede crear el marco al importar el texto.

Colocación y flujo de texto

Un artículo que describe el viaje de Judith y Clyde a Oaxaca se ha guardado en un archivo de un procesador de textos. Colocaremos este archivo en la página 3 y, tras ello, lo enlazaremos a lo largo del documento.

1. Compruebe que no hay ningún objeto seleccionado por medio de Edición>Deseleccionar todo y, tras ello, ejecute Archivo>Colocar. En el cuadro de diálogo Colocar, desplácese hasta la carpeta `Lesson_00` de la carpeta `Lessons` y haga doble clic sobre el archivo `00_a.doc`.

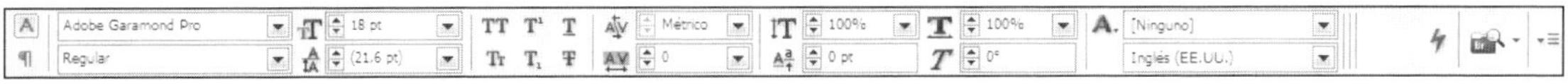

Figura 14.
El panel de cambio de tamaño de letra.

El puntero adopta la forma de un icono de texto cargado. Con un icono de texto cargado, tiene varias opciones: puede arrastrar para crear un marco de texto, hacer clic dentro de un marco existente o hacer clic para crear un marco dentro de una columna. Añadiremos este texto a una columna en la mitad inferior de la página 3.

2. Sitúe el icono de texto cargado por debajo de la cuarta guía desde el margen inferior y a la derecha del margen izquierdo, y haga clic (véase la figura 15).

3. El texto fluye a un nuevo marco situado en la mitad inferior de la primera columna de la página 3. Cuando un marco de texto tiene más texto del que puede contener, se dice que el marco tiene texto desbordado. El texto desbordado se indica por medio de un signo más rojo en la casilla de salida del marco .

Puede vincular texto desbordado a otro marco, crear un nuevo marco en el que fluirá el texto desbordado o aumentar el tamaño del marco.

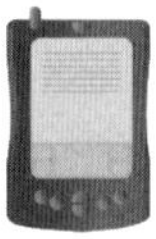

Nota: Si el cuadro de texto no está situado en la columna izquierda, haga clic en la herramienta **Selección** y arrastre los controles de tamaño para desplazarlo.

4. Elegiremos la herramienta **Selección** de forma que el puntero se convierte en un icono de texto cargado. A continuación, añadiremos una columna de texto en la mitad inferior de la segunda columna.

5. Sitúe el icono de texto cargado por debajo de la cuarta guía desde el margen inferior y a la derecha de la guía de la segunda columna, y haga clic. El texto rellena la parte inferior de la columna derecha.

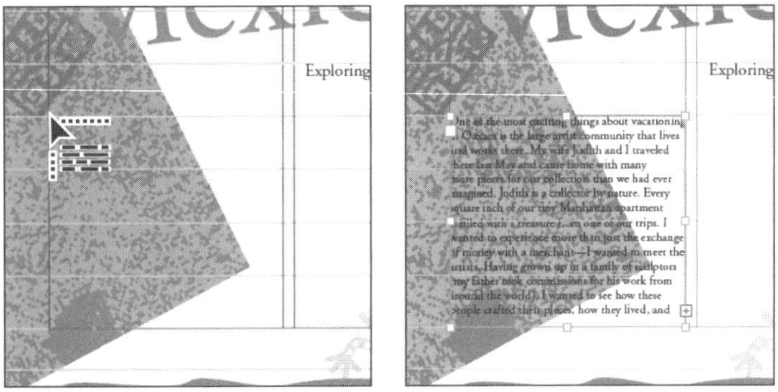

Figura 15.
Colocación de un archivo.

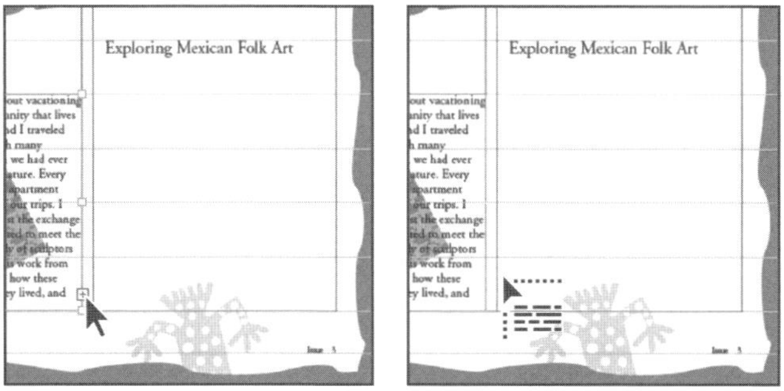

Figura 16.
El signo más rojo indica texto desbordado.

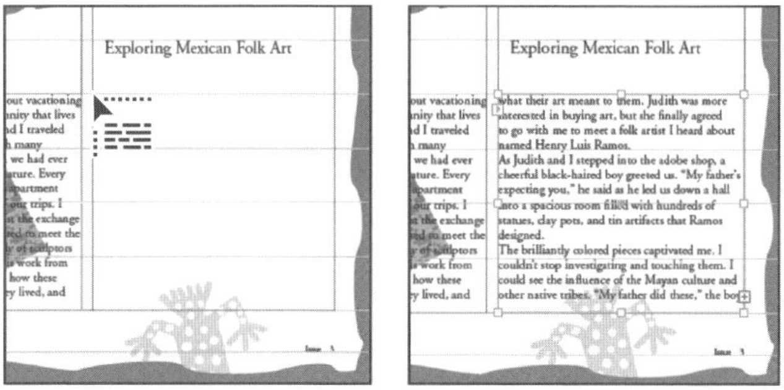

Figura 17.
Puede colocar ese texto desbordado en otra columna.

Enlazar texto

Hacer clic sobre la casilla de salida para hacer fluir un texto se denomina enlace manual.

1. Con la herramienta **Selección**, haga clic en la casilla de salida de la segunda columna de la página 3. Así, InDesign CS3 se prepara para hacer fluir el texto desbordado desde este marco de texto a otro marco.

2. En el panel Páginas, haga doble clic sobre el icono de la página 4 para centrarla en la ventana del documento.

3. Pulsando la tecla **Alt** (Windows) u **Opción** (Macintosh), sitúe el icono de texto cargado en la esquina superior izquierda de la primera columna, y haga clic. Suelte la tecla **Alt/Opción** (véase la figura 18).

Figura 18.
Colocación del archivo en la primera columna.

El texto fluye sobre la columna izquierda. Como utilizamos la tecla **Alt/Opción**, el puntero todavía es un icono de texto cargado y no es necesario hacer clic en la casilla de salida antes de que el texto fluya a este marco.

4. Sitúe el icono de texto cargado en la esquina superior izquierda de la segunda columna de la página 4 y haga clic (figura 19).

Nota: Después de hacer clic sobre la casilla de salida, puede mantener pulsada la tecla **Mayús** para enlazar el texto automáticamente de forma que todo el texto desbordado fluya en las páginas del documento. Pero en este caso no es lo que deseamos, ya que los marcos de texto no deberían aparecer en todas las páginas.

Truco: Siempre que el cursor sea un icono de texto cargado, puede hacer clic sobre cualquier herramienta del cuadro de herramientas para cancelar la operación. No se perderá ningún texto y se conserva todo el texto desbordado.

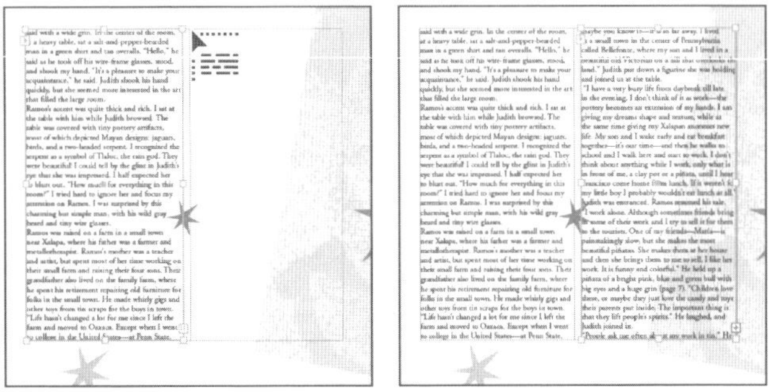

Figura 19.
Colocación del archivo en la segunda columna.

A continuación, colocaremos el texto en la zona inferior de las dos columnas de la página 7.

5. Haga clic sobre la casilla de salida de la segunda columna de la página 4 y, tras ello, haga doble clic sobre el icono de la página 7 en el panel Páginas para centrar la página 7 en la ventana del documento.

6. Con la tecla **Alt/Opción** pulsada, sitúe el icono de texto cargado en la columna izquierda, por debajo de la guía de la página 7, y haga clic. Suelte la tecla **Alt/Opción**. El cursor seguirá siendo un icono de texto cargado, ya que es necesario que fluya texto adicional.

7. Coloque el icono de texto cargado en la segunda columna por debajo de la guía, y haga clic. El texto restante del artículo fluye hacia la segunda columna. Comprobará que la casilla de salida en la esquina inferior derecha del marco de texto está hueca, lo que indica que no queda texto por fluir. Con esto hemos concluido el enlace de los marcos de texto. Un conjunto de marcos enlazados se denomina artículo.

8. Seleccione Archivo>Guardar.

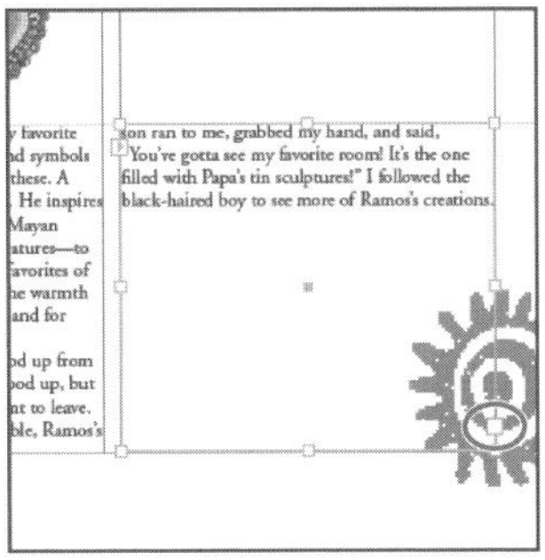

Figura 20.
Colocación de un texto por debajo de una guía.

Añadir una cita

Para mejorar el diseño de la página 4 de nuestro documento, añadiremos una cita. Hemos copiado el texto del artículo y lo hemos colocado en un marco en la mesa de trabajo, la zona externa de la página. Tendrá que colocar este marco de texto con la cita en la mitad de la página 4 y, para acabar, le aplicará formato.

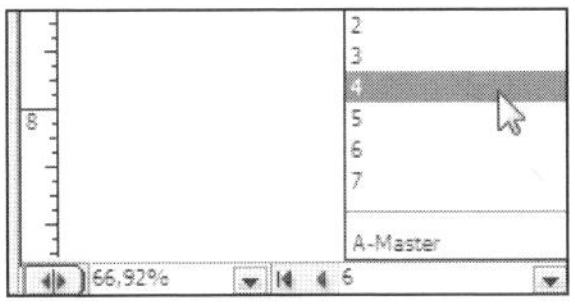

Figura 21.
Elección de la página 4 del documento.

1. Seleccione Ver>Ajustar página en ventana.
2. En la esquina inferior de la ventana del documento, haga clic y mantenga pulsada la flecha situada a la derecha del indicador de número de página. Seleccione la página 4 en la lista de páginas disponibles. Si no puede ver el marco de texto de la cita a la izquierda de la página 4, localice el cuadro de desplazamiento de la barra de desplazamiento horizontal y arrástrelo a la izquierda.
3. Haga clic en el panel Control, que se encuentra por debajo de los menús superiores de la página. En el campo X introduzca **4** y en el campo Y, el valor **3**. Pulse **Intro** para que InDesign desplace el objeto seleccionado hasta la posición especificada.
4. En caso de que sea necesario, puede utilizar las teclas de dirección para precisar la ubicación del marco. La parte inferior del marco debe atravesar la parte central de la estrella de color rojo. La cita aparecerá centrada entre las columnas de texto de la página 4 (véase la figura 23).

Figura 23.
Resultado de colocar el cuadro.

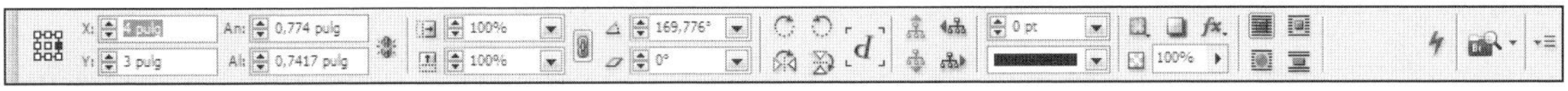

Figura 22.
Cambio de tamaño utilizando el panel Control.

Contorneo de texto alrededor de un objeto

El texto que incluye la cita resulta difícil de leer porque el texto del artículo principal no rodea al marco de texto. Puede contornear el texto del artículo principal alrededor del marco de la cita.

Truco: En Adobe InDesign CS3 puede utilizar la mayoría de las unidades métricas en todo el programa, incluso en paletas y cuadros de diálogo, siempre que las identifique con las abreviaturas estándar, como por ejemplo `pt` para puntos, `in` para pulgadas o `cm` para centímetros. InDesign convierte las unidades que introduzca en la unidad de medida predeterminada, que puede modificar por medio de los comandos Edición>Preferencias>Unidades e incrementos.

1. Asegúrese de que el marco de la cita está seleccionado.
2. Seleccione Ventana>Contorneo de texto.
3. En el panel Contorneo de texto, haga clic sobre la tercera opción de contorneo para distribuir el texto alrededor de la forma del objeto (véase la figura 24).
4. Haga clic en el botón **Cerrar** para cerrar el panel Contorneo de texto. Puede acceder a ésta o a otras paletas desde el menú Ventana.
5. Seleccione Archivo>Guardar.

Agregar un contorno al marco

A continuación, cambiaremos el color del marco de texto para que el contorno (borde) coincida con el color de la estrella roja. Al aplicar colores en InDesign, es aconsejable utilizar el panel Muestras. La utilización de esta paleta facilita la aplicación, modificación y actualización de forma eficaz de los colores de todos los objetos de un documento. Este artículo de revista está pensado para imprimirse en una imprenta, de modo que utiliza colores CMYK. Hemos añadido el conjunto de colores necesarios al panel Muestras.

1. Seleccione Ventana>Muestras.
2. Con el marco de texto todavía seleccionado, haga clic en el cuadro **Contorno** situado en la parte superior del panel Muestras (véase la figura 25) y seleccione PANTONE Warm Rec CVC. Puede que tenga que desplazarse por la lista para localizarlo. Al seleccionar el cuadro **Contorno** podrá asignar el color que escoja al marco de la imagen.

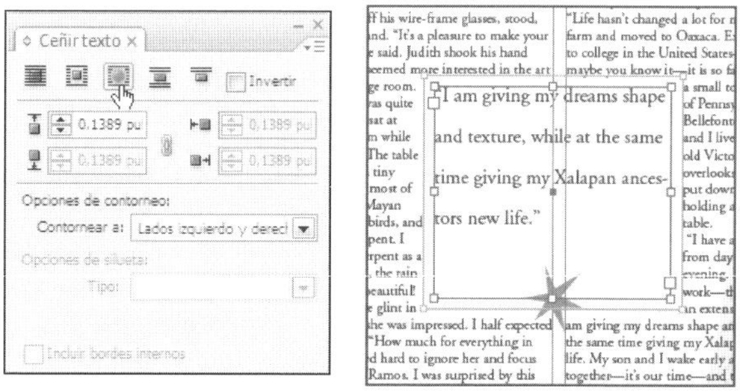

Figura 24.
Texto contorneado.

3. Para cambiar el grosor del contorno, haga clic con el botón derecho del ratón sobre el marco (Windows) o utilice la combinación

Control-clic (Macintosh) y seleccione Grosor de contorno>0,5 pt en el menú contextual que aparece en pantalla. Los menús contextuales son una forma sencilla de cambiar atributos de un objeto seleccionado, incluyendo el grosor del contorno.

Figura 25.
El panel Muestras.

4. Seleccione Edición>Deseleccionar todo. Ahora el marco de texto tiene un contorno de color rojo.

5. Seleccione Archivo>Guardar.

Figura 26.
Cambio del grosor del contorno.

Cambiar la posición del marco y del texto

El texto de la cita se encuentra demasiado cerca del borde, lo que dificulta su lectura y resulta poco atractivo. A continuación, cambiaremos la posición del texto dentro del marco así como el estilo del borde.

1. Con la herramienta **Selección**, haga clic sobre el marco de texto de la cita para seleccionarlo y, tras ello, seleccione Objeto> Opciones de marco de texto (figura 27). Después, seleccione Centro en Justificación vertical y después haga clic en **Aceptar**.

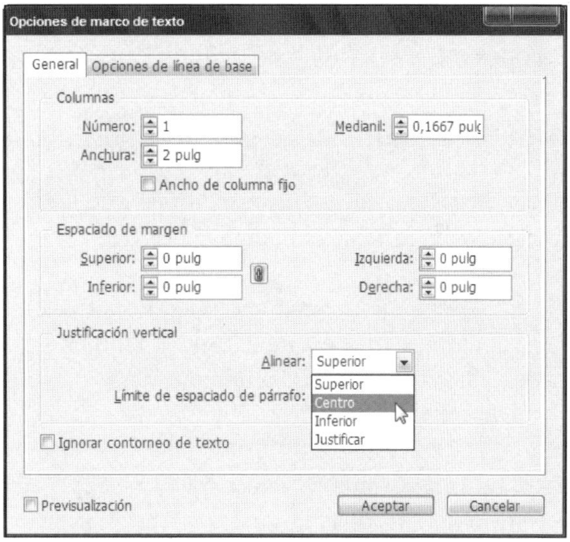

Figura 27.
Cuadro de diálogo Opciones de marco de texto.

2. Con el marco seleccionado, seleccione la opción Grueso - Fino en el menú desplegable del panel Control.

3. En el panel Control seleccione un valor de anchura de 4 pt en el menú correspondiente. Puede utilizar también el panel Control para ajustar otros atributos importantes de objetos dentro de la página, tales como el tamaño y la posición.

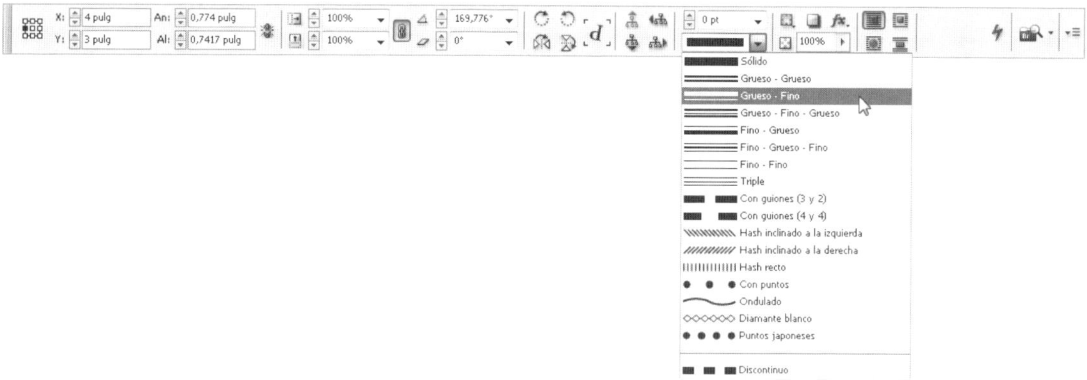

Figura 28.
La opción Grueso - Fino del menú Control.

Ajustar el tamaño de una imagen

A continuación, ajustaremos el tamaño de la imagen de la luna de la página contigua.

1. En caso de que sea necesario, seleccione la página 5 en la esquina inferior izquierda de la ventana de documento para acceder a la misma.
2. Con la herramienta **Selección**, seleccione la imagen de la luna.
3. Seleccione 50% en el menú de porcentaje de escala Y en el panel Control.

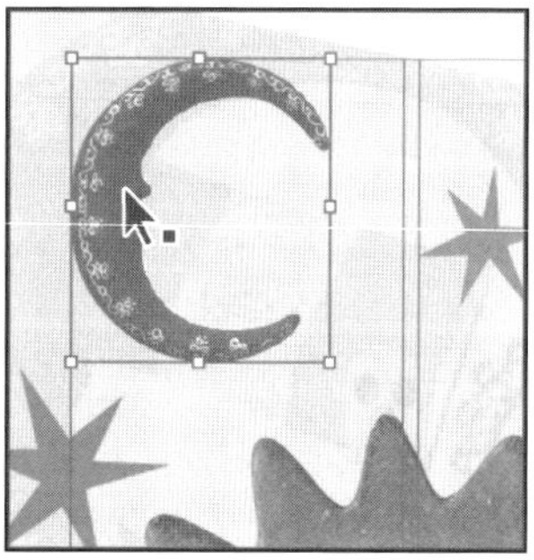

Figura 29.
Selección de la imagen de la luna.

Tanto el tamaño vertical como el horizontal se escalan proporcionalmente. Se debe a que el botón **Restringir proporciones para escalado** está seleccionado a la derecha de los porcentajes de escala. Puede desactivar este botón si desea ajustar un valor independientemente del otro. Por lo general, las imágenes de mapa de bits, como las escaneadas o las obtenidas con una cámara digital, deben escalarse proporcionalmente y no deben superar el 120 por cien de su tamaño original, debido a la posible pérdida de calidad. En este caso, queremos reducir el tamaño de la imagen, lo que por lo general no suele afectar a su calidad.

4. Seleccione Archivo>Guardar.

Trabajar con estilos

InDesign CS3 incorpora tres clases de estilos: de párrafo, de carácter y de objeto. El de párrafo incluye atributos de formato que se aplican a la totalidad del texto de un párrafo. No es necesario seleccionar un texto para aplicar un estilo de párrafo, ya que se aplica a todo el texto del párrafo en el que se encuentre el cursor.

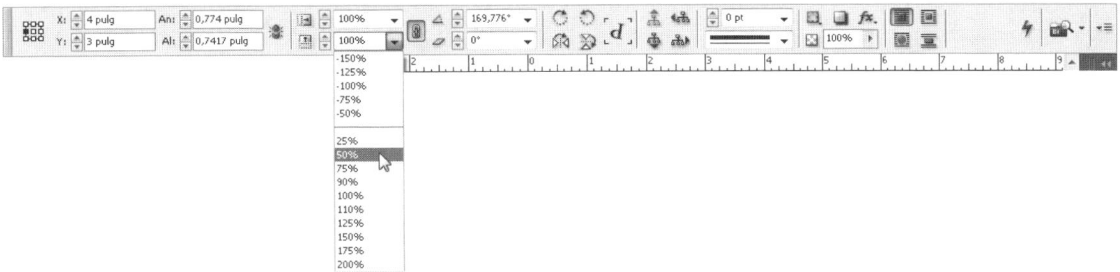

Figura 30.
Cambio de escala mediante el panel Control.

Un estilo de carácter incorpora únicamente atributos de carácter, lo que resulta muy útil para dar formato a palabras y frases dentro de un párrafo. Para aplicar un estilo de carácter es necesario seleccionar el texto en cuestión. Un estilo de objeto nos permite crear y aplicar formato a los objetos seleccionados. Al utilizar un estilo de objeto podemos definir los colores de relleno y de contorno, efectos de vértices, transparencias, sombras laterales, calado, opciones de marco de texto e incluso la distribución del texto alrededor de un objeto seleccionado. Los estilos de tablas y de celda le permiten controlar el formato de las filas y celdas de una tabla.

Aplicar estilos de párrafo

Para ahorrar tiempo, hemos creado estilos de párrafo que aplicará al texto. Estos estilos le ayudarán a dar formato al cuerpo del texto del artículo.

1. En el panel Páginas, haga doble clic sobre el icono de la página 3 para centrarla en la ventana del documento.

2. Seleccione la herramienta **Texto** T y, tras ello, haga clic en cualquier punto de las columnas de texto que añadimos anteriormente.

3. Seleccione Edición>Seleccionar todo para seleccionar el texto de todos los marcos del artículo (véase la figura 31).

4. Seleccione Texto y tablas>Estilos de párrafo para abrir el panel Estilos de párrafo (véase la figura 32).

Figura 31.
Selección de todo el texto.

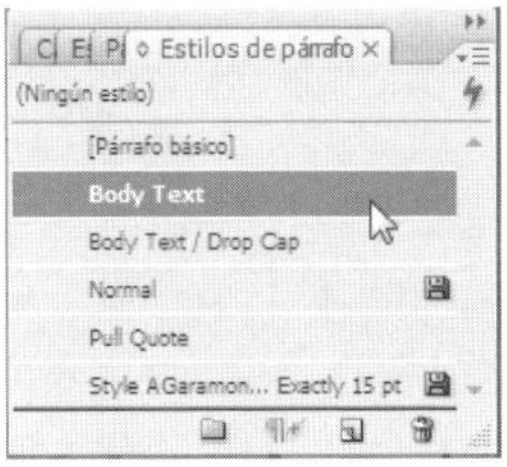

Figura 32.
Selección del estilo de párrafo.

5. En el panel Estilos de párrafo, haga clic sobre Body Text para dar formato al artículo completo con este estilo.

> **Truco:** También puede aplicar estilos desde los paneles de control del formato de caracteres y de párrafos seleccionándolo el estilo en el menú desplegable.

6. Seleccione Edición>Deseleccionar todo para anular la selección del texto (figura 33).

Figura 33.
Texto deseleccionado.

A continuación, aplicaremos un estilo de párrafo diferente al primer párrafo del artículo.

7. Con la herramienta **Texto**, haga clic en cualquier punto del primer párrafo de la página 3.

8. En el panel Estilos de párrafo, seleccione Body Text / Drop Cap. Los estilos de párrafo incluyen distintas opciones de formato de texto, incluso capitulares (figura 34).

9. Seleccione Archivo>Guardar.

Aplicar formato a un texto por medio del estilo de carácter

El siguiente paso consiste en crear y aplicar un estilo de carácter para destacar referencias a páginas dentro de los párrafos. Antes de crear este estilo de carácter, utilizaremos el panel Carácter para mostrar el texto en cursiva y reducir su tamaño en un punto. El estilo de carácter se basará en este texto con formato, para que podamos aplicar el mismo estilo a otros textos del documento.

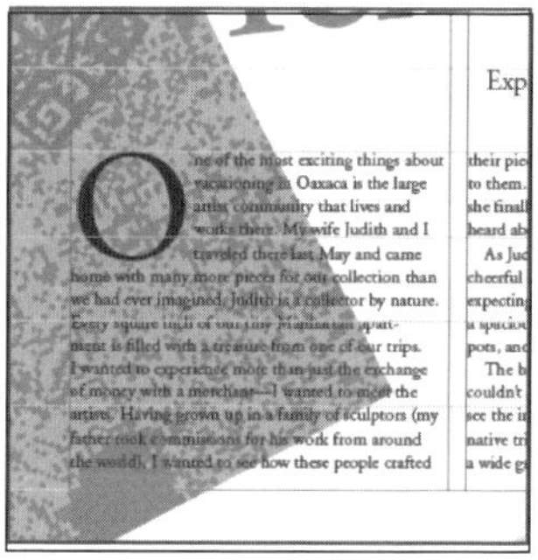

Figura 34.
Esta opción permite utilizar una letra capitular al principio del párrafo.

1. En el panel Páginas, haga doble clic sobre el icono de la página 7 para centrar la página 7 en la ventana del documento. Para asegurarse de que puede leer el texto de la zona inferior de esta página, pulse **Control-+** (Windows) o **Comando-+** (Macintosh) para aumentar el zoom. Debería ver tres referencias a otras páginas: "(*page* 7)", "(*page* 2)" y "(*page* 5)". En caso de que sea necesario, utilice las barras de desplazamiento para mostrar esta parte de la ventana del documento.

2. Con la herramienta **Texto** T, seleccione la referencia "(*page* 7)" (véase la figura 35).

Figura 35.
Selección de la referencia a la página 7 del texto.

3. Seleccione Italic en el menú Estilo de texto del panel Control. Para el tamaño de fuente, escoja 11 pt. Se aplicará el formato a la referencia de la página (figura 36).

4. Seleccione Archivo>Guardar.

Crear y aplicar un estilo de carácter

Una vez aplicado el formato al texto, puede crear un estilo de carácter.

1. Compruebe que el texto con formato sigue seleccionado y seleccione Texto> Estilos de carácter para abrir el panel Estilos de carácter.

2. Pulse la tecla **Alt** (Windows) u **Opción** (Macintosh), y haga clic sobre el botón **Nuevo estilo** situado en la zona inferior del panel Estilos de carácter (véase la figura 37). De esta forma se creará un nuevo estilo de carácter llamado Estilo de carácter 1. Este estilo nuevo incorpora las características del texto seleccionado.

Figura 37.
Panel Estilos de carácter.

3. En Nombre de estilo, escriba **Énfasis** y haga clic en **Aceptar** (véase la figura 38).

4. Con la herramienta **Texto**, seleccione "(*page* 7)" en el párrafo siguiente y, tras ello, haga clic sobre Énfasis en el panel Estilos de carácter para aplicar el estilo (véase la figura 39).

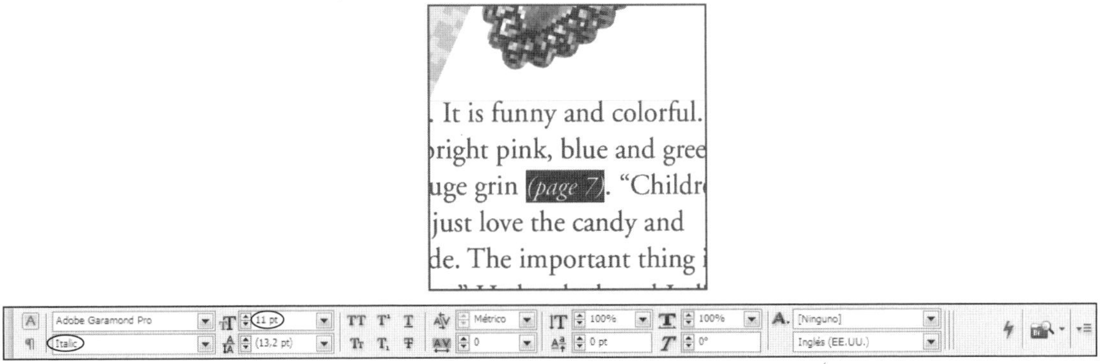

Figura 36.
Cambio del estilo del texto seleccionado.

Figura 38.
Cuadro de diálogo Opciones de estilo de carácter.

Aunque hayamos establecido el estilo con este texto, nunca ha tenido el estilo aplicado. Indica al texto que se actualice automáticamente si los atributos de estilo de carácter también se actualizan.

5. Aplique el estilo de carácter al texto "(*page 5*)" del siguiente párrafo.

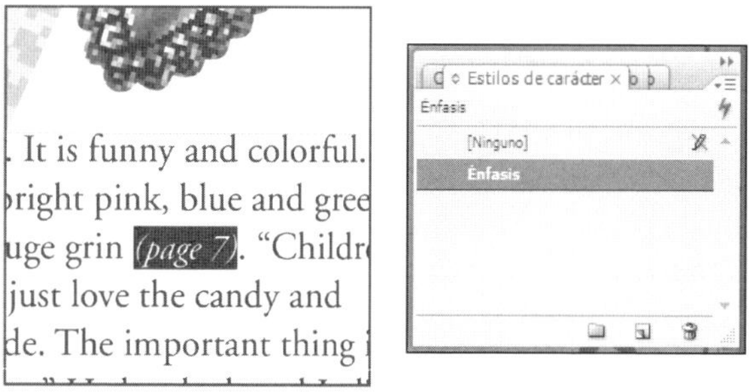

Figura 39.
Forma de seleccionar un nuevo estilo de carácter a un texto.

Como hemos utilizado un estilo de carácter en lugar de uno de párrafo, el estilo aplicado sólo afecta al texto seleccionado y no al párrafo completo.

6. En el mismo párrafo, seleccione el texto "(*page 2*)" y haga clic en Énfasis en el panel Estilos de carácter para aplicar el estilo.

7. Seleccione Archivo>Guardar.

Aplicar estilos de objeto

Para ahorrar tiempo, hemos creado un estilo de objeto que aplicaremos a la cita de la página 4. Los estilos de objeto le permitirán aplicar varios atributos de formato a un objeto, incluso a marcos de texto e imágenes.

1. En el panel Páginas, haga doble clic sobre el icono de la página 4 para centrarla en la ventana del documento.

2. Con la herramienta **Selección** haga clic sobre la cita para seleccionar el marco de texto.

3. Seleccione Ventana>Estilos de objeto para abrir el panel Estilos de objeto.

4. En el panel Estilos de objeto, mantenga pulsada la tecla **Alt** (Windows) u **Opción** (Macintosh) y haga clic en Pull-Quote para aplicar formato al objeto seleccionado con el estilo de objeto Pull-Quote (véase la figura 40).

> **Nota:** Al mantener pulsada la tecla **Alt** u **Opción**, se borran los formatos existentes al aplicar un estilo a un objeto o un texto.

5. Seleccione Archivo>Guardar.

Trabajar con gráficos

Los gráficos utilizados en un documento de InDesign CS3 se añaden al interior de marcos. Al trabajar con gráficos, debería familiarizarse con las tres herramientas de selección.

La herramienta **Selección** se utiliza para tareas generales de composición, tales como la ubicación y el cambio de posición de los objetos de una página.

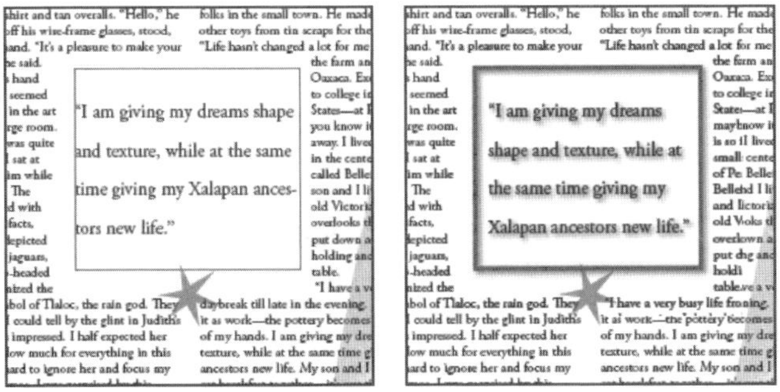

Figura 40.
Vista antes y después de aplicar un estilo de objeto.

La herramienta **Selección directa** se utiliza para tareas relacionadas con el contenido del marco o con el dibujo y modificación de trazados; por ejemplo, para seleccionar los contenidos del marco o mover un punto de anclaje de un trazado. La herramienta **Selección directa** también se utiliza para seleccionar objetos que se encuentran dentro de un grupo.

La herramienta **Posición**, oculta en la herramienta **Selección directa**, se utiliza junto a la herramienta **Selección** para controlar la ubicación de contenidos dentro de un marco y también para modificar el tamaño de éste. Podemos utilizar esta herramienta para desplazar un gráfico dentro de su marco o para cambiar la zona visible de un gráfico ajustando su recorte.

La herramienta **Posición** se encuentra junto a la herramienta **Selección directa** en el panel de herramientas. Puede que tenga que hacer clic sobre la herramienta **Selección directa** y mantener pulsado el cursor para poder seleccionar la herramienta **Posición**.

Nota: Durante el proceso de aprendizaje de la diferencia entre marcos y sus contenidos, puede que le interese ver los bordes del marco. Para ello, puede seleccionar Ver> Mostrar bordes de marco.

Ubicar gráficos dentro de un marco

Dos de las imágenes del primer pliego, necesitan tener sus marcos redimensionados o sus imágenes que se encuentran en su interior reposicionadas.

1. Seleccione la página 2 en la esquina inferior izquierda de la ventana del documento para desplazarse a la página 2. Pulse **Control-0** (Windows) o **Comando-0** (Macintosh) para ajustar la página en la ventana.

2. Con la herramienta **Selección directa**, haga clic y mantenga el cursor pulsado sobre la imagen del sol rojo.

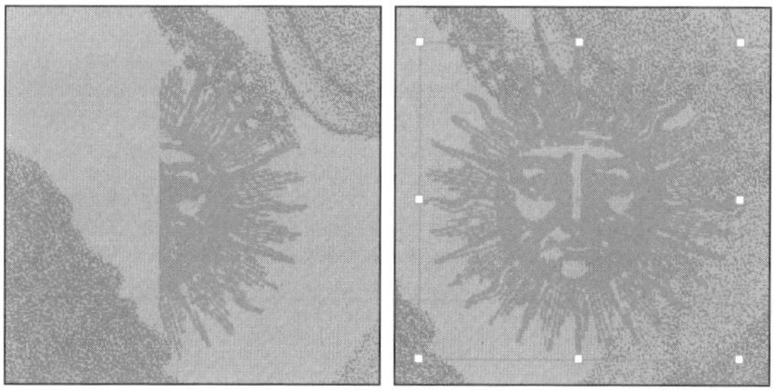

Figura 41.
Arrastre el sol rojo de forma que aparezca completamente visible.

El cursor se convertirá en la herramienta **Mano**, para indicar que podemos seleccionar y manipular el contenido del marco. Arrastre la imagen hasta la derecha del marco para poder ver la totalidad del sol. Por medio de la herramienta **Selección directa** podemos cambiar la posición de un gráfico dentro de su marco.

3. Con ayuda de la herramienta **Selección**, haga clic en la imagen de la mano azul, situada en la parte superior izquierda de la página (véase la figura 42).

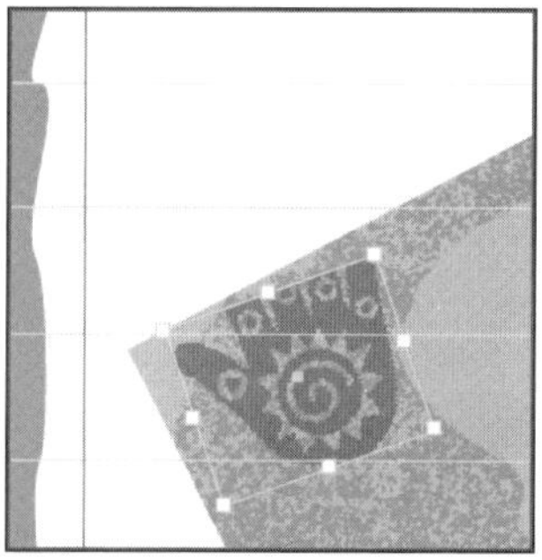

Figura 42.
Seleccione la mano azul.

4. Pulse y arrastre hacia arriba al control central para aumentar el tamaño del marco. De esta forma podrá ver sus contenidos con mayor claridad (véase la figura 43).

5. Seleccione Archivo>Guardar.

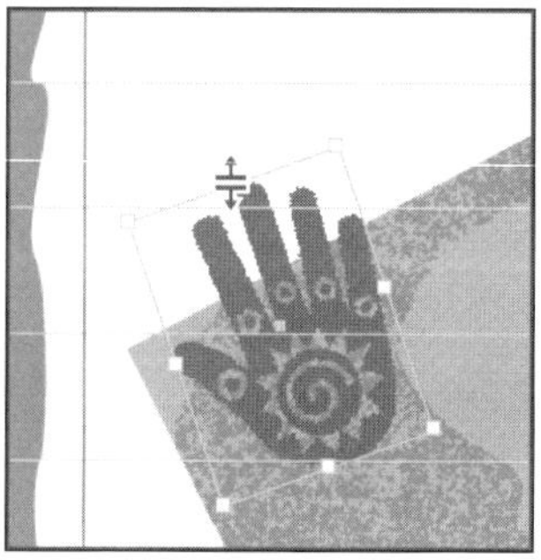

Figura 43.
Marco modificado.

> **Truco:** Puede previsualizar la imagen mientras la cambia de posición o de tamaño si se detiene brevemente antes de realizar estas operaciones.

Acerca de la herramienta Posición

La herramienta **Posición** funciona junto a la herramienta **Selección** para controlar la ubicación de contenidos dentro de un marco. También se puede utilizar para cambiar el tamaño del marco.

Es una herramienta dinámica y se puede emplear con texto o gráficos. Al situarla sobre un gráfico, se convierte en un icono con forma de mano para indicar que podemos manipular el contenido del marco. Si la situamos sobre un marco de texto, el cursor adopta forma de I, para indicar que podemos añadir o modificar texto.

1. Seleccione la herramienta **Posición** en el cuadro de herramientas. Para ello, haga clic sobre la herramienta **Selección directa** y mantenga pulsado el cursor (véase la figura 44).

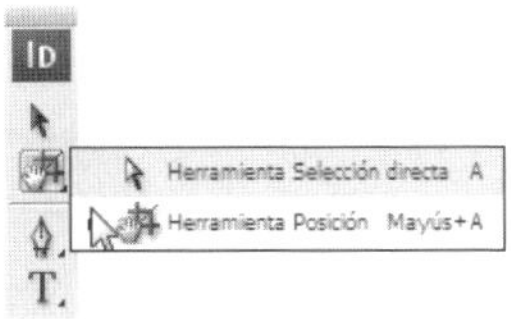

Figura 44.
Selección de la herramienta Selección directa.

2. Pulse **Control-J** (Windows) o **Comando-J** (Macintosh), introduzca **3** y pulse **Intro**. Este método abreviado de teclado le permite acceder a la página 3. Desplace el cursor sobre el texto "*Exploring Mexican Folk*"; apreciará que se convierte en una I (véase la figura 45).

3. Haga clic tres veces sobre el texto para seleccionarlo. Pulse y arrastre sobre el valor del campo de texto de tamaño de fuente del panel Control. Introduzca **20** y pulse **Intro** para cambiar el tamaño de fuente a 20 puntos.

Figura 45.
El cursor cambia a un cursor con forma de I.

Definir capas de destino al colocar

Al igual que ocurre en Illustrator CS3 y en Photoshop CS3, InDesign CS3 le permite colocar objetos en capas distintas. Piense en las capas como en hojas de película transparente que se apilan unas encima de otras. Mediante la utilización de capas, puede crear y editar objetos en una capa sin que afecte, o se vean afectados, los objetos de otras capas. Las capas también establecen la posición de apilamiento de los objetos.

Antes de colocar una fotografía de un armadillo, asegúrese de agregar el marco en la capa adecuada.

1. En el panel Páginas, haga doble clic en el icono de la página 3 para centrar la página 3 en la ventana del documento.

2. Seleccione Ventana>Capas para abrir el panel Capas.

3. Haga clic sobre la palabra "Photos" del panel Capas para determinar el destino de la capa Photos (véase la figura 46). (No haga clic sobre los cuadros de la izquierda de la capa Photos, o se ocultará o bloqueará la capa.)

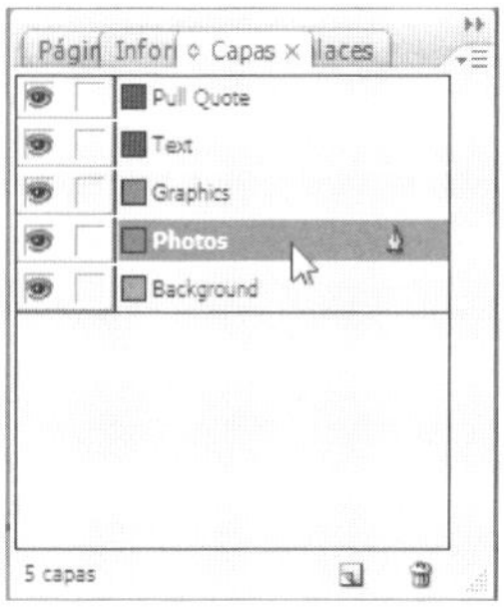

Figura 46.
Selección de la capa específica para las fotos.

4. Seleccione la herramienta **Selección**.

5. Seleccione Edición>Deseleccionar todo. Si la opción no aparece activada, significa que todos los elementos están deseleccionados.

6. Ejecute los comandos Archivo>Colocar. En caso de que sea necesario, desplácese hasta la carpeta `Lesson_00` y haga doble clic en el archivo `armadillo.tif`. InDesign le permite importar imágenes de distintos tipos de archivos, incluyendo archivos de Photoshop e Illustrator.

7. Con el icono de gráfico cargado, haga clic en el área blanca situada por encima del margen superior para colocar el armadillo en la zona superior de la página. Moverá el gráfico más tarde, después de girarlo y cortarlo (véase la figura 47).

Figura 47.
Inserción de un gráfico.

Tenga en cuenta que el marco del armadillo es del mismo color que la capa Photos en el panel Capas. El color del marco de un objeto le indica a qué capa pertenece.

8. En el panel Capas, haga clic en el cuadro situado al lado del nombre de la capa Text, para que aparezca el icono de bloqueo de capa (véase la figura 48).

Al bloquear esta capa evitamos seleccionar o modificar la capa Text o cualquier otro objeto de esa capa. Con la capa Text bloqueada, puede editar el marco que contiene el armadillo sin que seleccione accidentalmente el marco que contiene "Hecho en México".

Recortar y mover la fotografía

A continuación, utilizaremos la herramienta **Selección** para cortar y mover la fotografía.

1. Ejecute los comandos Edición>Deseleccionar todo.

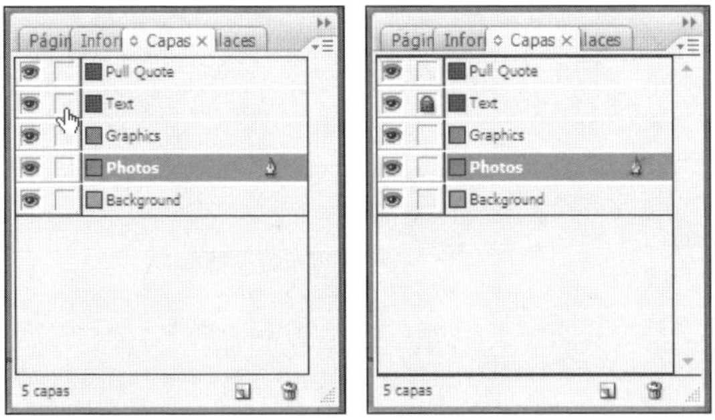

Figura 48.
Selección y bloqueo de una capa.

2. Seleccione la herramienta **Selección** en el cuadro de herramientas y, tras ello, haga clic en el armadillo.

3. Sitúe el puntero sobre el control central del lado derecho del marco del armadillo y mantenga pulsado el botón del ratón. Arrastre el marco hacia el centro del armadillo para cortarlo (véase la figura 49).

Figura 49.
Recorte de una fotografía.

4. Con la herramienta **Selección**, coloque el puntero sobre el centro del marco del armadillo y arrastre el objeto de modo que se ajuste al borde derecho de la página.

Figura 50.
Movimiento de una fotografía.

Comprobará que el borde del armadillo queda por detrás del borde decorativo, porque la capa Photos se encuentra por debajo de la capa Graphics.

5. Seleccione Archivo>Guardar.

Por sí mismo

Ha terminado el recorrido por InDesign CS3. Ya está preparado para crear sus propios documentos de InDesign CS3. Para aprender más sobre InDesign CS3, pruebe con lo siguiente:

- Continuar experimentando con el documento del viaje. Añada nuevas páginas, edite las páginas maestras, cambie objetos entre capas, cree marcos de texto y ajuste los gráficos con ayuda de las herramientas del cuadro de herramientas.
- Seleccionar Ayuda>Ayuda de InDesign y utilizar la ayuda de Adobe InDesign CS3.
- Recorrer los capítulos del resto de este libro.

Capítulo 1

Conocer el área de trabajo

Para sacar partido de las grandes prestaciones de maquetación y diseño de Adobe InDesign CS3, es importante aprender cómo desplazarse por el área de trabajo. Ésta se compone de la ventana del documento, la mesa de trabajo, el cuadro de herramientas y los paneles flotantes.

En este capítulo aprenderá cómo hacer lo siguiente:

- Trabajar con herramientas, ventanas de documento, la mesa de trabajo y los paneles.
- Modificar la vista del documento.
- Desplazarse por un documento.
- Trabajar con capas.
- Gestionar paletas y guardar su mesa de trabajo.
- Utilizar menús contextuales y la ayuda de InDesign.

Nota: Este capítulo describe tareas que son comunes a productos de Adobe como Photoshop, Illustrator y Acrobat. Si ya está familiarizado con estos productos de Adobe, puede examinar rápidamente este capítulo y pasar al siguiente.

Antes de comenzar

En este capítulo, practicará el uso del área de trabajo y cómo desplazarse por las páginas del cuadernillo *Exploring the Library*. Es la versión definitiva del documento; no modificará ni añadirá texto o gráficos, sólo comprobará que todo está preparado para la impresión.

Nota: Si no ha copiado todavía los archivos originales de este capítulo a su disco duro desde la carpeta `Lesson_01` del CD adjunto, hágalo ahora. En un apartado anterior se explica cómo copiar los archivos.

1. Para asegurarse de que las herramientas y los paneles funcionan exactamente como se describe en este capítulo, elimine o desactive (cambiando el nombre) los archivos de preferencias predeterminadas como se indicó en los capítulos anteriores.
2. Inicie Adobe InDesign.

   Para comenzar a trabajar, abrirá un documento existente de InDesign.
3. Seleccione Archivo>Abrir y abra el archivo `01_a.indd` de la carpeta `Lesson_01`, que se encuentra en su disco duro.
4. Seleccione Ver>Modo de pantalla>Normal para ver los objetos situados por el área que rodea al documento.
5. Seleccione Archivo>Guardar como, cambie el nombre del archivo por **01_Library.indd** y guárdelo en la carpeta `Lesson_01`.

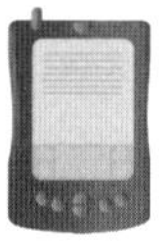

Nota: Este documento se guardó con los bordes de los marcos ocultos. Puede mostrar los bordes por medio de los comandos Ver> Mostrar bordes de marco.

Un vistazo al área de trabajo

El área de trabajo de InDesign comprende todo lo que ve cuando por primera vez abre o crea un documento: el cuadro de herramientas, la ventana del documento, la mesa de trabajo y los paneles. Puede personalizar el área de trabajo para que se adapte a su forma de trabajar. Puede mostrar sólo los paneles que utilice frecuentemente, minimizar o reorganizar los grupos de paletas, etc. (véase la figura 1.1).

El cuadro de herramientas

El cuadro de herramientas de InDesign (véase la figura 1.2), contiene herramientas para seleccionar objetos, trabajar con texto, dibujar y visualizar, así como controles para aplicar y modificar los rellenos, los contornos y los degradados de color.

Según vaya trabajando a lo largo de los capítulos, aprenderá la función específica de cada herramienta. Aquí se familiarizará con el cuadro de herramientas y las herramientas.

1. Sitúe el puntero sobre la herramienta **Selección** del cuadro de herramientas (véase la figura 1.3). Comprobará que se muestra el nombre y el acceso directo a la misma.

Figura 1.1.
A. Cuadro de herramientas. B. Paletas. C. Ventana de documento. D. Mesa de trabajo.

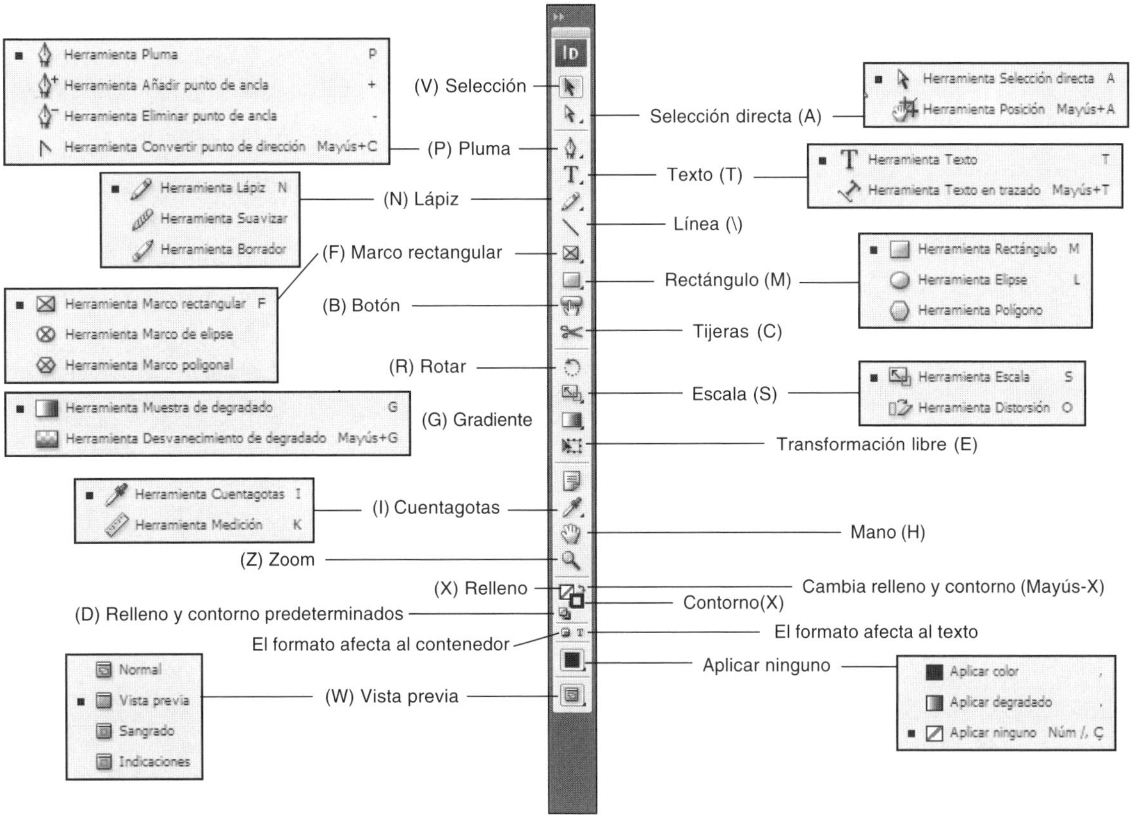

Figura 1.2.
Detalle de la barra de herramientas.

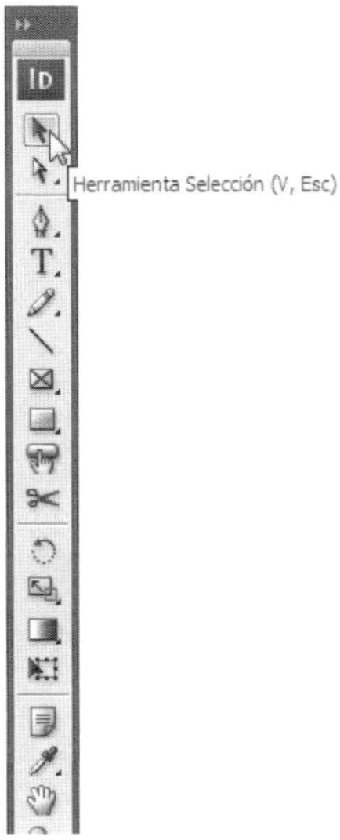

Figura 1.3.
La herramienta Selección.

Truco: Puede seleccionar una herramienta si hace clic sobre la misma en el cuadro de herramientas o utiliza el correspondiente método abreviado de teclado. Como los métodos abreviados de teclado predeterminados sólo funcionan cuando no hay un punto de inserción de texto, puede añadir un comando de tecla adicional. Para ello, utilice los comandos Edición>Atajos de teclado. Encontrará más información al respecto en la Ayuda de InDesign.

2. Sitúe el puntero sobre la herramienta **Pluma** y mantenga pulsado el botón del ratón; aparecerán herramientas de pluma adicionales (véase la figura 1.4). Arrástrelo hacia la derecha y suelte el botón del ratón sobre una de las herramientas adicionales para seleccionarla. Cualquier herramienta que muestre un pequeño triángulo negro en la esquina inferior derecha contiene herramientas adicionales.

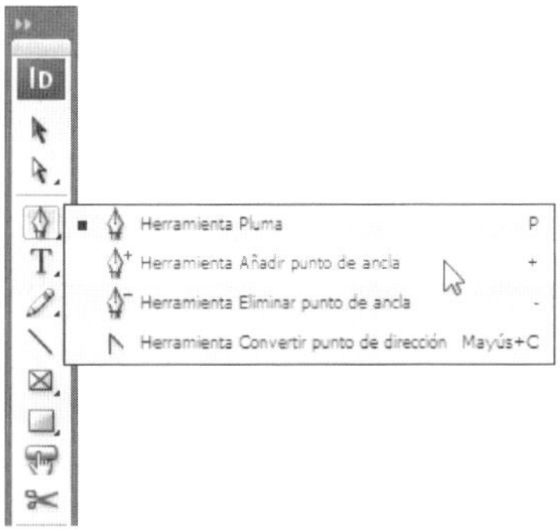

Figura 1.4.
La herramienta Añadir punto de ancla.

3. El panel Herramientas contiene una columna de herramientas, pero puede cambiarse a un formato de dos columnas (véase la figura 1.5).

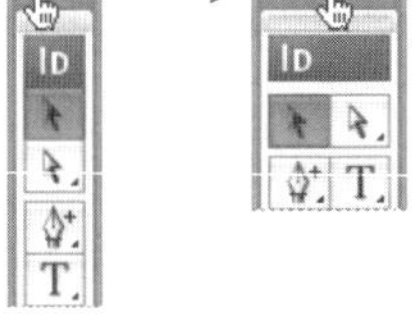

Figura 1.5.
El panel Herramientas en formato de una y dos columnas.

Haga clic en la doble flecha de la esquina superior izquierda en el panel Herramientas para expandirlo a 2 columnas. Haga clic en las misma flecha doble para contraerla a 1 columna de nuevo. Esto ayuda a ahorrar espacio en la pantalla.

4. El panel Herramientas también puede eliminarse de su posición a la izquierda del espacio de trabajo. Para eliminar el panel Herramientas y hacerlo flotar en el espacio de trabajo, haga clic y arrástrelo por su barra gris al espacio de trabajo (véase la figura 1.6).

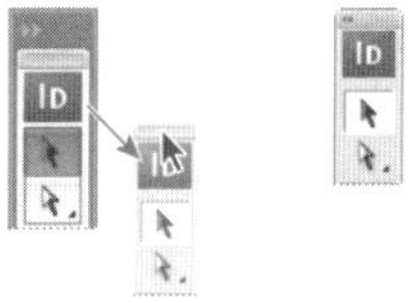

Figura 1.6.
El panel Herramientas desanclado y flotando en el espacio de trabajo.

5. Cuando el panel Herramientas está flotando, puede convertirse en dos columnas verticales u orientadas como una fila horizontal. Con el panel flotando, haga clic en la doble flecha en la esquina superior izquierda de la parte superior del panel, lo que hará que cambie a un formato horizontal en una fila y vertical en dos columnas (véase la figura 1.7).

6. Para anclar el panel de nuevo, haga clic y arrastre la parte superior del panel Herramientas a la parte izquierda de la ventana de aplicación (en Windows) o de la pantalla (en Mac OS).

Un área traslúcida con un borde azul aparecerá a la izquierda. Suelte el panel de forma que vuelva a la parte izquierda del espacio de trabajo (véase la figura 1.8).

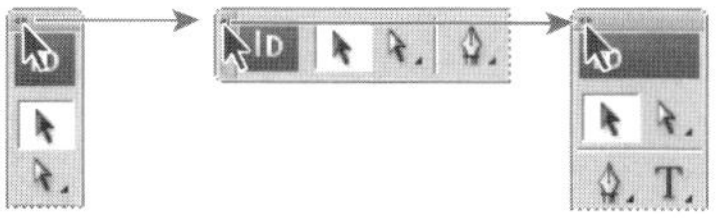

Figura 1.7.
El panel Herramientas en formato de una columna vertical, horizontal y en dos columnas.

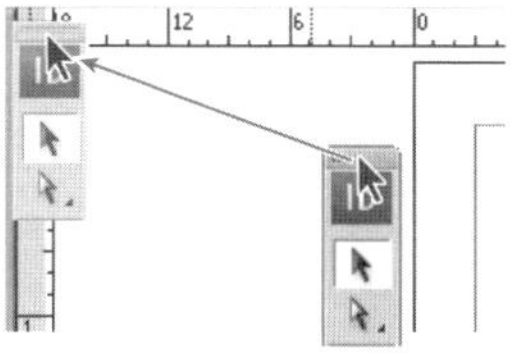

Figura 1.8.
Anclar de nuevo el panel Herramientas.

El panel Control

El panel Control (Ventana>Control) ofrece acceso rápido a las opciones, comandos y otros paneles relacionados con el elemento de la página actual o los objetos que seleccione (a esto se llama contextual). Por defecto, el panel Control se ancla en la parte superior de la ventana del documento, sin embargo, podemos anclarlo en la parte inferior o convertirlo en un panel flotante o incluso ocultarlo.

1. Con la herramienta **Selección** elegida, haga clic en el texto "*Exploring the Library*". Fíjese en la información del panel Control. Ahí se puede ver la posición, el tamaño, la rotación, etc. del objeto. Incremente el valor de la posición Y haciendo clic en la flecha arriba (véase la figura 1.9).

2. Después, elija la herramienta **Texto** T y seleccione el texto "*Lots and lots*" y podrá ver que el panel Control ha cambiado. Las herramientas que aparecen proporcionan control sobre el formato del texto. Haga clic en la **A** en la parte izquierda del panel Control para elegir el formato del carácter. Subraye el texto eligiendo la opción Subrayado (véase la figura 1.10).

   El panel Control puede moverse también si es que no le gusta a la parte superior del espacio de trabajo. Eso lo hará ahora.

3. Con una herramienta elegida, haga clic en la parte izquierda del panel Control, manténgalo pulsado y arrástralo al espacio de trabajo. Una barra vertical debería estar visible en la parte izquierda del panel Control. El panel se anclará en la parte superior del espacio de trabajo de nuevo o en la parte inferior.

4. Desde la parte izquierda del panel Control, arrástrelo de nuevo a la parte superior del espacio de trabajo, debajo de los menús. Una línea azul aparecerá indicando que se anclará una vez soltemos el botón del ratón.

La ventana del documento

La ventana del documento contiene las páginas del documento. Cada página o pliego en el documento está rodeado por su propia mesa de trabajo, el cual puede almacenar objetos donde se cree la composición. La mesa de trabajo también proporciona espacio adicional a lo largo los bordes del documento para extender objetos más allá de los márgenes del documento.

Figura 1.9.
Incremento de la coordenada Y.

Figura 1.10.
La herramienta Subrayado.

Esto se utiliza cuando queremos imprimir toda la página y no hasta donde se encuentran los márgenes.

1. Para ver a pantalla completa la mesa de trabajo y utilizar así las páginas de este documento, seleccione Ver>Toda la mesa de trabajo (véase la figura 1.12).

> **Nota:** Si no puede ver el gráfico de un dinosaurio en la mesa de trabajo, puede que esté oculto tras alguno de los paneles. Si fuese necesario, mueva los paneles de forma que pueda ver los objetos de la mesa de trabajo.

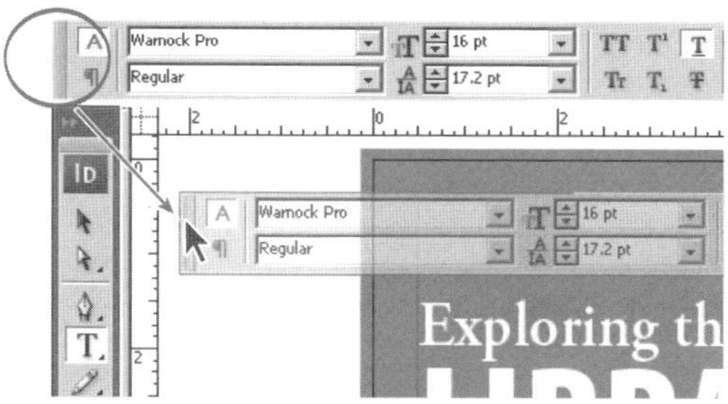

Figura 1.11.
El panel Control fuera de su posición original.

Fíjese en el gráfico del dinosaurio en la mesa de trabajo de la página 1. Este gráfico estaba situado originalmente en el documento, pero se movió a la mesa de trabajo antes de que alguien más pudiese utilizarlo en el documento. No es necesario mantener esta imagen en el documento, ya que no se utilizará en el documento final.

2. Teniendo seleccionada la herramienta **Selección**, seleccione la imagen del dinosaurio en la mesa de trabajo y pulse **Supr**.
3. Haga clic en Ver>Ajustar página en ventana para restaurar la ventana a su anterior tamaño.
4. Haga clic en Archivo>Guardar.

Truco: Use la mesa de trabajo como una extensión del área de trabajo. Puede importar distintas imágenes ya colocadas o archivos de texto y mantenerlos en la mesa de trabajo hasta que esté listo para usarlos.

Figura 1.12.
La ventana del documento.

Varias ventanas de documento

Puede tener más de una ventana de documento abierta a la vez. Ahora, abriremos una segunda ventana de forma que, mientras trabaja, pueda ver dos vistas diferentes del documento al mismo tiempo.

1. Haga clic en Ventana>Disposición> Nueva ventana. Una nueva ventana llamada 01_Library.indd:2 se abre. Fíjese que la ventana original ahora se llama 01_Library.indd:1.

2. Para ver ambas ventanas simultáneamente, elija Ventana>Disposición>Mosaico vertical. (Véase la figura 1.13.)

3. Después, seleccione la herramienta **Zoom** en el panel Herramientas y haga clic dos veces en la mariposa más a la derecha de la ventana del documento. Fíjese que la ventana original del documento preserva el tamaño original. Este hecho le permite trabajar más en detalle y ver los resultados globales en el resto de la página (véase la figura 1.14).

4. Cierre la ventana 01_Library.indd:2 del documento haciendo clic en el botón de cerrar ventana situado sobre la ventana del documento. Los usuarios de Windows han de tener cuidado de no cerrar el programa, haciendo clic en su botón de cierre ya que están muy cerca el uno del otro. La ventana original del documento permanece abierta. Podemos volver al tamaño y posición original haciendo clic en el botón **Maximizar** en la parte superior de su ventana del documento.

Truco: El botón **Maximizar** (en Windows) se encuentra en el medio de los botones a la derecha de la barra e título de cada ventana. En Mac OS, es el botón verde de la esquina superior izquierda de la ventana.

Figura 1.13.
Las dos ventanas dispuestas simultáneamente.

Figura 1.14.
Las dos ventanas dispuestas simultáneamente con distinto zoom.

Visualización y disposición de los paneles

Los paneles proporcionan acceso rápido a las herramientas y funcionalidades más utilizadas. InDesign CS3 proporciona una forma completamente nueva de trabajar con paneles, como comprobará enseguida. Por defecto, los paneles aparecen en grupos aunque pueden reorganizarse de distintas maneras.

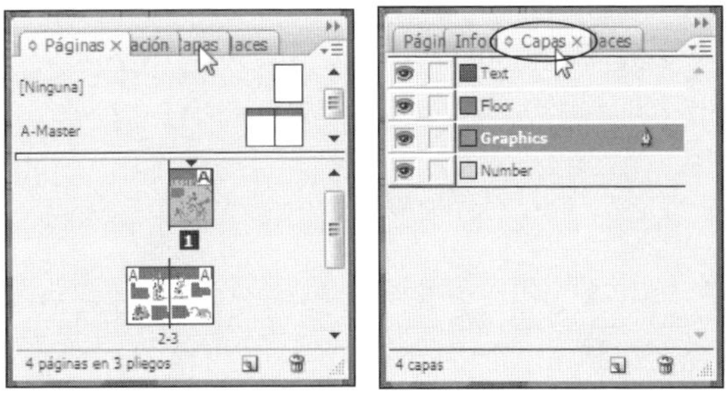

Figura 1.15.
El panel Capas.

Aquí experimentará con la ocultación, cierre y apertura de los distintos paneles.

1. Haga clic en Ventana>Espacio de trabajo> Espacio de trabajo predeterminado para restaurar los paneles en su posición original.

2. Haga clic en la flecha doble en la cima de los acoplados para expandir los acoplados y mostrar los paneles. Haga clic en la pestaña Capas o elija Ventana>Capas (figura 1.15). Discutiremos ahora cómo contraer los paneles a iconos. Esto puede ahorrar espacio a la hora de trabajar con documentos

> **Truco:** Para encontrar un panel oculto, elija el nombre del panel en el menú Ventana. Si el nombre del panel ya tiene una marca de selección, entonces el panel ya está abierto y se encuentra detrás de algún otro grupo de paneles. Si elije un nombre de panel con marca de selección en el menú Ventana, el panel se cerrará.

3. Haga clic en la flecha doble de la cima de los acoplados para contraer el panel a iconos. Para expandir el acoplado de nuevo, haga clic en la flecha doble una vez más. Otra forma de hacer esto es hacer clic en cualquier parte de la barra gris en la cima de los acoplados para expandir o contraer. Además, si quiere, puede volver al tamaño origina del los acoplados (cuando los contraiga o los expanda) haciendo clic y arrastrando hacia las tres líneas que se encuentran encima de los acoplados (véase la figura 1.16)

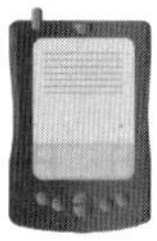

Nota: Para acceder a los paneles cuando se han contraído los acoplados, haga clic en el icono o el texto para ver el grupo de paneles.

4. Asegurándose de que el acoplado está expandido, vamos a restaurar el tamaño de los grupos de paneles. Esto puede hacer que sea más sencillo ver los paneles más importantes.

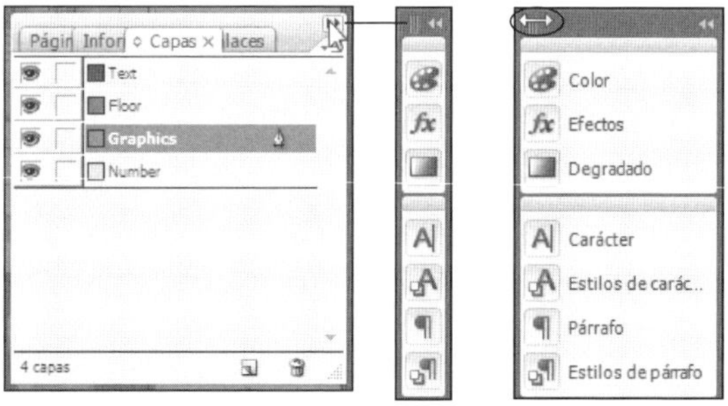

Figura 1.16.
Fecha doble del panel Capas.

Haga clic y arrastre en cualquiera de las líneas que dividen el grupo de paneles y arrástrelo arriba y abajo. Esto puede realizarse si los acoplados se expanden o se contraen (véase la figura 1.17).

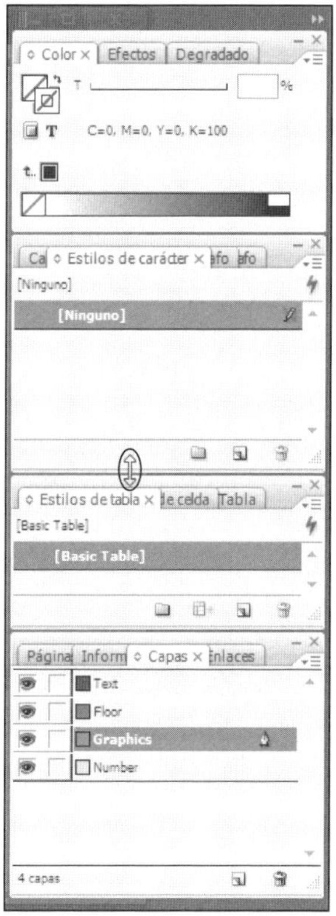

Figura 1.17.
Arrastre la línea divisora entre los dos paneles para redimensionarlos.

5. Arrastre la pestaña del panel Capas fuera del grupo para crear un nuevo panel flotante (véase la figura 1.18).

También puede mover los paneles de un grupo de paneles a otro para crear grupos de paneles personalizados con los que utilice más frecuentemente.

Acoplar y desacoplar paneles

Un acoplado es una colección de paneles o grupos de paneles que se muestran juntos, generalmente con una orientación vertical.
Se pueden acoplar y desacoplar los paneles moviéndolos dentro y fuera del acoplado.
Hay que fijarse en que este procedimiento no es lo mismo que el anclaje. Un anclaje es una colección de paneles que flotan libremente o de grupos de paneles, dispuestos de arriba a abajo.

- Para acoplar un panel, arrástrelo por su pestaña al grupo de acoplados, en la parte superior, en la inferior o entre otros paneles.

- Para acoplar un grupo de paneles, arrástrelo por su barra de título (la barra vacía encima de las pestañas) adentro de los acoplados.

- Para eliminar un panel o grupo de paneles, arrástrelo fuera de los acoplados por sus pestañas o por su barra de título. Puede arrastrarlo dentro de otro acoplado o dejarlo que flote libremente.

Ahora practicará creando grupos de paneles personalizados combinando diferentes paneles.

6. Arrastre el panel Capas de nuevo al grupo de paneles Páginas. Esto puede hacerse arrastrando la pestaña o la barra superior del panel Capas a la pestaña o la barra superior del grupo de paneles Páginas.

   Verá que aparece un resaltado azul (véase la figura 1.19).

> **Nota:** Para agregar un panel a un grupo, asegúrese de arrastrar la pestaña a la barra superior a la parte superior del panel. Si arrastra una pestaña del panel a la parte inferior de otro panel, acoplará el panel en vez de agregarlo.

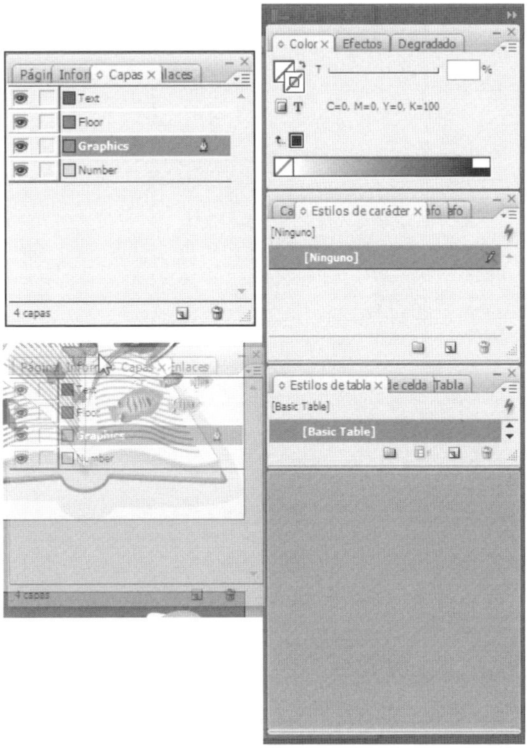

Figura 1.18.
Arrastre la pestaña del panel para separar un panel del grupo.

Truco: Pulse **Tab** para ocultar todos los paneles ocultos y el panel Herramientas. Pulse **Tab** de nuevo para visualizarlos todos otra vez. Puede ocultar o visualizar los paneles (aunque no el panel Herramientas) pulsando **Mayús-Tab**.

Figura 1.19.
Devolver el panel al grupo de paneles.

7. Si el panel Párrafo no está visible, ábralo seleccionando Texto>Párrafo. Después, arrastre la pestaña del panel Capas al centro del grupo de paneles Párrafo y después arrastre la pestaña de nuevo grupo de paneles Páginas.

Ahora, organizará los paneles para crear más espacio en su área de trabajo.

8. Después de arrastrar un panel de los acoplados, puede haga doble clic en la pestaña que contiene el nombre del panel para reducir el tamaño del panel. Haga doble clic en la pestaña de nuevo para minimizar el panel. Esto también se puede hacer cuando un panel está dentro de un grupo o dentro de un acoplado.

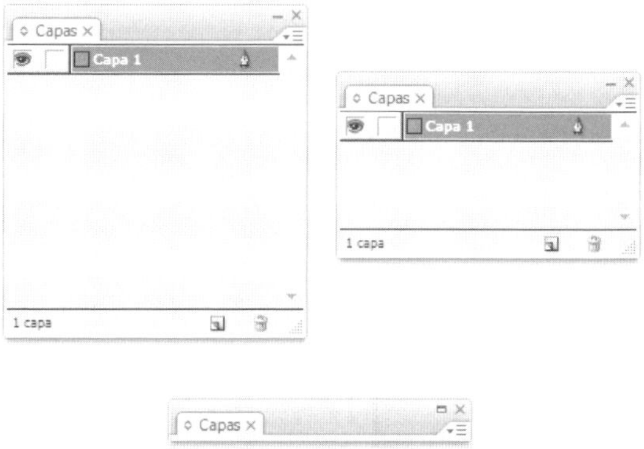

Figura 1.20.
Distintas formas del panel minimizado.

Nota: Puede hacer doble clic una tercera vez para volver a la vista completa del panel. De igual manera, hay que tener cuidado en no hacer clic en la X que aparece en la pestaña ya que en ese caso, se cerrará el panel.

Anclaje de paneles que flotan libremente

Cuando arrastre un panel fuera de su acoplado pero no en una zona de anclaje, el panel flotará libremente, permitiendo posicionarlo en cualquier parte dentro del espacio de trabajo. Los paneles también pueden flotar dentro del espacio de trabajo cuando son seleccionados desde el menú Ventana. Pueden flotar libremente los paneles o grupos de paneles de forma que se muevan como una unidad cuando se les arrastre por su barra de título. (Los paneles que son parte de un acoplado no se pueden anclar o se pueden mover como una unidad de esta manera.)

- Para anclar los paneles que flotar libremente, arrastre un panel por sus pestañas a la zona de anclaje de la parte inferior de otro panel.
- Para cambiar el orden, arrastre un panel hacia arriba o hacia abajo utilizando sus pestañas.

  Fíjese que hay que soltar la pestaña sobre una zona libre entre dos paneles en vez de hacerlo en la zona ancha de la barra de título.
- Para eliminar un panel o grupo de paneles del anclaje, de forma que flote libremente, arrástrelo fuera utilizando sus pestañas o su barra de título (véase la figura 21).

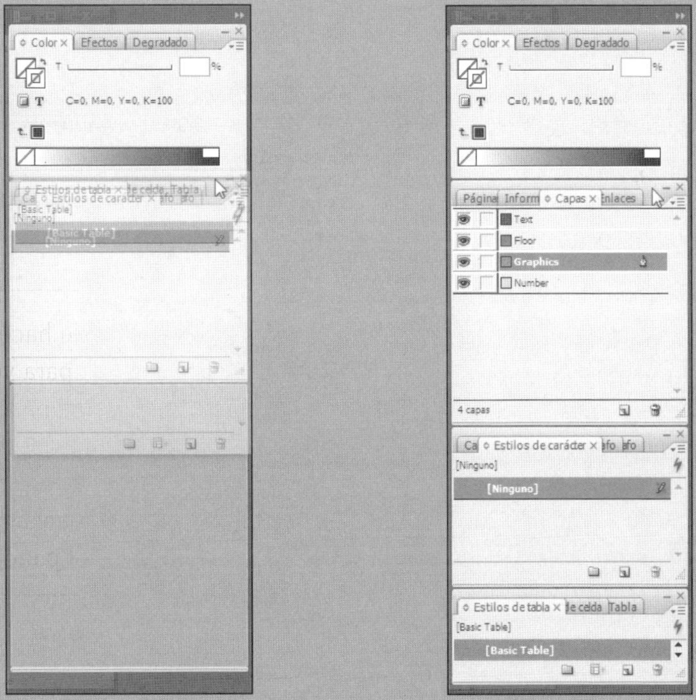

Figura 1.21.
Cambiar de posición los paneles dentro del grupo de paneles.

Vuelta al tamaño original y minimización de los paneles

Para devolver un panel a su tamaño original, arrastre cualquiera de los lados del panel o arrastre el cuadro por su esquina inferior derecha. Ciertos paneles, como el panel Color de Photoshop, no puede volver a su tamaño inicial utilizando el arrastre de una de sus esquinas.

- Para cambiar la anchura de todos los paneles de un anclado, utilice la parte de la parte superior izquierda de los acoplados.
- Para minimizar un panel, grupo de paneles, o pila de paneles, haga clic en el botón **Minimizar** en su barra de título.
- Puede abrir un panel incluso cuando el panel está minimizado.

Personalización del espacio de trabajo

InDesign proporciona varias formas de personalizar el espacio de trabajo. Puede restaurar los paneles y el panel Herramientas a su posición predeterminada. Puede también guardar la posición de los paneles y acceder de forma sencilla a ellos en cualquier momento creando un espacio de trabajo. Luego creará un espacio de trabajo para acceder al grupo de paneles que suela utilizar más frecuentemente.

1. Para restaurar el espacio de trabajo de nuevo a la configuración predeterminada, elija Ventana>Espacio de trabajo>Espacio de trabajo predeterminado.

   Luego abriremos algunos paneles, los contraeremos en la barra lateral y ahorraremos así sitio en el espacio de trabajo.

2. Haga clic en Ventana>Páginas, después elija Ventana>Objeto y maquetación>Navegador.

   Arrastre la pestaña del panel Navegador para eliminarla del grupo.

3. Haga clic en Ventana>Objeto y maquetación>Transformar.

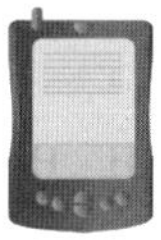

Nota: Cuando un panel tiene marca de selección a la izquierda del nombre del panel, bajo el menú Ventana, es porque ya está visible. Si se vuelve a seleccionar, el panel se cerrará.

4. Sitúe los dos paneles de forma que sean visibles en el lateral de la pantalla.

5. Haga clic en Ventana>Espacio de trabajo>Guardar espacio de trabajo. La ventana Guardar espacio de trabajo se abrirá. Introduzca como nombre **Navegación**, asegúrese de que la opción Ubicaciones de panel está seleccionada y después haga clic en **Aceptar**.

6. Vuelva a la disposición predeterminada haciendo clic en Ventana>Espacio de trabajo>Espacio de trabajo predeterminado. Fíjese en que los paneles vuelven a sus posiciones predeterminadas. Podemos cambiar entre dos espacios de trabajo utilizando el comando Ventana>Espacio de trabajo y seleccionando el espacio de trabajo que quiera utilizar. Utilice el comando Espacio de trabajo predeterminado antes de proceder con el siguiente ejercicio.

Uso de los menús de los paneles

La mayoría de paneles tienen un botón de menú en la esquina superior de la ventana del panel debajo de los botones de minimizar y cerrar. Haciendo clic en este botón se abre un menú con comandos adicionales y opciones del panel seleccionado. Puede utilizar esto para cambiar las opciones de visualización del panel o para acceder a comandos adicionales relacionados con el panel (véase la figura 1.22).

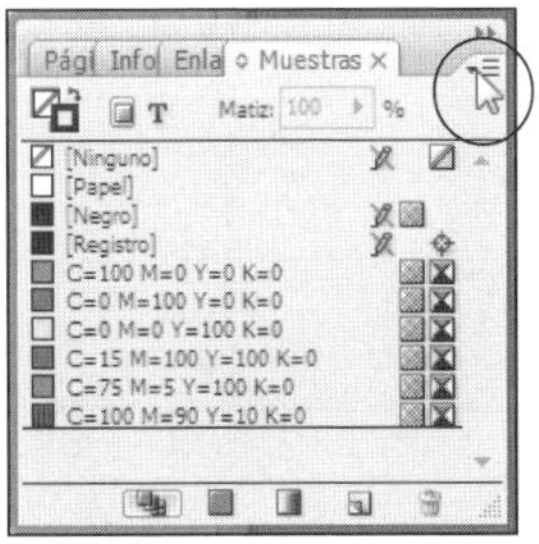

Figura 1.22.
El botón para abrir el menú del panel.

Después, cambiará la visualización de uno de los paneles, en concreto el panel Muestras, que se utiliza para crear y guardar colores.

1. Si no está todavía expandido, haga clic en la flecha doble en la cima de los acoplados para expandirlos. Haga clic la pestaña del panel Muestras en los acoplados de la barra derecha de la ventana. También puede elegir Ventana>Muestras para visualizar este panel.

2. Sitúe el cursor sobre el botón de menú en la esquina superior derecha del panel Muestras, y haga clic para visualizar el menú del panel (véase la figura 1.23).

3. Haga clic en Nombre pequeño. Los comandos del menú del panel se aplican sólo al panel activo. El tamaño de las muestras de color se reduce, permitiendo que se visualicen más muestras en el mismo sitio. Este comando afecta a las filas del panel Muestras pero no al resto de paneles visibles en la pantalla.

4. Haga clic en el menú del panel Muestras, y elija Nombre para volver los nombres de las muestras a su tamaño original.

Cambio de la visualización de un documento

InDesign le permite visualizar documentos en cualquier zoom entre 5% y 4000%. Cuando se abre un documento, el porcentaje se muestra en la esquina inferior izquierda de la ventana del documento, y en la cima del documento en la barra de título de la ventana, al lado del nombre del archivo.

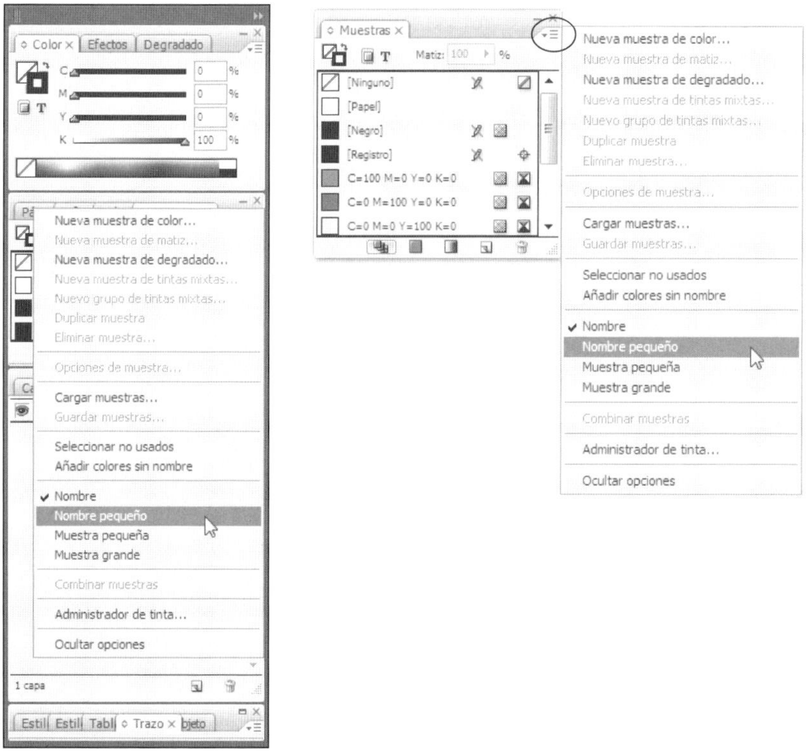

Figura 1.23.
Panel contraído. Panel flotante.

Uso de los comandos de visualización y el menú de zoom

Puede agrandar o reducir la visualización de un documento de forma sencilla, haciendo lo siguiente:

- Haga clic en un porcentaje en el menú de zoom en la esquina inferior izquierda de la ventana del documento para agrandar o reducir la visualización en cualquier incremento prefijado.

- Escriba un porcentaje en el menú de zoom situando el puntero del ratón en dicha área y haciendo clic para poder escribir el porcentaje de visualización y después pulse **Intro** para hacer efectivo el zoom.

Figura 1.24.
Cambie aquí el porcentaje del zoom.

- Haga clic en Ver>Aumentar para agrandar la visualización en un incremento prefijado.

- Haga clic en Ver>Reducir para reducir la visualización en un incremento prefijado.

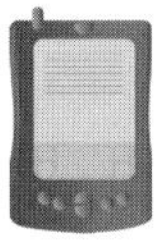

> **Nota:** Los tamaños prefijados son aquellos que se encuentran en el menú de zoom.

- Haga clic en Ver>Tamaño real para visualizar el documento al 100%. (Dependiendo de las dimensiones del documento y de la resolución de la pantalla, podrá o no ver el documento completo en la pantalla.)

- Haga clic en Ver>Ajustar página en ventana para visualizar la página de interés en la ventana.

- Haga clic en Ver>Encajar pliego en ventana para visualizar el pliego de interés en la ventana.

Uso de la herramienta Zoom

A parte de los comandos de visualización, puede utilizar la herramienta **Zoom** para ampliar y reducir la vista de un documento.

1. Seleccione la herramienta **Zoom** en el panel Herramientas y sitúelo sobre la mariposa de la página. Fíjese que un signo más aparece en el centro de la herramienta **Zoom**.

2. Haga clic una vez. La vista cambia al siguiente zoom prefijado, centrado en el punto donde se hizo clic. Ahora se verá cómo reducir la vista.

3. Sitúe la herramienta **Zoom** cursor sobre la mariposa y mantenga el botón del ratón pulsado **Alt** (en Windows) u **Opción** (Mac OS). Un signo menos aparece en el centro de la herramienta **Zoom**.

4. Con **Alt/Opción** todavía pulsada, haga clic una vez sobre la mariposa de forma que la vista se reduce. Puede también utilizar la herramienta **Zoom** para arrastrar un marco alrededor de la zona del documento que quiere aumentar.

5. Con la herramienta **Zoom** todavía seleccionada, mantenga el botón del ratón pulsado y arrastre el marco alrededor de la mariposa. Después, suelte el botón del ratón. El porcentaje con el que el área se aumentará dependerá del tamaño del marco: cuanto más pequeño sea el marco, mayor será el grado de aumento.

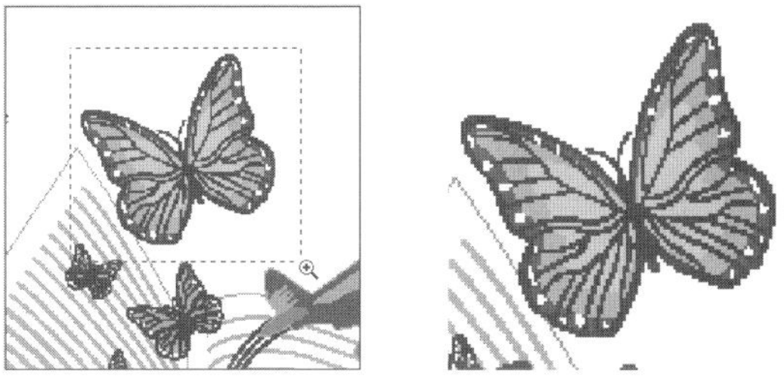

Figura 1.25.
Arrastre un marco con la herramienta Zoom. La vista resultante.

6. En el panel Herramientas, haga doble clic en el icono de la herramienta **Zoom** para volver a la vista 100%.

Debido a que la herramienta **Zoom** se utiliza frecuentemente durante el proceso de edición para agrandar y reducir la vista del documento, puede seleccionarla temporalmente utilizando el teclado en cualquier momento sin deseleccionar otra herramienta que ya esté utilizando. Ahora verá cómo hacerlo.

7. Haga clic en la herramienta **Selección** en el panel Herramientas y sitúelo en la ventana del documento.

8. Mantenga pulsada **Control-barra espaciadora** (en Windows) o **Comando-barra espaciadora** (en Mac OS) de forma que el icono de la herramienta **Selección** se convierta en el icono de la herramienta **Zoom**, y después haga clic encima de la mariposa para ampliar la vista. Cuando suelte las teclas, el cursor vuelve a la herramienta **Selección**.

9. Mantenga pulsada **Control-Alt-barra espaciadora** (en Windows) o **Comando-Opción-barra espaciadora** (en Mac OS) y haga clic en alejar para volver a la vista 100%.

10. Haga clic en Ver>Encajar pliego en ventana para centrar la página.

> **Truco:** Puede también cambiar el zoom utilizando los métodos abreviados del teclado. Utilice **Control-=** (en Windows) o **Comando-=** (en Mac OS) para incrementar el zoom o **Control--** (en Windows) o **Comando--** (en Mac OS) para decrementar el zoom.

Navegación por el documento

InDesign proporciona varias opciones para visualizar y navegar por un documento, con los paneles Páginas y Navegador, y las barras de desplazamiento.

Paso de página

Se pueden pasar páginas utilizando el panel Páginas, los botones de página de la parte inferior de la ventana del documento, las barras de desplazamiento, o utilizando otros comandos.

El panel Páginas proporciona iconos de página para todas las páginas del documento. Haga doble clic en cualquier icono de página o número de página o pliego que se quiere visualizar.

1. Asegúrese de que la herramienta **Selección** sigue seleccionada y seleccione Ventana>Páginas si el panel Páginas no está abierto todavía.

2. En el panel Páginas, haga doble clic en los números de página 2-3 bajo los iconos de la página a seleccionar y visualizar el pliego de las páginas 2 y 3. Necesitará desplazar el panel Páginas para ver las páginas 2 y 3. Haga clic en Ver>Encajar pliego en ventana para visualizar ambas páginas del pliego (véase la figura 1.27).

3. Haga doble clic en el icono de la página 3 para seleccionar y centrarlo en la ventana del documento (véase la figura 1.28).

Para seleccionar una página o pliego

Puede seleccionar tanto páginas como pliegos, dependiendo de la tarea que estamos realizando. Ciertos comandos afectan a la página o el pliego seleccionado actual, mientras que otros afectan a la página o pliego seleccionado. Por ejemplo, puede arrastrar guías de regla sólo en la página o pliego seleccionado en el panel Páginas. Seleccionar una página o pliego lo activa y es útil cuando, por ejemplo, varios pliegos están visibles en la ventana del documento y queremos pegar un objeto en un pliego específico. En el panel Páginas:

- Tanto en la página como en el pliego, haga doble clic en su icono en el número de la página bajo el icono. Si la página o el pliego no están visibles en la ventana del documento, se cambia a una vista.

También se puede seleccionar una página o pliego haciendo clic en el mismo, cualquier objeto del mismo o su ventana de trabajo dentro de la ventana del documento.
La regla vertical se extiende a lo largo de toda la página o pliego seleccionado.

- Para seleccionar una página, haga clic en sus iconos. (No haga clic a menos que quiera seleccionarla y pasar a la vista.)
- Para seleccionar un pliego, haga clic en el número de la página bajo el icono del pliego.

Fíjese en que ciertas opciones del pliego, como las del menú del panel Páginas, sólo están disponibles cuando un pliego entero está seleccionado (véase la figura 1.26).

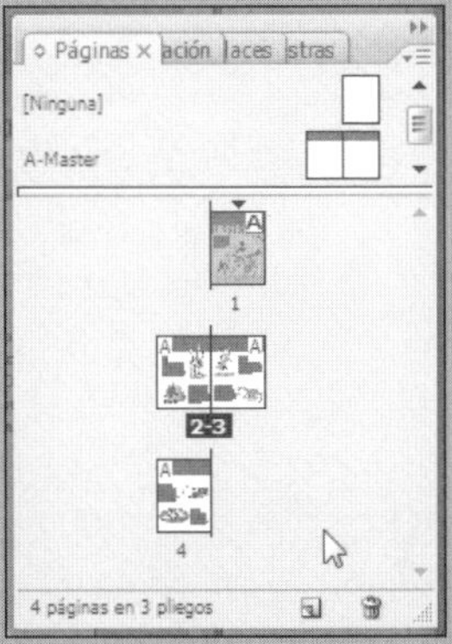

Figura 1.26.
La página 1 es el objetivo y la 2 y 3 están seleccionadas.

Después usará los botones de página en la parte inferior de la ventana del documento para cambiar las páginas.

4. Haga clic en el botón de página siguiente ▶ de la esquina inferior izquierda de la ventana del documento para ir a la página 4.

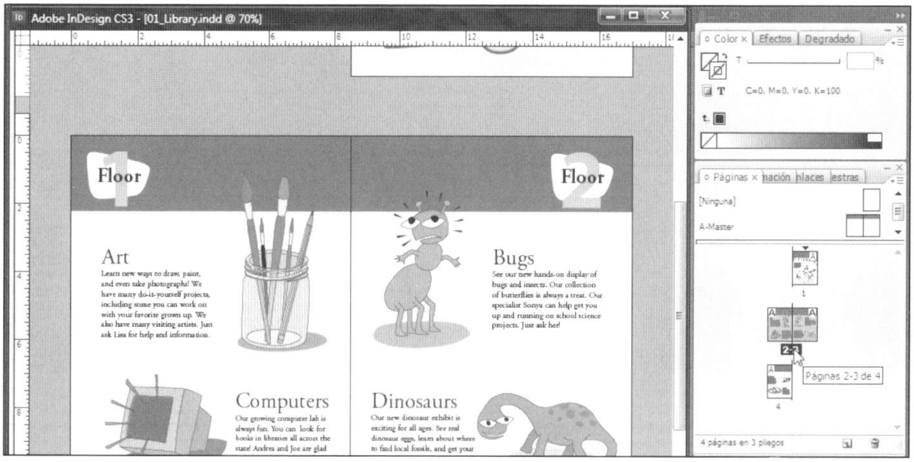

Figura 1.27.

Pliego centrado.

Figura 1.28.

Página 3 centrada.

Está situado a la derecha del porcentaje de zoom (véase la figura 1.29).

Puede también ir a un número de página determinado escribiendo el número del cuadro de página. Use la tecla **Intro** después de introducir el número de la página.

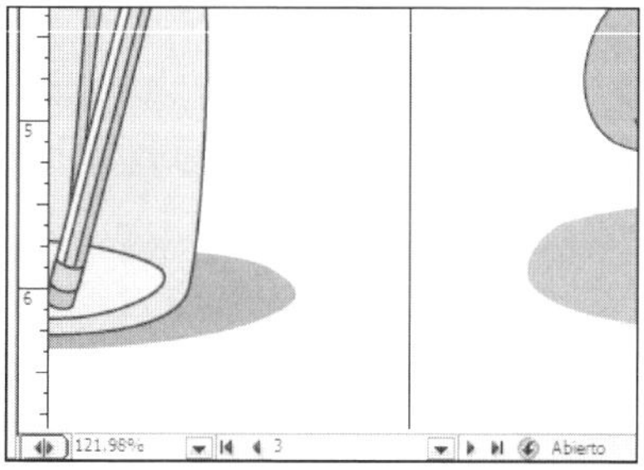

Figura 1.29.

Botón para pasar de página.

5. Haga clic y arrastre para seleccionar el número de página 4 en el cuadro de la página en la parte inferior izquierda de la ventana del documento, escriba **1**, y pulse **Intro**.

   Ahora, cambiará las páginas utilizando un comando del menú.

6. Haga clic en Composición>Atrás para volver a la página 4.
7. Haga clic en Composición>Página anterior para volver a la página 3.

   Puede también volver a un número de página determinado seleccionando el número de página en el menú contextual Página de la parte inferior de la ventana del documento. Use este procedimiento para cambiar de página en el paso siguiente.

8. Haga clic en la flecha ▼ a la derecha del cuadro de la página, y seleccione 2 en el menú contextual Página que aparece (véase la figura 1.30).

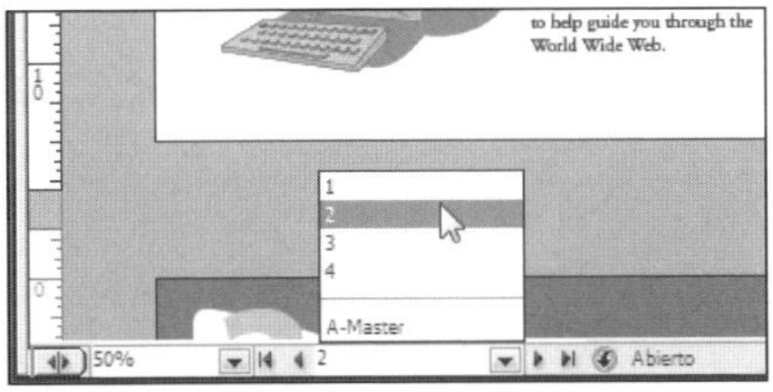

Figura 1.30.
Utilizando este menú puede acceder directamente a las páginas.

   Puede experimentar con los distintos métodos de navegación por el documento. Para obtener una lista completa de comandos utilizados para pasar páginas, consulte la ayuda de InDesign.

   Ahora, pasará a una página utilizando el comando Ir a página.

9. Haga clic en Composición>1.
10. Escriba **1** en el cuadro de diálogo del número de la página (o selecciónelo utilizando la fecha arriba) y haga clic en **Aceptar**. Es una manera estupenda de acceder a cualquier página del documento. Teniendo seleccionada el método abreviado **Control-J** (en Windows) y **Comando-J** (Mac) puede ahorrar cierto tiempo.

Desplazamiento por el documento

Puede también utilizar la herramienta Mano del panel Herramientas, o las barras de desplazamiento del lateral de la ventana del documento, para moverse a las distintas zonas o páginas de un documento. Aquí usará ambos métodos para navegar por el documento.

1. Arrastre la barra de desplazamiento del lado derecho de la ventana del documento hasta arriba para visualizar la página 1. Si fuese necesario, arrastre la barra de desplazamiento horizontal de la parte inferior de la ventana hasta que pueda ver la página 1.
2. Con la herramienta **Selección** seleccionada en el panel Herramientas y el cursor situado sobre el documento, mantenga pulsada la **barra de espacio** del teclado. Fíjese que el icono de la herramienta **Selección** cambia a la herramienta **Mano**.

Puede utilizar este método abreviado cuando no quiera cambiar de herramienta mientras se está desplazando por el documento. Puede también seleccionar la herramienta **Mano** desde el panel Herramientas.

3. Mientras mantenga pulsada la **barra de espacio**, haga clic y arrastre hacia arriba la ventana del documento hasta la página 2-3 del pliego que aparece en la pantalla. Mientras arrastra, el documento se mueve con la mano. La herramienta **Mano** le permite desplazarse tanto vertical como horizontalmente dentro de los documentos sin utilizar las barras de desplazamiento (véase la figura 1.31).

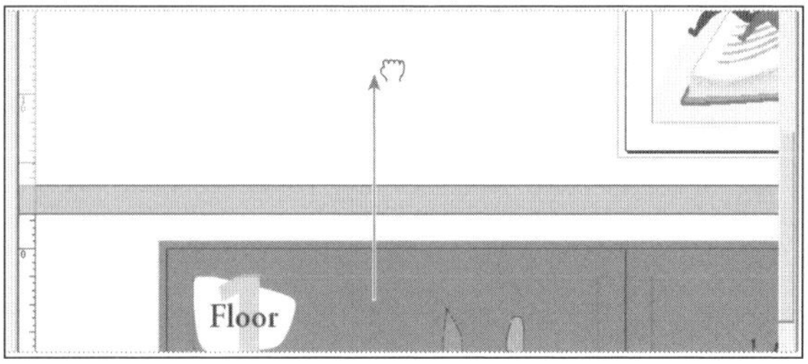

Figura 1.31.
Se puede utilizar la herramienta mano para ajustar la página.

Puede también utilizar la herramienta **Mano** como método abreviado del teclado para ajustar la página o el pliego a la ventana.

4. En el panel Herramientas, haga doble clic en el icono de la herramienta **Mano** para ajustar el pliego en la ventana.

5. Teniendo seleccionada la herramienta **Mano**, haga clic cerca del bicho y arrastre para centrarlo en la ventana.

Uso del panel Navegador

El panel Navegador proporciona varias herramientas para la navegación y la visualización en un solo sitio, de forma que se puede cambiar el tamaño y desplazarse de forma sencilla a la posición que se desee.

1. Haga clic en Ventana>Objeto y maquetación>Navegador para acceder al panel Navegador.

2. En la parte inferior del panel Navegador, arrastre la barra de la derecha para incrementar del documento del monitor una vez que haya soltado el botón del ratón.

   Mientras arrastre la barra para incrementar el nivel de tamaño, el borde rojo de la ventana Navegador decrementa su tamaño, mostrando el área que es visible en su monitor (véase la figura 1.32).

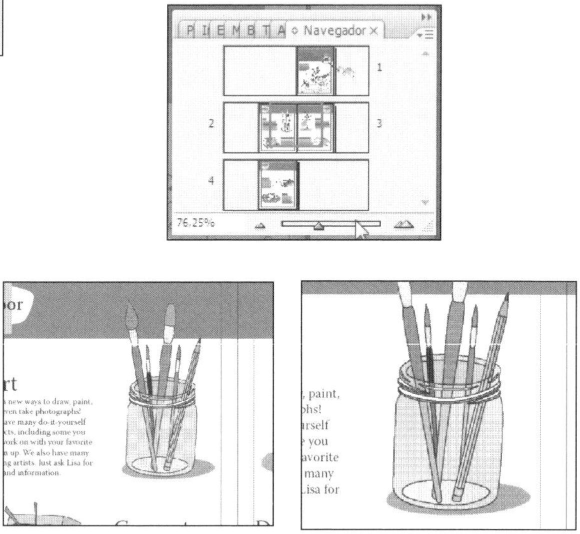

Figura 1.32.
Incremento del tamaño utilizando el panel Navegador.

3. En el panel Navegador, sitúe el cursor dentro del borde rojo. El puntero se convierte en una mano que se puede utilizar para desplazarse a las distintas partes de la página o pliego.

4. Desde dentro del cuadro rojo, arrastre la mano para desplazarse a la esquina inferior derecha de la página 3 para cambiar la página que está visible dentro de la ventana del documento (véase la figura 1.33).

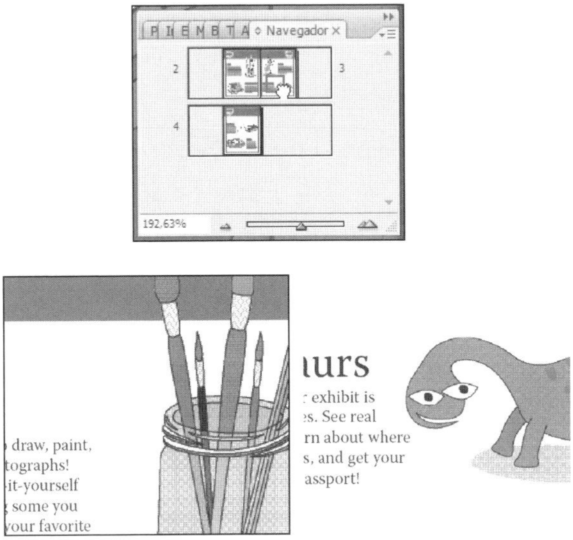

Figura 1.33.
Desplazamiento a un área diferente utilizando el panel Navegador.

Luego usará al panel Navegador para moverse entre las distintas páginas.

5. Haga clic en el menú del botón del panel en el panel Navegador y elija Ver todos los pliegos. Puede entonces hacer clic en la página 4 y moverse dentro de la misma (véase la figura 1.34).

6. Cierre al panel Navegador y guarde el archivo.

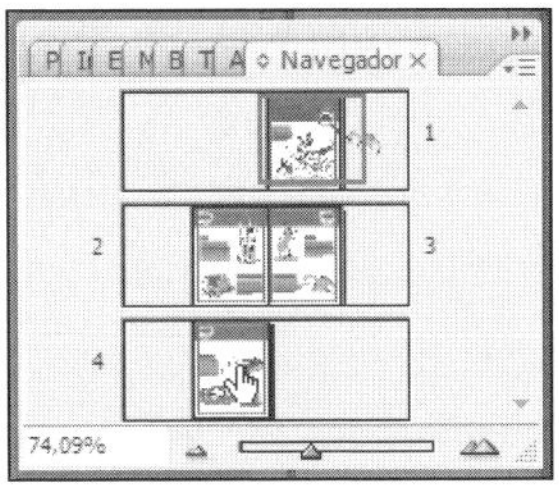

Figura 1.34.
Puede utilizar el panel Navegador para moverse entre las distintas páginas.

Uso de los menús contextuales

Además de los menús de la parte superior de la pantalla, se pueden utilizar los menús sensibles al contexto para visualizar comandos relevantes a la herramienta activa o seleccionada.

Para visualizar menús sensibles al contexto, sitúe el cursor sobre un objeto o en cualquier parte de la ventana del documento, y haga clic con el botón derecho del ratón (en Windows) o pulse **Control** y mantenga el botón del ratón pulsado (Mac OS).

1. Vaya a la página 3 y elija Ver>Ajustar página en ventana.

2. Teniendo seleccionada la herramienta **Selección**, haga clic en la palabra "*Floor*" en la ventana del documento.

3. Con la herramienta **Selección**, haga clic con el botón derecho del ratón (en Windows) o **Control-clic** (en Mac OS) en la palabra "*Floor.*" Las opciones para el texto bajo la herramienta se visualizan en el menú sensible al contexto.

Las mismas opciones también están en el menú Objeto. Se ha de tener cuidado de no seleccionar ninguno de los otros comandos del menú contextual y hacer clic una zona en blanco de la página para cerrar el menú (véase la figura 1.35).

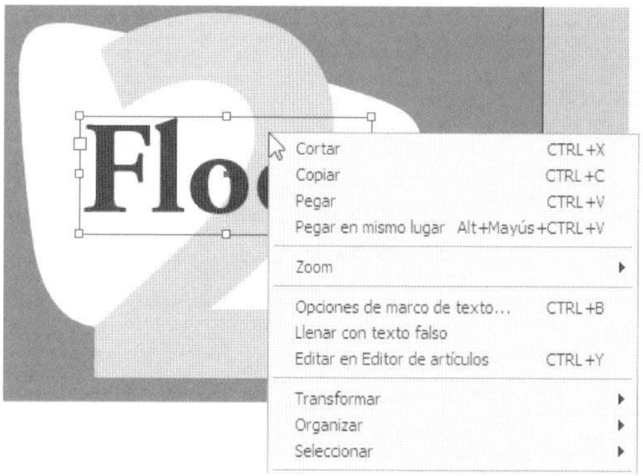

Figura 1.35.
Con un objeto seleccionado, haga clic con el botón derecho sobre él.

4. Haga clic en Edición>Deseleccionar todo para asegurar que todos los objetos están deseleccionados, después, haga clic con el botón derecho (en Windows) o **Control-clic** (en Mac OS) en la mesa de trabajo fuera del área de la página. Fíjese en que las opciones listadas en el menú contextual han cambiado de forma que se refieren al área de la página donde se ha hecho clic con el botón derecho del ratón o se ha hecho **Control-clic** (véase la figura 1.36).

Selección de objetos

InDesign le permite saber qué objetos serán seleccionados cuando mueve la herramienta **Selección** sobre un objeto resaltando el marco del mismo. Puede utilizar comandos de ayuda a la selección de los elementos que están detrás de otros dentro de la página.

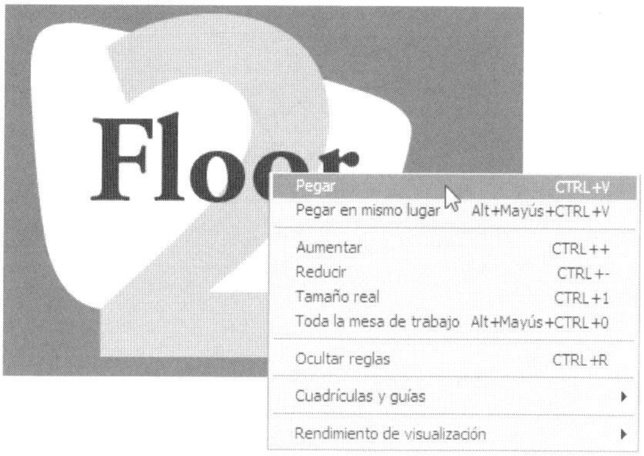

Figura 1.36.
Sin elemento seleccionado, al hacer clic con el botón derecho, aparecen otras opciones.

1. Haga clic en la herramienta **Selección**. Si fuese necesario, vaya a la página 2.

2. Mueva el cursor sobre los distintos bloques de texto y gráficos de la página y fíjese en cómo cambia el cursos para incluir un punto cuando el cursor pasa sobre ellos. Esto indica que un objeto se seleccionará si hace clic sobre él.

3. Haga clic entre las dos oes de la palabra "*Floor*," justo donde se solapa con el número 1. El cuadro de texto que contiene la palabra "*Floor*" queda así seleccionada.

4. Haga clic con el botón derecho del ratón (en Windows) o haga **Control-clic** (en Mac OS) y elija Seleccionar>Objeto siguiente. Repita este proceso hasta que haya terminado el ciclo de los tres objetos separados. Puede también mantener el botón del ratón pulsado junto con la tecla **Control** (en Windows) o la tecla **Comando** (en Mac OS) y hacer clic para entrar en el ciclo de la pila de objetos.

Uso de la ayuda InDesign

Puede utilizar la ayuda para buscar información más detallada sobre Adobe InDesign CS3. Ayuda>Ayuda de InDesign aparece en la ventana Adobe Help Viewer.

1. Haga clic en Ayuda>Ayuda>Ayuda de InDesign, de forma que aparece la ventana Adobe Help Viewer (véase la figura 1.37).

Uso de palabras clave, enlaces y el índice

Si no puede encontrar el tema que quiere revisar al visualizar la página Contenidos, puede tratar de utilizar la función de búsqueda. Se pueden buscar palabras clave o frases.

1. En el campo Búsqueda en la parte de arriba de Help Viewer, escriba **Marco** y pulse **Intro**. Una lista aparece con los elementos que contienen la información relacionado con los marcos.

2. Haga clic en Acerca de los trazados y marcos para saber más sobre trazados y marcos. Fíjese, en la información relacionada de la parte inferior del tema, ya que hay más subtemas relacionados donde puede encontrar información más detallada.

Localización de un tema utilizando el índice

1. Haga clic en la palabra Índice de la columna izquierda para ir a un listado alfabético de los temas.

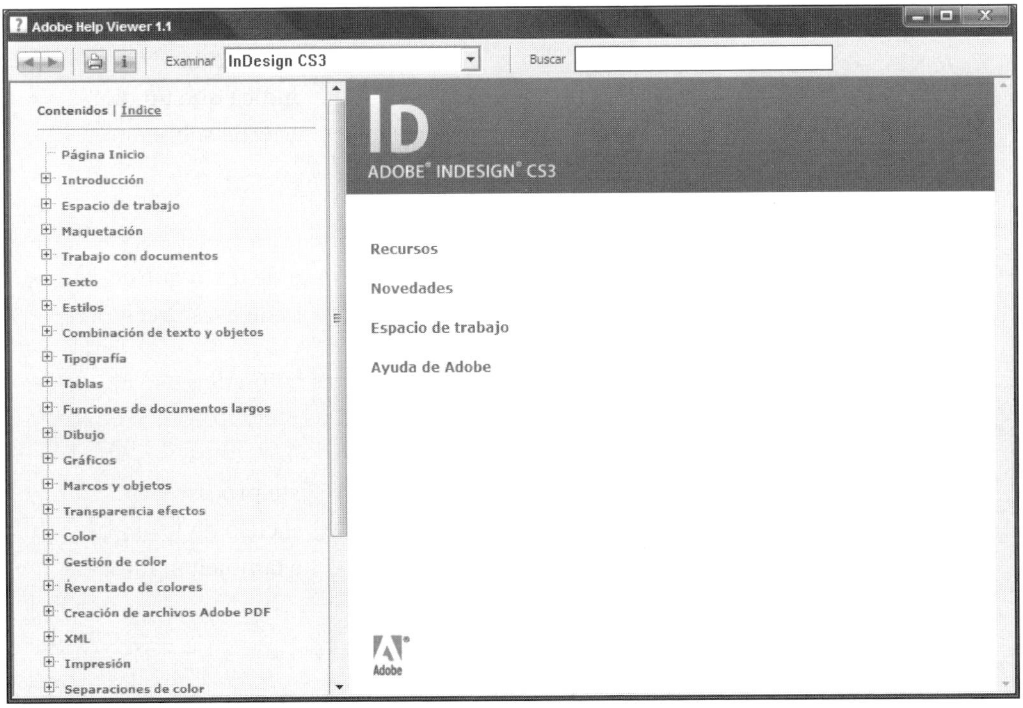

Figura 1.37.
La ventana de ayuda de InDesign.

2. Haga clic en la letra H para obtener la lista de temas que comienzan por la letra "H".

3. Haga clic en una de las opciones y aparecerá una nueva subcategoría (véase la figura 1.38).

4. Cuando haya terminado de investigar Ayuda>Ayuda de InDesign, cierre la ventana y vuelva a la ventana del documento de InDesign.

Por sí mismo

Una vez analizada el área de trabajo, pruebe a realizar algunos de los siguientes ejercicios utilizando el documento `Library_01.indd` o el suyo propio.

1. Seleccione Ventana>Información para abrir la paleta Información.

   Fíjese en la información que se proporciona sobre el documento o haga clic para seleccionar elementos concretos y ver cómo cambian al seleccionarlos.

2. Amplíe sus conocimientos sobre los comandos existentes y sobre cómo puede cambiar los comandos de teclado, con ayuda de la ventana Atajos de teclado (Edición>Atajos de teclado).

3. Después de trabajar en un documento y utilizar las diferentes paletas, seleccione Ventana>Espacio de trabajo>Predeterminado para restaurar la ubicación predeterminada de las paletas.

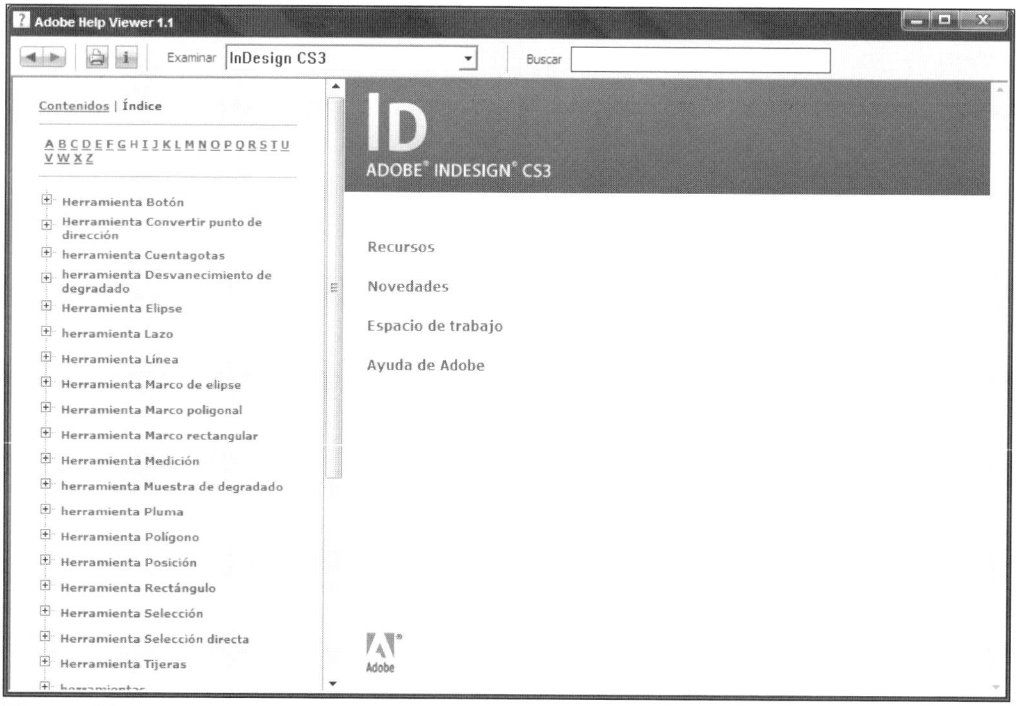

Figura 38.
Haga clic en el índice para ver una lista de temas ordenados alfabéticamente.

Preguntas de repaso

1. Describa dos formas de cambiar la vista de su documento.
2. ¿Cómo puede seleccionar herramientas en InDesign?
3. Describa tres formas de cambiar lo que muestra una paleta.
4. Describa dos formas de obtener más información sobre el programa InDesign.

Respuestas

1. Puede seleccionar comandos del menú Ver para acercar o alejar un documento, o para ajustarlo a su pantalla; también puede utilizar la herramienta **Zoom** del cuadro de herramientas y hacer clic y arrastrar sobre un documento para ampliar o reducir la vista. Además, puede utilizar los métodos abreviados de teclado. También es posible emplear la paleta Navegador para desplazarse por un documento y cambiar su porcentaje de visualización sin utilizar la ventana del documento.
2. Para seleccionar una herramienta, puede hacer clic sobre la herramienta en el cuadro de herramientas o bien puede introducir el método abreviado de teclado de la herramienta. Por ejemplo, puede pulsar **V** para seleccionar la herramienta **Selección** mediante el teclado. Puede seleccionar herramientas ocultas si hace clic sobre el triángulo situado en una herramienta del cuadro de herramientas y arrastra para seleccionar una de las herramientas adicionales que aparecen.
3. Para hacer que una paleta aparezca, puede hacer clic sobre su ficha o escoger su nombre bien del menú Ventana o bien del menú Texto, como por ejemplo Ventana>Alinear. Puede arrastrar la ficha de una paleta para separarla de su grupo y crear un grupo nuevo, o arrastrar la paleta a otro grupo. Puede arrastrar la barra de título de la paleta de un grupo para mover el grupo completo. Si hace doble clic sobre la ficha de una paleta, solamente verá los títulos de las paletas. También puede pulsar **Mayús-Tab** para mostrar u ocultar todas las paletas.
4. Adobe InDesign posee ayuda interactiva, con información sobre los métodos abreviados de teclado e ilustraciones a todo color. InDesign ofrece también vínculos de formación y recursos de asistencia de la página Web de Adobe Systems, `www.adobe.com`.

Capítulo 2

Configurar un documento

Puede garantizar la uniformidad de la maquetación y simplificar su trabajo, gracias a las herramientas que le ayudan a configurar su documento. En este capítulo, aprenderá a configurar un nuevo documento, a crear páginas maestras y a configurar columnas y guías.

En esta introducción sobre la configuración de su documento, aprenderá a hacer lo siguiente:

- Iniciar un documento nuevo.
- Crear, editar y aplicar páginas maestras.
- Establecer los valores predeterminados de un documento.
- Ajustar el tamaño de la mesa de trabajo y la zona de sangrado.
- Añadir secciones para cambiar la numeración de páginas.
- Modificar los elementos de página maestra en las páginas del documento.
- Añadir gráficos y texto a las páginas del documento.

Antes de comenzar

En este capítulo, creará un artículo de una revista de 12 páginas y, tras ello, añadirá texto y gráficos a uno de los pliegos. Antes de comenzar, necesitará restaurar las preferencias predeterminadas de Adobe InDesign, para garantizar que las herramientas y paneles funcionan tal y como se describen este capítulo. A continuación, abrirá el documento terminado de este capítulo para ver lo que va a crear.

Nota: Si todavía no ha copiado los archivos de recursos de este capítulo a su disco duro, que puede encontrar en la carpeta `Lesson_02` del CD adjunto, hágalo ahora. En un apartado anterior encontrará más información al respecto.

1. Para asegurar que las herramientas y paneles funcionan exactamente como se indica en este capítulo, borre o reinicie las preferencias predeterminadas de InDesign CS3 seguido del procedimiento de las páginas iniciales para restaurar los archivos de preferencias
2. Inicie Adobe InDesign CS3.
3. Para ver el aspecto final del documento, abra el archivo `02_b.indd` (véase la figura 2.1) de la carpeta `Lesson_02`, situada dentro de la carpeta `Lessons`. Si obtiene alertas acerca de los perfiles, las políticas o los colores RGB o CMYK, tan solo haga clic en **Aceptar**. Esto hará que se conviertan los colores a la configuración que haya establecido.
4. Desplácese por el documento para visualizar los pliegos, muchos de los cuales sólo tienen guías y marcos. Vaya a las páginas 2-3, que es el único pliego que completará en este capítulo.

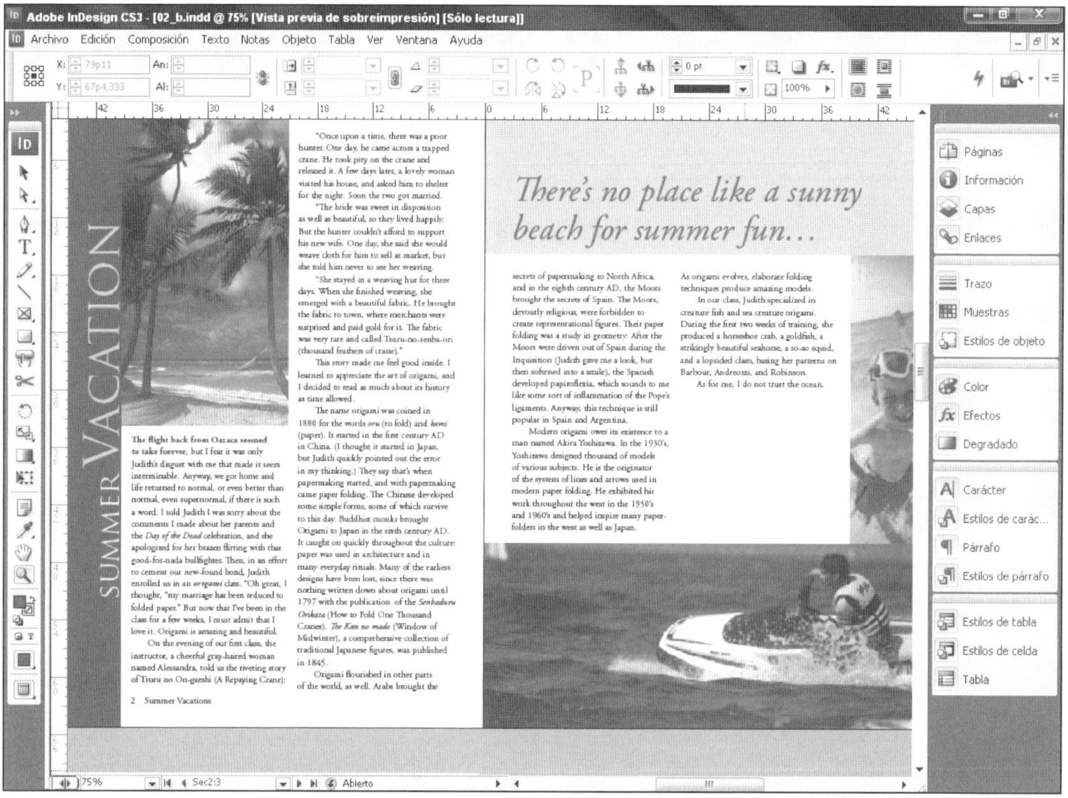

Figura 2.1.
El resultado final de este capítulo.

5. Cierre el archivo `02_b.indd` después de que haya terminado de examinarlo o puede dejar el documento abierto para utilizarlo como referencia.

Crear y guardar un tamaño de página personalizado

InDesign le permite guardar los valores predeterminados de sus páginas que utilice con mayor frecuencia, incluyendo el tamaño de la página, el número de páginas y los márgenes. De esta forma resulta muy rápido crear nuevos documentos por medio de un tamaño de documento guardado.

1. Seleccione Archivo>Valores de documento>Definir.
2. Haga clic en el botón **Nuevo** del cuadro de diálogo Valores de documento que aparece en pantalla.
3. En el cuadro de diálogo Nuevo valor de documento (véase la figura 2.2), configure las siguientes opciones:
   - En el campo Valor de documento, introduzca **Magazine**.
   - En Número de páginas, introduzca **12**.
   - Seleccione la opción Páginas opuestas.

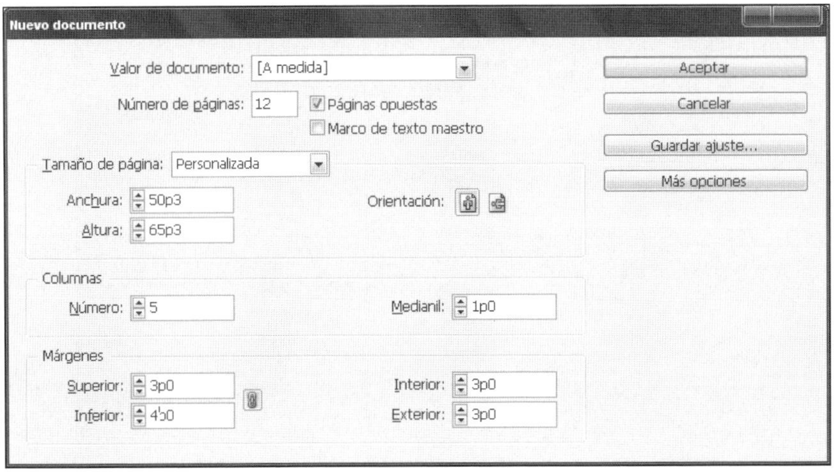

Figura 2.2.
El cuadro de diálogo Nuevo documento.

- En Ancho, introduzca **50p3** (abreviatura de 50 picas y 3 puntos).
- En Alto, introduzca **65p3**.
- En Columnas, seleccione 5 en la lista Número.
- En Márgenes, introduzca **4** para Inferior y conserve el valor 3p0 para Superior, Interior y Exterior. Fíjese que hay que asegurarse de hacer todas las modificaciones en el mismo botón cuando la configuración del margen central está deseleccionada para poder así introducir la configuración y que no sea la misma para las cuatro dimensiones.

4. Haga clic en el botón **Más opciones** (véase la figura 2.3) para ampliar el cuadro de diálogo e introduzca **.25in** en el campo Superior del grupo Sangrado.

   Tras ello, haga clic en el icono **Unificar todas las configuraciones** para introducir el mismo valor en los campos de texto Inferior, Interior y Exterior. InDesign convierte automáticamente las unidades. De esta forma se crea una zona alrededor de la página que se imprimirá y se utilizará cuando haya elementos que superen el área de la página, como por ejemplo una imagen o un fondo coloreado.

Truco: Puede utilizar cualquier unidad de medida en los cuadros de diálogo y paneles. Si utiliza un valor diferente al predeterminado, basta con introducir el indicador de la unidad que desee utilizar, por ejemplo "p" para picas, "pt" para puntos e "in" o " (comillas dobles) para pulgadas. Puede cambiar las unidades predeterminadas si selecciona Edición>Preferencias>Unidades e incrementos (en Windows) o InDesign>Preferencias>Unidades e incrementos (Macintosh).

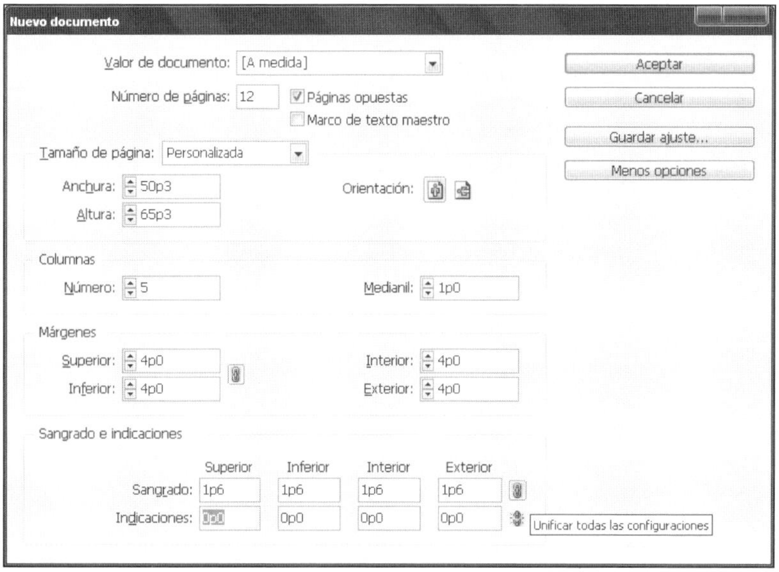

Figura 2.3.
El cuadro de diálogo Nuevo documento ampliado.

5. Pulse **Aceptar** en ambos cuadros de diálogo para guardar los nuevos valores del documento.

Iniciar un documento nuevo

Cuando se comienza un documento por primera vez, aparece el cuadro de diálogo Configurar documento. Puede utilizar un valor de documento predefinido o este cuadro de diálogo para establecer el número de páginas, el tamaño del papel y el número de columnas. Utilizaremos el valor Magazine que acabamos de crear.

1. Seleccione Archivo>Nuevo>Documento.
2. En el cuadro de diálogo Nuevo Documento, seleccione el valor Magazine. En caso de que no sea el valor preestablecido, haga clic en él y mantenga pulsado el menú desplegable Valor de documento para seleccionarlo.
3. Haga clic en **Aceptar**.

   InDesign creará un nuevo documento con las especificaciones definidas en Valor de documento, incluyendo el tamaño de las páginas, los márgenes y el número de páginas.

4. En caso de que no se encuentre abierta, abra el panel Páginas (seleccione Ventana> Páginas).

   Se abrirá la ventana del documento por la página 1, como indica el panel Páginas. El panel se divide en dos secciones. En la parte superior se incluyen iconos que representan las páginas maestras. En la mitad inferior se muestran iconos de las páginas de documento del documento. En este documento, la página maestra está formada por un pliego de dos páginas para páginas opuestas (véase la figura 2.4).

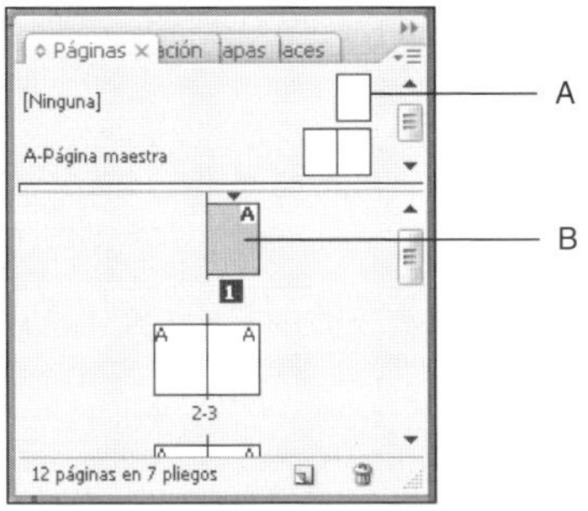

Figura 2.4.
A. Icono de páginas maestras. B. Icono de páginas de documento.

5. Seleccione Archivo>Guardar como, asígnele el nombre `02_Setup.indd` y pulse **Guardar**.

Cambio de documentos dentro de InDesign

Durante el trabajo, es seguro que se deseará cambiar de documento de uno nuevo a uno que sirvió como referencia. Si ambos documentos se encuentran abiertos, podemos traer uno al frente del otro.

1. Seleccione el menú Ventana, de forma que los documentos actualmente abiertos en InDesign aparecerán en la parte inferior (véase la figura 2.5).
2. Seleccione el documento que quiera visualizar y aparecerá en el frente.

> **Truco:** Puede cambiar entre los distintos documentos utilizando la combinación **Control-~** (en Windows) o **Comando-~** (en MacOs).

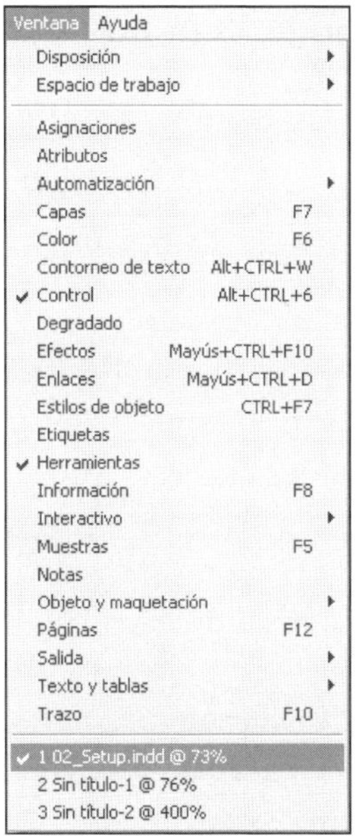

Figura 2.5.
De esta forma se cambia entre los distintos documentos abiertos.

Editar páginas maestras

Antes de añadir gráficos y marcos de texto al documento, configuraremos las páginas maestras. Una página maestra es como una plantilla que puede aplicar a las páginas de su documento. Cualquier objeto que añada a las páginas maestras aparecerá en las páginas del documento a las que se apliquen las páginas maestras.

En este documento, utilizará tres conjuntos de páginas maestras. Una contiene una cuadrícula, otra la información del pie de página y una tercera que contiene marcadores de posición. La creación de varios tipos de páginas maestras le permite variar las páginas de un documento a la vez que garantiza un diseño uniforme.

Agregar guías a la página maestra

Las guías son líneas que no se imprimen y que le permiten aplicar su diseño de forma precisa. Las guías que coloque en las páginas maestras aparecen cualquier página del documento a la que se aplique la página maestra. En este documento, añadirá una serie de guías que, junto con las guías de las columnas, actuarán como una cuadrícula donde situar los marcos de gráficos y texto.

1. En la zona superior del panel Páginas, haga doble clic sobre A-Página maestra. Las páginas maestras izquierda y derecha aparecen centradas en la ventana del documento (véase la figura 2.6).

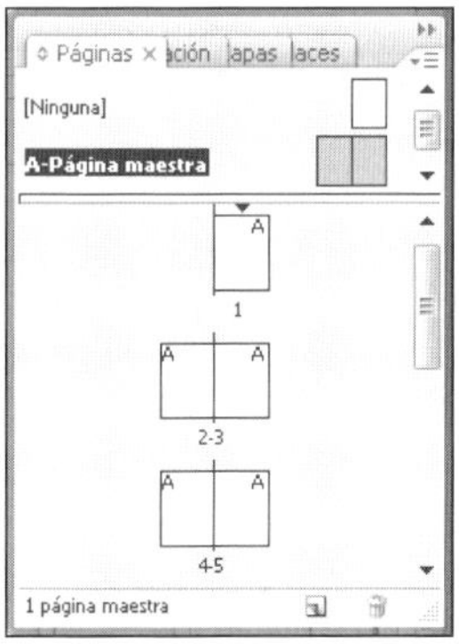

Figura 2.6.
Al hacer doble clic en sobre el nombre de la página maestra se muestran ambas páginas de A-Página maestra.

> **Truco:** Si dos páginas del pliego de la página principal no están centradas en la pantalla, haga doble clic en la herramienta **Mano** en el panel Herramientas para centrar las páginas.

2. Seleccione Maquetación>Crear guías.

3. Marque la casilla de verificación Vista previa.

4. Bajo Filas, introduzca **8** en Número y **0** en Medianil.

5. En Ajustar guías a, seleccione Márgenes para ver cómo aparecen las guías horizontales en sus páginas maestras (véase la figura 2.7).

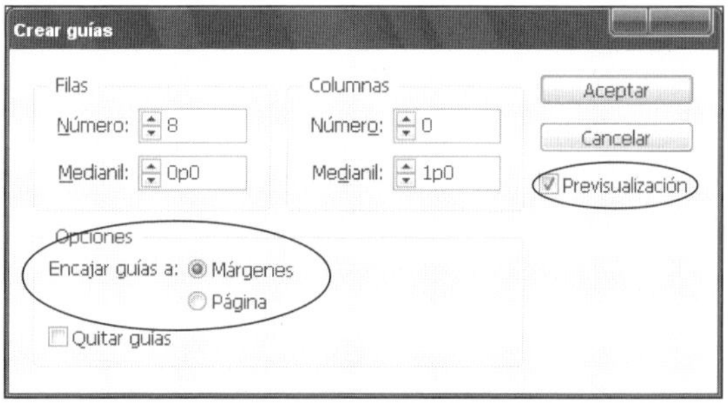

Figura 2.7.
El cuadro de diálogo Crear guías.

Al seleccionar Márgenes en lugar de Páginas, las guías se crean dentro de los márgenes de la página en lugar de dentro de los bordes de la misma. No añadirá guías de columnas porque las guías de las columnas ya aparecen en su documento.

6. Haga clic en **Aceptar**.

> **Truco:** También se pueden añadir cuadrículas a páginas de documento concretas por medio del mismo comando.

Arrastrar guías desde las reglas

Las guías pueden arrastrarse desde las reglas horizontales (en la parte superior) o desde las verticales (en los lados) para agregar alineaciones adicionales que nos ayuden las páginas. Al pulsar **Control** (en Windows) o **Comando** (en Mac OS) mientras arrastramos una guía hace que se aplique a todo el pliego.

> **Truco:** Puede también arrastrar la guía de la regla sin pulsar las teclas **Control** o **Comando** y soltar la guía sobre la mesa de trabajo para tener una guía que aparezca en todas las páginas del pliego así como en la mesa de trabajo.

En este capítulo, los pies de página se situarán debajo del margen inferior de la página donde no hay guías de las columnas. Para colocar los pies de forma precisa, habrá que agregar una guía horizontal y dos verticales.

1. Haremos doble clic en el pliego A-Página maestra, si es que no está seleccionado aún. Si este pliego no está disponible en la sección superior del panel Páginas, arrastre la barra de desplazamiento al divisor del panel para ver las páginas maestras adicionales.

2. Sin hacer clic en el documento, mueva el curso por la ventana del documento para ver las reglas verticales y horizontales mientras se mueve el cursor. Fíjese en que los indicadores de las reglas se corresponden con la posición del cursor. También fíjese que los valores de X e Y en el panel Control indica la posición del cursor.

3. Pulse **Control** (en Windows) o **Comando** (en Mac OS) y sitúe el curso en la regla horizontal. Arrastre la guía de la regla hasta un valor de 62 picas y visualice el valor de Y en el panel Control o Transformar para ver la posición actual. No se preocupe de colocar la regla exactamente en el valor 62 picas. Ya lo hará en el siguiente paso (véase la figura 2.8).

4. Para posicionar la guía exactamente en 62 picas, elija la herramienta **Selección** y seleccione la guía. Cuando esté seleccionada, la guía cambia de color, y en el panel Control o Transformar, el valor Y no sigue fijo. Ponga el puntero en el campo de texto Y y escriba **62p** para reemplazar el valor actual. Después, pulse **Intro**.

5. Arrastre una guía de regla desde la regla vertical hasta la posición 12p0.6. Visualice el valor X en el panel Control mientras lo arrastra. La guía se asocia con la guía de la columna en dicha posición.

6. Arrastre otra guía desde la regla vertical a la posición 88p5.4.

7. Haga clic en Archivo>Guardar (véase la figura 2.9).

Creación de un cuadro de texto en una página maestra

Cualquier texto o gráfico que coloque en la página maestra aparecerá en la páginas donde se aplique esta página.

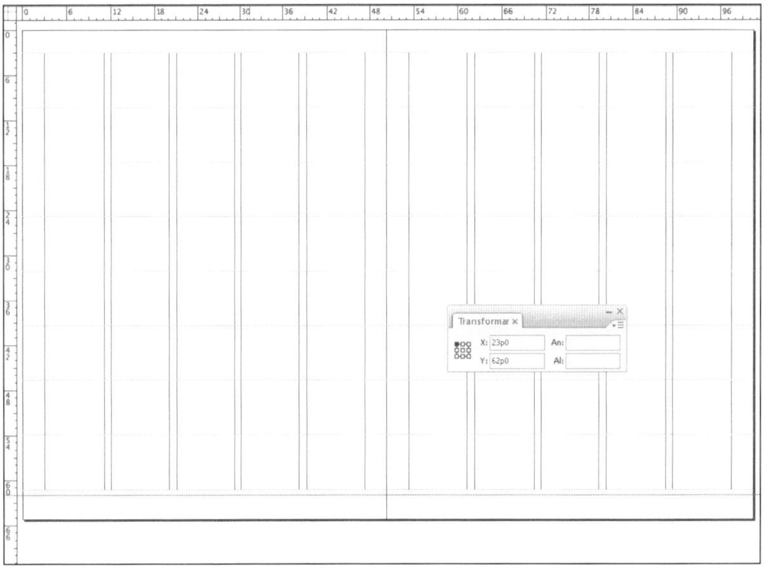

Figura 2.8.
Colocación de la guía en la posición 62 picas.

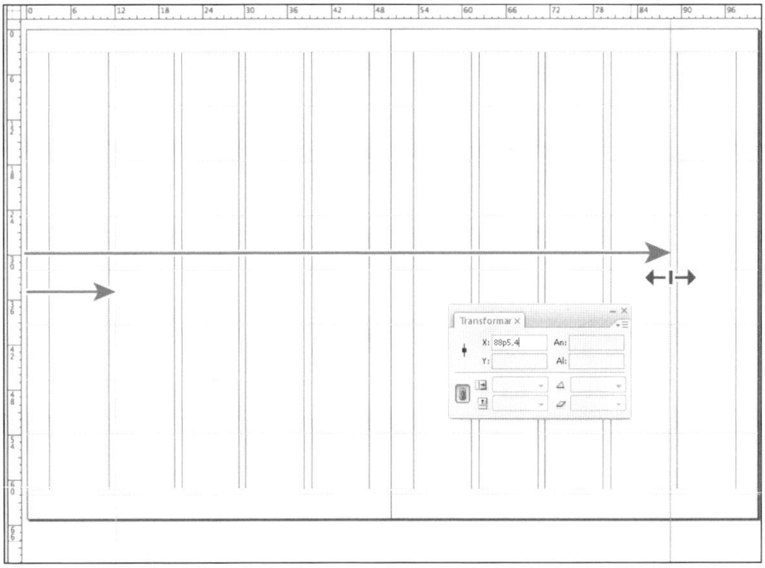

Figura 2.9.
Arrastro de la regla inteligente.

Para crear un pie de página, agregará un título y un marcador de número de página en la parte inferior de ambas páginas maestras.

1. Asegúrese de que pueda ver la parte inferior de la página maestra izquierda. Si fuese necesario, acérquela y use las barras

de desplazamiento o la herramienta **Mano**.

2. Seleccione la herramienta **Texto** T en el panel Herramientas. En la izquierda de la página maestra, arrástrela para crear un cuadro de texto debajo de la segunda columna donde las guías intersecan, como se vio. No se preocupe de no dibujar el cuadro exactamente en la posición correcta. Ya lo corregirá más adelante (véase la figura 2.10).

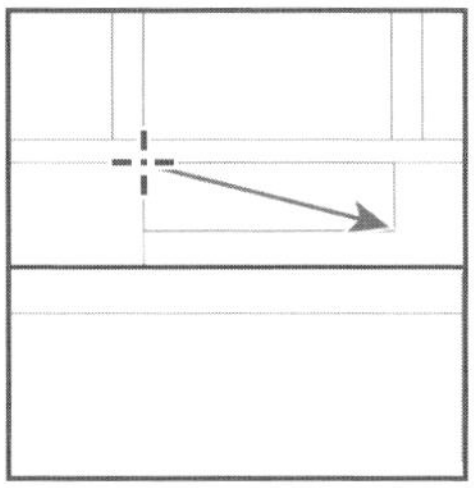

Figura 2.10.
Arrastre para crear un cuadro de texto.

> **Nota:** Mientras dibuje un cuadro con la herramienta **Texto**, el cuadro comienza allí donde la línea de base horizontal interseca con el primer cursor, no en la esquina superior del mismo.

3. Con el punto de inserción del texto parpadeando en el nuevo cuadro de texto, elija Texto>Insertar carácter especial> Marcadores>Número de página actual.

   La letra A, que representa la página maestra, aparece en el cuadro de texto. Este carácter refleja el número de la página real de las páginas del nuestro documento, como por ejemplo "2" en la página 2.

4. Para agregar un espacio de no separación después del número de página, haga clic en con el botón derecho del ratón (en Windows) o **Control-clic** en (en Mac OS) mientras el cursor parpadea en el cuadro de texto para visualizar un menú contextual, y entonces elija Insertar espacio en blanco>Espacio largo. O también puede elegir el mismo comando bajo el menú Texto.

5. Escriba **Summer Vacations** después del espacio de no separación.

   Luego, cambie la fuente y el tamaño del texto en el cuadro.

6. En el panel Herramientas, elija la herramienta **Selección** y haga clic en el cuadro de texto que contiene el pie de página.

7. Haga clic en Texto>Carácter para visualizar el panel Carácter.

8. En el panel Carácter, seleccione Adobe Garamond Pro en el menú de fuentes.

9. Seleccione 12 pt en el menú de tamaño de fuente (véase la figura 2.11).

Figura 2.11.
El panel Carácter.

> **Nota:** Puede editar los atributos de todo el texto dentro de un cuadro seleccionando el cuadro con la herramienta **Selección**. Para cambiar los atributos de una porción de texto, seleccione la herramienta **Texto**.

> **Nota:** Es sencillo confundir el menú Tamaño de fuente con el menú Interlineado. Asegúrese de que cambia el tamaño de la fuente y no el interlineado.

> **Nota:** Cuando no hay elementos seleccionados, los cambios hechos en el panel Carácter u otros paneles se convierten la configuración predeterminada. Para evitar la modificación de esta configuración, hay que asegurarse de hacer cambios siempre con un objeto seleccionado.

10. En el panel Herramientas, elija la herramienta **Selección**. Si fuese necesario, arrastre el marco del pie de página de forma que se ajuste a las guías vertical y horizontal (véase la figura 2.12).

Figura 2.12.
El cuadro de texto.

11. Compruebe las coordenadas haciendo clic en la esquina superior izquierda del indicador de punto de referencia, en la esquina superior izquierda del panel *Control*. El panel *Control* debería mostrar un valor *X* de *12p06* y un valor *Y* de *62p*.

12. Haga clic en una zona en blanco de su ventana del documento o elija *Edición> Deseleccionar todo* el cuadro de texto.

Luego duplicará el pie de página a la izquierda de la página maestra.

13. Teniendo seleccionada la herramienta **Selección**, seleccione el marco del pie de página de la página izquierda. Mantenga pulsada la tecla **Alt** (en Windows) o la tecla **Opción** (en Mac OS), y arrastre el cuadro de texto a la página maestra derecha de forma que se asocie con las guías, haciendo espejo de la página maestra derecha como se vio (véase la figura 2.13).

14. Asegúrese de que pueda ver la parte inferior de la página maestra derecha. Si fuese necesario, incremente el tamaño y desplazarse tanto como sea necesario para visualizar el texto en la parte inferior de la página maestra derecha.

15. Seleccione la herramienta **Texto** T, y después haga clic en cualquier parte dentro del cuadro de texto en la página maestra derecha para crear un punto de inserción.

16. Haga clic en el botón **Controles de formato de párrafo** en el panel Control, y después haga clic en Alinear a la derecha (véase la figura 2.14).

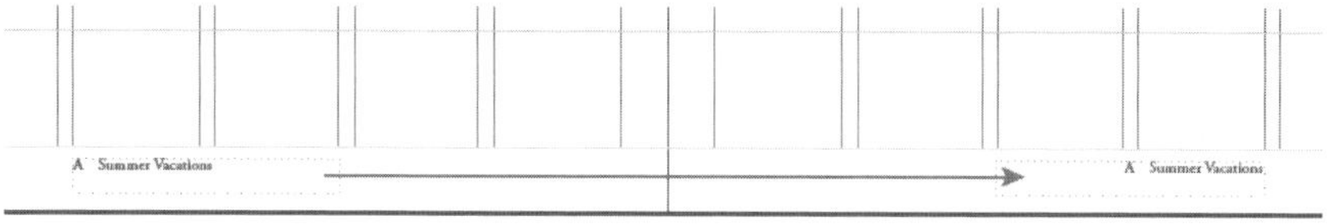

Figura 2.13.
El pie de página finalizado.

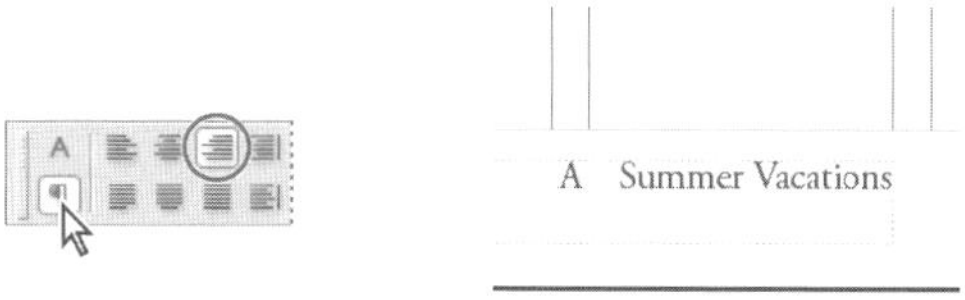

Figura 2.14.
Haga clic en el botón Controles de formato de párrafo en la parte izquierda del panel Control para ver las opciones de alineación.

El texto aparece alineado a la derecha dentro del marco del pie de página en la página maestra derecha. Después, modifique la página maestra derecha, colocando el número de página de la barra derecha de las palabras "*Summer Vacations*".

17. Suprima el espacio de no separación y el número de página al principio del pie de página.

18. Haga clic para colocar el punto de inserción al final de la palabra "*Summer Vacations*", y después elija Texto>Insertar caracter especial>Marcadores>Número de página actual.

19. Coloque el punto de inserción entre "*Summer Vacations*" y el número de página y haga clic con el botón derecho (en Windows) o **Control-clic** (en Mac OS), y después elija Insertar espacio en blanco>Espacio largo (véase la figura 2.15).

Figura 2.15.
Pie de página izquierdo y pie de página derecho.

20. Haga clic en Edición>Deseleccionar todo y después elija Archivo>Guardar.

Cambiar el nombre de la página maestra

Cambiaremos el nombre de la primera página maestra. En aquellos documentos que contienen varias páginas maestras, puede que desee cambiar el nombre de todas las páginas maestras para asignarles otros más descriptivos.

1. Compruebe que la página A-Página maestra esté seleccionada. Haga clic en sobre el botón de menú del panel situado en la esquina superior izquierda del panel Páginas y seleccione Opciones de página maestra para "A-Página maestra".

2. En Nombre, escriba **Grid-Footer** y a continuación haga clic en **Aceptar** (véase la figura 2.16).

> **Truco:** Además de cambiar el nombre de las páginas maestras, puede utilizar el cuadro de diálogo Opciones de página maestra para modificar otras propiedades de las páginas maestras existentes.

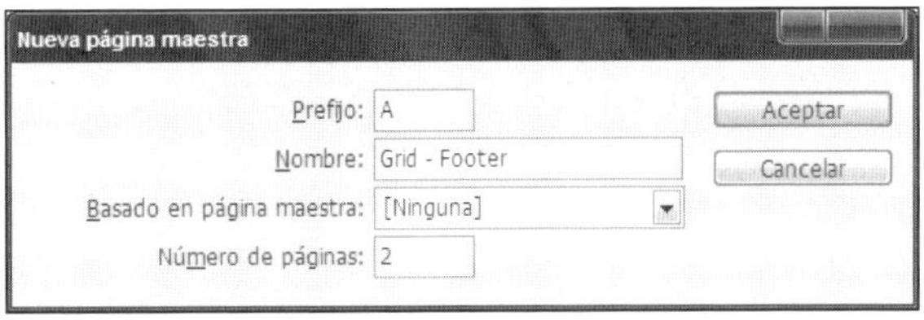

Figura 2.16.
La ventana Nueva página maestra.

Creación de páginas maestras adicionales

Puede crear varias páginas maestras dentro de un documento. Puede construirlas de forma independiente, o en función de una página maestra u otra página maestra. Al basar páginas maestras en otras, cualquier cambio en la principal aparecerá en las hijas.

Por ejemplo, la página maestra `Grid-Footer` con cuadrícula y pie de página es útil para la mayoría de las páginas del documento de este capítulo y se puede utilizar como base para el resto de páginas maestras y dar a los usuarios un sitio consistente de texto y gráficos.

Para acomodar estos distintos diseños, se creará un conjunto separado de páginas maestras que contengan marcos para el texto y los gráficos. Las páginas maestras se basarán en la página maestra `Grid-Footer`.

Crear una página maestra de marcador de posición

A continuación, creará una tercera página maestra con marcadores de posición para colocar el texto y los gráficos que aparecen en sus artículos. Mediante la creación de estos marcadores de posición dentro de las páginas maestras, puede garantizar una maquetación uniforme entre artículos y no necesitará crear marcos de texto en cada página de su documento.

1. En el panel Páginas, seleccione Nueva página maestra en el menú del panel.
2. Como Nombre, introduzca **Placeholder**.
3. En Basado en página maestra, seleccione A-Grid-Footer y haga clic en **Aceptar**.

Fíjese en que los iconos de B-Placeholder muestran una "A" en cada página en el panel Páginas. Esta letra indica que la página maestra B-Placeholder está basada en la página maestra A-Grid-Footer. Si modificara la página maestra A-Grid-Footer, los cambios se reflejarían en la página maestra B-Placeholder. También comprobará que no puede seleccionar los objetos, como los pies de página, de otras páginas maestras a menos que los reemplace. Aprenderá a reemplazar los objetos de las páginas maestras más adelante en este capítulo (véase la figura 2.17).

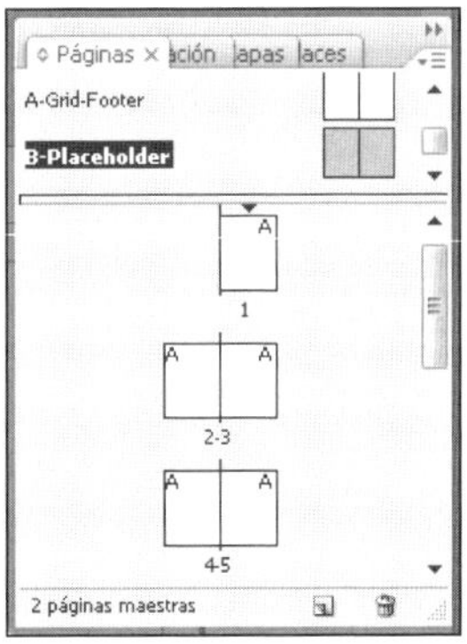

Figura 2.17.
El panel Páginas.

Agregar un marcador de posición para un título

El primer marcador de posición contendrá el título del artículo dentro de un cuadro de texto girado.

1. Para centrar la página izquierda dentro de la ventana del documento, haga doble clic sobre el icono de la página de la izquierda de la página maestra B-Placeholder en el panel Páginas (véase la figura 2.18).

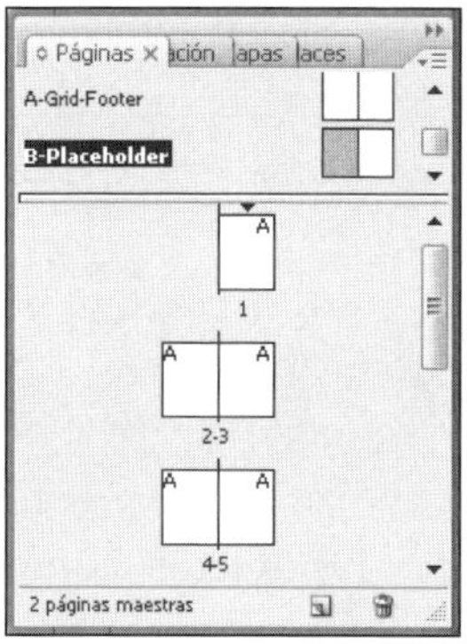

Figura 2.18.
En el panel Páginas, hacemos doble clic en la página izquierda.

2. Seleccione la herramienta **Texto** T. Sitúe el cursor a la izquierda del borde de la página, en la mesa de trabajo. Pulse y arrastre para crear un marco de texto que sea ligeramente más ancho que la página y aproximadamente tan alto como uno de los bloques de la cuadrícula. Situará y dará tamaño a este marco de texto más adelante (véase la figura 2.19).
3. Con el punto de inserción dentro del nuevo marco de texto, escriba **Season Feature**.
4. Haga clic tres veces sobre el texto introducido en el paso 3 para seleccionar todos los caracteres del marco.
5. Haga clic en el icono **Controles de formato de carácter** A en el panel Control para ver las opciones de formato de caracteres. Seleccione el menú desplegable de fuentes y escoja Trajan Pro (véase la figura 2.20).

   La familia de la fuente Trajan tiene sólo letras mayúsculas, de modo que el texto que escriba aparece todo en mayúsculas.
6. Haga doble clic para seleccionar la palabra "*SEASON*". Tras ello, en el panel Control, en el menú desplegable de tamaño, seleccione 36 pt. A continuación seleccione las palabras "*FEATURE*" y aplique un tamaño de 60 pt.
7. En el panel Control, haga clic en el icono **Controles de formato de párrafo** ¶ y seleccione la opción Centrar (véase la figura 2.21).
8. Seleccione la herramienta **Selección**. A continuación arrastre el marco de texto mediante el controlador inferior central hasta que el marco se ajuste a la altura del texto. Si el texto desaparece, simplemente arrastre el controlador hacia abajo de nuevo para hacerlo más alto. Cuando termine, seleccione Ver>Ajustar pliego en ventana para alejarlo (véase la figura 2.22).

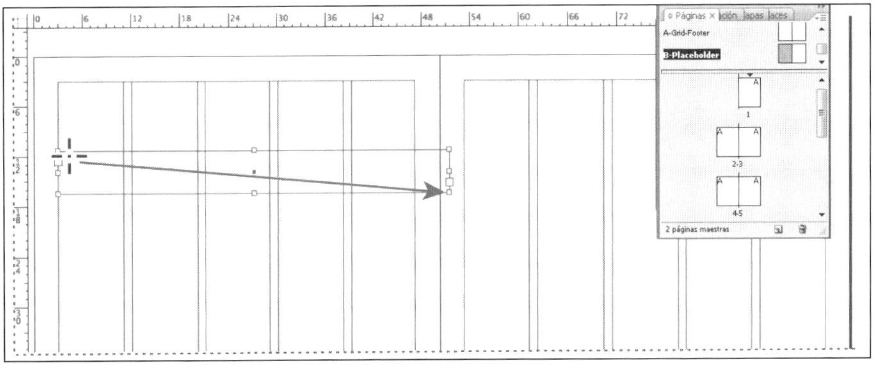

Figura 2.19.
Creación de un cuadro de texto.

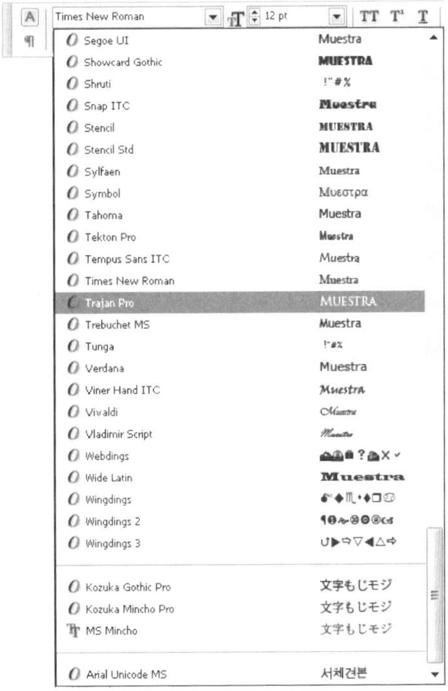

Figura 2.20.
Selección de la fuente.

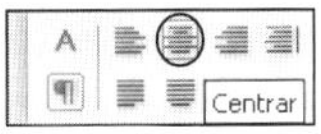

Figura 2.21.
Alineación centrada.

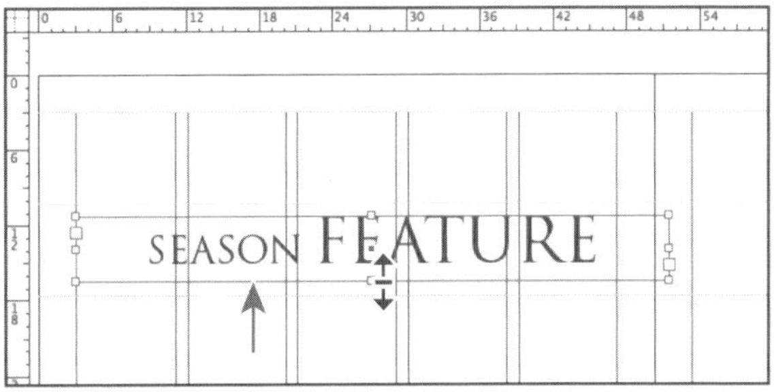

Figura 2.22.
Ajuste pliego en ventana.

9. En el panel Control, seleccione el controlador superior izquierdo del indicador de punto de referencia. En el menú desplegable Ángulo de rotación, seleccione -90°.

10. Arrastre el marco de texto girado hacia abajo de modo que se ajuste a la zona superior de la guía de columna derecha de la columna situada más a la izquierda. Tras ello, arrastre el controlador central de la zona inferior del marco para extender el marco hasta el margen inferior de la página (véase la figura 2.23).

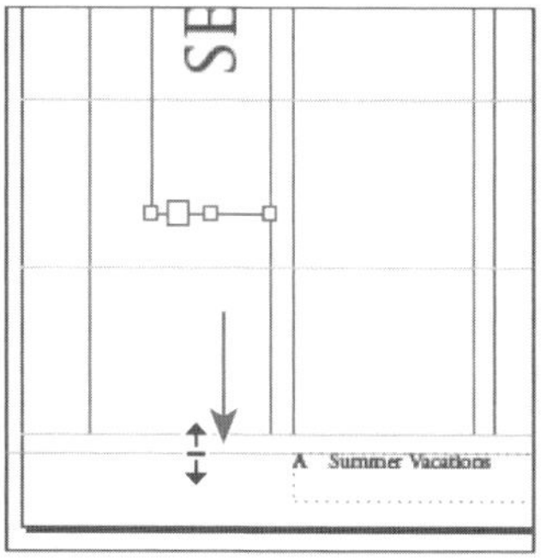

Figura 2.23.
Retoques finales del cuadro de texto.

11. Haga clic sobre una zona en blanco de la página para anular la selección y guarde el documento.

Agregar un marcador de posición para gráficos

Ya hemos creado el marcador de posición de texto para el título de su artículo. A continuación, agregará a las páginas maestras dos marcos para gráficos. Al igual que sucedía con los marcos de texto, los marcos de gráficos actúan como marcadores de posición en las páginas del documento, ayudándole a mantener la uniformidad del diseño.

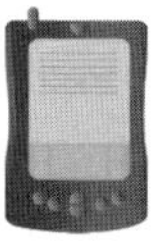

Nota: Durante la creación de marcadores de posición para texto y gráficos en este capítulo, no será necesario crear marcos de marcador de posición en todos los documentos que genere. En documentos de menor tamaño, puede que no tenga que crear páginas maestras ni marcadores de posición.

Hay dos herramientas para crear rectángulos: la herramienta **Rectángulo** y la herramienta **Marco rectangular**. Aunque son prácticamente intercambiables, la herramienta **Marco rectangular**, que incluye una dimensión X no imprimible, se suele utilizar para crear marcadores de posición para gráficos.

La creación de una guía antes de dibujar facilita la colocación de los marcos gráficos.

1. En el menú Ver>Cuadrículas y guías, asegúrese de que la opción Ajustar a guías está marcada o selecciónela ahora.

2. Arrastre una guía desde la regla horizontal a la posición 36 picas en la página maestra izquierda. Recuerde que puede utilizar el panel Control para determinar la ubicación de la guía mientras la añade (véase la figura 2.24).

Figura 2.24.
Arrastre la regla hasta la página maestra.

Para asegurarse de que la guía está en la posición 34 picas, seleccione la herramienta Selección en el cuadro de herramientas y haga clic sobre la guía para seleccionarla (la guía cambia de color). A continuación introduzca **34p** en el cuadro Y del panel Control y pulse **Intro**.

3. Seleccione la herramienta **Marco rectangular** en el cuadro de herramientas.

4. Sitúe el cursor en la esquina superior izquierda de la página izquierda, en la posición X 11p0 e Y 0p0. Pulse y arrastre para crear un marco, de forma que cubra desde el borde superior de la página hasta la guía horizontal que situó en la posición 34 picas y que se extienda a lo largo de la página hasta la guía en la posición 29p1.8 (véase la figura 2.25).

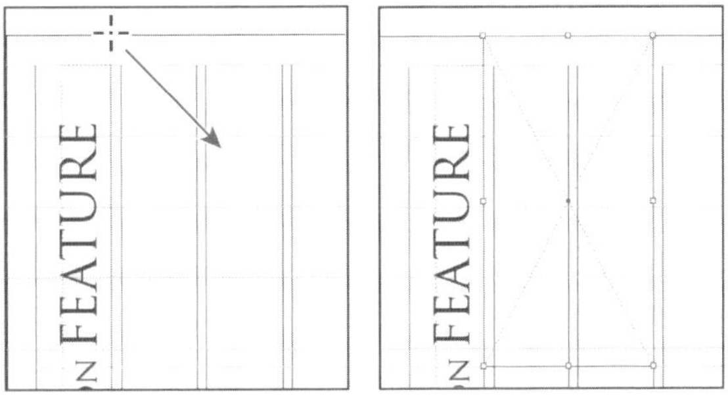

Figura 2.25.
Colocación de un Marco rectangular.

5. Seleccione Archivo>Guardar.

Contorneo de texto alrededor de un gráfico

Puede contornear texto alrededor del cuadro de un objeto de la página maestra y mantener el texto lejos de este gráfico en cualquier página donde se aplique la maestra.

1. Teniendo seleccionada la herramienta **Selección**, seleccione el marco del gráfico que ha creado en la página maestra a mano izquierda.

2. Haga clic en Ventana>Ceñir texto para abrir el panel Ceñir texto, y seleccione la segunda opción de forma que el texto se distribuya alrededor del cuadro (véase la figura 2.26).

Figura 2.26.
Texto contorneado alrededor de un marco de gráfico.

3. Asegúrese de que el icono **Restringir** está deseleccionado y después ajuste la distancia del texto a la parte inferior del cuadro introduciendo **1p0** en la parte inferior del cuadro apropiado (véase la figura 2.27).

Figura 2.27.
Separación del texto aplicado al marco del gráfico.

4. Cierre el panel Ceñir texto, y elija Archivo>Guardar.

Dibujar una figura coloreada

A continuación añadiremos un fondo coloreado para la barra del título y otro a lo largo de la zona superior de la página maestra derecha. Estos elementos aparecerán después en cualquier página a la que asigne la página maestra B-Placeholder. En esta ocasión, utilizaremos la herramienta **Rectángulo** en lugar de la herramienta **Marco rectangular** ya que rellenaremos los marcos con una muestra de color.

1. Seleccione Edición>Deseleccionar todo.

2. En el panel Páginas, haga doble clic sobre la página derecha de la página maestra B-Placeholder o desplácela horizontalmente de forma que la página derecha quede centrada en la ventana del documento (véase la figura 2.28).

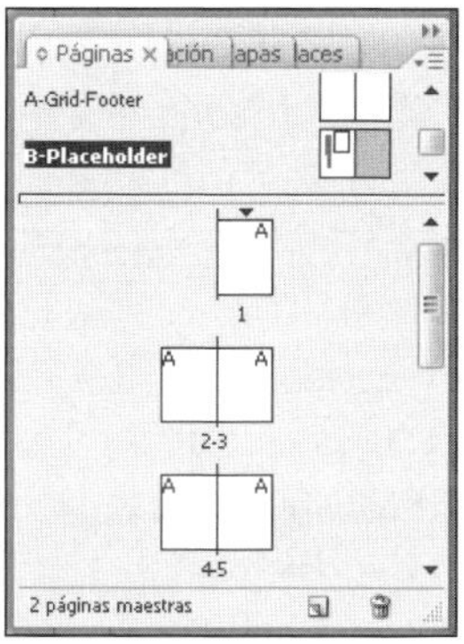

Figura 2.28.
El panel Páginas.

3. En el cuadro de herramientas, haga clic sobre la herramienta **Selección** y arrastre una nueva guía desde la regla horizontal hasta la posición 16 picas. A continuación, haga clic en una zona en blanco para deseleccionar la guía.

Al seleccionar y arrastrar marcos, es frecuente arrastrar accidentalmente las guías. Para evitar que las guías puedan ser arrastradas, las podemos bloquear.

> **Truco:** Mantenga pulsada la tecla **Mayús** al crear guías para que se ubiquen de acuerdo a los incrementos que aparecen en la regla.

4. Seleccione Ver>Cuadrículas y guías>Bloquear guías.

> **Truco:** El comando Bloquear guías también está disponible en los menús contextuales que se abren al hacer clic con el botón derecho del ratón (en Windows) o al utilizar **Control-clic** (Macintosh) sobre una zona en blanco del área de trabajo.

5. Abrimos el panel Muestras por medio de los comandos Ventana>Muestras.

6. En la esquina superior izquierda del panel, haga clic sobre el cuadro **Contorno** para activarlo y, a continuación, haga clic sobre [Ninguno] en la lista de muestras. Esto elimina el contorno que rodea el borde de la figura que vamos a dibujar.

   Fíjese en que el cuadro **Contorno** está también delante del cuadro **Relleno** en el cuadro de herramientas.

7. En la misma zona del panel de contorno, haga clic en el cuadro **Relleno** para

activarlo. A continuación, haga clic sobre [Papel] en la lista de muestras, para asignar Papel como color del marcador de posición para los objetos que dibuje después.

8. Seleccione la herramienta **Marco rectangular** ☐ en el cuadro de herramientas. Sitúe el cursor en la posición 50pX y 0pY de la página. Dibuje un marco en la página derecha desde el borde superior del papel hasta la guía situada en la posición 16 picas, y que se extienda desde un borde del papel hasta el otro (véase la figura 2.29).

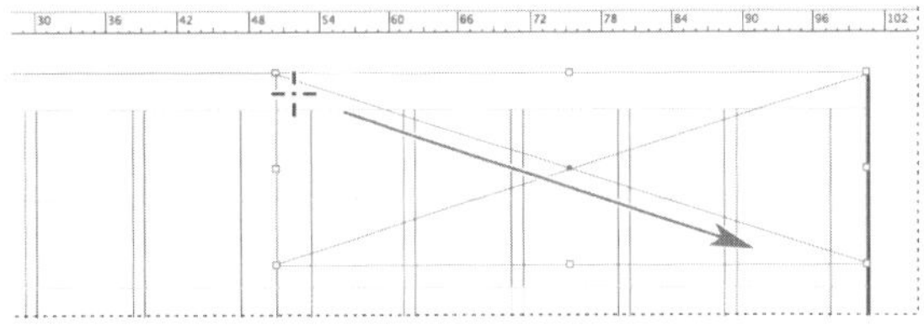

Figura 2.29.
Selección con el Marco rectangular.

9. En el panel Páginas, haga doble clic sobre el icono de la página izquierda de B-Placeholder, para centrar la página maestra izquierda en la ventana del documento.

10. Con la herramienta **Rectángulo**, dibuje un marco desde arriba a abajo de la página, cubriendo el margen izquierdo de la página y la primera columna. Fíjese en que el nuevo marco impide ver el texto del marcador de posición del título.

11. Con el marco del rectángulo todavía seleccionado, seleccione Objeto>Disposición> Enviar al fondo (figura 2.30).

12. Guarde su archivo.

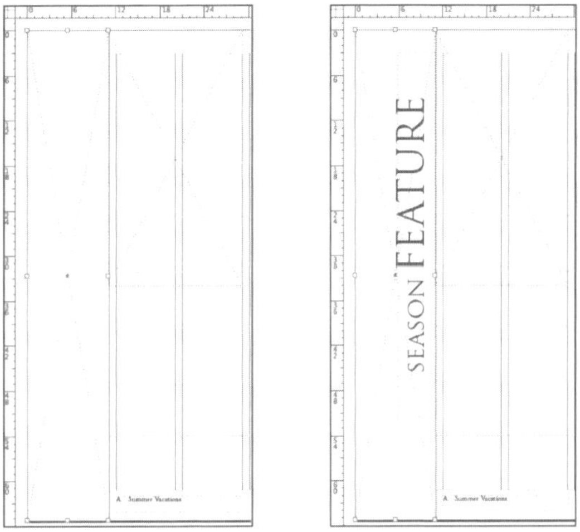

Figura 2.30.
Selección con el Marco rectangular.

Crear marcos de texto con columnas

Hemos añadido marcadores de posición para el título, el gráfico y dos bloques de fondo en las páginas maestras B-Placeholder. Para terminar con el pliego B-Placeholder, crearemos los marcos de texto para el texto del artículo.

1. Seleccione la herramienta **Texto** T y, en la página maestra de la izquierda, sitúe el cursor en la posición `12pX` y `3pY`. Pulse y arrastre hacia abajo y a la derecha para crear un marco de texto. Ajústelo a las guías de forma que ocupe ocho filas de altura y cuatro columnas de anchura (véase la figura 2.31).

2. Seleccione Ver>Ajustar pliego en ventana. Cierre u oculte las demás paneles para poder ver el pliego.

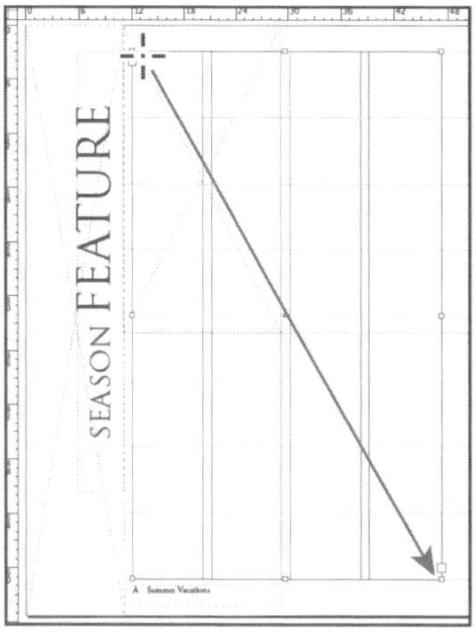

Figura 2.31.
Creación de otro cuadro de texto.

3. En la página maestra derecha, sitúe el cursor en la posición `53p3` X y `17p7` Y. Pulse y arrastre para crear un marco de texto de cuatro columnas de anchura y seis filas de altura, ajustándolo a las guías como se muestra en la imagen (véase la figura 2.32).

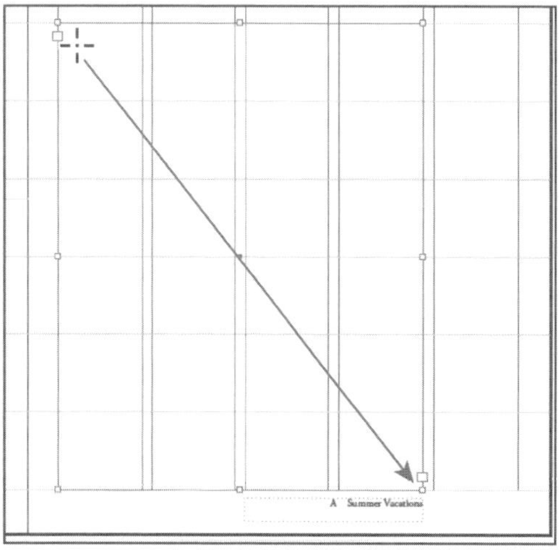

Figura 2.32.
Detalle del cuadro de texto.

A continuación, se asegurará de que cada uno de los marcos del artículo principal tiene dos columnas.

4. Haga clic sobre la herramienta **Selección**. Con la tecla **Mayús** pulsada, haga clic sobre ambos marcos de texto para seleccionarlos.

5. En el panel Control, haga clic en la flecha ascendente del campo de número de columnas para aumentar la cantidad a dos (véase la figura 2.33).

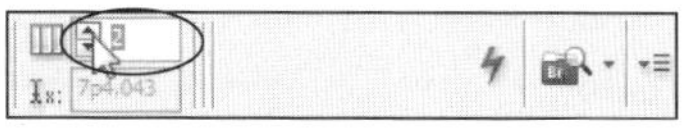

Figura 2.33.
Cambio del número de columnas.

Cada uno de los marcos de texto del artículo principal está formado por dos columnas de texto. Para hacer que el texto fluya desde un marco de texto al siguiente, enlazaremos los marcos.

6. Elija la herramienta **Selección** y haga clic sobre la casilla de salida situada en la esquina inferior derecha del marco de texto de la página maestra izquierda. Mantenga el puntero sobre el marco de texto de la página maestra derecha hasta que cambie del icono de texto cargado al icono de enlace, a continuación, haga clic. De esta forma los marcos de texto se enlazan (véase la figura 2.34).

7. Guarde el documento.

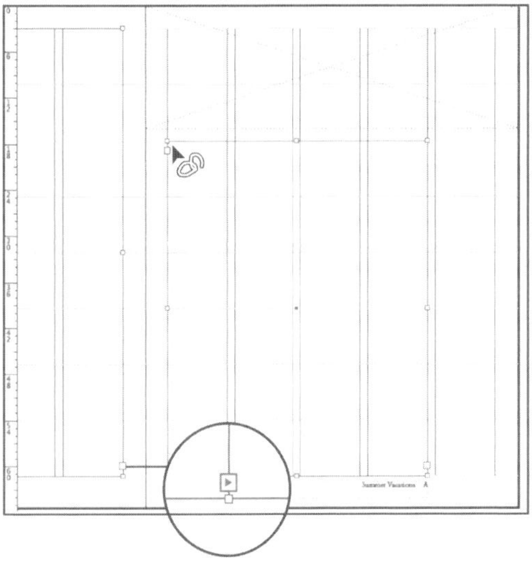

Figura 2.34.
Enlace de los marcos de texto.

> **Nota:** Puede seleccionar Ver> Mostrar enlaces de texto para ver representaciones visuales de los marcos enlazados. Puede enlazar marcos de texto independientemente de que contengan texto o no.

Aplicar las páginas maestras a las páginas del documento

Una vez creadas todas las páginas maestras, es el momento de aplicarlas a las páginas de la maquetación. Todas las páginas del documento tienen, de forma predeterminada, el formato de la página maestra A-Grid-Footer. Sin embargo, aplicaremos las páginas maestras B-Placeholder a las páginas adecuadas. Puede aplicar las páginas maestras arrastrando sus iconos sobre los iconos de las páginas del documento o utilizando una opción del menú de panel.

En documentos grandes, puede resultarle más fácil mostrar los iconos de página horizontalmente en el panel Páginas.

1. En el panel Páginas, elija Opciones de panel en el menú del panel.

> **Nota:** Puede que los menús de los paneles se encuentren en la esquina superior izquierda o derecha si el panel está acoplada.

2. En Páginas, desactive Mostrar verticalmente, y seleccione la opción para que aparezca el icono pequeño en el menú de tamaños de icono. A continuación, haga clic en **Aceptar**.
3. Sitúe el cursor sobre la barra horizontal, localizada por debajo de las páginas maestras. Pulse y arrastre hacia abajo para ver todas las páginas maestras. A continuación arrastre hacia abajo la esquina inferior derecha del panel Páginas hasta que pueda ver todos los pliegos (véase la figura 2.35).

   Ahora que podemos ver todas las páginas del documento, aplicaremos la página maestra B-Placeholder a las páginas del documento que contendrán artículos.

4. Arrastre el nombre B-Placeholder sobre los números 6-7 situados por debajo de los iconos de página (no sobre los iconos de página en sí mismos). Cuando aparezca un cuadro alrededor de ambos iconos de página del pliego, suelte el botón del ratón (véase la figura 2.36).

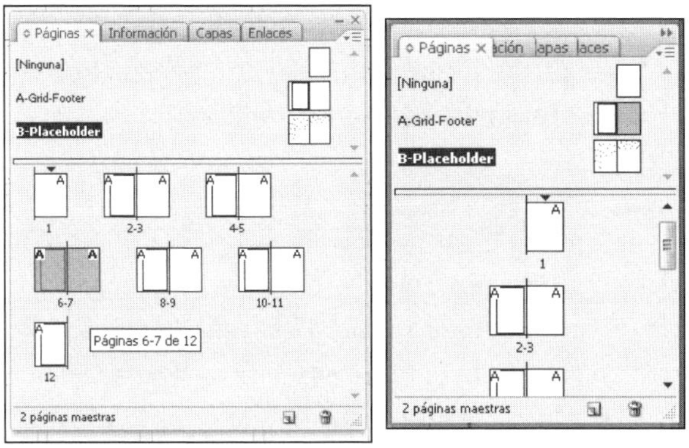

Figura 2.35.
Mejor visualización del panel Páginas.

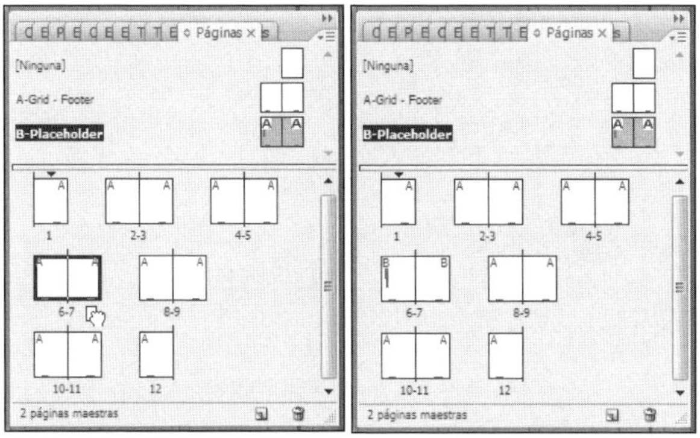

Figura 2.36.
Arrastre de la página maestra.

Las páginas maestras B-Placeholder se aplican a las páginas 6 y 7, tal como indica la letra "B" en los iconos de página. En lugar de arrastrar la página maestra B-Placeholder a los pliegos restantes, utilizará un método distinto para aplicar las páginas maestras.

5. En el menú del panel Páginas seleccione Aplicar página maestra a páginas. En Aplicar página maestra, seleccione B-Placeholder, y en A páginas, escriba **8-11**. Haga clic en **Aceptar**.

Fíjese en que las páginas 6-11 del panel Páginas tienen ahora el formato de la página maestra B-Placeholder. La página 12 necesita un formato propio sin numeración de página, por tanto no necesita aplicarle ninguna de estas páginas maestras.

6. En el panel Páginas, arrastre la página maestra Ninguna hasta la página 12. Suele el botón del ratón cuando el icono quede resaltado. Compruebe que la página maestra A-Grid-Footer está asignada a las páginas 1 a 5 y la página maestra B-Placeholder está asignada a las páginas 6 a 11. La página 12 no debería tener asignada ninguna página maestra (véase la figura 2.37).

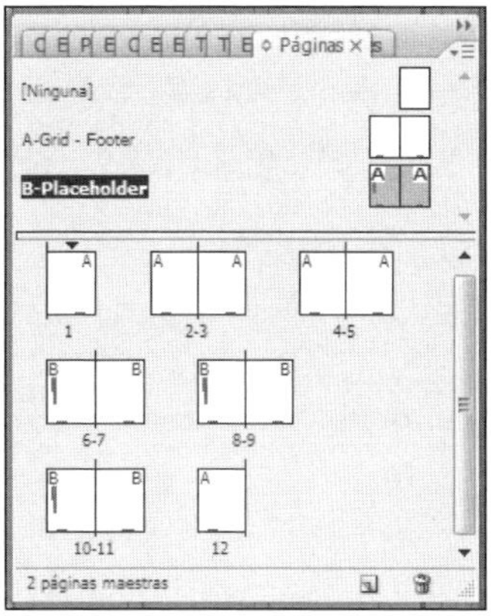

Figura 2.37.
El panel Páginas.

7. Seleccione Archivo>Guardar.

Añadir secciones para cambiar la numeración de página

La revista en la que está trabajando necesita material para su introducción que debería numerarse con números romanos en minúscula (i, ii, iii, y así sucesivamente).

Puede utilizar distintos tipos de numeración de página si añade una sección. Comenzará una sección nueva en la página 2 para crear la numeración de página con números romanos y, a continuación, comenzará otra sección en la página 6 para volver a la numeración arábiga y reiniciar la numeración.

1. En el panel Páginas, haga doble clic sobre el icono de la página 2 para seleccionarla dentro del panel y verla en la ventana del documento.

2. En el menú del panel Páginas, seleccione Opciones de numeración y sección. A continuación, en el cuadro de diálogo que aparece, asegúrese de que están seleccionadas las opciones Iniciar sección y Numeración automática de página, o márquelas ahora (véase la figura 2.38).

3. En Estilo, seleccione i, ii, iii, iv (minúsculas) en el menú desplegable y haga clic en **Aceptar** (véase la figura 2.39).

4. Examine los iconos de la página en el panel Páginas. Comience por la página 2 y fíjese en que los números empiezan ahora como numerales romanos en los pies de las páginas (véase la figura 2.40). Ahora, indique que el documento utiliza números arábigos para las páginas desde la 6 hasta el final del documento.

5. Haga clic sobre la página 6 (vi) en el panel Páginas para seleccionarla.

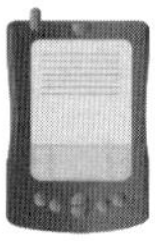

Nota: Al hacer clic una vez sobre una página se selecciona para su modificación. Si quiere desplazarse hasta una página, haga doble clic sobre ésta en el panel Páginas.

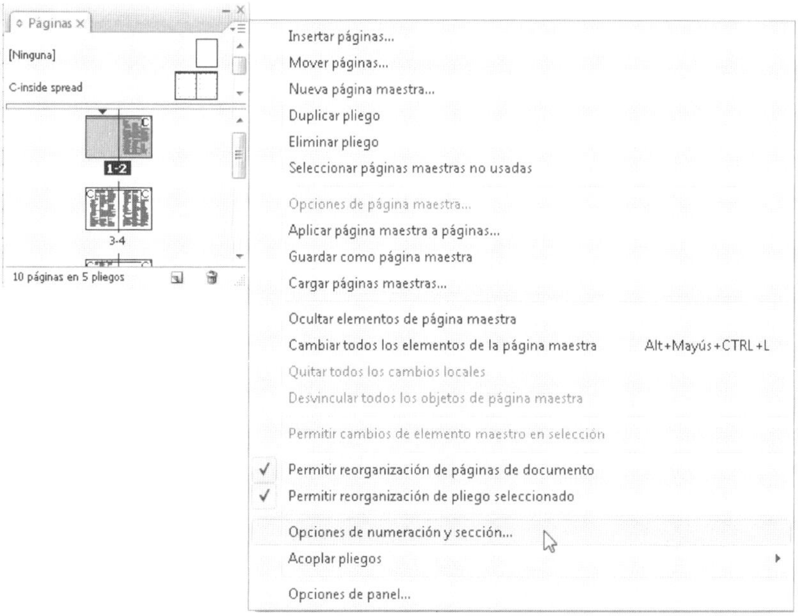

Figura 2.38.
Menú del panel Páginas.

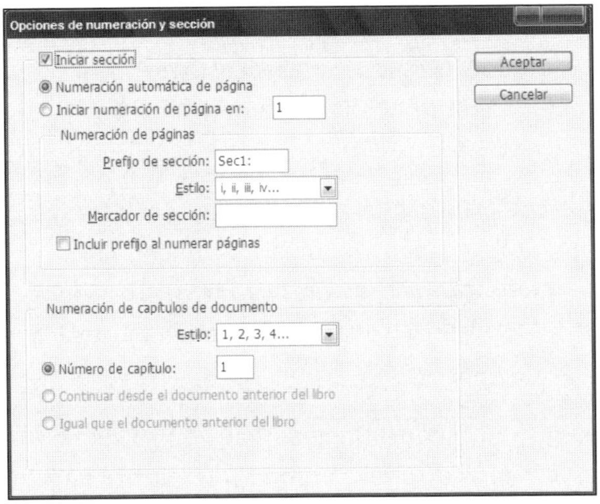

Figura 2.39.
Cuadro de diálogo Opciones de numeración y sección.

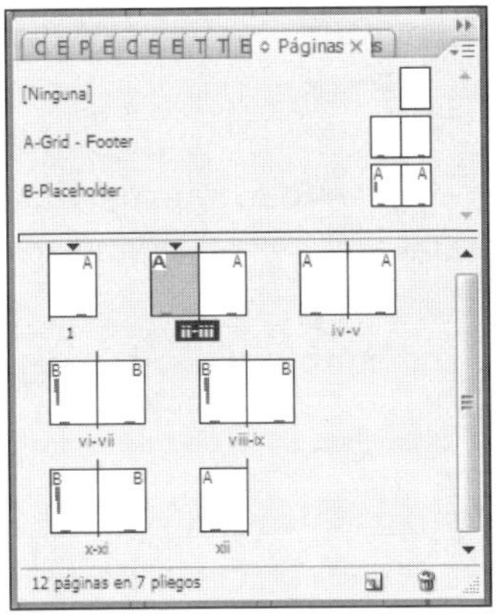

Figura 2.40.
El triángulo encima de la página ii indica el comienzo de una sección.

6. En el menú del panel Páginas, seleccione Opciones de numeración y sección.

7. En el cuadro de diálogo Opciones de numeración y sección , asegúrese de que está seleccionada la opción Iniciar sección.

8. Seleccione Numeración automática de páginas, pulse **Tab** e introduzca **2** para comenzar la numeración de la sección con la página 2.

9. En Estilo, seleccione 1, 2, 3, 4 en el menú desplegable y haga clic en **Aceptar**.

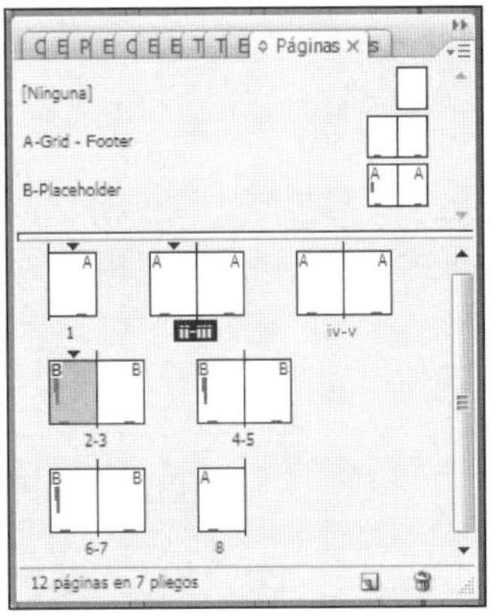

Figura 2.41.
El panel Páginas.

Ahora, las páginas están correctamente numeradas. Fíjese en el triángulo negro que aparece sobre las páginas 1, ii y 2 en el panel Páginas. Estos triángulos indican el comienzo de una sección nueva.

10. Haga clic en Archivo>Guardar.

Agregar nuevas páginas

También puede añadir nuevas páginas a un documento existente. A continuación añadiremos dos nuevas páginas.

1. En el menú del panel Páginas, seleccione el comando Insertar páginas.

2. Introduzca **2** para el número de páginas, seleccione Al final del documento en el menú desplegable Insertar y seleccione B-Placeholder en el menú Página maestra.

3. Pulse **Aceptar**. El documento tendrá ahora dos nuevas páginas.

Borrar y reorganizar páginas

Con el panel Páginas también puede reorganizar la secuencia de páginas y eliminar páginas adicionales.

1. En el panel Páginas, haga clic sobre el icono de la página 8, mantenga pulsado el botón del ratón y arrástrela hacia la derecha del icono de la página 10. Cuando vea una barra negra a la derecha de la página 10, déjela suelta. La página 8 se ha movido a la página 10 y la página 9 y la 10 se han movido a la posición de la 8 y la 9 respectivamente (véase la figura 2.42).

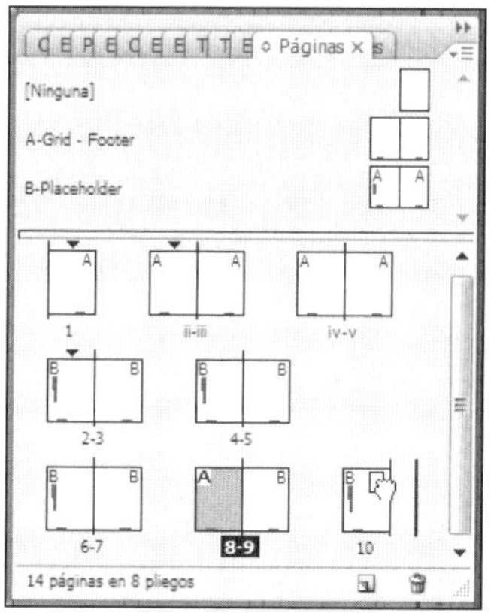

Figura 2.42.
El panel Páginas.

2. Haga doble clic en el guión que aparece por debajo del pliego que contiene los iconos de las páginas 8 y 9 para seleccionarlas.

3. Haga clic el icono del cubo de basura situado en la parte inferior del panel. Ambas páginas se eliminarán del documento.

Colocar texto y gráficos en las páginas del documento

Ahora que la maqueta de la publicación de 12 páginas está preparada, está en disposición de dar formato a los artículos de la misma. Para ver cómo afectan al documento las modificaciones que hizo en las páginas maestras, añadirá texto y gráficos al pliego de las páginas 2 y 3.

1. En el panel Páginas, haga doble clic sobre el icono de la página 2 (no sobre la página ii) para centrarla en la ventana del documento.

   Fíjese en que la página contiene la cuadrícula, el pie de página y los marcadores de posición porque se le asignó la página maestra B-Placeholder.

   Al importar texto o gráficos de otras aplicaciones, como por ejemplo imágenes de Adobe Photoshop o texto de Microsoft Word, podemos utilizar el comando Colocar.

2. Asegúrese de que no hay nada seleccionado o ejecute los comandos Edición> Deseleccionar todo. A continuación, seleccione Archivo>Colocar. Abra la carpeta `Lesson_02` y haga doble clic sobre el archivo `02_d.psd` para abrirlo.

3. El cursor toma la forma del icono de gráficos cargados y muestra una previsualización de la imagen. Coloque el icono sobre el marco del gráfico de la página 2 de forma que el cursor aparezca entre paréntesis y haga clic. Tendrá que hacer clic en la parte superior del marco para ver el cursor entre paréntesis.

> **Truco:** Los paréntesis aparecen cuando InDesign reconoce un marco pre-existente bajo el cursor cuando importamos texto o gráficos a la composición. InDesign utiliza el marco existente en vez de crear un nuevo marco para el texto o el gráfico.

4. Para posicionar la imagen correctamente, elija Objeto>Ajuste>Centrar contenido. Después, haga clic en la parte vacía de la página para deseleccionar todos los objetos o elija Edición>Deseleccionar todo (véase la figura 2.43).

Figura 2.43.
Colocación centrada del contenido.

5. Repita los pasos 2 a 4 anteriores, excepto que esta vez coloque `image 02_e.psd` en la parte inferior del marco de la página 3.

6. Para estar realmente seguros de que no está seleccionado nada, elija Edición> Desleccionar todo. Después, elija Archivo> Colocar. Abra la carpeta `Lesson_02` y haga doble clic en `02_c.doc`, que es un archivo creado con Microsoft Word.
El cursor cambia para cargar un icono de texto con una previsualización de las primeras líneas del texto que se colocará (véase la figura 2.44).

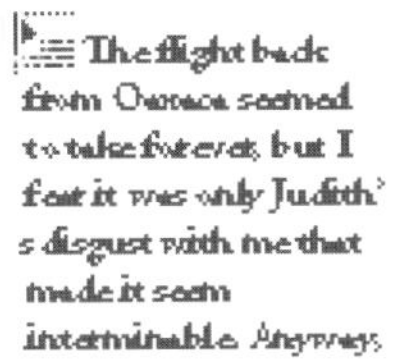

Figura 2.44.
El puntero del ratón modifica su aspecto con el texto que se va a insertar.

Con el icono de texto visualizado, podemos arrastrar y crear un cuadro de texto o hacer clic dentro de un cuadro de texto ya existente. Cuando sitúe el icono de texto cargado encima de un cuadro de texto, el icono aparecerá entre paréntesis (véase la figura 2.45).

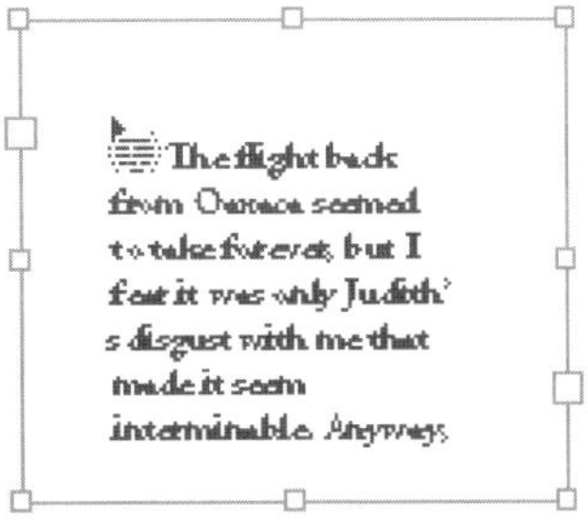

Figura 2.45.
El texto insertado dentro del cuadro de texto.

Puede hacer clic para insertar el texto en un cuadro individual, o puede hacer **Mayús-clic** para que el texto se auto reparta en los cuadros. Usará varios de estos métodos para entender mejor cómo importar y distribuir texto.

7. Mientras mantenga pulsada la tecla **Mayús**, el icono de texto cargado cambia al icono de reparto de texto automático. Haga clic en cualquier parte dentro del cuadro de texto de la parte inferior de la página 2 y suelte la tecla **Mayús** (véase la figura 2.46).

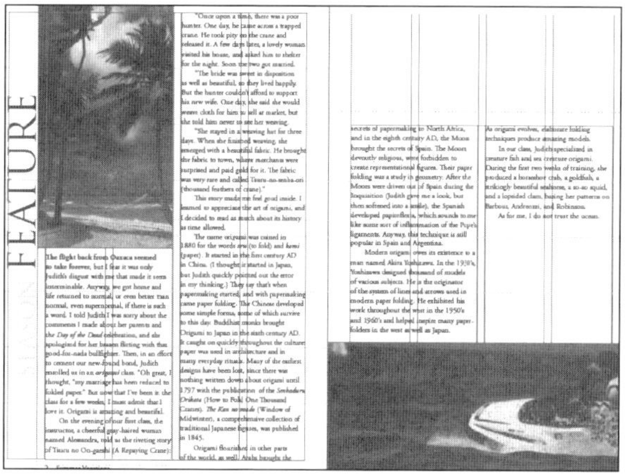

Figura 2.46.
El resultado.

El texto repartido en los cuadros de texto de las páginas 2 y 3, está rodeando las imágenes de acuerdo a la configuración del reparto del texto alrededor de los gráficos de las páginas maestras. El texto repartido en la página 3 debido al vínculo que se creó entre los cuadros de texto cuando se ha configurado la página principal. El reparto automático ocurre porque se mantuvo la tecla **Mayús** pulsada mientras colocaba el texto. De otra forma, el texto se habría repartido sólo en la página 2 y tendríamos que haber repartido el texto de forma manual en la página 3.

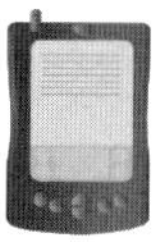

Nota: Si el texto no se reparte como se indica, haga clic en Edición>Deshacer y vuelva a colocar el puntero en un cuadro de texto de dos columnas.

8. Seleccione Edición>Deseleccionar todo para asegurarnos de que no hay marcos seleccionados.

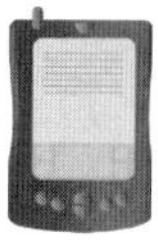

Nota: Si un marco está seleccionado cuando coloca un archivo, los contenidos del archivo se agregarán al marco seleccionado. Podemos evitar esto seleccionando objetos en vez de importarlos o deseleccionando el elemento seleccionado en el cuadro de diálogo Colocar cuando estemos importando.

9. Seleccione Archivo>Guardar.

Reemplazar elementos de páginas maestras en páginas del documento

Los marcadores de posición que añadimos a las páginas maestras aparecen en las páginas del documento. Para evitar que, accidentalmente, cambiemos de posición o eliminemos estos objetos, InDesign nos obliga a utilizar teclas especiales para seleccionarlos en las páginas del documento. A continuación sustituiremos la palabra "*SEASON*" por "*SUMMER*" y "*FEATURE*" POR "*VACATION*". Para modificar este texto será necesario seleccionar el marco de la página maestra que contiene el texto "*SEASON*".

1. Para asegurarse que está en la página 2, seleccione Sec2:2 en la lista desplegable de páginas situada en la barra de estado en la zona inferior de la ventana del documento (véase la figura 2.47).

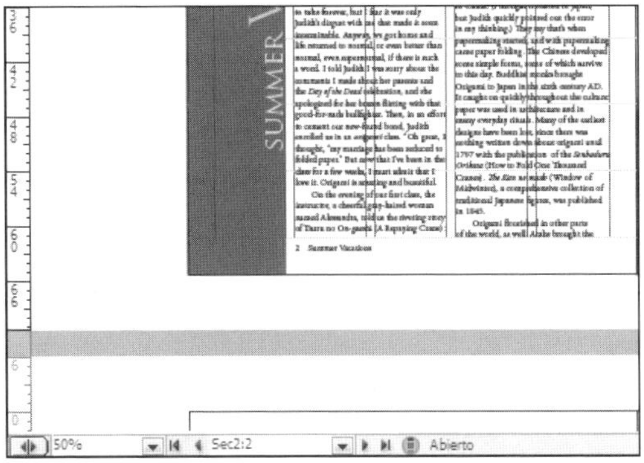

Figura 2.47.
Menú para cambiar de sección.

2. Si fuera necesario, ajuste la vista para que pueda ver el texto "*SEASON FEATURE*" de la página 2. Utilice la herramienta **Selección** y haga clic sobre él para seleccionarlo, no ocurre nada.

   No puede seleccionar elementos de la página maestra en las páginas del documento simplemente haciendo clic. Sin embargo, puede seleccionar un elemento de una página maestra si utiliza el método abreviado de teclado adecuado.

3. Con las teclas **Mayús-Control** (en Windows) o **Mayús-Comando** (en Mac OS) pulsadas, haga clic sobre el marcador de posición del lado izquierdo de la página 2 para seleccionarlo.

4. Con la herramienta **Texto** T, haga doble clic sobre la palabra "*SEASON*" para seleccionarla y, a continuación, escriba **SUMMER**. Después seleccione "*FEATURE*" y escriba **VACATION**. El texto se sustituirá en la página del documento.

5. Utilizando la herramienta **Texto**, haga doble clic en la palabra "*VACATION*" para seleccionar todo el texto.

6. En el cuadro Herramientas, seleccione la herramienta **Zoom** y, a continuación, arrastre un marco alrededor de la imagen del hombre con el chaleco salvavidas amarillo para ampliar la imagen, de modo que el área que enmarque ocupe la ventana.

7. En el cuadro Herramientas, asegúrese de que está seleccionado el cuadro **Relleno de texto** y, tras ello, seleccione la herramienta **Cuentagotas**. Mueva la boquilla del cuentagotas sobre el amarillo del chaleco salvavidas y haga clic para tomar el color. El color seleccionado se convertirá en el color de relleno que se aplicará al texto (véase la figura 2.48).

Figura 2.48.
A. Arrastrar un marco de ampliación. B. Seleccionar un color con la herramienta Cuentagotas.

8. Seleccione Ver>Ajustar pliego en ventana. Aunque ha utilizado otras herramientas, el texto está todavía seleccionado. Seleccione Edición>Deseleccionar todo para ver el texto relleno con el color amarillo seleccionado.

9. Con la herramienta **Selección**, mantenga pulsadas las teclas **Mayús-Control** (en Windows) o **Comando-Mayús** (en Mac OS) y haga clic para seleccionar el rectángulo ancho que creó en la página 3. Rellénelo con el mismo amarillo.

> **Nota:** Aunque hemos creado estos rectángulos en una página maestra, aparecen en la página del documento en la que está aplicado el formato, ya que la página maestra se ha aplicado a esta página del documento.

10. Repita los pasos 6 y 7, pero esta vez seleccione un color azul más oscuro de la zona de las palmeras para rellenar el rectángulo alto de la página 2.

11. Seleccione Ver>Encajar pliego en ventana y Objeto>Disposición>Enviar al fondo para que el rectángulo no tape el texto del título. Anule la selección de todos los elementos.

12. Seleccione Archivo>Guardar para guardar su trabajo.

Ver el pliego terminado

Ahora ocultará las guías y marcos para ver cómo queda el pliego terminado.

1. Seleccione Ver>Encajar pliego en ventana y oculte las paletas en caso de que sea necesario.

2. En el panel Herramientas, haga clic en el botón **Modo de vista previa** para ocultar las guías, cuadrículas, los bordes de los marcos y la mesa de trabajo (véase la figura 2.49).

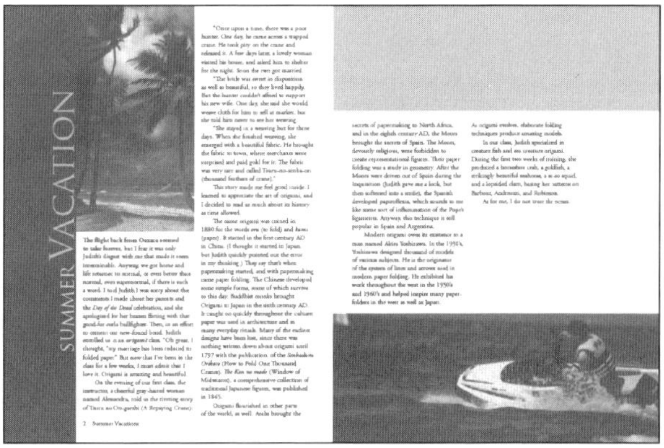

Figura 2.49.
El resultado final.

Hemos aplicado formato a una parte suficiente de este documento de 12 páginas para saber que agregar objetos a las páginas maestras ayuda a mantener la uniformidad del diseño a lo largo del documento.

3. Seleccione Archivo>Guardar.

Enhorabuena. Ha terminado este capítulo.

Por sí mismo

Una buena manera de afianzar las técnicas que ha aprendido en este capítulo es experimentar con ellas. Pruebe alguno de los ejercicios siguientes para adquirir más práctica con las técnicas de InDesign.

1. Coloque otra fotografía en la zona inferior de la segunda columna de texto en la página 3. Utilice la imagen `02_f.psd` que está dentro de la carpeta `Lesson_02`.

2. Agregue una cita real: utilizando la herramienta **Texto** T, arrástrelo al rectángulo amarillo en la página 3. Escriba **There's no place like a sunny beach for summer fun...** Haga triple clic en el texto que ha pegado y use el panel Caracter para dar formato usando la fuente, el tamaño, el estilo y el color a su elección.

3. Trate de girar el bloque de texto title utilizando esquinas y bordes distintos del indicador de punto de referencia como el centro de rotación y fíjese en los distintos resultados.

4. Cree un nuevo par de páginas maestras para un pliego que pudiera utilizar para la continuación del artículo. Llame a la nueva página maestra C-Next y seleccione A-Grid-Footer para la opción Basada en. A continuación cree marcadores de posición para texto y gráficos, dándole al pliego una disposición distinta de las páginas maestras B-Placefolder. Cuando termine, aplique las páginas maestras C-Next a las páginas 4-5 de su documento.

Preguntas de repaso

1. ¿Cuáles son las ventajas de agregar objetos a las páginas maestras?
2. ¿Cómo puede modificar el sistema de numeración de página?
3. ¿Cómo puede modificar un elemento de una página maestra en una página del documento?

Respuestas

1. Al añadir objetos como guías, pies de página y marcadores de posición a las páginas maestras, puede mantener una maquetación uniforme en aquellas páginas a las que se aplica la página maestra.
2. En la paleta Páginas, seleccione el icono de página donde quiere que comience una nueva numeración de página. A continuación escoja Opciones de numeración y sección en el menú de la paleta Páginas y defina el nuevo sistema de numeración.
3. Mantenga pulsadas las teclas **Mayús-Control** (Windows) o **Mayús-Comando** (Macintosh) y haga clic sobre el objeto para seleccionarlo. Puede entonces modificar, borrar o, de lo contrario, manipular el objeto.

Capítulo 3

Trabajar con marcos

PDF es el formato perfecto para el envío de presentaciones multimedia. Tanto si utiliza PDF para enviar presentaciones como si distribuye una presentación en PDF en su organización, ésta es la solución perfecta para la entrega de contenido interactivo, incluyendo películas y sonidos. En esta introducción al uso de marcos, aprenderá cómo hacer lo siguiente:

- Utilizar las herramientas Selección y Selección directa para modificar marcos.
- Modificar el tamaño y la forma de marcos de gráfico y de texto.
- Diferenciar entre cuadros delimitadores y sus marcos.
- Recortar un gráfico.
- Escalar una imagen contenida en un marco de gráfico.
- Mover un gráfico dentro de su marco.
- Convertir un marco de gráfico en un marco de texto.
- Contornear texto alrededor de un objeto.
- Crear y girar un marco poligonal.
- Alinear objetos gráficos entre sí.
- Trabajar con grupos.

Antes de comenzar

En este capítulo, trabajará en un artículo de dos páginas sobre la papiroflexia para una revista. Antes de comenzar, necesitará restaurar las preferencias predeterminadas de Adobe InDesign CS3 para asegurarse de que las herramientas y paletas funcionan exactamente como se describe en este capítulo. A continuación, abrirá el documento terminado de este capítulo para ver lo que creará.

1. Para asegurar que las herramientas y los paneles funcionen de la misma manera a como se indica aquí, borre o desactive (cambiando el nombre) los archivos de preferencias de InDesign CS3 como se describe en un apartado anterior del libro.

2. Inicie Adobe InDesign CS3. Para comenzar a trabajar, abrirá un documento de InDesign que está sin acabar.

3. Seleccione Archivo>Abrir y abra el archivo `03_a.indd` de la carpeta `Lesson_03`, situado dentro de la carpeta `Lessons` en la carpeta `InDesignCIB` de su disco duro. Si aparece una advertencia sobre los perfiles de color RGB y CMYK, haga clic en **Aceptar**. Encontrará más información al respecto en un capítulo posterior. Puede dejar este documento abierto para utilizarlo como guía de su trabajo.

Nota: Si no ha copiado todavía los archivos de recursos de este capítulo a su disco duro desde la carpeta `Lesson_03` del CD adjunto, hágalo ahora. En un apartado anterior se describe cómo copiar los archivos.

4. Seleccione Archivo>Guardar como, cambie el nombre del archivo por `03_marcos.indd` y guárdelo en la carpeta `Lesson_03`.

5. Si quiere ver el documento terminado, abra el archivo `03_b.indd` contenido en la misma carpeta. Puede dejar este documento abierto para que le sirva como guía al trabajar. Cuando esté preparado para continuar trabajando en el documento del capítulo, seleccione Ventana> 03_marcos.indd (véase la figura 3.1).

Nota: Cuando trabaje en este capítulo, puede mover las paletas o puede adaptar el porcentaje de visualización al nivel que le resulte más cómodo.

Trabajo con capas

Por defecto, un documento nuevo contiene sólo una capa (llamada Capa 1). Puede renombrar la capa y agregar más capas en cualquier momento mientras crea su documento.

Colocar los objetos en distintas capas le permite organizarlas para seleccionarlas y editarlas de forma más sencilla. Teniendo seleccionada el panel Capas, puede seleccionar, visualizar, editar e imprimir las distintas capas individualmente, en grupos, o todas juntas.

El documento `03_marcos.indd` tiene dos capas. Experimentará con estas capas para aprender cómo el orden de las capas y la situación de los objetos puede afectar sobremanera en el diseño del documento.

1. Haga clic en la pestaña del panel Capas para activar el panel, o elija Ventana> Capas.

2. En el panel Capas, haga clic en la capa Texto. Fíjese en que un icono **Lápiz** aparece a la derecha del nombre de la capa. Este icono indica que esta capa es la capa destino, y cualquier cosa que importe o cree se colocará en esta capa. El resaltado indica que la capa está seleccionada.

3. Haga clic en el icono ojo a la izquierda del nombre de la capa Gráficos.

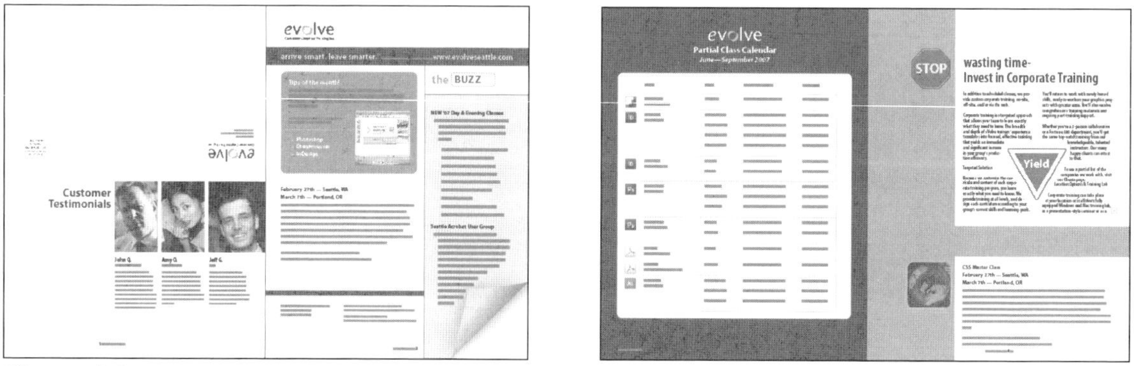

Figura 3.1.
Las páginas 1 y 2. Las páginas 3 y 4.

Sobre las capas

Cada documento incluye al menos una capa con nombre. Al utilizar varias capas, puede crear y editar áreas específicas o tipos de contenidos del documento sin que afecte a otras áreas o tipos de contenidos.

Por ejemplo, si su documento se imprime despacio debido a que contiene gráficos pesados, puede utilizar una capa sólo para el texto del documento, después, cando sea tiempo de poder leer el texto, puede ocultar el resto de capas de forma que podrá imprimir sólo la capa de texto. Puede también utilizar capas para visualizar ideas alternativas al diseño para la misma composición o versiones de un anuncio para distintas regiones. Piense en las capas como hojas transparentes apiladas una encima de otra (véase la figura 3.2). Si una capa no tiene objetos en su interior, puede ver a través de cualquiera de los objetos que tenga detrás de él.

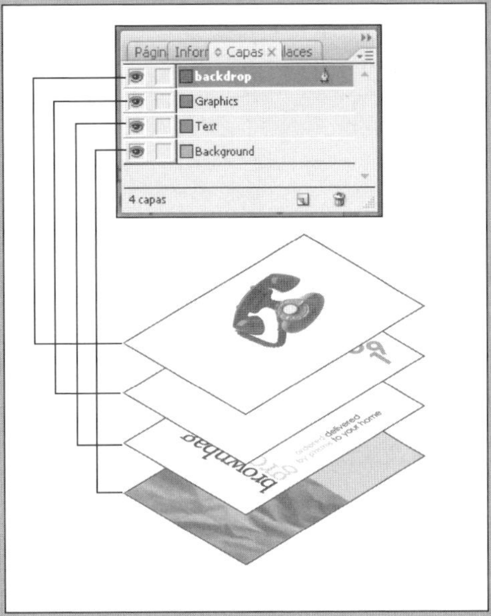

Figura 3.2.
Las capas de InDesign.

Este icono le permite activar y desactivar la visibilidad de una capa de forma que puede ocultar o visualizar cualquier capa en cualquier momento. Cuando desactive la visibilidad de una capa, el panel muestra un cuadro gris donde suele estar el icono ojo. Haga clic en el cuadro gris de nuevo para mostrar los contenidos de la capa (véase la figura 3.3).

4. Teniendo seleccionada la herramienta **Selección**, haga clic en la imagen del cuadro naranja del área "*Tips of the month!*" en la ventana del documento.

   Fíjese en el panel Capas en que la capa Texto está seleccionada y un punto aparece a la derecha del nombre de la capa.

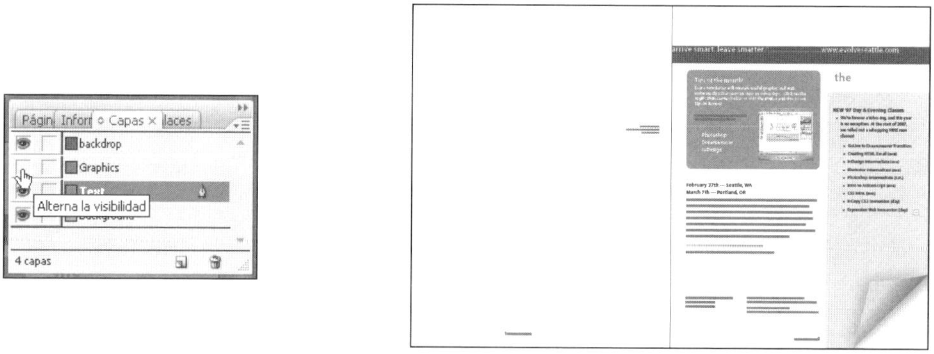

Figura 3.3.
Haga clic aquí para ocultar el contenido de la capa. El pliego oculta el contenido.

Esto indica que el objeto seleccionado pertenece a esta capa. Puede mover objetos de una capa a otra arrastrando este punto entre las capas del panel.

Figura 3.5.
Haga clic aquí para bloquear la capa Gráficos.

5. En el panel Capas, arrastre el punto desde la capa Texto a la capa Gráficos. La imagen aparece ahora en la capa Gráficos y aparece en el orden de la pila acorde con el documento (véase la figura 3.4).

6. Haga clic en el cuadro candado de la capa a la izquierda de la capa Gráficos para bloquear la capa (véase la figura 3.5).

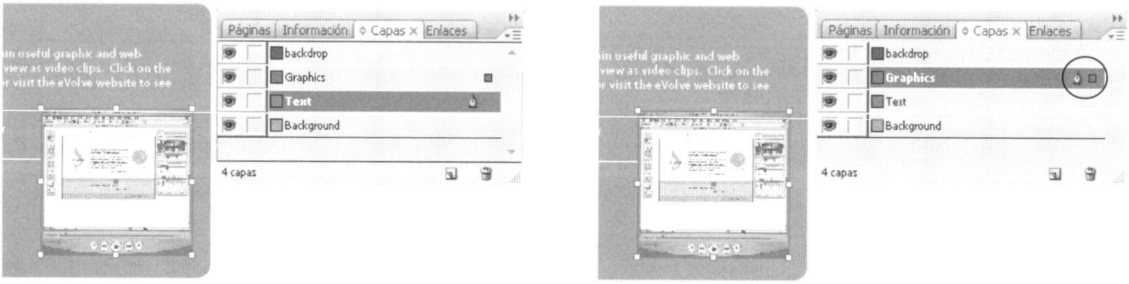

Figura 3.4.
Seleccione la imagen y arrastre su icono. El resultado.

7. Teniendo seleccionada la herramienta **Selección**, haga clic ahí para seleccionar el logo en la parte superior de la página derecha. Fíjese en que no puede seleccionar el gráfico. Esto es debido a que se encuentra en la capa Gráficos y la capa Gráficos está bloqueada. Luego creará una nueva capa y moverá el contenido existente a ella.

8. En el panel Capas, haga clic en el botón **Crear nueva capa** en la parte inferior del panel Capas para crear una capa en blanco nueva (véase la figura 3.6).

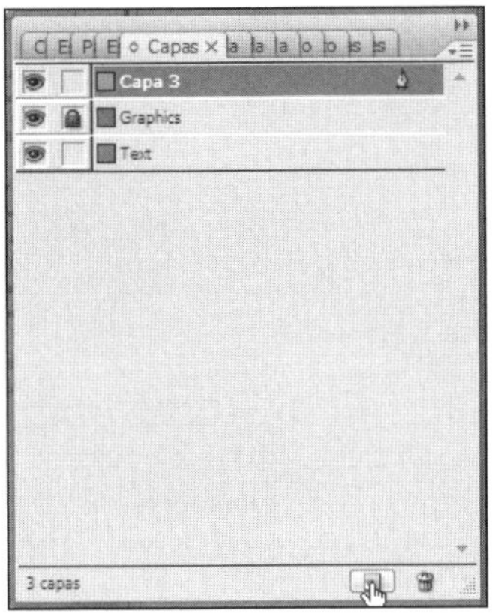

Figura 3.6.
Haga clic en el botón Crear nueva capa para crear una nueva capa.

9. Haga doble clic en el nombre de la nueva capa (seguro que se llama Capa 3) para abrir el cuadro de diálogo Opciones de capas. Cambie el nombre a **Background** y haga clic en **Aceptar**.

10. En el panel Capas, haga clic aquí y arrastre la capa Background a la parte inferior de la pila de capas. Una línea aparecerá cuando mueva el cursor bajo la capa Texto, indicando que la capa se moverá.

Truco: Cuando quiera crear simultáneamente una nueva capa y darle nombre al mismo tiempo, mantenga pulsada la tecla **Alt** (en Windows) o **Opción** (en Mac OS) y haga clic en el botón **Crear nueva capa** en el panel Capas. Esto abrirá el cuadro de diálogo Opciones de capas automáticamente.

La capa Background todavía no tiene contenido, pero entrará en juego más tarde en este capítulo (véase la figura 3.7).

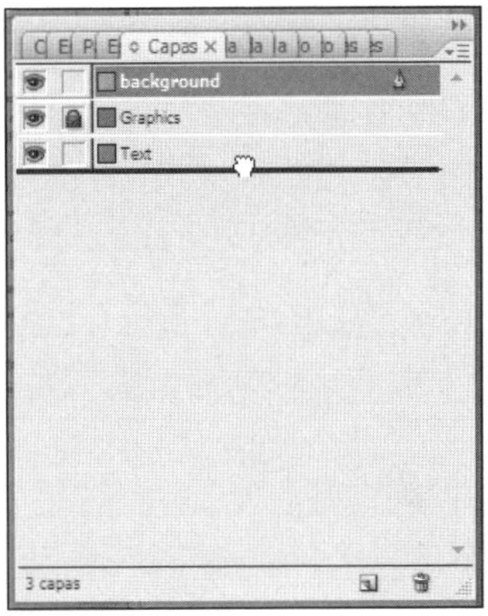

Figura 3.7.
Haga clic aquí y arrastre para reordenar las capas.

11. Haga clic en Archivo>Guardar para guardar el archivo.

Creación y edición de marcos de texto

En la mayoría de casos, el texto debe colocarse dentro de un marco. El tamaño y la situación de un marco determinan cómo aparecerá el texto en una página. Los marcos de texto pueden crearse con la herramienta **Texto** y ser editada utilizando una gran variedad de herramientas.

Creación y redimensionado de marcos de texto

Ahora creará su propio cuadro de texto y utilizará el tamaño de otro marco, utilizando la herramienta **Selección**.

1. En el panel Capas, haga clic en la capa Texto para seleccionarlo. De esta manera cualquier contenido creado se colocará en la capa Texto.

2. Haga clic en la herramienta **Texto** T del panel Herramientas. Abra el panel Páginas haciendo clic en sus pestañas de la barra derecha de la mesa de trabajo. Haga doble clic en la página 1 visualice la página 1.

   Sitúe el cursor donde se encuentra la guía a aproximadamente 34p y a la izquierda del borde donde se junta con la primera columna. Arrastre para crear un marco que se ajusta con el borde derecho de la segunda columna y tenga una altura de 7p11 (véase la figura 3.8).

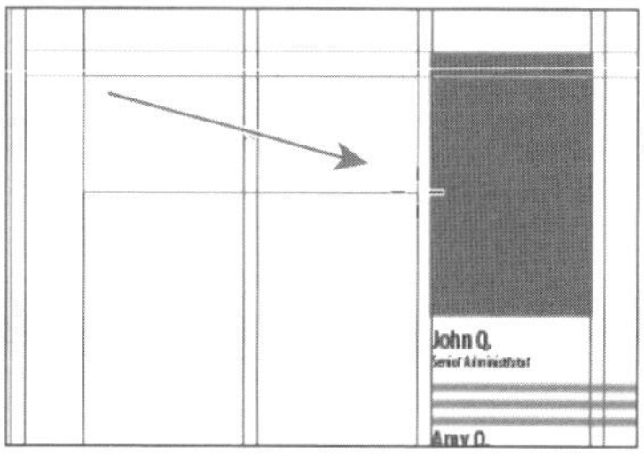

Figura 3.8.
Haga clic aquí y arrastre para crear el cuadro de texto.

3. En el nuevo cuadro de texto escriba **Customer**, pulse **Mayús-Intro** o **Mayús-Retorno** para crear un pequeño espacio en blanco, después escriba **Testimonials**. Haga clic cuatro veces para seleccionar el texto. Haga clic en el panel Estilo de párrafo o elija Texto>Estilos de párrafo. Utilice **Alt** (en Windows) u **Opción** (en Mac OS) y haga clic en el estilo llamado Testimonials (véase la figura 3.9)

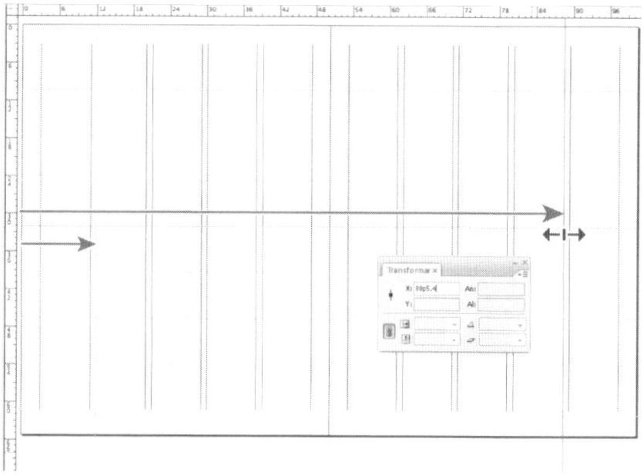

Figura 3.9.
Seleccione el texto, después aplique el estilo del párrafo.

4. Haga clic en la herramienta **Selección** y haga doble clic en la parte inferior y centre el cuadro de texto seleccionado para ajustar el cuadro al texto de forma vertical (véase la figura 3.10).

Truco: Hacer doble clic en los cuadros alrededor del cuadro hará que cambie la forma en la que se delimite el texto. Si hace doble clic en el cuadro del centro a la derecha, por ejemplo, la altura se preserva mientras que la anchura se ajusta hasta completar el cuadro.

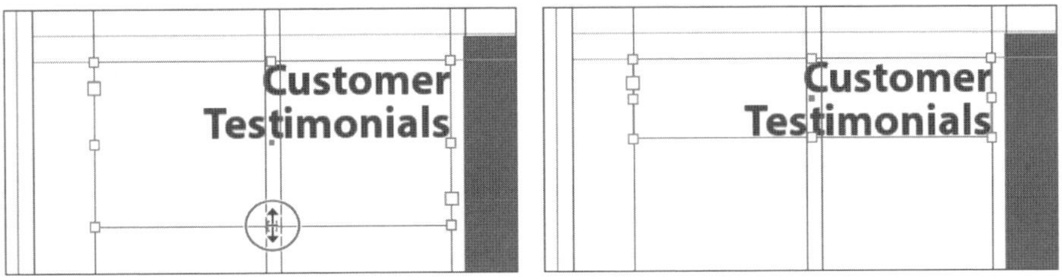

Figura 3.10.
Haga doble clic en el marco.

5. En la página derecha (página 2), utilice la herramienta **Selección** para seleccionar el cuadro de texto bajo el texto "*The Buzz*". Contiene el texto, "*New'07...*".

6. Arrastre el cuadro central inferior para ajustar el tamaño a la altura del cuadro hasta que se ajuste con la parte inferior de la guía del margen. Cuando el cursor se aproxime al margen, las flechas cambian en apariencia indicándole que el cuadro está a punto de ajustarse a la guía.Cuando suelte el ratón, el texto se redis-tribuye en todo el marco (véase la figura 3.11).

Cambio de forma a un cuadro de texto

Hasta ahora, se ha arrastrado para controlar el tamaño de un cuadro de texto utilizando la herramienta **Selección**. Ahora, usará un punto de anclaje para cambiar la forma el cuadro, utilizando la herramienta **Selección directa**.

1. Si el cuadro de texto de la página derecha no está todavía seleccionada, use la herramienta **Selección** para seleccionarla ahora.

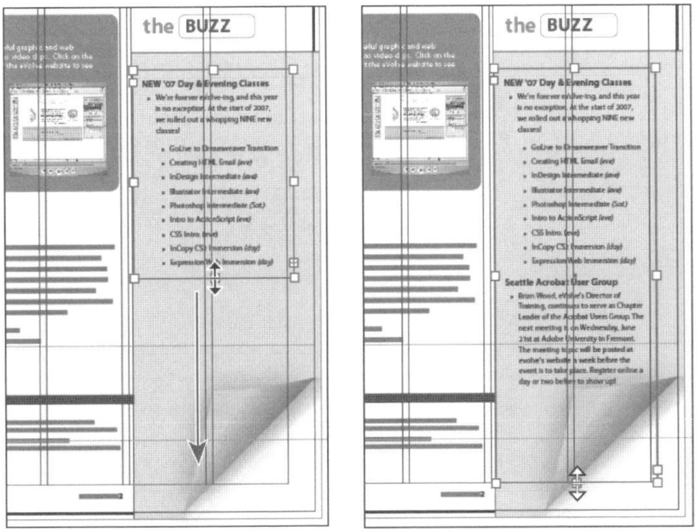

Figura 3.11.
Haga clic aquí y arrastre el punto central del marco para redimensionarlo.

Truco: Cuando quiera cambiar simultáneamente el tamaño de un cuadro de texto y de los caracteres en su interior, utilice la herramienta **Escala** o mantenga pulsado la tecla **Control** (en Windows) o **Comando** (en Mac OS) mientras arrastra uno de los cuadrados del cuadro de texto.

2. En el panel Herramientas, haga clic en la herramienta **Selección directa**. Cuatro puntos de anclaje muy pequeños aparecerán en las esquinas del cuadro de texto seleccionado. Los puntos de anclaje, indicando que ninguno de ellos está seleccionado (véase la figura 3.12).

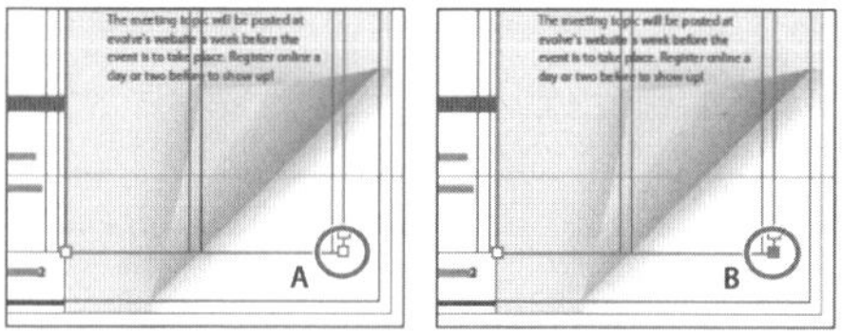

Figura 3.12.
Punto de anclaje no seleccionado. Punto de anclaje seleccionado.

3. Seleccione el punto de anclaje en la esquina inferior derecha del cuadro de texto y arrástrelo hacia arriba hasta que se ajuste con la guía horizontal encima de ella. (Después de que comience a arrastrar, puede mantener la tecla **Mayús** para restringir cualquier movimiento horizontal.)

   Asegúrese de que arrastre sólo el punto de anclaje, si arrastra justo debajo del punto de anclaje, moverá el cuadro de texto. También tiene que fijarse en el signo más rojo que aparece lo que indica que el texto no encaja (véase la figura 3.13).

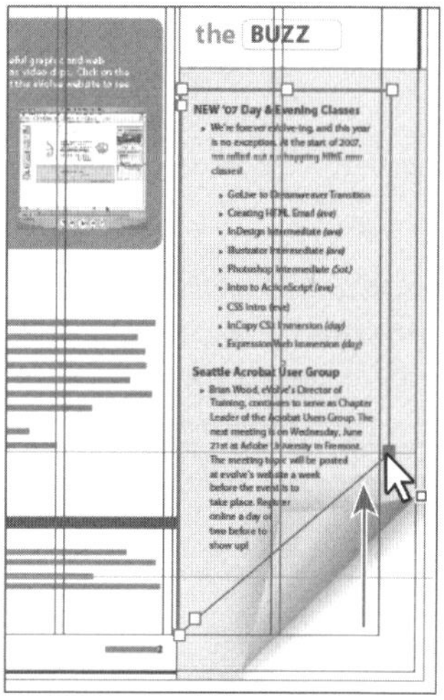

Figura 3.13.
Arrastre del punto de anclaje.

4. Pulse **V** en el teclado para cambiar a la herramienta **Selección**. Debería ver a un signo más rojo indicando el texto que no cabe en el cuadro.

Truco: Para ver tanto el cuadro redondeado como el trazo, Ver> Mostrar bordes de marco. Para desactivar de nuevo los marcos, haga clic en Ver>Ocultar bordes de marco.

5. Deseleccione todos los objetos y después elija Archivo>Guardar.

Creación de varias columnas

Ahora utilizaremos un cuadro de texto existente y lo convertiremos a un cuadro de texto con varias columnas.

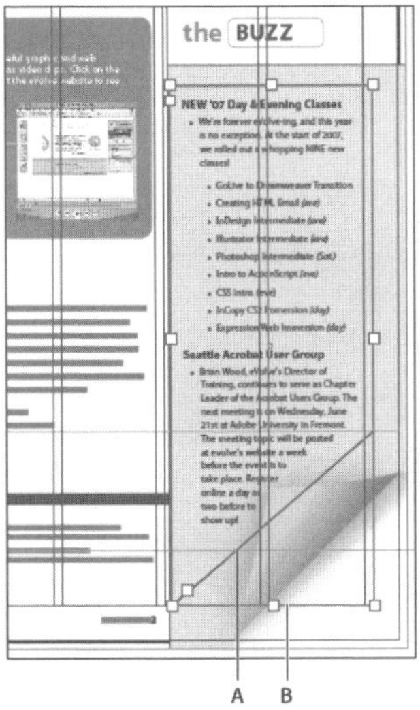

Figura 3.14.
A. Cuadro delimitador. B. Marco.

> **Truco:** Pulsando las teclas **A** y **V** se cambia entre las herramientas **Selección** y **Selección directa**. Éstos son sólo dos métodos abreviados de teclado disponibles en InDesign. Para ver más de ellos, consulte Ayuda>Ayuda de InDesign.

1. Si el cuadro de texto de la página 1, que contiene el texto "John Q.", no está seleccionado, use la herramienta **Selección** para seleccionarlo ahora.

2. Haga doble clic en el cuadro de texto para seleccionar la herramienta **Texto** y coloque el cursor en el marco. Haga clic en Objeto>Opciones de marco de texto para abrir el cuadro de diálogo Opciones de marco de texto.

3. En el cuadro de diálogo Opciones de marco de texto, cambie el campo Número de columnas a 3 y el Medianil a 0p11. El medianil controla la distancia entre las columnas. Haga clic en **Aceptar**.

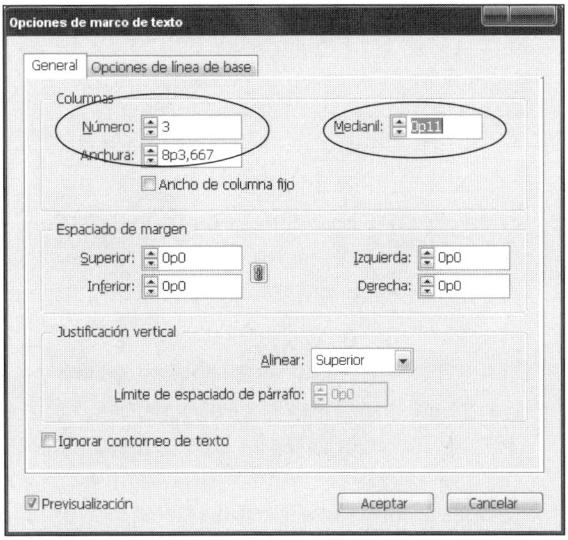

Figura 3.15.
Utilizando el cursor de texto, seleccione Objeto>Opciones de marco de texto para editar el cuadro de texto.

4. Para terminar las 3 columnas de texto, con la herramienta **Texto** todavía seleccionada, coloque el cursor en frente del nombre "Amy O." y elija Texto>Insertar carácter de salto>Salto de columna. Esto forzará a que "Amy O." se coloque en la parte superior de la segunda columna. Repita este paso después de colocar el cursor antes de "Jeff G.".

5. Haga clic en Texto>Mostrar caracteres ocultos para ver los caracteres de salto.

Ajuste de texto dentro de un marco

La siguiente tarea es utilizar la barra de título azul sobre la página portada ajustando el texto correctamente dentro del cuadro. Ajustando el espacio entre el cuadro y el texto, lo haremos más sencillo de leer.

1. Haga clic en la herramienta **Selección** en el panel Herramientas, y después seleccione la barra azul en la parte superior de la página 2 con el texto "*arrive smart. leave smarter.*".

2. Haga clic en Objeto>Opciones de marco de texto para abrir el cuadro de diálogo Opciones de marco de texto. Si fuese necesario, arrastre el cuadro de diálogo de uno de sus lados para que puedan seguir viéndose la barra como se fijo en las opciones.

3. En el cuadro de diálogo, asegúrese de que la opción **Previsualización** está seleccionada. Después, bajo Espaciado de margen, haga clic en el icono de vinculación para cambiar la configuración izquierda y derecha de forma independiente. Cambie el valor Izquierda a **3p0** y el valor Derecha **3p9**. Haga clic en **Aceptar** para cerrar el cuadro de diálogo.

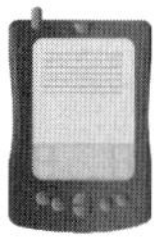

Nota: El icono de vinculación está ahí para ayudarle a cambiar los valores de espacio entre márgenes al mismo tiempo. A veces, no obstante, tendrá que desactivarlo.

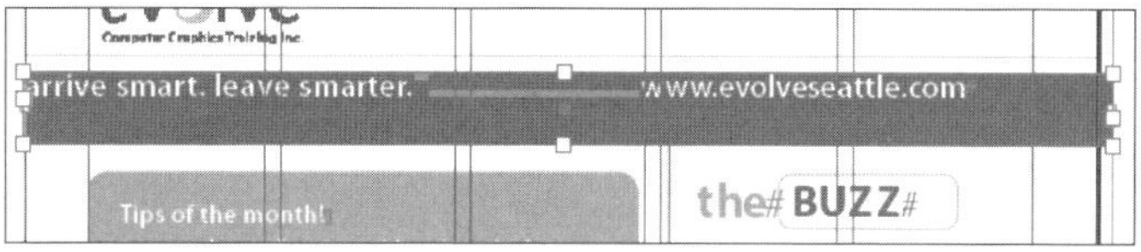

Figura 3.16.
La barra azul seleccionada.

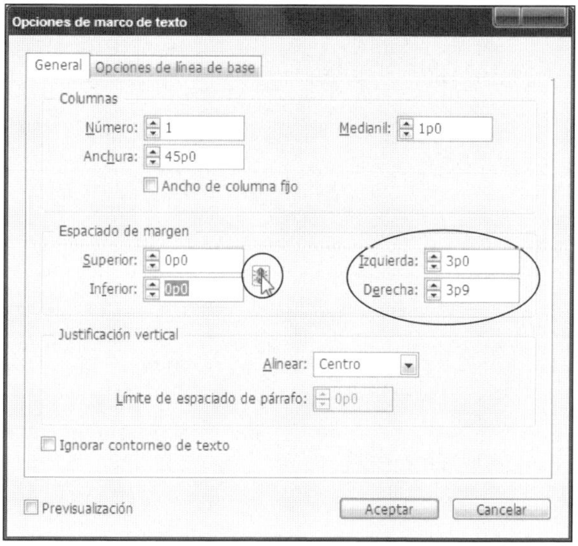

Figura 3.17.
Haga clic en el icono de vinculación para cambiar el espacio de margen de forma independiente. Cambie los valores Izquierda y Derecha y después haga clic en Aceptar.

Alineación vertical del texto dentro de un marco

La siguiente tarea es hacer que la barra azul se alinee con el texto de forma vertical con el marco. Esto nos permite centrar el texto verticalmente.

1. Haga clic en para seleccionar la herramienta **Selección** en el panel Herramientas, y después seleccione la barra azul de la página del lado derecho.

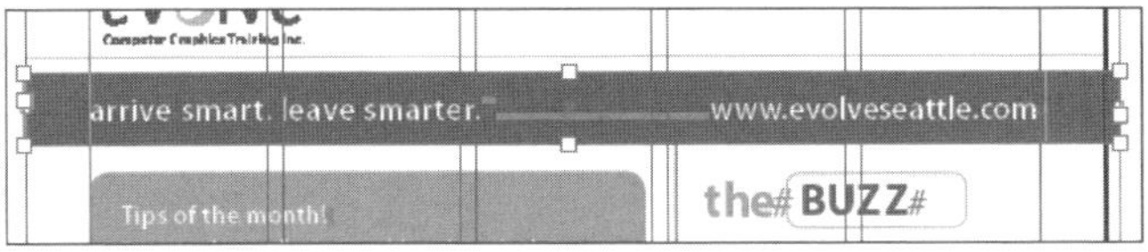

Figura 3.18.
Espaciado de margen y Justificación vertical aplicadas.

2. Haga clic en Objeto>Opciones de marco de texto para abrir el cuadro de diálogo Opciones de marco de texto.

   Debajo de Justificación vertical, elija Centro en el menú desplegable Alinear. Haga clic en **Aceptar** para cerrar el cuadro de diálogo.

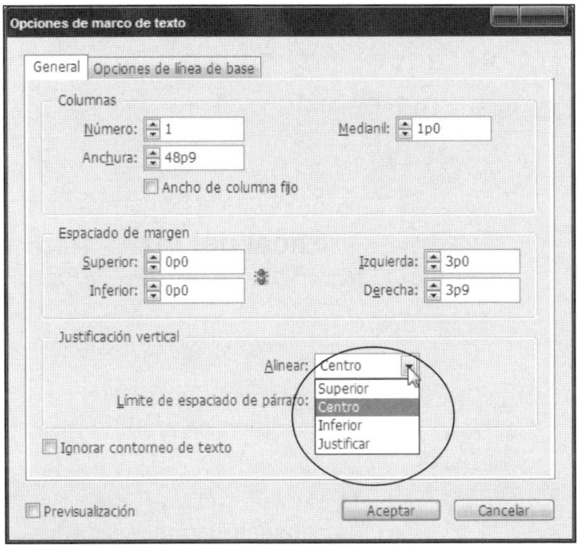

Figura 3.19.
Elija alineación centrada y haga clic en Aceptar.

Creación y edición de marcos gráficos

En esta sección, se centrará en diferentes técnicas para la creación y modificación de marcos de gráficos y contenidos de los mismos. Para comenzar, importará una imagen y la colocará en el pliego del documento. Ya que estamos trabajando con gráficos y no con texto, el primer paso es asegurar que los gráficos aparecen la capa Art y no en la capa Text. Al aislar los elementos en distintas capas, podemos trabajar de forma que sea más sencillo encontrar y editar elementos del diseño.

Nota: A veces, elegir la justificación centrada hace que no se ajuste completamente al centro, especialmente en los marcos más pequeños. Esta justificación centrada es matemática. La configuración del espaciado de margen o la configuración del desplazamiento de línea de base puede cambiar la apariencia y hacer que parezca centrada.

Dibujo de un marco gráfico nuevo

Es hora de crear un marco para el primer gráfico, utilizando las herramientas de dibujo dentro del panel Herramientas.

1. Si el panel Capas no está visible, haga clic en la pestaña del panel Capas para mostrar el panel, o elija Ventana>Capas. En el panel Capas, haga clic en el cuadro de la

segunda columna para desbloquear la capa Gráficos. Bloquee la capa Texto haciendo clic en el cuadro de la segunda columna. Después, seleccione la capa Gráficos haciendo clic en el nombre de la capa de forma que los nuevos elementos estén asignados a esta capa.

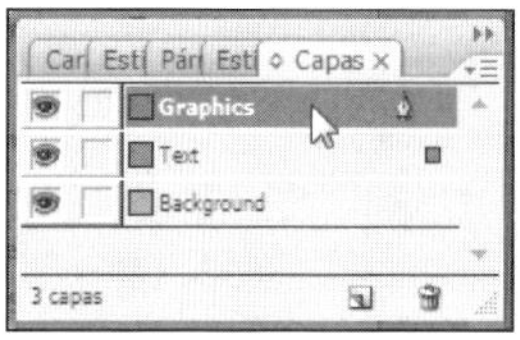

Figura 3.20.
Desbloquee la capa Gráficos y la capa Texto. Después, seleccione la capa Gráficos

2. Para centrar la página 1 en la ventana del documento, elija 1 desde el menú Páginas en la parte inferior de la ventana del documento.

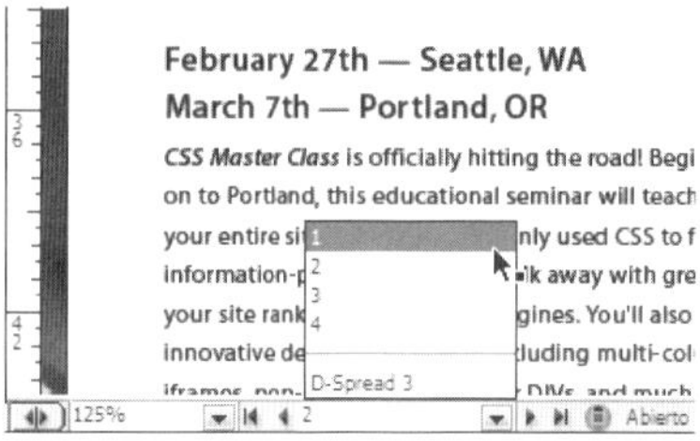

Figura 3.21.
Menú Páginas.

3. En el panel Herramientas, elija la herramienta **Marco rectangular** ⊠. En la columna más a la derecha de la página 1, haga clic y arrastre desde donde la guía aproximadamente a medio camino de la mitad de la página y la izquierda de la quinta columna con el borde derecho de la columna y bájelo justo encima del texto "Jeff G.".

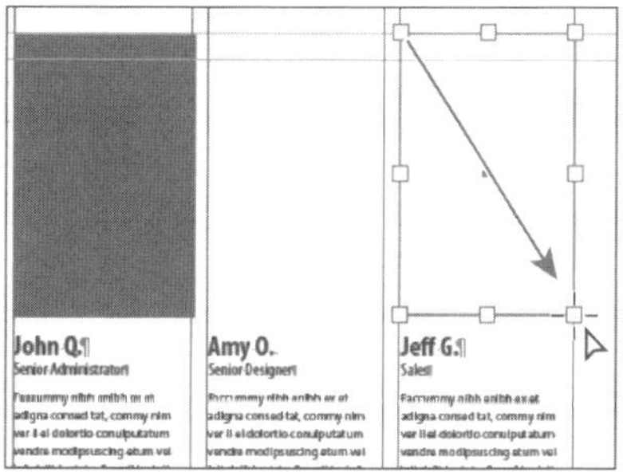

Figura 3.22.
Haga clic aquí y arrastre para crear un marco de gráficos.

4. Cambie a la herramienta **Selección** y asegúrese de que el marco de gráficos sigue seleccionada.

Colocar gráficos dentro de un marco existente

1. Con el marco de gráficos todavía seleccionado, elija Archivo>Posición y después haga doble clic en `JeffG.tif` en la carpeta `Lesson_03>Links`. La imagen debería aparecer en el marco gráfico.

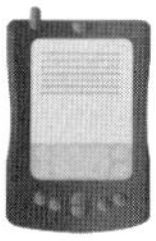

Nota: Si el marco de gráficos no estaba seleccionada, el cursor debería cambiar al icono de gráfico cargado. Puede hacer clic en el medio del cuadro para colocar la imagen.

2. Haga clic en la herramienta **Selección** y manteniendo pulsada la tecla **Alt** (en Windows) o la tecla **Opción** (en Mac OS) haga clic aquí y arrastre el gráfico `JeffG` a la izquierda y ajústelo con la columna directamente a la izquierda.

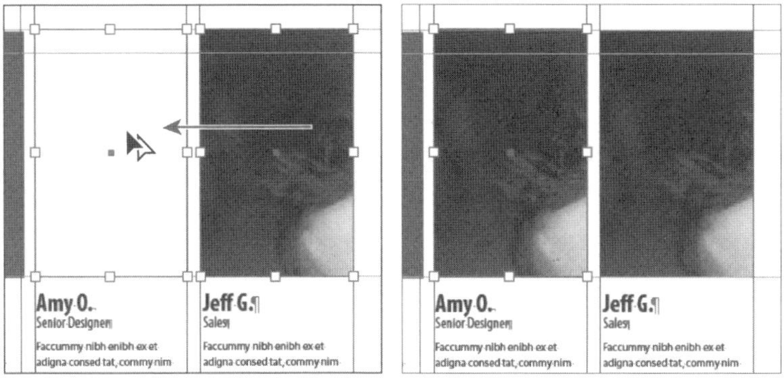

Figura 3.23.
Coloque el gráfico en el marco existente.

Cambio de tamaño de un marco gráfico

El diseño de esta página obliga a que la imagen de Jeff se extienda hasta el borde derecho de la misma. Aunque esta imagen no tiene todavía el tamaño adecuado o la forma para ello, empezaremos haciendo los ajustes ahora.

Primero, se estirará el marco.

1. Elija Ver>Ajustar pliego a ventana de forma que se puedan ver las páginas 1 y 2 de la ventana del documento. Si fuese necesario, desplácese horizontalmente de forma que se pueda ver el borde derecho de la página 2 y oculte el panel Capas haciendo clic en su pestaña.

2. Utilizando la herramienta **Selección**, haga clic en el gráfico de Jeff G. Arrastre el manejador derecho hasta que el borde derecho del cuadro delimitador se ancle con el borde derecho de la página 1.

Fíjese en que sólo se cambia el borde delimitador y no la imagen en sí.

Cambio de tamaño y movimiento de una imagen dentro de un marco

Ahora que acabamos de terminar de cambiar el tamaño del marco gráfico, pero que el contenido se mantiene invariable, vamos a cambiar el tamaño de la imagen de forma que se ajuste en el área designada.

Truco: A parte de los métodos que se utilizaron aquí, puede también utilizar los menús contextuales para cambiar de tamaño las imágenes y ajustarlas a su marco. Para ello, haga clic con el botón derecho (en Windows) o utilice la combinación **Control-clic** (en Mac OS) para seleccionar Ajuste>Encajar contenido proporcionalmente.

El contenido y el marco para cualquier gráfico colocado se consideran independientes. A diferencia de los objetos de texto, el marco y el contenido de cada gráfico tiene sus propios cuadros delimitadores.

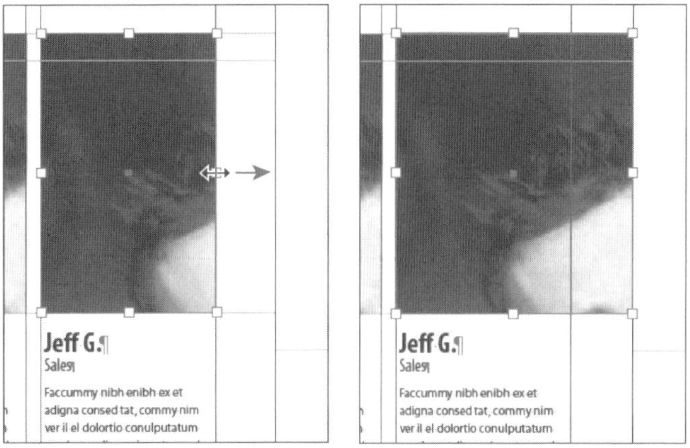

Figura 3.24.
Haga clic y arrastre en el lado derecho del borde para cambiar su tamaño.

Al cambiar el tamaño del gráfico se cambia el tamaño del marco, excepto si se trabaja con la herramienta **Selección directa**.

1. Pulse **A** para cambiar a esta herramienta y después coloque el puntero sobre la imagen de Jeff G. hasta que el puntero cambie a la mano, después, haga clic para seleccionar el contenido del marco (la imagen en sí). El cuadro delimitador cambia a otro color, indicando que el marco ya no está seleccionado, pero si los contenidos.

2. Seleccione el manejador de la esquina inferior derecha del cuadro delimitador del gráfico y después, manteniendo pulsada la tecla **Mayús** arrastre para hacer la imagen más pequeña. Continúe arrastrando hasta que las dimensiones de la imagen sean un poco más grande que el marco.

3. Mueva la herramienta **Selección directa** sobre imagen `JeffG` de forma que vea el icono mano.

Haga clic y arrastre la imagen con el icono mano, y fíjese en cómo el área de la imagen que es visible dentro del cuadro cambia a medida que arrastra. Si arrastra demasiado a la derecha, fíjese en que la imagen no cubre toda la parte izquierda del área de del marco. Arrastre la imagen de forma que el borde derecho de la imagen se alinee con el borde derecho del marco.

Truco: Antes de empezar a arrastrar, haga clic y mantenga pulsado el botón del ratón hasta que el icono mano se convierta en una flecha sólida. La flecha es blanca en Windows y negra en Mac OS. Después, una vez que hayamos terminado de arrastrar, veremos una imagen traslúcida de las áreas ocultas del contenido del gráfico, una característica llamada Previsualización dinámica. Si no queremos esperar a que el icono cambie, verá el cuadro delimitador del gráfico a medida que lo arrastre.

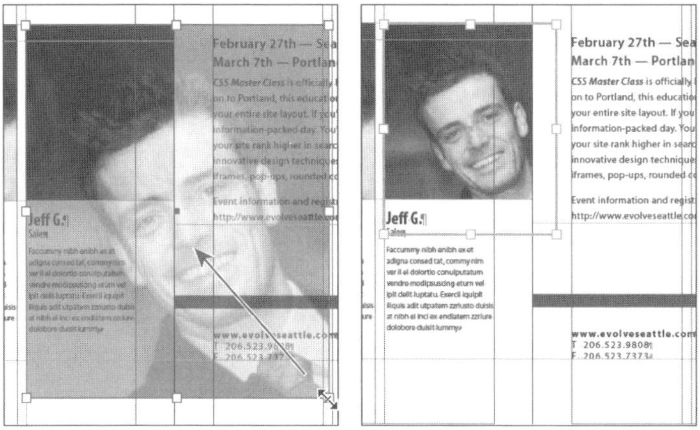

Figura 3.25.
Arrastre el cuadro delimitador de los contenidos y visualización después del arrastre.

4. Asegúrese de que la imagen rellena completamente el marco. Guarde el trabajo.

Nota: Las imágenes expandidas más allá del 120% de su tamaño original no deberían contener suficiente información para alta resolución o para la impresión de cartelería. Cambie la configuración de su impresora o con su proveedor de servicios de impresión si no está seguro de las necesidades de resolución y escalados para poder imprimirse.

Recolocación de los contenidos de los marcos gráficos

Después de crear los dos duplicados, es sencillo reemplazar los contenidos con otros gráficos o texto. Lo siguiente es reemplazar la imagen `JeffG` copiada con otra imagen. Debido a que los marcos y los contenidos son independientes, es sencillo cambiar una imagen por otra.

Nota: Puede redimensionar simultáneamente la imagen del gráfico y su marco utilizando la herramienta **Selección** y manteniendo pulsada **Control-Mayús** (en Windows) o **Comando-Mayús** (en Mac OS) a medida que arrastra el cuadro del marco. En este caso, la tecla **Mayús** mantiene las proporciones de los cuadros delimitadores de forma que la imagen del gráfico no esté distorsionada. Presionar la tecla **Mayús** es opcional si distorsionar la imagen no importa en el diseño.

1. Con la herramienta **Selección**, haga clic en la imagen `JeffG` (la que se encuentra sobre "Amy O.") para seleccionarla.

Haga clic en Archivo>Posición y después haga doble clic en `AmyO.tif` para colocar la nueva imagen directamente dentro del marco seleccionado, recolocando la imagen de `JeffG`.

2. Con el cuadro todavía seleccionado, elija Objeto>Ajuste>Encajar contenido proporcionalmente. InDesign modificará el tamaño del gráfico de forma que se ajuste al cuadro.

> **Truco:** Puede también acceder a los comandos de ajuste desde los menús contextuales haciendo clic con el botón derecho del ratón (en Windows) u **Opción-clic** (en Mac OS).

3. Haga clic en Objeto>Ajuste>Centrar contenido para centrar la imagen `AmyO` en el cuadro. Ahora colocará una imagen en el cuadro azul a la izquierda de la imagen `AmyO`.

Figura 3.26.
Ajuste de la imagen con ajuste centrado dentro del cuadro.

4. Haga clic en Edición>Deseleccionar todo para deseleccionar el cuadro.

5. Haga clic en Archivo>Posición, y seleccione el archivo `JohnQ.tif` en la carpeta `Lesson_03`. Seleccione Abrir de forma que cambie al icono de gráficos cargados.

> **Nota:** Si el cursor aparece con una línea tachada, la capa actual seleccionada estará bloqueada. No se pueden agregar objetos a una capa bloqueada. Asegúrese de que la capa Gráficos en el panel Capas está tanto desbloqueada como seleccionada. El cursor debería aparecer como un icono de gráficos cargados de forma que pueda proceder con este paso.

6. Sitúese sobre el marco azul a la izquierda de la imagen `AmyO` y el cursor cambiará de nuevo con unos paréntesis, indicando que si hace clic, la imagen se colocará dentro del marco. Verá una imagen en miniatura de la imagen bajo el cursor.

> **Nota:** Si hace clic en una zona en blanco de la página, la imagen se colocará en la página donde hizo clic. La imagen se colocará al 100% de su tamaño original.

Figura 3.27.
Haga clic para colocar la imagen en el marco relleno de azul.

7. Con el gráfico `JohnQ` todavía seleccionado, elija Objeto>Ajuste>Llenar marco proporcionalmente. InDesign cambia los tamaños del gráfico de forma que se ajusta en el cuadro. Para centrar el contenido, elija Objeto>Ajuste>Centrar contenido.

Ahora ya ha colocado imágenes siguiendo diferentes métodos en tres marcos distintos.

Cambio de la forma de un marco

Cuando cambie el tamaño del marco de gráficos utilizando la herramienta **Selección**, el cuadro mantiene su forma rectangular. Ahora, utilice la herramienta **Lápiz** y la herramienta **Selección directa** para redimensionar el marco en la página 4.

1. Para ir a la página 4 en la ventana del documento, elija 4 en el menú Páginas de la parte inferior de la ventana del documento. Haga clic en Ver>Ajustar página en ventana para ajustar la página en la ventana.

2. En el panel Capas (Ventana>Capas), haga clic en el icono bloquear para la capa Texto para desbloquearla.

3. Pulse **A** para utilizar la herramienta **Selección directa**. Después mueva el extremo del cursor al borde derecho del cuadro verde y haga clic en él cuando aparezca una pequeña diagonal. Esto selecciona el trazo y aparecen los puntos de anclaje y el punto central del cuadro.

   Mantenga el trazo seleccionado.

4. Pulse **P** para cambiar a la herramienta **Lápiz**. Coloque con cuidado el cursor sobre el borde superior del trazo del cuadro donde se interseca con la guía derecha de la primera columna de la página 4.

   Cuando vea la herramienta **Añadir punto de ancla**, haga clic en ella. Se agrega un nuevo punto de anclaje.

   La herramienta **Lápiz** automáticamente cambia a la herramienta **Añadir punto de ancla** cuando se cruza con el trazo ya existente.

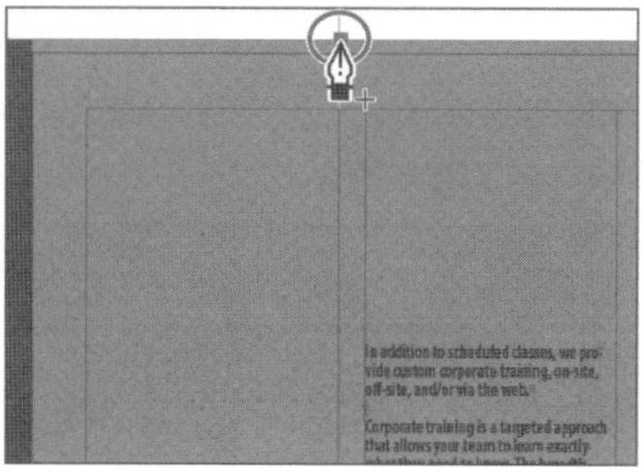

Figura 3.28.
Haga clic para añadir un punto de anclaje.

5. Mueva el cursor donde la guía bajo el texto y la guía intersecan, y utilizando la herramienta **Lápiz**, haga clic de nuevo para agregar otro nuevo punto de anclaje.

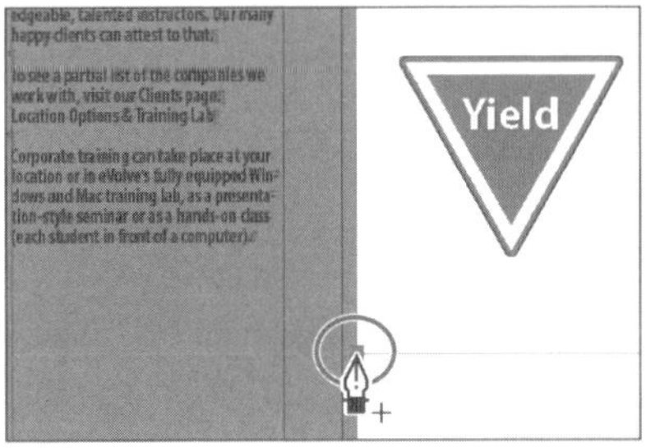

Figura 3.29.
Haga de nuevo clic para añadir un punto de anclaje.

6. Cambie a la herramienta **Selección directa** y arrastre la esquina superior derecha del marco verde hacia abajo y la izquierda. Cuando el punto de anclaje se ajuste para colocarla en la primera columna y la primera guía de la parte superior de la página (a 40p9 de la regla vertical), suelte el botón del ratón.

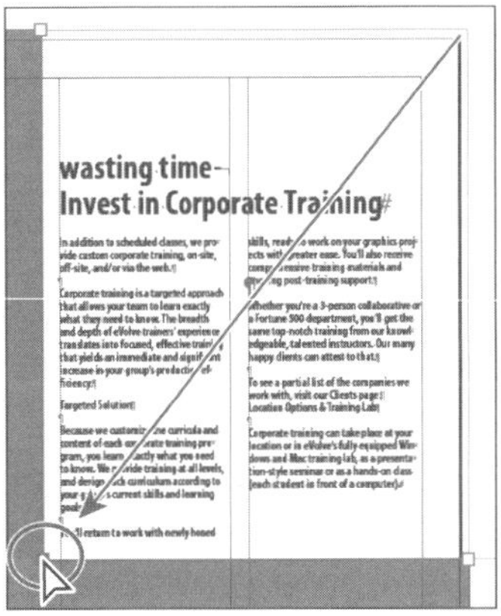

Figura 3.30.
Arrastre la esquina superior derecha hacia abajo y a la izquierda.

El marco del gráfico tiene ahora la forma adecuada y el tamaño del diseño.

Contornear texto alrededor de un gráfico

Puede contornear texto alrededor del cuadro de un objeto alrededor del propio objeto. En este procedimiento, verá la diferencia entre contornear texto alrededor de un cuadro delimitador y contornear texto alrededor del gráfico. La primera tarea es mover el gráfico, cosa que no podría ser más sencilla. Sólo tiene que seleccionarlo y arrastrarlo. Para una colocación más precisa, puede utilizar también las teclas del cursor para mover el marco o puede escribir exactamente las coordenadas en el panel Control.

1. Teniendo seleccionada la herramienta **Selección**, seleccione el marco de gráficos con la imagen del signo que se encuentra en el borde derecho de la página 4. Hemos de tener cuidado de no seleccionar una de las manos teniendo pulsada la tecla **Mayús** y mueva el cuadro a la izquierda de forma que el punto central del gráfico esté alineado con la mitad del medianil entre las dos columnas del texto. El marco no debería haber cambiado de tamaño, pero la página debería haberse movido. Fíjese en que el texto se encuentra encima de la imagen. Cambiará esto aplicando el contorneo del texto.

2. Haga clic en Ventana>Contorneo de texto para abrir el panel Ceñir texto, y seleccione la segunda opción de contorneo de forma que el texto se distribuye alrededor del cuadro delimitador, no alrededor de la forma de la imagen.

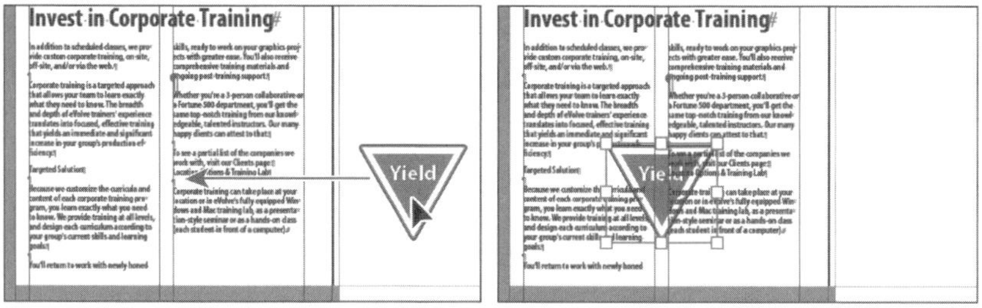

Figura 3.31.
Movimiento del gráfico dentro del texto.

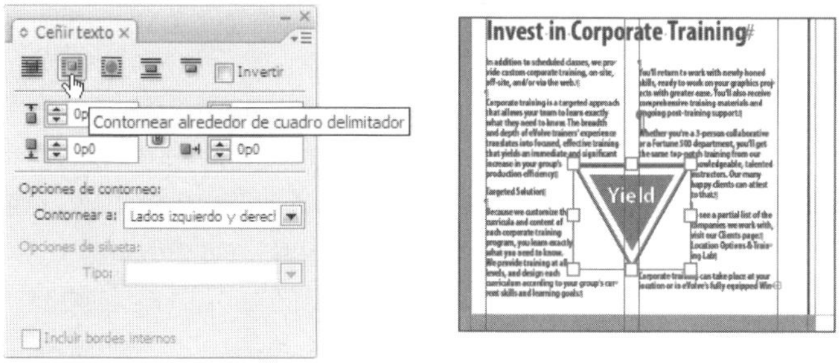

Figura 3.32.
Texto redistribuido alrededor del cuadro delimitador.

3. Luego, seleccione la tercera opción de contorneo de forma que el texto se distribuya alrededor de la figura en vez de alrededor del cuadro delimitador. Desde Opciones de contorneo, elija Lados izquierdo y derecho desde el menú Contornear a si es que todavía no está seleccionada y después Detectar bordes en el menú Tipo. Haga clic en una zona en blanco para deseleccionar todo, o Edición>Deseleccionar todo.

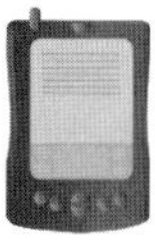

Nota: Si no puede ver el menú Contornear a, elija Mostrar opciones desde el panel del menú Ceñir texto. De igual manera, esta opción está disponible sólo si ha seleccionado Contornear alrededor de un cuadro delimitador o Contornear alrededor de forma de objeto.

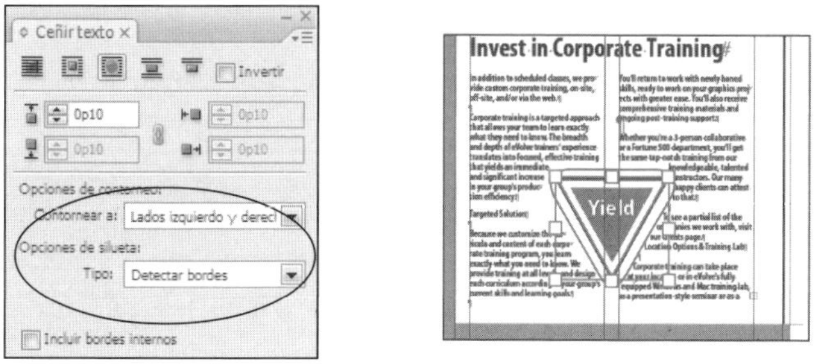

Figura 3.33.
El texto se redistribuye alrededor del contenido.

4. Cierre el panel Ceñir texto, y elija Archivo> Guardar.

Trabajo con marcos

Ya se ha visto cómo mover, redimensionar y cambiar el tamaño de los elementos de nuestra composición del documento. En este capítulo, utilizará distintas características que ajustan la orientación de los objetos dentro de la página y las relaciones entre ellas. Para empezar, utilizará opciones del Buscatrazos para sustraer una forma de otra. Después, trabajará con técnicas de rotación y alineación de los objetos seleccionados.

Trabajar con el Buscatrazos

Puede cambiar la forma de un marco existente agregando o quitando partes de su zona utilizando el menú Objeto de InDesign. La forma de un marco puede cambiarse también, incluso cuando el cuadro ya tenga texto o gráficos.

1. Haga clic en Ver>Ajustar página en ventana para ajustar la página 4 en la ventana.

2. Haga clic en la herramienta **Marco rectangular** ⊠ en el panel Herramientas y dibuje un marco desde donde la posición 46p6 de la regla vertical y el borde derecho de la primera columna coinciden con la esquina inferior derecha de la página donde la línea de la guía roja se encuentran.

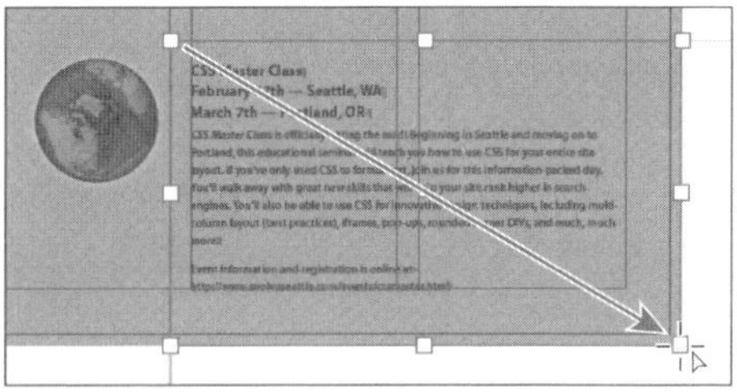

Figura 3.34.
Dibuje un rectángulo y ajústelo a la esquina de la guía.

3. Con la herramienta **Selección**, mantenga el botón del ratón pulsado en la tecla **Mayús** y haga clic en el cuadro verde (fuera del cuadro que acaba de colocar) que cubre una buena parte de la página para seleccionar el nuevo rectángulo y el cuadro verde.

4. Haga clic en Objeto>Buscatrazos>Restar para quitar parte de la figura superior (el nuevo rectángulo) a partir de la figura verde. El cuadro de texto de la parte inferior de la página debería tener el fondo blanco.

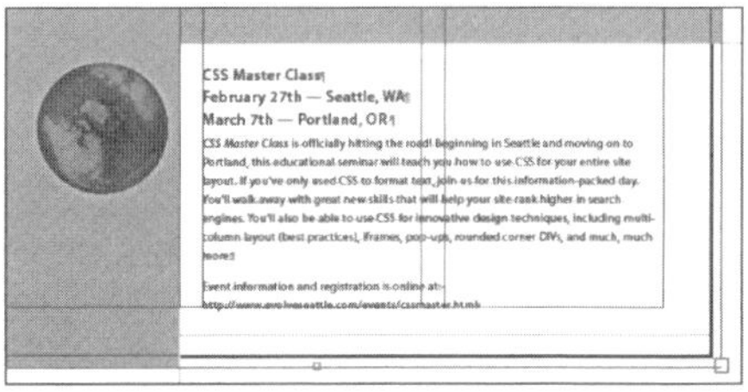

Figura 3.35.
El resultado del borrado parcial.

5. Mientras el cuadro verde sigue seleccionado, elija Objeto>Bloquear posición. Esto nos ayudará a evitar que movamos el cuadro de forma accidental.

Conversión de formas

Puede cambiar la forma de un marco existente utilizando el menú Objeto de InDesign. La forma de un marco también puede cambiarse incluso si el cuadro ya contenía texto o gráficos.

1. En el panel Herramientas, mantenga pulsado el botón del ratón con la herramienta **Rectángulo** □ hasta ver otras opciones, y seleccione la herramienta **Polígono**.
2. Haga clic en la página 4 a la izquierda del texto "*wasting time*". En el cuadro de diálogo Polígono que aparece, cambie su anchura y altura a un valor de **1.5 in**. (InDesign convierte las pulgadas a picas.) Asegúrese de que el número de lados sea 5 y haga clic en **Aceptar**.
3. Con la forma en la página y estando seleccionada, elija Archivo>Posición, y seleccione el archivo `stopsign.tif` de la carpeta `Lesson_03>Links`. Después, haga clic en **Abrir**.
4. Haga clic en Objeto>Ajuste>Centrar contenido para centrar la imagen en el cuadro.

Luego cambiará la forma a un polígono de ocho lados (para que coincida con una señal de stop).

5. Abra el cuadro de diálogo Configuración de polígono haciendo doble clic en la herramienta **Polígono** dentro del panel Herramientas, e indique lo siguiente:
   - En Número de lados, escriba **8**.
   - Deje el cuadro Margen de estrella con el valor 0% y haga clic en **Aceptar**.
6. Seleccione Objeto>Convertir forma> Polígono.
7. Con la herramienta **Selección**, seleccione el gráfico de la página 4 y seleccione Objeto>Convertir forma>Rectángulo redondeado. Haga clic fuera de la página o seleccione Edición>Deseleccionar todo para ver los resultados.

Uso de la herramienta Colocar

La herramienta **Posición** le permite manipular el contenido de un gráfico de marco y el cuadro en sí mismo utilizando solamente una herramienta.

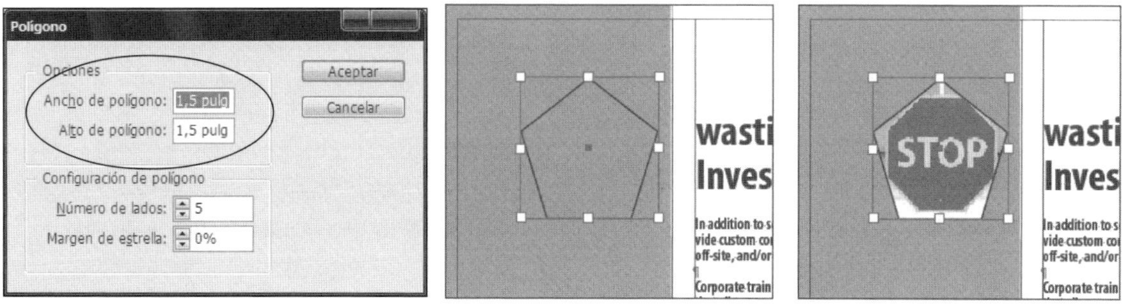

Figura 3.36.
Cambio de la configuración del polígono. El marco. La imagen colocada.

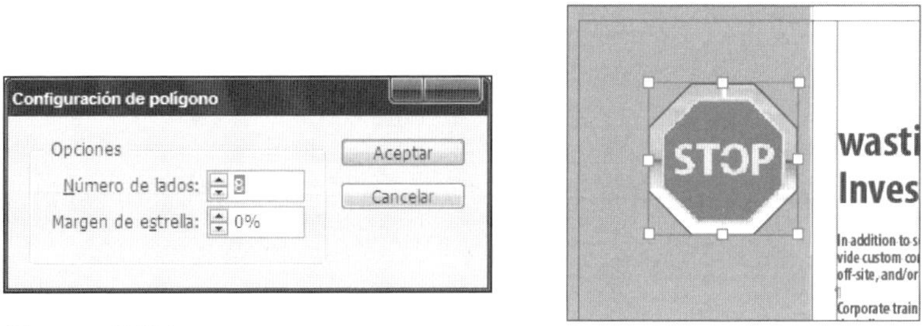

Figura 3.37.
Cambio de la configuración del polígono. El resultado.

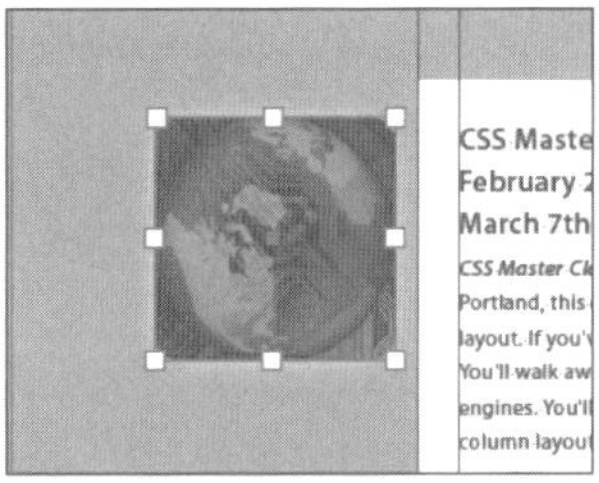

Figura 3.38.
Conversión a rectángulo redondeado.

Puede utilizar normalmente la herramienta **Selección directa** para mover un gráfico dentro de un marco de gráficos. También puede manipular la posición del cuadro cambiando a la herramienta **Selección** y moviendo el cuadro a su nueva posición. Esta herramienta le permite realizar ambas tareas sin cambiar de herramienta. La herramienta **Selección directa** puede seguir siendo utilizada para seleccionar y modificar puntos de los marcos.

1. Teniendo seleccionada la herramienta **Selección**, haga clic en el medio de la imagen stop para seleccionarla. Haga clic y arrastre la esquina superior izquierda del marco seleccionado de forma que el borde del cuadro de la parte superior e izquierda se detenga en el borde de la propia figura. Repita los mismos pasos arrastrando la parte inferior, la esquina derecha del marco seleccionado de forma que el borde del cuadro de la derecha e inferior se detengan en el borde de la figura stop.
2. Seleccione la herramienta **Posición** en el panel Herramientas haciendo clic y manteniendo pulsada la herramienta **Selección directa**.
3. Haga clic dentro de la imagen de stop de la página 4. Fíjese en que el cursor cambia a la herramienta **Mano** cuando pone el cursor sobre el contendido del gráfico del cuadro. Utilizando las flechas del teclado, mueva la imagen dentro del cuadro de forma que parezca que esté más centrada.

Truco: Manteniendo pulsada la combinación **Control-Mayús** (en Windows) o **Comando-Mayús** (en Mac OS) y pulsando una tecla del cursor, un objeto se moverá en incrementos pequeños. Si se mantiene sólo pulsada la tecla **Mayús** y se pulsa una tecla del cursor, el objeto se moverá en incrementos grandes.

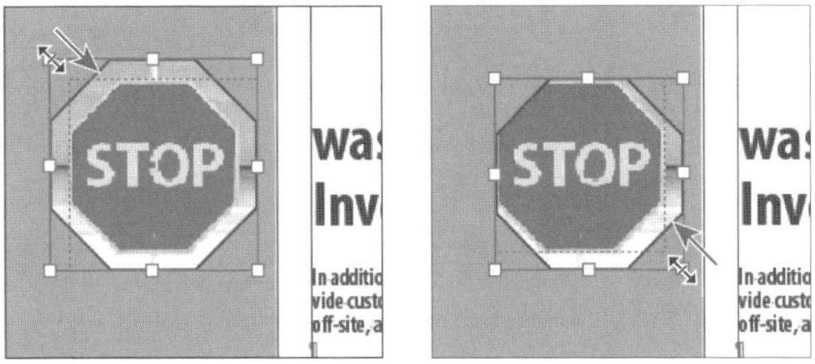

Figura 3.39.
Arrastre de la esquina superior izquierda del marco seleccionado. Arrastre la esquina inferior derecha del marco seleccionado.

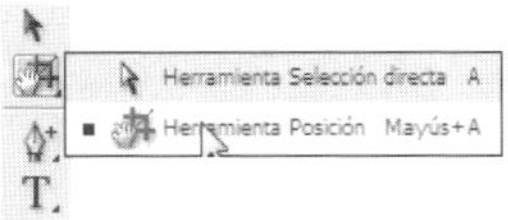

Figura 3.40.
Selección de la herramienta Posición.

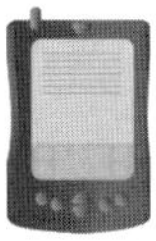

Nota: Si cambió el tamaño del cuadro, haga clic en Edición> Deshacer e inténtelo de nuevo. La idea es mover el marco al borde de la columna.

Figura 3.41.
Ajuste perfecto del gráfico dentro del polígono.

Figura 3.42.
Selección del polígono.

4. Sitúe el cursor sobre el borde de la imagen de la señal stop y verá cómo cambia el puntero y aparece con un punto. Esto indica que se ha seleccionado un marco si se hace clic. Haga clic en el cuadro y arrástrelo de forma que el borde derecho del cuadro se ajuste la guía de la columna a su derecha.

   La herramienta Posición puede ser usada para manipular el contenido o un marco sin las herramientas de intercambio.

Rotación de un objeto

Existen varias opciones en cuanto a la rotación de objetos en InDesign. En este capítulo se utilizará el panel Control.

1. Teniendo seleccionada la herramienta **Selección**, seleccione la imagen azul del mundo en la parte inferior de la página 4.

2. En el panel Control, asegúrese de que el punto central está seleccionado en el indicador de punto de referencia de forma que el objeto rote alrededor de su centro y después, seleccione 90° desde el menú Rotar.

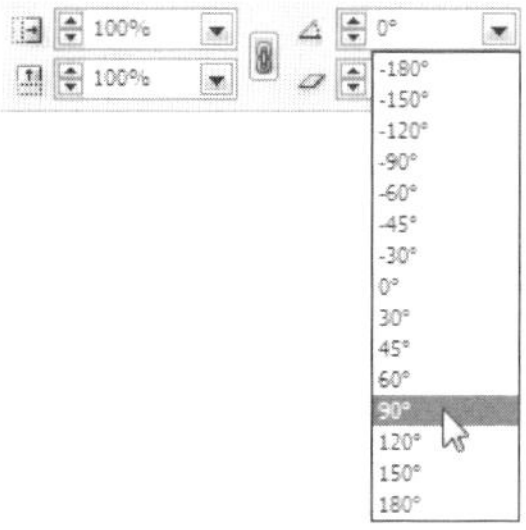

Figura 3.43.
Rotación del gráfico.

Rotación de una imagen dentro de su marco

Puede rotar tanto el cuadro como sus contenidos de una vez seleccionando el objeto con la herramienta **Selección** y después arrastrando uno de los cuadros con la herramienta **Rotar**.

Sin embargo, en ocasiones sólo querremos configurar la imagen para que tenga un determinado ángulo. Este proceso es una ligera variación del procedimiento.

Cuando rotó la imagen del mundo, utilizó el panel Control para precisar el ángulo de rotación. En este procedimiento, usará la herramienta **Rotar** para rotar a gráfico libremente.

1. Haga clic en Ver>Ajustar página en ventana, después elija la página 1 desde el menú Páginas de la parte inferior de la ventana del documento.

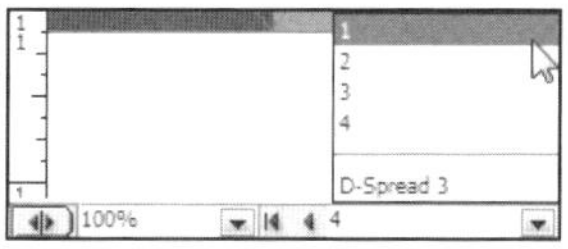

Figura 3.44.
Selección de la página 1.

2. Pulse **A** para cambiar a la herramienta **Selección directa**, y después sitúe el cursor sobre la imagen encima del texto "Jeff G." para finalmente hacer clic en él.

3. En el panel Control, asegúrese de que está seleccionado el punto central en el indicador de puntos de referencia.

4. Pulse **R** para seleccionar la herramienta **Rotar**.

5. Mueva el puntero con forma de cruz sobre uno de los cuadros de las esquinas y manteniendo el botón del ratón pulsado, arrastre la mano en sentido horario para rotar la imagen, deteniéndose cuando se quiera ver el resultado. El ejemplo utiliza una rotación de -7 grados.

> **Nota:** Tendrá que utilizar la herramienta **Selección directa** para volver a colocar el cuadro de forma que se rellene el mismo.

> **Nota:** Espere a que el puntero con forma de cruz se convierta en una flecha sólida para ver una visión preliminar de los contenidos según realiza la rotación. Si no quiere esperar a esta flecha sólida, sólo aparecerá el marco de delimitación durante el proceso de rotación.

Figura 3.45.
Seleccione la imagen. Rote la imagen y rellene el marco proporcionalmente.

Alineación de varios objetos

La alineación precisa es más sencilla cuando se utiliza el panel Alinear. Ahora se usará este panel para centrar una imagen en la página y después, se alinearán las imágenes con una ya seleccionada.

1. Haga clic en Ver>Ajustar página en ventana, y después elija la página 3 desde el menú Páginas de la parte inferior de la ventana del documento. Teniendo seleccionada la herramienta **Selección**, utilice la combinación **Mayús-clic** en el cuadro de texto en la cima de la página que contiene el texto "*Partial Class Calendar*" y el grupo del logotipo que lo envuelve sobre él.

2. Haga clic en Ventana>Objeto y maquetación>Alinear para abrir el panel Alinear.

3. En el panel Alinear, elija Alinear con página dentro de las opciones de alineación y después seleccione el botón **Alinear centros horizontales**. El cuadro de texto ahora está alienado al centro de la página.

   Haga clic en una zona en blanco o elija Edición>Deseleccionar todo.

4. Haga clic en la herramienta **Selección**, y después utilice **Mayús-clic** en los ocho iconos del lado izquierdo de la página.

5. En el panel Alinear, elija Alinear con selección en el menú de opciones y después seleccione el botón **Alinear centros horizontales**.

6. Haga clic en una zona en blanco para deseleccionar todo, y después guarde el trabajo.

Escalar grupos de objetos

Cuando los objetos están agrupados juntos, InDesign permite editar cada uno de ellos sin tener que desagruparlos. InDesign también permite cambiar el tamaño de un grupo de objetos de una vez.

Después de seleccionar dos de los iconos y agruparlos juntos, cambiará el tamaño del grupo por completo y por tanto de las imágenes de una vez.

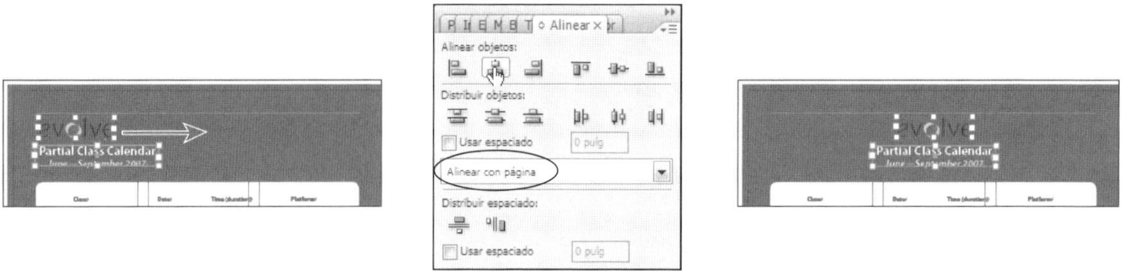

Figura 3.46.
Seleccione el cuadro de texto y el logotipo. Alinee los objetos. El resultado.

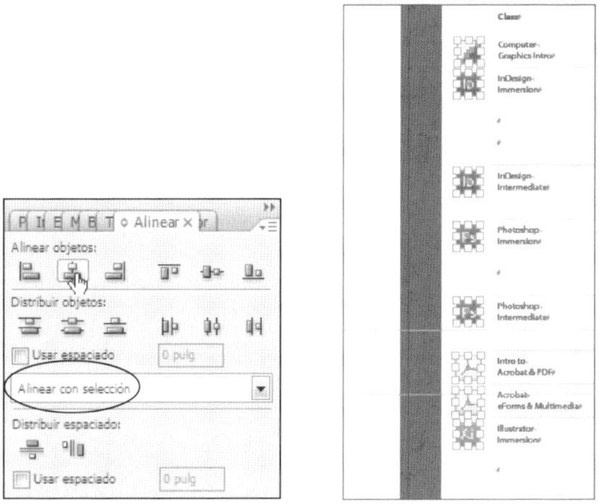

Figura 3.47.
Alinee los objetos. El resultado.

1. Haga clic en la herramienta **Selección**, y después utilice **Mayús-clic** en los dos iconos de Acrobat PDF de la parte izquierda de la página 3.

2. Haga clic en Objeto>Agrupar para agruparlos juntos. Después, mantenga pulsada la combinación **Mayús-Comando** (en Mac OS) o **Mayús-Control** (en Windows) y con la herramienta **Selección**, haga clic aquí y arrastre desde la esquina superior derecha del grupo hacia abajo y a la izquierda para hacer que las imágenes tengan aproximadamente la misma anchura que el icono naranja bajo el grupo.

3. Haga clic en Edición>Deseleccionar todo para deseleccionar todo y después, haga clic en Archivo>Guardar.

Selección y modificación de un marco dentro de objetos agrupados.

Puede seleccionar elementos individuales de un grupo de objetos utilizando la herramienta **Selección directa** o los elementos del menú. Las formas del logotipo de la parte superior de la página 4 (que acabamos de centrar en la página) están agrupadas de forma que se puede seleccionar y modificarlas como un todo. Se puede cambiar el color de relleno o sólo unas pocas formas sin desagrupar o cambiar los otros elementos del grupo.

1. Con la herramienta **Selección**, haga clic en el grupo de la cima de la página 3.

2. Seleccione el botón **Seleccionar contenido** en el panel Control para seleccionar un objeto en el grupo sin desagruparlos.

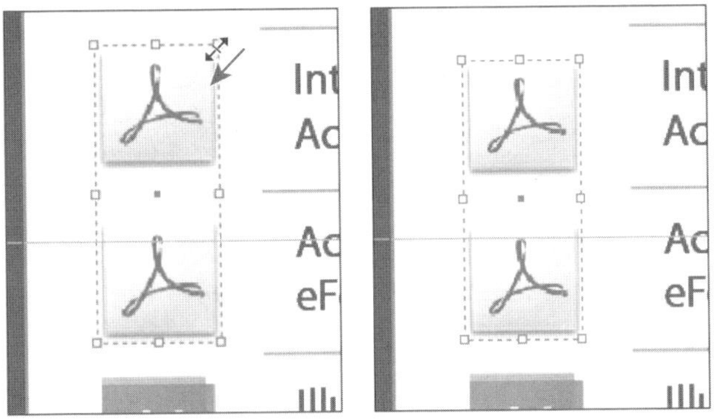

Figura 3.48.
Haga clic aquí y arrastre para cambiar el tamaño del grupo. El resultado.

> **Nota:** Puede también conseguir esto, haciendo clic en Objeto>Seleccionar>Contenido desde los menús, o haciendo clic con el botón derecho (en Windows) o **Control-clic** (en Mac OS) dentro del grupo y eligiendo Seleccionar>Contenido en el menú contextual.

3. Haga clic en el botón **Seleccionar objeto anterior** en el panel Control hasta seis veces para seleccionar la primera "e" en el cuadro de la palabra. Fíjese que ahora el botón **Seleccionar objeto anterior** y seleccione la dirección opuesta.

4. Haga clic en la herramienta **Selección directa** del panel Herramientas. Mantenga pulsada la tecla **Mayús** y haga clic en las letras "e", "v", "l", "v" y "e" de forma que queden seleccionadas.

5. Haga clic en la pestaña del panel Muestras o elija Ventana>Muestras para mostrar el panel Muestras. Haga clic la opción **Relleno** en el panel Muestras y elija Papel para rellenar las formas con un color blanco.

Retoques finales

Ahora es el momento de admirar el trabajo realizado.

Figura 3.49.
Seleccione el grupo con la herramienta Selección. Haga clic en Seleccionar contenido.

Figura 3.50.
Haga clic en el botón Seleccionar objeto anterior seis veces. El resultado. Después de seleccionar la forma, cambie el relleno al color del papel.

Figura 3.51.
Después de que la forma esté seleccionada, cambie el relleno a Papel.

1. Haga clic en Edición>Deseleccionar todo.
2. Haga clic en Ver>Encajar pliego en ventana.
3. En el panel Herramientas, haga clic en el botón **Vista previa** para ocultar todas las guías y marcos.

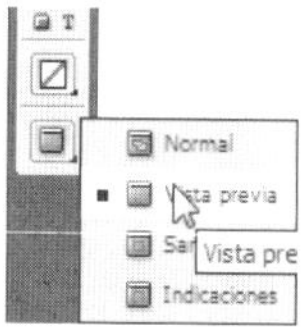

Figura 3.52.
Selección de la Vista preliminar.

4. Pulse la tecla **Tab** para cerrar todos los paneles.
5. Guarde el archivo una vez más y después elija Archivo>Cerrar para mantener abierto InDesign o Archivo>Salir para terminar la sesión en InDesign a menos que siga queriendo trabajar por su cuenta y mantener el archivo abierto.

Enhorabuena, ha terminado este capítulo.

Por sí mismo

Una de las mejores formas de aprender a utilizar los marcos es experimentar con ellos. En esta sección, aprenderá cómo anidar un objeto dentro de una forma que haya creado. Siga los pasos para aprender más sobre la selección y manipulación de los marcos:

1. Teniendo seleccionada la herramienta **Selección directa** , seleccione y copie cualquier imagen.

2. Vaya a la página 4 eligiendo Composición>Ir a página y escriba en ella, después, haga clic en **Aceptar**.

3. Para crear una página nueva, elija Composición>Páginas>Añadir página. Esto añadirá una página directamente detrás de la actual.

4. Use la herramienta **Polígono** para dibujar una forma en la nueva página (use cualquier número de lados y cualquier valor para el margen de estrella). Seleccione la forma utilizando la herramienta **Selección directa**, y después elija Edición>Pegar dentro para anidar la imagen del cuadro. (Si elije Edición>Pegar, el objeto no se pegará dentro del marco seleccionado.)

5. Use la herramienta **Selección directa** para mover y escalar la imagen dentro del cuadro.

6. Use la herramienta **Selección directa** para cambiar la forma del cuadro del polígono.

7. Use la herramienta **Selección** para rotar tanto el cuadro como la imagen. Use la herramienta **Selección directa** para rotar sólo la imagen dentro del cuadro.

8. Cuando haya terminado de practicar, cierre el documento sin guardarlo.

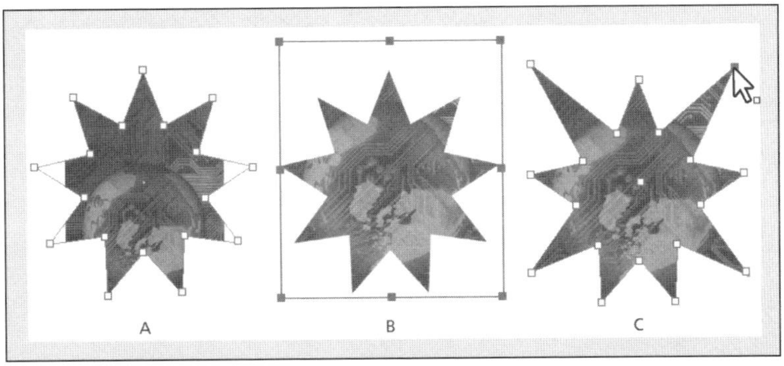

Figura 3.53. *A. Imagen pegada dentro del cuadro. Herramienta Selección directa seleccionada. B. Imagen movida y escalada dentro del cuadro. C. Marco de polígono con forma cambiada.*

Preguntas de repaso

1. ¿Cuándo debería utilizar la herramienta **Selección** para seleccionar un objeto y cuándo la herramienta **Selección directa**?

2. ¿Cómo puede modificar el tamaño de un marco y su contenido simultáneamente?

3. ¿Cómo puede girar un gráfico dentro de un marco sin girar el marco?

4. Sin desagrupar objetos, ¿cómo puede seleccionar un objeto dentro de un grupo?

Respuestas

1. Utilice la herramienta **Selección** para tareas generales de maquetación, tales como colocar y dar tamaño a los objetos. Utilice la herramienta **Selección directa** para aquellas tareas que supongan dibujo o edición de trazados o marcos; por ejemplo, para seleccionar el contenido de un marco o para mover un punto de anclaje en un trazado.

2. Para modificar el tamaño de un marco y de su contenido simultáneamente, seleccione la herramienta **Selección**, mantenga pulsada la tecla **Control** (Windows) o **Comando** (Macintosh), y arrastre un control. Mantenga pulsada la tecla **Mayús** para conservar las proporciones del objeto.

3. Para girar un gráfico dentro de un marco, utilice la herramienta **Selección directa** para seleccionar el gráfico dentro del marco. Seleccione la herramienta **Girar** y, a continuación, arrastre uno de los controles para girar sólo el gráfico y no el marco.

4. Para seleccionar un objeto dentro de un grupo, selecciónelo utilizando la herramienta **Selección directa**.

Capítulo 4

Importar y editar texto

Con Adobe InDesign CS3 puede importar texto, enlazarlo por medio de marcos y editar el texto dentro de los mismos. Una vez importado el texto, puede crear y aplicar estilos, buscar y reemplazar texto y formato, utilizar diccionarios para comprobar la ortografía de cualquier parte de su documento y emplear herramientas dinámicas para corregir errores ortográficos.

En esta introducción a la importación y edición de texto, aprenderá cómo hacer lo siguiente:

- Introducir texto en marcos de texto.
- Ajustar texto manual y automáticamente.
- Cargar estilos de otro documento y aplicarlos.
- Enlazar texto.
- Utilizar el ajuste de texto semiautomático para colocar marcos de texto.
- Buscar y reemplazar texto y formatos.
- Buscar y reemplazar una fuente perdida.
- Revisar ortográficamente un documento.
- Corregir automáticamente palabras incorrectas.
- Configurar texto sobre un trazado curvo.
- Utilizar arrastrar y soltar para mover el texto.
- Utilizar el editor de artículos.

Antes de comenzar

En este capítulo, trabajará con un catálogo de 12 páginas. Varias de ellas ya están terminadas. Ahora es el momento de introducir el texto final y vamos a distribuir el artículo dentro de un documento y añadir los toques finales al catálogo.

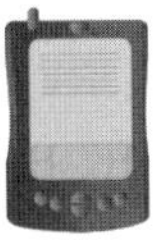

Nota: Si no ha copiado todavía los archivos de recursos de este capítulo de la carpeta `Lesson_04` del CD adjunto, hágalo ahora. En un apartado anterior encontrará detalles sobre cómo copiarlos.

Cuando haya terminado con los preparativos, estará preparado para comenzar a trabajar en el capítulo.

1. Para garantizar que las herramientas y paletas funcionan exactamente como se describe en este capítulo, borre o desactive (cambie el nombre) los archivos de preferencias. En un apartado anterior encontrará más información al respecto.
2. Inicie Adobe InDesign.

Administrar fuentes

Para comenzar a trabajar, abrirá un documento existente de InDesign. Hemos añadido una fuente a este documento que no está instalada en su sistema, por lo que verá un mensaje de error relacionado con dicha fuente. La sustituirá más adelante en este capítulo.

1. Seleccione Archivo>Abrir y abra el archivo `04_a.indd` de la carpeta `Lesson_04`, situada en la carpeta `Lessons` de la carpeta `InDesignCIB` en su disco duro. Al abrir un documento que incluye fuentes que no están instaladas en su sistema, aparece un mensaje de alerta indicando cuál es la fuente no instalada. El texto que utiliza esta fuente se resaltará en color rosa. Arreglará este problema más tarde en el capítulo sustituyendo la fuente que falta por otra fuente disponible. Resulta muy útil ya que InDesign deja claro qué fuentes pueden ocasionar problemas durante la impresión y le ofrece diferentes alternativas para corregirlos.

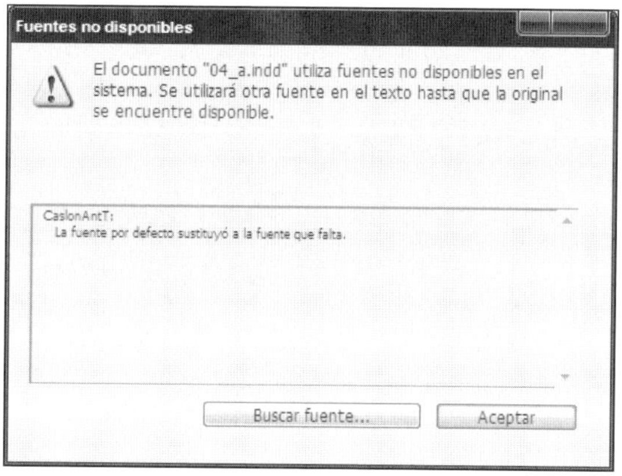

Figura 4.1.
Error de falta de fuentes.

2. Haga clic en **Aceptar** para cerrar el mensaje de advertencia.

   Navegue por las páginas del documento. Las páginas 6 a 10 ya se han completado. En esta lección, se reemplazarán fuentes que faltan, completará las cinco primeras páginas del catálogo así como las páginas 11 y 12.

3. Seleccione Archivo>Guardar como, asigne el nombre `04_Catalog` al archivo y guárdelo en la carpeta `Lesson_04`.

4. Si quiere ver cómo queda el documento terminado, abra el archivo `04_b.indd` que se encuentra en la misma carpeta. Si lo prefiere, puede dejar el documento abierto para que le sirva como guía según trabaja. Cuando esté listo para continuar trabajando en el documento del capítulo, seleccione su nombre en el menú Ventana.

Nota: Si se recibe un error en el perfil del color, haga clic en **Aceptar** para ignorarlo.

Figura 4.2.
El documento original.

Buscar y cambiar una fuente que falta

Cuando abra un documento basado en una plantilla, la fuente CaslonAntT debería faltar.

Si tiene esta fuente instalada en su equipo, no recibirá la advertencia de la misma, pero puede seguir estos pasos o saltar a la sección siguiente. Ahora buscará el texto que contiene CaslonAntT y reemplácelo por la fuente Adobe Garamond Pro.

1. En el panel Páginas, haga doble clic en el icono de la página 2 (tendrá que desplazar el panel Páginas). Haga clic en Ver> Ajustar página en ventana. El texto resaltado en rosa en la cabecera de la página indica que el texto tiene como formato una fuente que falta.

2. Haga clic en Texto>Buscar fuente para abrir el cuadro de diálogo Buscar fuente. Este cuadro de diálogo lista todas las fuentes utilizada en el documento y el tipo de fuente, como PostScript, True Type u OpenType. Las fuentes que faltan se indican con un icono de alerta ⚠.

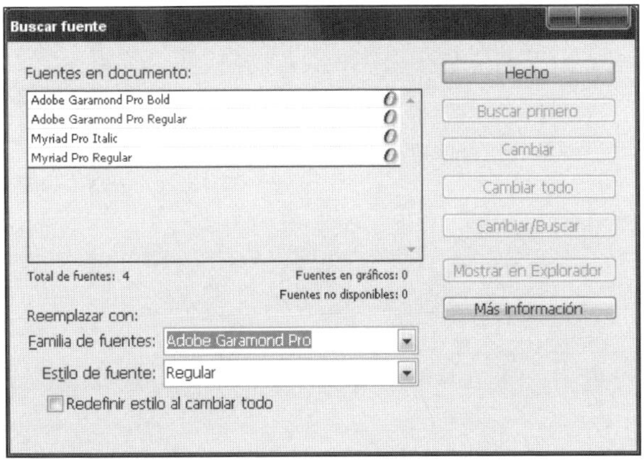

Figura 4.3.
El cuadro Buscar fuente.

3. Seleccione en la lista CaslonAntT.

4. En Reemplazar con, elija Adobe Garamond Pro en el menú Familia de fuentes, y Regular desde del menú Estilo de fuente.

5. Haga clic en **Cambiar todo**. Haga clic en **Hecho** para cerrar el cuadro de diálogo y ver la fuente reemplazada en el documento

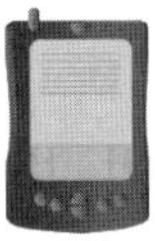

Nota: Para sus propios proyectos, necesitará agregar la fuente en su sistema en vez de recolocar las fuentes que faltan. Puede asociar las fuentes que faltan instalando la fuente en el sistema, activando la fuente utilizando software de gestión de fuentes o añadiendo los archivos de las fuentes en la carpeta de fuentes de InDesign. Para más información, consulte la sección de instalación de fuentes en la ayuda de InDesign.

Crear e introducir texto

Puede utilizar InDesign para añadir texto a sus documentos o puede importar texto creado en otros programas, como por ejemplo en procesadores de texto.

Crear un titular y aplicar un estilo

El el área dorada debajo del logo, "*Expedition Tea Company*" en la página 1, creará un cuadro de texto para el título del catálogo, "*2007 Premium Tea Catalog*". Este cuadro de texto para el título se extenderá en toda la primera columna. Después, aplicará el estilo Catalog Headline a este título.

1. Mientras visualicemos la página 1, haga doble clic en la herramienta **Zoom** para cambiar el zoom a `100%`.

2. Para marcar la posición de la parte superior del cuadro del título, arrastre hacia abajo la regla horizontal para crear una guía en la posición `39p0`. Para ayudarse, sitúe la guía, visualice el valor Y bien en el panel Control o en el panel Transformar mientras arrastra. Mantenga pulsada la tecla **Mayús** para contraer la posición de la guía a los incrementos visibles de la regla.

Figura 4.4.
Crear un cuadro de texto.

3. Usando la herramienta **Texto** T, sitúe el cursor de texto al lado del margen izquierdo a `39p0`. El puntero con forma de cruz horizontal en el cursor del texto debería estar en `39p0`.

4. Arrastre para crear un cuadro de texto en el área blanca de la guía hacia abajo a la parte inferior del cuadro dorado. El cuadro de texto debería extenderse a la primera columna, y la parte superior del cuadro debería ajustarse a la posición `39p0` de la guía. Después de dibujar un cuadro de texto utilizando la herramienta **Texto**, aparece un punto de inserción, listo para que empiece a escribir.

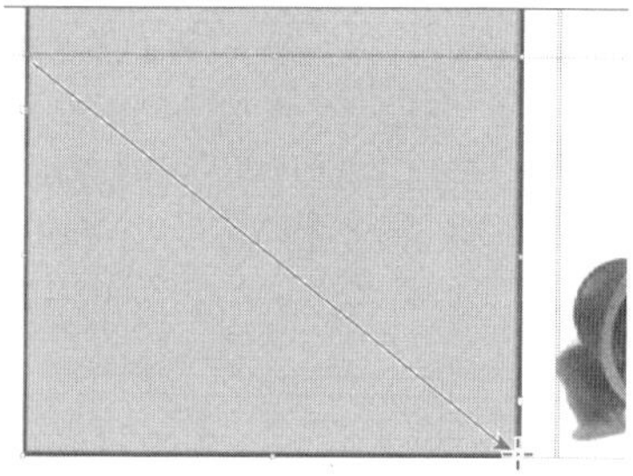

Figura 4.5.
Crear un cuadro de texto.

> **Truco:** Si necesita cambiar el tamaño del cuadro, elija la herramienta **Selección** y arrastre el cuadro del marco para ajustarlo a las guías. Después, seleccione la herramienta **Texto** y haga clic dentro del cuadro.

5. En el cuadro de texto que acaba de crear, escriba **2007 Premium Tea Catalog**.

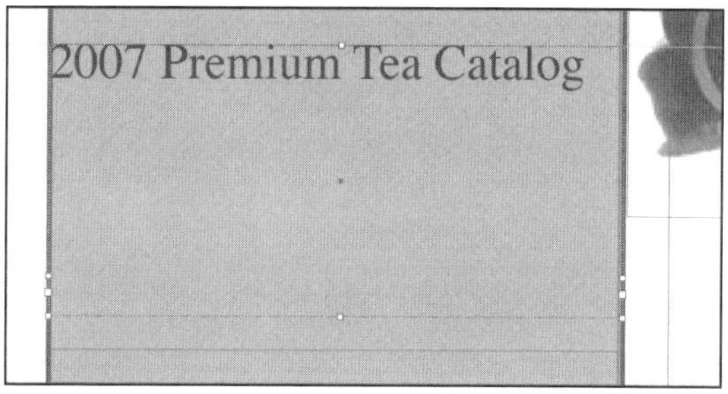

Figura 4.6.
Introducción de texto.

Para dar formato a este texto, aplique el estilo Catalog Title. Cuando aplique el estilo de párrafo, puede colocar el punto de inserción en cualquier parte en el párrafo o seleccionar cualquier parte del párrafo.

6. Haga clic en Ventana>Texto y tablas> Estilos de párrafo. Con el punto de inserción en cualquier parte del texto del título que acaba de escribir, seleccione Catalog Title en el panel Estilos de párrafo.

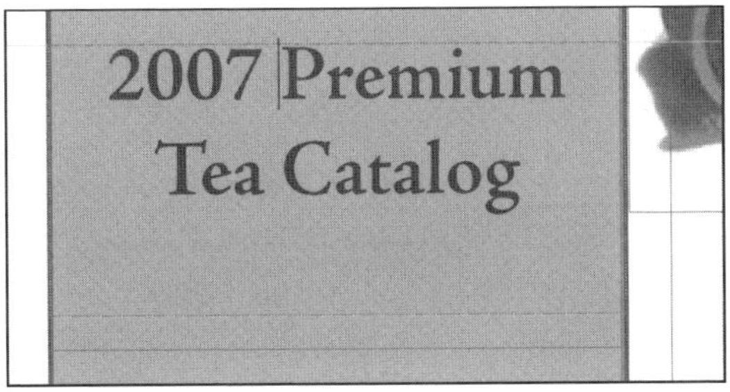

Figura 4.7.
Cambio del estilo del párrafo.

7. Guarde el archivo.

Alineación de texto vertical

Para distribuir el espacio en la parte superior e inferior del cuadro de texto, centrará el texto verticalmente utilizando alineación vertical.

1. Con el punto de inserción en cualquier parte en el cuadro de texto que acaba de crear, elija Objeto>Opciones de marco de texto.

2. Bajo Justificación vertical, en Alinear, elija Centrar, y después haga clic en **Aceptar**.

3. Haga clic en Archivo>Guardar.

Contornear texto

El proceso de utilizar texto importado, como por el ejemplo, de un programa de procesamiento de texto y colocarlo los distintos marcos textos vinculados se llama contorneado de texto. InDesign le permite contornear texto de forma manual para un control mayor o automáticamente para ahorrar tiempo.

Contornear texto de forma manual

Para contornear texto manualmente, primero seleccione un archivo de un procesador de texto que quiera importar. Puede después arrastrar para crear un marco o puede hacer clic en cualquier parte en la página para crear un cuadro de texto en una columna. En este ejercicio, utilizará ambos métodos para contornear el texto en una columna de la primera página del catálogo.

1. En el panel Páginas, haga doble clic en el icono de la página 1 para centrar la primera página en la ventana del documento. Haga clic en una parte en blanco de la página para deseleccionar todos los elementos.

2. Arrastre una guía hacia abajo desde la regla horizontal aproximadamente hasta `7p3` y colóquelo para indicar dónde situar la parte inferior del primer marco de texto que se va a extender.

3. Haga clic en Archivo>Colocar. En el cuadro de diálogo Colocar, asegúrese de Mostrar opciones de importación está seleccionada, localice y seleccione `04_c.doc` en la carpeta `Lesson_04`, y haga clic en **Abrir**.

4. Asegúrese de que no está seleccionada la opción delimitar los estilos y de formato de texto y tablas en el cuadro de diálogo Op-

ciones de importación. Deseleccionando esta opción provoca que el texto se importe con el mismo formato que en el procesador de texto.

Seleccionar esta opción elimine cualquier formato que se haya aplicado al texto. Si quiere mantener el formato, tendrá que mantener esta opción deseleccionada y hacer clic en **Aceptar**.

Ahora creará un cuadro de texto que se extienda por las columnas 2 y 3 que albergará el texto "*Welcome to Expedition Tea Company*".

5. Sitúe el icono de texto cargado de la esquina superior izquierda de la columna dos y arrástrelo para crear un cuadro de texto del tamaño de la anchura de las columnas 2 y 3 y debajo de la guía un valor de `7p3`. Fíjese en que el cuadro de texto incluye un punto rojo en la esquina inferior derecha. Este signo más indica que hay texto que sobra, lo que significa que hay más texto que sitio hay en el cuadro de texto.

El texto se contorneará este texto en otro cuadro de texto dentro de la segunda columna de la página 1.

6. Teniendo seleccionada la herramienta **Selección**, haga clic en la marca roja que acaba de crear.

Si cambia de opinión y decide que no quiere contornear el texto que sobra, puede hacer clic en cualquier herramienta en el panel Herramientas para cancelar el icono de texto cargado. No se eliminará texto alguno.

7. Sitúe este icono bajo el texto que acaba de crear y haga clic en él.

El texto se distribuye en un nuevo marco desde donde se puede hacer clic en la parte inferior de la segunda columna. La marca en la nueva columna contiene un signo rojo más, indicando de nuevo que hay más texto del que cabe en el cuadro.

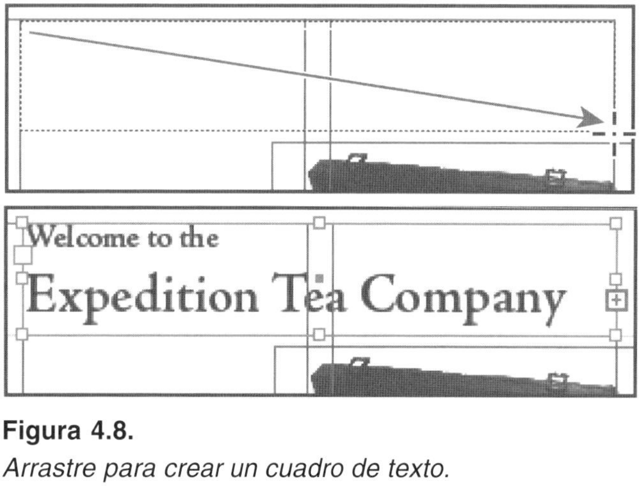

Figura 4.8.
Arrastre para crear un cuadro de texto.

Figura 4.9.
Colocación del texto elegido.

8. Repita los pasos 6 y 7 que se encuentran encima para redistribuir el resto del texto en la tercera columna, haga clic justo debajo de la imagen del cuadro de madera.

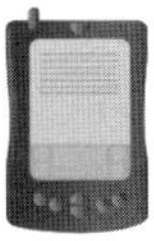

Nota: Mientras pueda, cree marcos distintos y vinculados para cada columna, también es posible trabajar con una columna grande que esté dividida en varias columnas que utilicen las opciones Objeto>Opciones de marco de texto. Cada método tiene sus ventajas en ciertos tipos de documentos.

Trabajo con estilos

Los estilos hacen más sencillo aplicar formatos de forma repetitiva a lo largo y ancho de todo el documento.

Por ejemplo, para mantener el formato de todos los títulos de forma consistente en todo el documento, puede crear un estilo que contenga los atributos de formato necesarios. Los estilos pueden ahorrarle tiempo cuando esté utilizando y revisando el formato del texto y pueden ayudar a proporcionar una visión consistente de sus documentos.

Figura 4.10.
Repetición de los pasos 6 y 7.

Uso de un estilo

Para hacer que la apariencia de un artículo sea consistente con el resto dentro de un catálogo, aplicará un estilo de párrafo llamado `Body`. Este estilo ya se ha creado el formato del texto del cuerpo del texto de los artículos principales de un catálogo.

1. Abra el panel Estilos de párrafo (o elija Ventana>Texto y tablas>Estilos de párrafo) para hacer el panel visible, si es que no está abierto todavía.

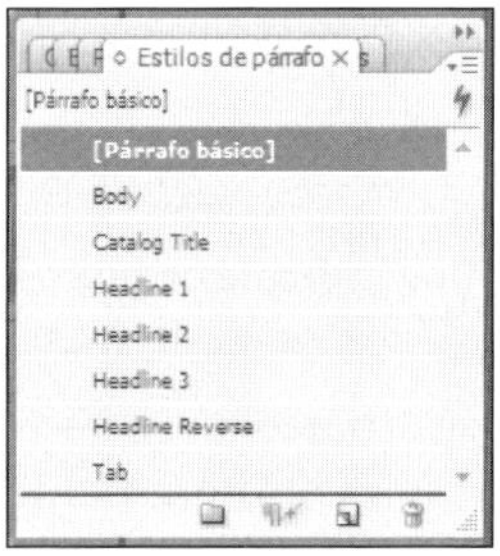

Figura 4.11.
Cambio del estilo del párrafo.

El panel Estilos de párrafo de este documento incluye ahora ocho estilos: `Body`, `Catalog`, `Title`, `Headline 1`, `Headline 2`, `Headline 3`, `Tab`, `Headline Reverse` y `Normal`. Este último tiene un icono de disco a su lado, lo que indica que el estilo fue importado a partir de una aplicación diferente. En este caso, este estilo pertenece a Microsoft Word y fue importado con el archivo. Ahora aplicará el estilo `Body` de InDesign al texto.

2. En el panel Páginas, haga doble clic en el icono de la página 1 para centrar la primera página en la ventana de documento. Haga clic en una parte en blanco de la página para deseleccionar todos los elementos.

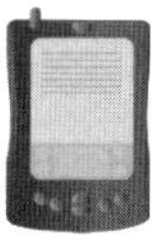

Nota: El estilo `Basic Paragraph` es el único estilo de párrafo disponible cuando se crea por primera vez un documento con InDesign. Puede crear nuevos estilos o agregarlos desde otros documentos de InDesign. Los estilos también se añaden a los documentos InDesign cuando importa texto con estilos de Microsoft Word.

Utilizando la herramienta **Texto** T, haga clic en un punto de inserción dentro del primer párrafo que comienza con el texto "*Take an extraordinary...*".

3. Seleccione Body en el panel Estilos de párrafo. Este párrafo ahora tiene un formato con una fuente diferente.

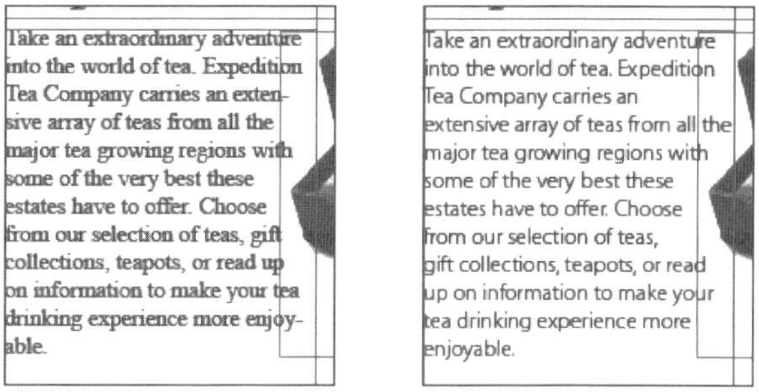

Figura 4.12.
Antes y después de que se aplique el estilo.

4. Repita los pasos 2 y 3 anteriores, excepto cuando haga clic en un punto de inserción dentro de cada párrafo seguido de los cuatro títulos.

5. Haga clic en Archivo>Guardar.

Contorneo de texto automático

Utilizará esta funcionalidad para colocar texto en dos páginas. Cuando se deja al texto que se contornee automáticamente, InDesign crea un nuevo marco de texto dentro de las guías de las columnas en las páginas subsecuentes hasta que se complete el texto en las dos páginas.

Si no hay suficientes páginas en el documento cuando utilice esta funcionalidad, InDesign añade páginas nuevas hasta que el texto se coloque.

> **Nota:** Una serie de marcos de texto conectados se llama artículo.

1. Haga clic en Archivo>Colocar. En el cuadro de diálogo Colocar, asegúrese de que Mostrar opciones de importación no está marcada. Localice y seleccione el archivo `04_d.doc` en la carpeta `Lesson_04`, y haga clic en **Abrir**.

2. En el panel Páginas, haga doble clic en el icono de la página 2 para centrar la segunda página en la ventana del documento.

Mientras el icono del texto cargado siga activo, puede seguir explorando las distintas páginas del documento o cree nuevas páginas. Esto le permite continuar contorneando el texto en las otras páginas del documento, incluso si estas páginas no se han creado en el momento en que haya hecho clic en el cuadrado del cuadro de texto.

3. Manteniendo pulsada la tecla **Mayús**, sitúe el icono de texto cargado en la primera columna de la página 2 en la guía bajo la cabecera "*Black Tea*", y haga clic en él. Suelte la tecla **Mayús**.

Fíjese en que los marcos del texto nuevo se han añadido a las páginas 2, 3, y 4 dentro de las guías de las columnas. Esto es debido a que se ha mantenido pulsada la tecla **Mayús** mientras se auto contorneaba el texto. Todo el texto del artículo se coloca.

Redimensionar un cuadro de texto

Cuando se crea un cuadro de texto haciendo clic en el icono de texto cargado, InDesign crea el nuevo cuadro de texto con un ancho como el de la columna en la que hizo clic.

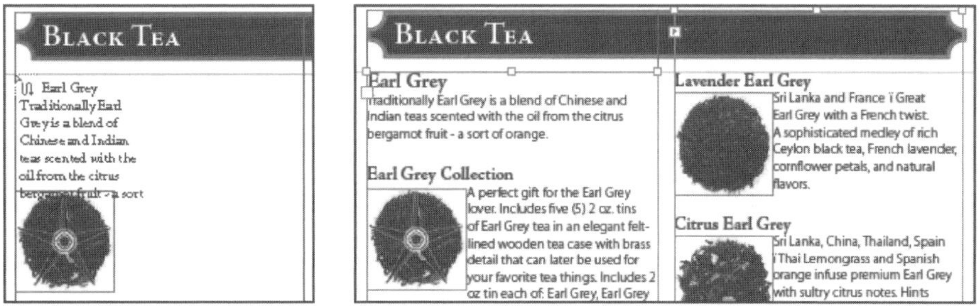

Figura 4.13.
Si mantiene la tecla Mayús pulsada el texto se auto contornea por el documento.

Aunque estos marcos estén colocados dentro de los márgenes de la columna, puede mover, cambiar el tamaño y cambiar la forma de estos marcos de texto si fuese necesario.

1. En el panel Páginas, haga doble clic en el icono de la página 2 para centrar la página 2 en la ventana del documento. (Necesitará desplazar hacia abajo el panel para buscar el icono de la página 2.) Fíjese en que el cuadro de texto de la columna derecha cubre la imagen de la tetera cuando fue colocada en esta página. Cuando se auto contornea el texto, los marcos de texto se crean con la configuración de la columna en función de si los objetos aparecen en dichas columnas. Puede arreglar este problema agregando un contorneo de texto a la imagen o redimensionando el cuadro de texto. En este ejercicio, se cambiará el tamaño del cuadro de texto, de forma que el título "*Estate Teas*" comience adecuadamente en la página 3.
2. Teniendo seleccionada la herramienta **Selección**, haga clic en el cuadro de texto de la columna derecha en la página 2 para seleccionar el cuadro de texto y después arrastre el cuadro inferior central del cuadro de texto sobre la imagen a aproximadamente la posición `32p` (puede mirar la regla vertical mientras arrastra o sino, mirar el panel Transformar).
3. Haga clic en Archivo>Guardar.

Agregar un salto de columna

A veces, no querrá cambiar el tamaño de un marco para controlar el contorneo de texto en su artículo.

En su lugar, va a agregar un salto de columna que fuerce a todo el texto después del salto a la siguiente columna. Ahora agregará un salto de columna en la página 3.

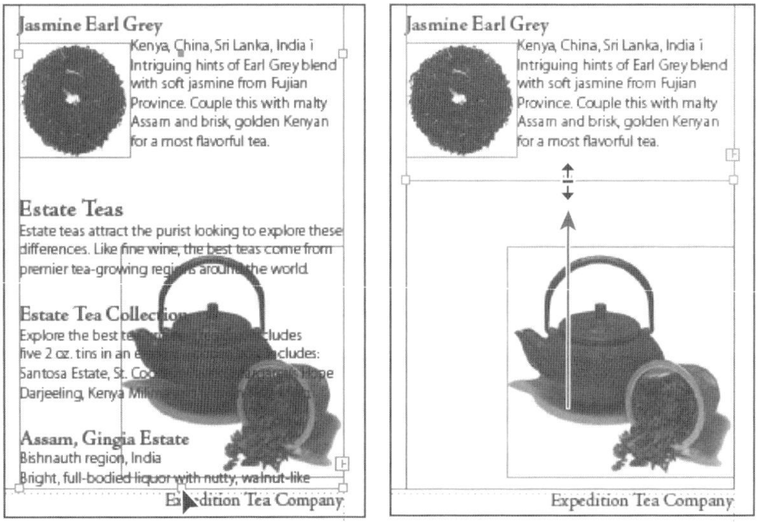

Figura 4.14.
Antes y después de la redimensión del cuadro de texto.

1. En el panel Páginas, haga doble clic en el icono de la página 3 para centrar la tercera página en la ventana del documento. Haga clic en una parte en blanco de la página para deseleccionar todos los elementos.

2. Utilizando la herramienta **Texto** T, inserte el cursor de texto en delante de "*Keemun Panda*" cerca de la parte inferior de la primera columna.

3. Haga clic en Texto>Insertar carácter de salto>Salto de columna. El texto detrás del salto de columna se mueva a la segunda columna.

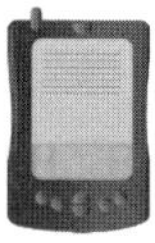

Nota: Puede también insertar un salto de columna insertando el cursor del texto y pulsando la tecla **Intro** en el teclado numérico.

4. Haga clic en Archivo>Guardar.

Añadir una nota de continuación de página

Debido a que la categoría de te negro continúa desde la página 3 a la 4, puede permitir a los lectores saber dónde pueden leer cuando lleguen a la parte inferior de la página. Para hacer esto, añadirá el cuadro "*(Continued on page x)*". Puede agregar un número de paginación automática que reflejará automáticamente el número de la siguiente página en el contorneo de texto.

1. Haga doble clic en el icono de la página 3 en el panel Páginas para centrarlo en la ventana del documento.

2. Arrastre una guía desde la regla horizontal hacia abajo hasta la posición `46p6`. Acérquelo de forma que pueda leer el texto de las columnas de forma sencilla.

3. Teniendo seleccionada la herramienta **Selección**, haga clic en el cuadro de texto de la columna derecha en la página 2, y después, arrastre el cuadro inferior central hasta la posición de la guía `46p6`.

Figura 4.15.
Redimensión del cuadro de texto.

4. Seleccione la herramienta **Texto** T, y después arrástrela para crear un cuadro de texto que rellene el espacio en la parte inferior de la columna más a la derecha en la página

5. Con un punto de inserción de texto activo en el nuevo cuadro de texto, escriba **(Black tea continued on page)**, incluido el espacio y los paréntesis. Después, utilice la tecla **Flecha izda.** para mover el punto de inserción a la izquierda de los paréntesis cerrados.

6. Haga clic en con el botón derecho del ratón (en Windows) o **Control-clic** en (en

Mac OS) el cuadro de texto, y dentro del menú contextual que aparece, elija Insertar carácter especial>Marcadores>Número de página siguiente. En el texto ahora pone "*(Continued on page 4)*".

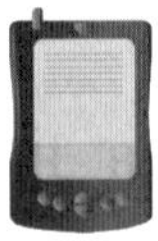

Nota: El cuadro de texto que contiene esta sección debe tocar o sobreponerse al cuadro de texto vinculado para que el carácter `Número de página siguiente` funcione adecuadamente.

7. Si fuese necesario, seleccione la herramienta **Selección**, y después arrastre la parte superior del nuevo cuadro de texto hacia arriba de forma que se ajuste al cuadro de texto sobre él.

Cambio de alineación horizontal y vertical del texto

El texto de continuación obtiene el formato de los distintos estilos de párrafo que quieran utilizarse. Después, cambiaremos el formato del texto.

1. Seleccione la herramienta **Texto** T, y después haga triple clic en "*(Black tea continued on page 4)*" para seleccionar el texto.
2. En el panel Estilos de párrafo, haga clic en Body.
3. En la sección Carácter del panel Control, elija la letra itálica en el menú Estilo.

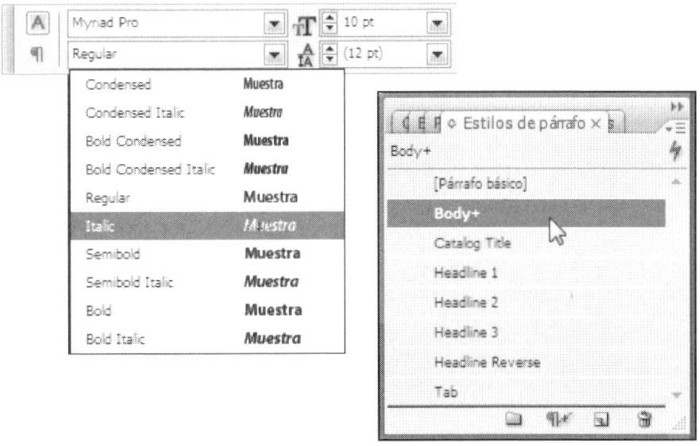

Figura 4.17.
Cambio del tipo de letra. Cambio del estilo de párrafo.

Fíjese en que el estilo Body tiene un signo más al lado del panel Estilos de párrafo. El signo más al lado del estilo indica que el texto actual tiene formatos aplicados a parte del estilo.

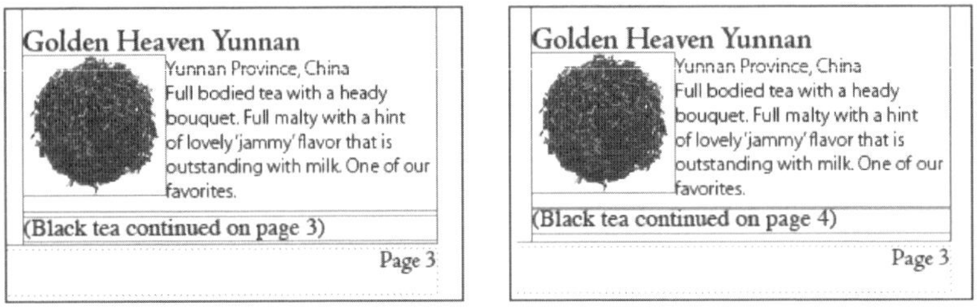

Figura 4.16.
Antes de que los cuadros de texto se toquen. Después de que los cuadros de texto se toquen.

4. En el panel Control, haga clic en el botón **Controles de formato de párrafo**, después, haga clic en el botón **Alinear a la derecha**.

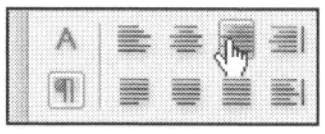

Figura 4.18.
Alineación a la derecha.

Ahora, alineará el texto en la parte inferior del cuadro.

5. Haga clic en Objeto>Opciones de marco de texto.
6. En el menú contextual Alinear bajo Justificación vertical, seleccione Inferior. Después, haga clic en **Aceptar**.

Figura 4.19.
Justificación vertical a la parte inferior.

7. Con la herramienta **Selección**, haga clic en el cuadro de texto que contiene el texto "*Black tea continued on page*", y después **Mayús-clic** para seleccionar el cuadro de texto inmediatamente sobre él. Después, elija Objeto>Agrupar. Esto mantiene el artículo y su salto de línea juntos si los mueve.
8. Pulse **Mayús-Control-A** (en Windows) o **Mayús-Comando-A** (en Mac OS) para deseleccionar el texto. Después, guarde el archivo.

Uso del contorneo de texto semiautomático para colocar marcos de texto

Ahora, utilizará esta funcionalidad para colocar un archivo de texto dentro de varias columnas en la página 4 y 5. Utilice esta funcionalidad para crear marcos de texto uno cada vez, sin haber vuelto a cargar el icono de texto.

1. En el panel Páginas, haga doble clic en el icono de la página 4 para centrar la cuarta página en la ventana del documento. Haga clic en una parte en blanco de la página para deseleccionar todos los elementos.
2. Haga clic en Archivo>Colocar para abrir el cuadro de diálogo Colocar, y después desmarque Reemplazar elemento seleccionado. Localícelo y haga doble clic en `04_f.doc` en la carpeta `Lesson_04`.
3. Manteniendo pulsada la tecla **Alt** (en Windows) u **Opción** (en Mac OS), sitúe la opción de esta funcionalidad en el icono de texto cargado en la columna de la izquierda en la posición `6p7` de la guía y haga clic.

   El texto se contornea en la columna izquierda. Como se mantuvo pulsada la tecla **Alt** u **Opción**, el puntero se mantendrá con el icono de texto cargado, listo para contornear el texto en otro marco.

Figura 4.20.
Contorneo semiautomático del texto.

4. Manteniendo pulsada la tecla **Alt** u **Opción**, sitúe el icono de texto cargado en la segunda columna en la posición `6p7` de la guía, y haga clic.

5. Continúe con el botón del ratón pulsado a la vez que la tecla **Alt** u **Opción** y sitúe el icono de texto cargado en la posición `6p7` en la primera columna de la página 5, y haga clic en. Suelte la tecla **Alt** u **Opción**. Ahora creará la columna final. No tiene que mantener el botón del ratón pulsado **Alt** u **Opción** ya que sólo hay cuatro marcos en el artículo.

6. Sitúe el icono de texto cargado en la segunda columna en la página 5, y haga clic. Debería aparecer el texto ahora en las cuatro columnas.

   El título "*Green Tea*" aparece en la segunda columna de la página 4.

7. Coloque el cursor del texto delante de "*Green Tea*" y seleccione Texto>Insertar carácter de salto>Salto de columna, para empujar el texto a la primera columna.

8. Haga clic en Archivo>Guardar.

Cambio del número de columnas de una página

Puede cambiar el número de las columnas dentro de un cuadro de texto en vez de crear dos cuadros de texto separados dentro del texto. Ahora cambiará el número de columnas de la página 11.

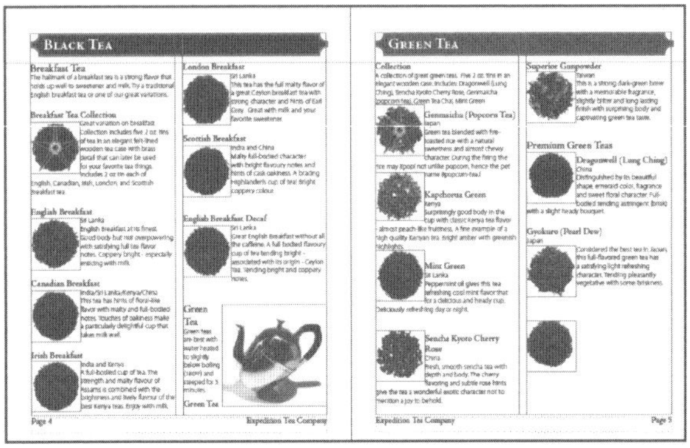

Figura 4.21.
Colocación del texto cargado en la segunda columna.

1. En el panel Páginas, haga doble clic en el icono de la página 11 para centrar la página en la ventana del documento. Asegúrese de que sólo la página 11 en el panel Páginas está resaltada de forma que el cambio de la columna sólo afecte a la página 11. Si fuese necesario, haga clic en otro icono de página, y después haga clic en el icono de la página 11.

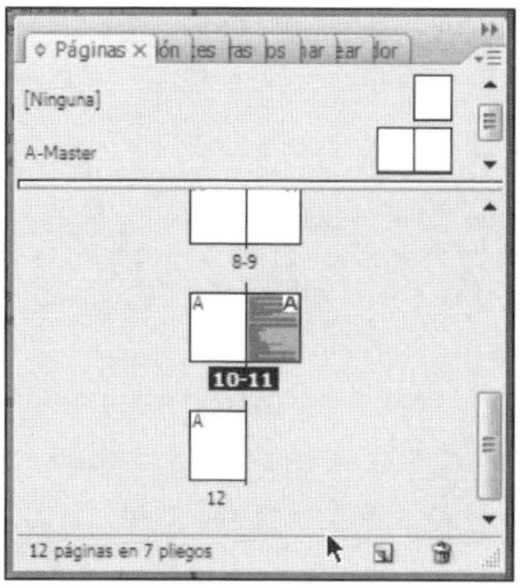

Figura 4.22.
El panel Páginas.

2. Haga clic en Composición>Márgenes y columnas. Bajo Columnas, escriba **2** en Número y haga clic en **Aceptar**.

Fíjese en que los marcos de texto son independientes del número de la columnas. Los márgenes de las columnas pueden indicar cuantos marcos de texto se crearán, pero la anchura del cuadro de texto no cambia cuando se redefinen las columnas. Una excepción a esta regla es cuando están activos los ajustes de composición. Puede aprender más sobre esto al final de este capítulo.

3. Utilizando la herramienta **Selección**, seleccione el cuadro de texto en la página 11 y seleccione Objeto>Opciones de marco de texto, y cambie el número de la columnas a 2 y haga clic en **Aceptar**. El texto ahora se contornea en dos columnas.

4. Si el título "*Shipping Information*" aparece en la parte inferior de la primera columna, coloque el cursor del texto delante de la línea y Texto>Insertar carácter de salto>Salto de columna para empujarlo a la segunda columna.

5. Guarde el archivo.

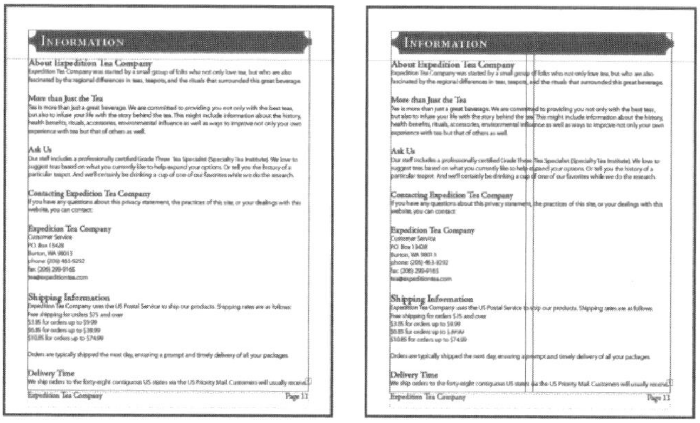

Figura 4.23.
Incluso cuando el número de columnas cambie, la anchura de los marcos de texto no lo hará.

Uso de estilos de otro documento

Los estilos aparecen sólo en el documento que se han creado. Sin embargo, es sencillo compartir estilos entre documentos de InDesign cargándolos o importándolos desde otros documentos de InDesign. En este ejercicio, utilizará los estilos de otro documento. Este otro documento tiene un estilo que va bien con ciertos textos del catálogo. En vez de volver a crear el estilo, lo cargaremos desde otro documento y lo aplicaremos al texto del catálogo.

1. Abra el panel Estilos de párrafo. A partir del menú del panel Estilos de párrafo, haga clic en el botón del menú **Panel** y elija Cargar estilos de párrafo en el menú del panel Estilos de párrafo.

2. En el cuadro de diálogo Abrir archivo, haga doble clic en `styles.indd` en la carpeta `Lesson_04`.

   Desmarque el estilo Basic Paragraph, ya que vamos a importar el estilo Tab with Leader. Haga clic en **Aceptar**.

3. En el panel Estilos de párrafo, fíjese en el nuevo estilo que aparece. Es posible que necesite moverse por la lista y cambiar el tamaño del panel para ver este estilo adicional.

4. En el panel Páginas, haga doble clic en el icono de la página 11 para centrar esa página en la ventana del documento, si es que no está lista todavía. Haga clic en una parte en blanco de la página para deseleccionar todos los elementos.

5. Utilizando la herramienta **Texto** T, seleccione las tres líneas de texto de la segunda columna que comienza por "*For orders up to*".

6. En el panel Estilos de párrafo, haga clic en él para seleccionar el nuevo estilo de forma que se aplique al texto seleccionado.

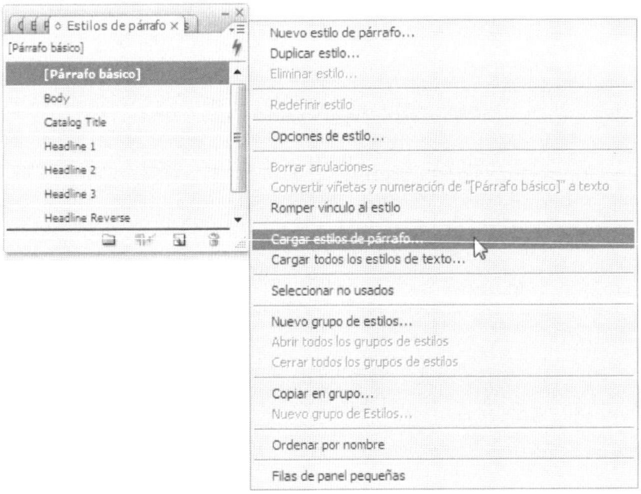

Figura 4.24.
Cargar estilos de párrafo.

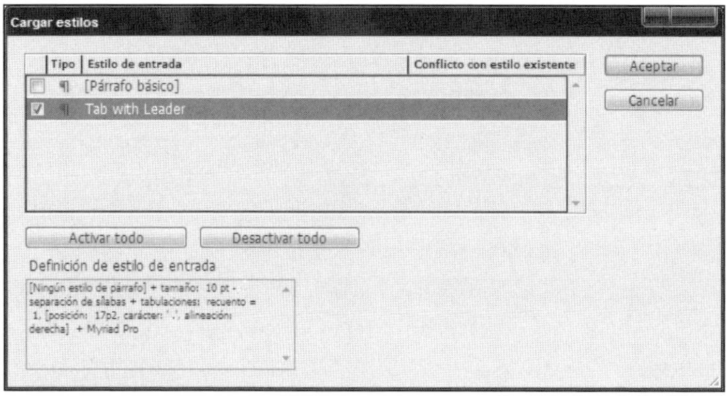

Figura 4.25.
Cuadro de diálogo Cargar estilos.

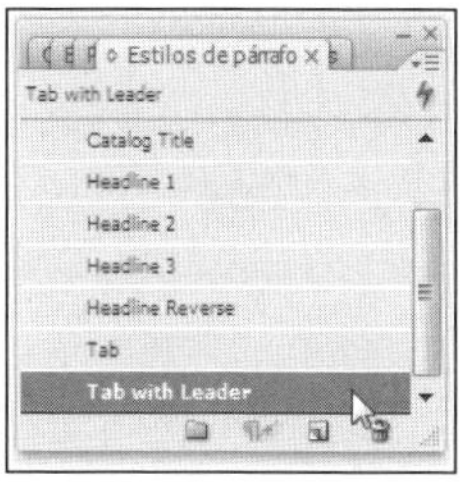

Figura 4.26.
Estilos de párrafo.

Contornear texto en un marco existente

Cuando coloque texto, puede contornearlo dentro de un nuevo marco o uno ya existente.

Para optar por la segunda opción, haga clic en un punto de inserción para contornearlo en dicho punto, o haga clic en el icono del texto cargado, lo que hace que se reemplace por los contenidos del marco.

La última página del catálogo incluye un marco donde colocar la dirección. Colocará el texto del nuevo artículo en este cuadro.

1. En el panel Páginas, haga doble clic en el icono de la página 12 para centrar la última página de la ventana del documento. Haga clic en una parte en blanco de la página para deseleccionar todos los elementos.

Figura 4.27.
Antes y después de aplicar el nuevo estilo de párrafo.

2. Haga clic en Archivo>Colocar. En el cuadro de diálogo Colocar, desactive la opción Mostrar opciones de importación si está seleccionada. Búsquelo y haga doble clic en `04_e.doc` en la carpeta `Lesson_04`. El puntero se convierte en el icono de texto cargado, previsualizando unas pocas líneas de texto del artículo que está colocando. Cuando mueva el icono de texto cargado sobre un cuadro de texto vacío, los paréntesis rodearán el icono.

3. Sitúe el icono de texto cargado sobre el marco bajo el logotipo y haga clic en él.

Figura 4.28.
Coloque el archivo de texto en el marco.

4. Haga clic en Archivo>Guardar.

Búsqueda y cambio

Al igual que la mayoría de los procesadores de texto, InDesign le permite buscar texto y reemplazarlo. Puede también buscar y cambiar los caracteres de formato especial.

Búsqueda de texto y cambio de formato

Este ejercicio consiste en buscar la frase "*Expedition Tea Company*" dentro de este documento. Asegúrese de que el nivel del zoom se encuentre de forma que se pueda leer el texto de forma sencilla y ver el formato de la página. No tiene que tener nada seleccionado para este procedimiento.

También puede querer cambiar todas las instancias de "*Expedition Tea Company*" para incluir el símbolo de marca registrada a su símbolo normal y cambiar las letras a letras mayúsculas.

1. Haga clic en Edición>Buscar/Cambiar. En Buscar escriba **Expedition Tea Company**.

2. Pulse la tecla **Tab** para moverse al cuadro Cambiar a, y escriba las mismas palabras, pero añadiendo el símbolo de marca registrada. Este símbolo se encuentra entre los caracteres especiales al lado del cuadro Cambiar a. Seleccione Símbolos> Símbolo de marca comercial registrada.

   Verá que aparece `^d` aparecerá después del nombre de la empresa.

   Éste es el código de búsqueda para este símbolo especial. Para buscar, asegúrese de que el documento esté seleccionado. En el pequeño icono bajo el menú contextual de búsqueda, seleccione el icono **Incluir páginas maestras**, ya que el nombre de la empresa también aparece en dichas páginas.

   Esta configuración indica a InDesign que busque en todos los marcos de texto que se encuentren en el documento incluyendo en las páginas maestras la frase "*Expedition Tea Company*" y la sustituya por el texto "*Expedition Tea Company* ®". Luego indicaremos a InDesign que cambie el formato de las palabras.

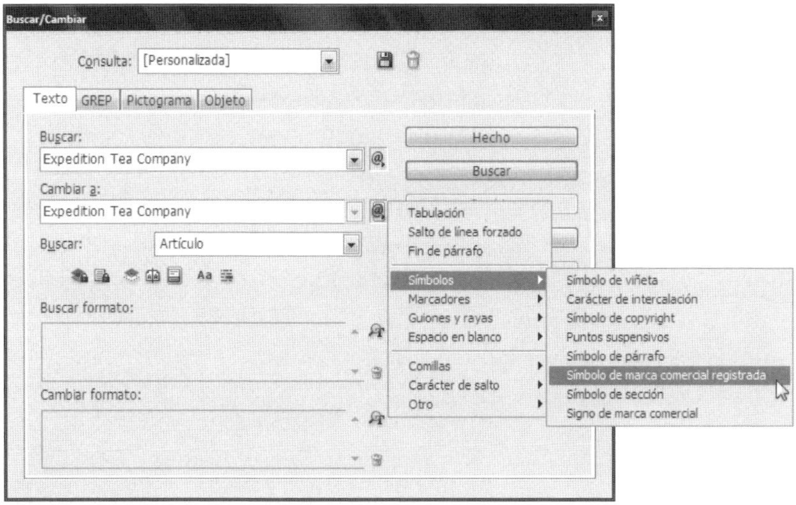

Figura 4.29.
Símbolo de marca comercial registrada.

3. Haga clic en Más opciones para visualizar opciones de formato adicionales en el cuadro de diálogo.

4. Deje que el área de Buscar formato sin cambios, pero seleccione el icono para cambiar los atributos específicos al lado del cuadro Cambiar formato.

5. En el lado izquierdo del cuadro de diálogo Cambiar configuración de formato, seleccione Formatos de caracteres básicos. Después, en la parte derecha, elija Versalitas en el menú Mayús./minus.

6. Deje el resto de opciones en blando y haga clic en **Aceptar** para volver al cuadro de diálogo Buscar/Cambiar.

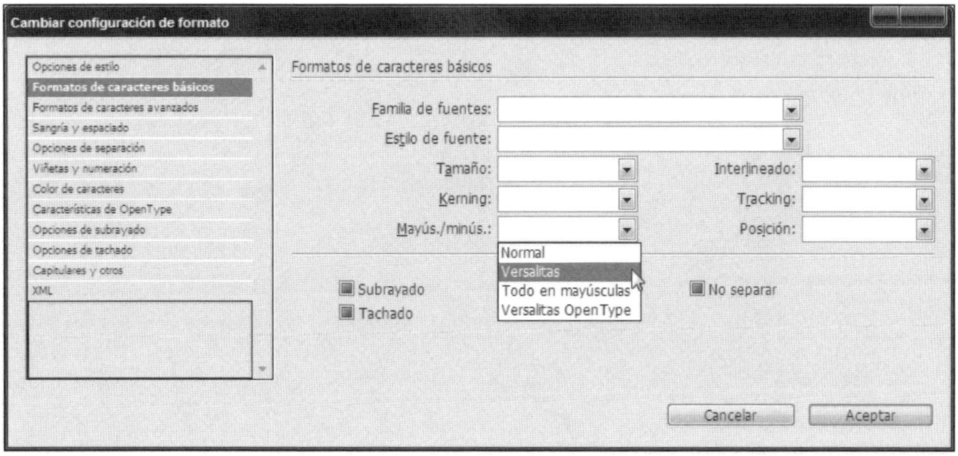

Figura 4.30.
Opciones de cambio de formato.

Fíjese en el icono de alerta encima del cuadro Cambiar a. Este icono indica que InDesign cambiará texto a un determinado formato.

7. Haga clic en **Cambiar todo**. Aparecerá un mensaje de error, indicando cuántas instancias se han encontrado y cambiado.

8. Haga clic en **Aceptar** para cerrar el mensaje, y después haga clic en **Hecho** para cerrar el cuadro de diálogo Buscar/Cambiar. Después, guarde el archivo.

Revisión de ortografía dentro de un artículo

InDesign incluye una utilidad mucho más cercana a los procesadores de texto como es la revisión ortográfica. Puede comprobar la ortografía seleccionando texto, un artículo entero, todos los artículos de un documento o todos los artículos de varios documentos abiertos a la vez.

1. En el panel Páginas, vaya a la página 1. Seleccione la herramienta **Texto** y haga clic en el cursor antes de la palabra "*Welcome*" en el primer párrafo.

   Fíjese en las opciones de carácter del panel Control, y que esté seleccionado el idioma en el que esté trabajando en el menú desplegable que aparece.

2. Haga clic en Edición>Ortografía>Revisar ortografía para abrir el cuadro de diálogo Revisar ortografía.

3. En el menú desplegable Buscar, elija Documento para revisar la ortografía en el documento del catálogo entero.

4. Haga clic en **Iniciar** para buscar la primera palabra mal escrita en el documento. Dicha palabra aparecerá en el campo correspondiente.

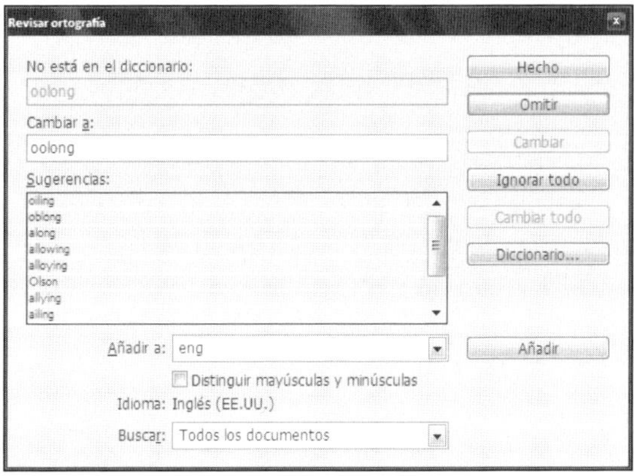

Figura 4.32.
El cuadro de revisar ortografía.

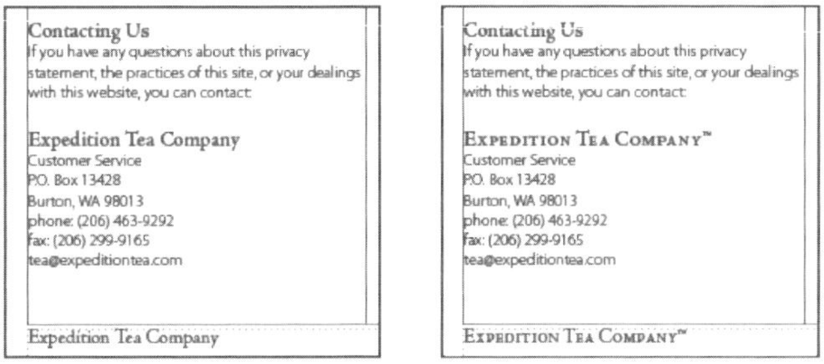

Figura 4.31.
Antes y después de cambiar los atributos.

5. Hay que fijarse en las opciones ofrecidas en la lista de sugerencias. Si quiere reemplazar la palabra, tendrá que seleccionar una alternativa para dicha lista o simplemente escribir correctamente la palabra en el campo Cambiar a. Después, decidirá si quiere cambiar sólo esta instancia de la palabra (haciendo clic en el botón **Cambiar**), o todas las instancias de la palabra (haciendo clic en el botón **Cambiar todo**).

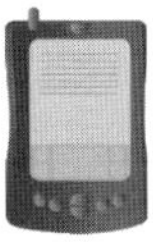

Nota: Si obtiene un mensaje informando de que no se puede encontrar coincidencias, puede haberse equivocado al teclear, tener seleccionada la opción Distinguir mayúsculas y minúsculas o no tener quitado el formato utilizado en la búsqueda anterior. Otra posibilidad es tener seleccionada la opción para buscar en un artículo si el texto se encuentra en un artículo diferente. Por último, puede estar buscando texto que no exista en el documento.

6. Ya que la palabra no reconocida es el nombre correcto de un té, haga clic en el botón **Omitir** para ignorar este error detectado. Sin embargo, eso omitirá solo la primera instancia de la palabra y cuando vuelva a aparecer, se detectará como mal escrita de nuevo. Para evitar esto, haga clic en **Ignorar todo** cuando se vuelva a encontrar esta palabra.

   Si elije la instancia **Ignorar todo** para una palabra, se ignorará el que está mal escrito hasta que InDesign vuelva a iniciarse.

7. Haga clic en **Hecho** para cerrar el cuadro de diálogo Revisar ortografía.

8. Haga clic en Archivo>Guardar.

Agregar palabras al diccionario

Para evitar que una palabra se identifique una y otra vez como una palabra mal escrita en InDesign, puede agregar la palabra a un diccionario externo de usuario.

1. Cierre el documento del catálogo, y después salga y reinicie InDesign.

2. Haga clic en Archivo>Abrir y abra el archivo `04_Catalog` de la carpeta `Lesson_04`.

3. En la página 1, haga clic en el cursor después de la palabra "*Welcome*" en el primer párrafo. Haga clic en Edición>Ortografía>Revisar ortografía para abrir el cuadro de diálogo Revisar ortografía.

4. En el menú desplegable Buscar, elija Documento para revisar la ortografía de todo el documento.

5. Haga clic en **Comenzar** para buscar la primera palabra mal escrita en el documento. Esta palabra aparecerá en el campo de palabras que no están en el diccionario.

6. Haga clic en el botón **Agregar** para agregar esta palabra al archivo del diccionario de usuario externo. Debido a que este diccionario es genérico para toda la aplicación, InDesign reconocerá la palabra como correcta en futuros documentos.

7. Haga clic en **Hecho** para cerrar el cuadro de diálogo Revisar ortografía.

Agregar palabras a un diccionario particular de un documento

Si quiere vincular una palabra concreta a sólo un documento, tendrá que agregarlo al diccionario particular de dicho documento.

1. Haga clic en Edición>Ortografía>Diccionario. Fíjese en que el diccionario se encuentra en el idioma por defecto bajo la lista de diccionarios. Para eliminar una palabra de un diccionario externo de usuario, selecciónelo de la lista y después, haga clic en el botón **Eliminar**.

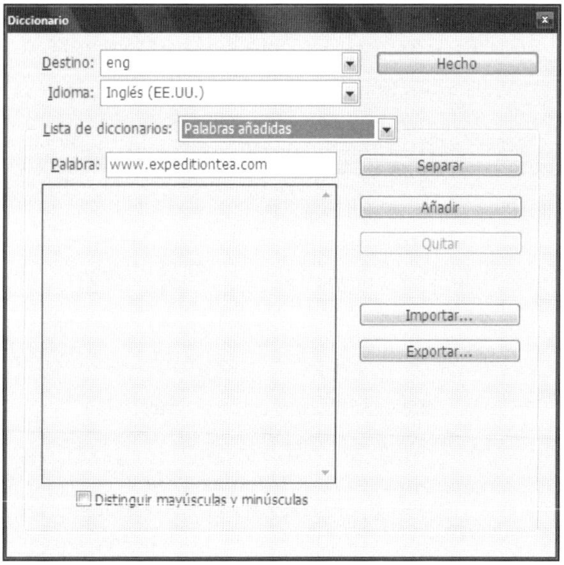

Figura 4.33.
Cuadro de diálogo Diccionario.

2. En el menú desplegable Destino, desplácese hacia abajo para seleccionar el nombre del archivo `04_Catalog`.
3. Escriba la palabra que no se reconoce en el campo Palabra, y haga clic en el botón Añadir. La palabra se agregará a la lista del diccionario sólo para este documento. Esta entrada de la palabra sólo se reconocerá dentro de este documento mientras que los siguientes documentos de InDesign lo detectarán como mal escrito. Después, haga clic en **Hecho**.

Revisión ortográfica dinámica

Si no desea esperar a que los documentos se terminen antes de comprobar la ortografía, InDesign incorpora una utilidad para la revisión ortográfica dinámica a medida que se introduce el texto y todas las palabras mal escritas se resaltarán.

1. Antes de activar esta funcionalidad, elija Edición>Preferencias>Ortografía (en Windows) o InDesign>Preferencias> Ortografía (en Mac OS). Asegúrese de que la opción Activar ortografía dinámica está activada. Después, decida qué errores quiere resaltar (en la sección Buscar), y cómo quiere que se resalten (en la sección Color de subrayado). Haga clic en **Aceptar** para cerrar el cuadro de diálogo Preferencias y vuelva al documento. (Las palabras mal escritas, en función del diccionario predeterminado del usuario, se resaltan inmediatamente con un subrayado rojo.)

> **Nota:** Para desactivar esta funcionalidad, elija Edición>Ortografía>Ortografía dinámica.

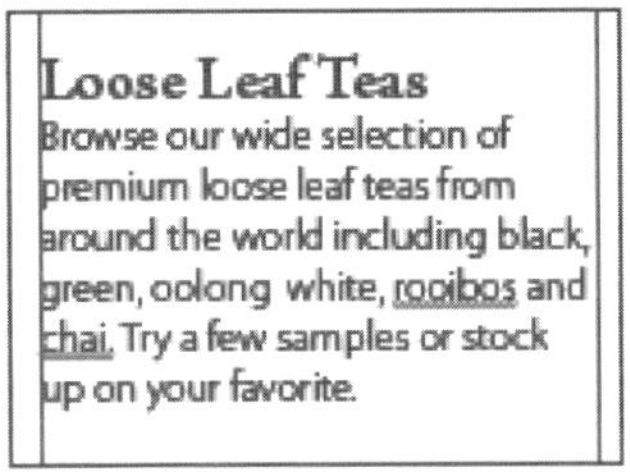

Figura 3.34.
Detalle de la ortografía dinámica.

2. Si agrega una palabra mal escrita al documento con esta funcionalidad activada, la palabra tendrá un resaltado con un subrayado mientras escribe. Trate de escribir una nueva palabra en la primera columna de la página 1 para ver esta característica en acción.

Corrección automática de las palabras mal escritas

La utilidad de auto corrección de InDesign utiliza el concepto de comprobar dinámicamente la ortografía en el siguiente nivel. Con esta funcionalidad activada, InDesign corrige automáticamente las palabras mal escritas según escribe. Los cambios hechos están basados en una lista interna de las palabras mal escritas y sus correcciones ortográficas. Esta lista también puede cambiarse para incluir las palabras mal escritas comúnmente en otros lenguajes.

1. Antes de activar esta función, elija Edición> Preferencias>Autocorrección (en Windows) o InDesign>Preferencias> Autocorrección (en Mac OS). Asegúrese de que la opción Activar autocorrección esté seleccionada. Puede también elegir corregir automáticamente los errores de mayúsculas y minúsculas haciendo clic en esta opción.

2. Fíjese que la lista de palabras normalmente mal escritas y la lista de idiomas predeterminados es su lenguaje predeterminado. Cambie por ejemplo a francés y revise las palabras normalmente mal escritas en dichos idiomas. Cambie de nuevo el idioma a su idioma antes de seguir.

3. Haga clic en el botón **Añadir** para añadir a la lista de palabras de autocorrección. Escriba una palabra mal escrita parecida a la bien escrita y haga clic en **Aceptar** y después haga clic en **Aceptar** en el cuadro de diálogo Preferencias.

4. Ahora escriba la misma palabra en la primera columna de la página 1 de nuevo para ver esta funcionalidad en acción.

Edición de texto mediante arrastrar y soltar

Para las palabras mal ubicadas en el documento, InDesign ofrece la característica de arrastrar y soltar para el texto que permite mover el texto entre los marcos y dentro de ellos, entre las ventanas y los documentos. Ahora utilizará esta utilidad para mover texto de un párrafo a otro en el catálogo.

1. Antes de tratar de mover este texto, elija Edición>Preferencias>Texto (en Windows) o InDesign>Preferencias> Texto (en Mac OS). En la sección Modificar texto con Arrastrar y soltar y asegúrese de que la opción Activar la vista de maquetación también está marcada.

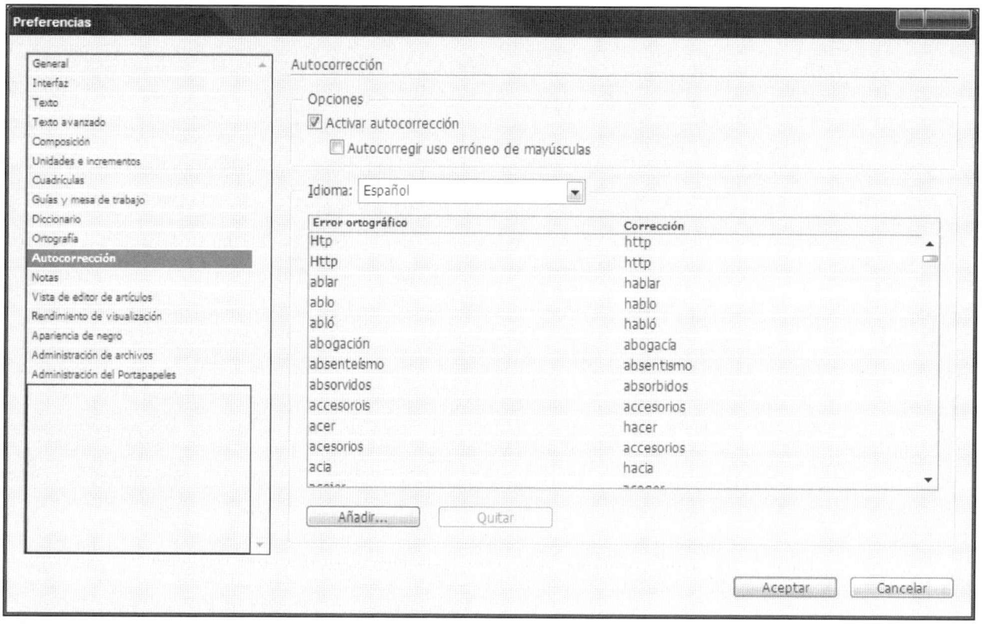

Figura 4.35.
Cuadro de diálogo Preferencias.

Esto permite mover texto dentro y fuera de la ventana del documento y dentro del documento en la vista de composición. Después, haga clic en **Aceptar**.

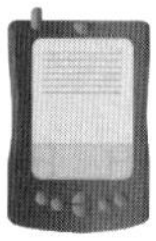

Nota: La vista de composición es la vista por defecto de InDesign y es donde todo el texto y los gráficos son visibles. De forma alternativa puede ver sólo el texto en una ventana de edición de artículos separados. Véase la siguiente sección para obtener más información sobre este editor.

2. En la ventana del documento, vaya a la página 11 y cambie la vista de forma que se pueda leer de forma confortable los párrafos superiores de la primera columna.

3. La frase "*Tea is more than just a great beverage.*" se situó mal a posta al principio del primer párrafo, donde pone "*More than Just the Tea.*". Utilizando la herramienta **Texto** T arrastre sobre ella para seleccionar esta frase.

4. Sin cambiar de herramientas, mantenga el cursor en la palabra resaltada. Debería ver cómo cambia el cursor. Haga clic para arrastrar la palabra a su posición correcta, al final del párrafo, después de la palabra "*well.*"

5. Cuando suelte el ratón, la frase tendrá que moverse a la nueva posición. (Si quiere copiar la palabra en vez de moverla, tendrá que mantener la tecla **Alt/ Opción** mientras la arrastra.)

Figura 4.36.
Arrastre de una selección de texto.

Uso del editor de artículos

Si nos sentimos cómodos con una interfaz de edición que se centra en el texto que se está editando, InDesign posee una función llamada Editor de artículos.

1. En la página 11 del catálogo en la ventana del documento, seleccione la herramienta **Texto** T y haga clic dentro de la primera columna para colocar su punto de inserción aquí.

2. Haga clic en Edición>Editar con Editor de artículos. La ventana Editor de artículos se abre mostrando todo el texto sin formato alguno. Cualquier gráfico o cualquier otro elemento no de texto se ha omitido para hacer la edición más sencilla.

3. En la ventana Editor de artículos, inserte el cursor de texto y agregue la palabra "*accessories*" en el primer párrafo después de "*teapots*" y antes de "*and*". Si fuese necesario, mueva la ventana Editor de artículos al lado, de forma que se pueda ver como el texto correspondiente también ha cambiado en la ventana del documento.

4. Para hacer que la visualización y la edición del texto sea más sencilla, las características de edición de la ventana Editor de artículos puede cambiarse a Edición>Preferencias>Vista de editor de artículos (en Windows) o InDesign>Preferencias>Vista de editor de artículos (en Mac OS). Cambie la fuente de tamaño a 14 puntos y duplique el espacio entre líneas para ver si de esa forma es más sencilla la edición.

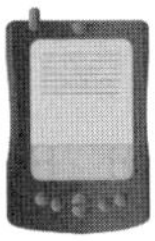

Nota: El Editor de artículos muestra los números de las líneas para aportar más información y aquellas palabras mal escritas, se resaltan mediante la ortografía dinámica, de igual manera que en la ventana del documento. Si se activa esta opción en las preferencias de texto, puede también arrastrarse y soltar texto en el Editor de artículos, de igual manera que se hizo anteriormente.

5. Mientras no se muestre el texto en los estilos de párrafos actuales que seleccionó en la ventana Editor de artículos, los nombres se listan en la columna de la izquierda y puede ser aplicada (pero no visualizada) en esta ventana. Para más información sobre cómo aplicar estilos en InDesign, consúltese los capítulos posteriores de esta obra.

6. Cierre Editor de artículos.

¡Enhorabuena! Ha terminado este capítulo.

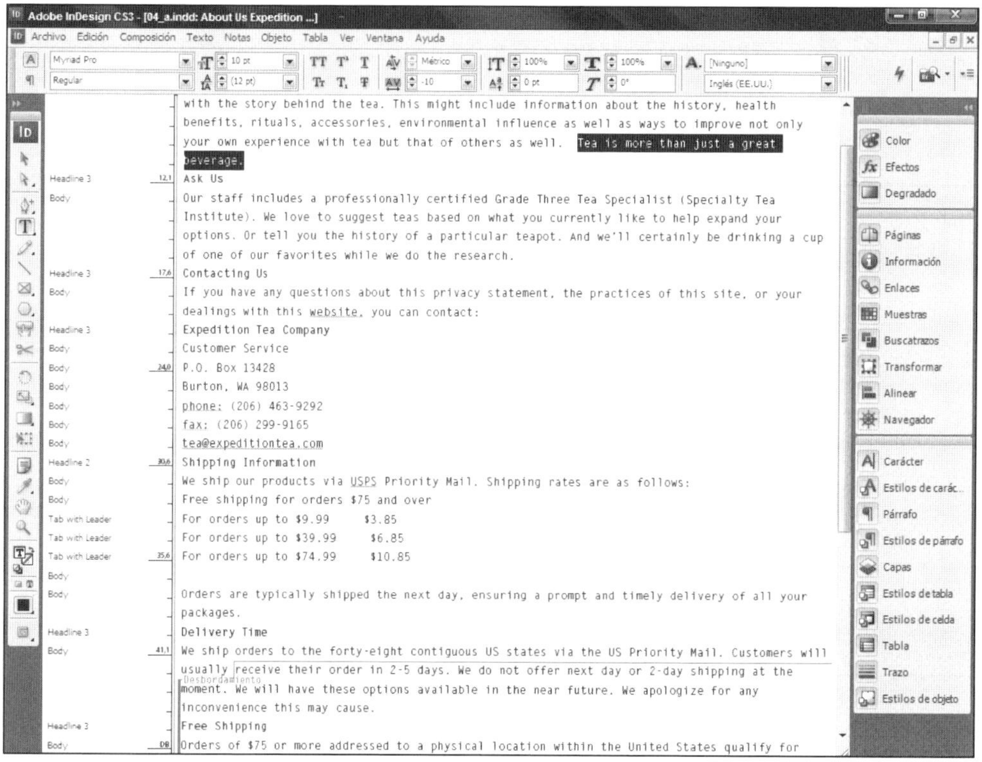

Figura 4.37.
El editor de artículos.

Por sí mismo

En este capítulo, se han cubierto los principios básicos de la creación y aplicación de estilos. Si hace un cambio significativo en cuanto a la cantidad de texto de InDesign, querrá aprender cómo funciona el nuevo estilo y cómo aplicar estilos utilizando los métodos abreviados del teclado.

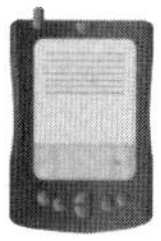

Nota: En Windows, bloquee el teclado numérico para hacer lo siguiente.

1. Sin texto seleccionado, haga doble clic en el estilo Headline 3 en el panel Estilos de párrafo.

2. Haga clic en un punto de inserción dentro del cuadro de texto Shortcut. Utilizando los números del teclado numérico, pulse **Control-Alt-3** (en Windows) o **Comando-Opción-3** (en Mac OS).

3. Como siguiente estilo, elija `Body`. Haga clic en **Aceptar** para cerrar el cuadro de diálogo. Ahora, practique aplicando el estilo `Headline` utilizando el método abreviado de teclado. Fíjese en que cuando pulse **Intro** o **Retorno** al final del párrafo `Headline 3`, el párrafo siguiente tendrá automáticamente el estilo `Body`.

Preguntas de repaso

1. ¿Cómo se ajusta el texto automáticamente? ¿Cómo se ajusta el texto en un marco por vez?

2. ¿Cómo puede ahorrar tiempo usando estilos?

3. Cuando busca texto, obtiene un mensaje que dice que no hay coincidencias. ¿Cuáles son algunas de las razones para que InDesign no encuentre una coincidencia?

4. Cuando revisa ortográficamente su documento, InDesign muestra palabras utilizadas de otros idiomas. ¿Cómo puede evitar este problema?

Respuestas

1. Cuando aparece el icono de texto cargado después de utilizar el comando Colocar o al hacer clic en una casilla de salida, debe mantener pulsada la tecla **Mayús** y hacer clic. Para ajustar el texto en un marco por vez, puede mantener pulsada la tecla **Alt** (Windows) u **Opción** (Macintosh) para volver a cargar el icono de texto después de hacer clic o arrastrar para crear un marco.

2. Los estilos ahorran tiempo porque le permiten agrupar un conjunto de atributos de formato que puede aplicar de forma rápida al texto. Si necesita actualizar el texto, no tiene que modificar cada párrafo formateado con el estilo de forma independiente. En lugar de ello, puede modificar simplemente el estilo.

3. Si le aparece un mensaje indicando que no hay coincidencias, puede haber escrito el texto incorrectamente, puede haber seleccionado la opción Palabra completa o Minús./Mayús., o bien puede no haber borrado la configuración de formato utilizada en una búsqueda anterior. Otra posibilidad es que seleccionara Artículo en Buscar en mientras que el texto que está buscando está en un artículo distinto. Finalmente, puede estar buscando un texto que no existe en su documento.

4. Antes de revisar ortográficamente su documento, seleccione cualquier frase escrita en otro idioma y utilice la paleta Carácter para establecer el idioma de dicho texto.

Capítulo 5

Trabajar con tipografías

Con ayuda de InDesign puede controlar de forma precisa el texto y el formato de su documento. Puede modificar fuentes y estilos del texto, la alineación, la inclusión de tabuladores y sangrías, y la aplicación de colores y contornos al texto.

En este capítulo, aprenderá cómo hacer lo siguiente:

- Preparar y utilizar una cuadrícula base.
- Cambiar el espaciado y la apariencia del texto.
- Crear caracteres especiales.
- Crear una tabla con fichas con caracteres de tabulación y sangrías francesas.
- Insertar caracteres especiales en el texto utilizando las fuentes Open Type.

Antes de comenzar

En este capítulo, creará un pliego de dos páginas para el informe anual de la empresa TravelNE. Su trabajo sobre este archivo de ejemplo requiere utilizar una de las fuentes Open Type que contiene el CD de la aplicación de Adobe InDesign CS3.

> **Nota:** Si no ha copiado todavía los archivos de recursos de este capítulo en su disco duro de la carpeta `Lesson_05` del CD adjunto, hágalo ahora. En un apartado anterior encontrará más información al respecto.

1. Para garantizar que las herramientas y paletas funcionan exactamente como se describe en este capítulo, elimine o desactive (cambie el nombre) los archivos de preferencias predeterminadas utilizando el procedimiento descrito en la introducción del libro.
2. Inicie Adobe InDesign.
3. Seleccione Archivo>Abrir y abra el archivo `05_a.indd` de la carpeta `Lesson_05`, situada dentro de la carpeta `Lessons` contenida en la carpeta `InDesignCIB` de su disco duro.
4. Seleccione Archivo>Guardar como, cambie el nombre del archivo por **05_report.indd**, y guárdelo en la carpeta `Lesson_05`.
5. Si quiere ver cómo queda el documento terminado, abra el archivo `05_b.indd` de la misma carpeta. Puede dejar este documento abierto para que le sirva como guía mientras trabaja. Cuando esté preparado para continuar con el trabajo del documento de este capítulo, escoja su nombre en el menú Ventana.

Ajustar el espaciado vertical

InDesign ofrece varias opciones para personalizar y ajustar el espaciado vertical de su documento. Puede realizar las siguientes operaciones:

- Establecer el espacio entre todas las líneas utilizando una cuadrícula base.
- Establecer el espacio entre cada una de las líneas mediante la opción Interlineado del panel Carácter.

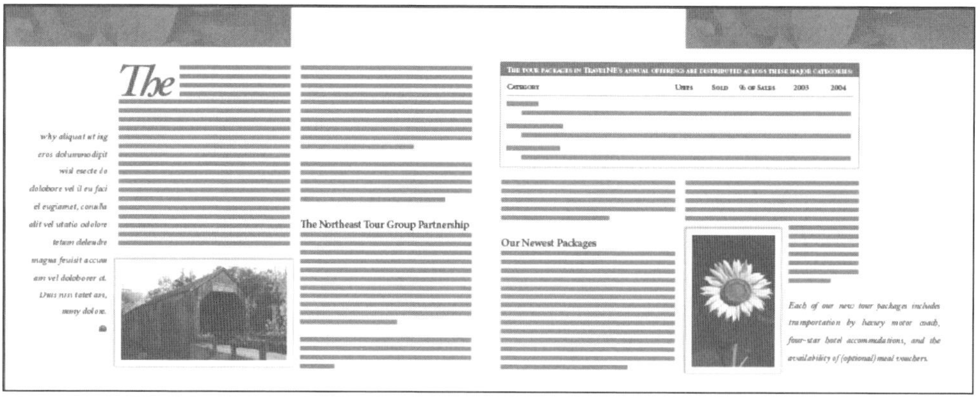

Figura 5.1.
El resultado tal y como quedará al final.

- Establecer el espacio entre cada uno de los párrafos mediante las opciones Espacio antes/Espacio después de el panel Control.
- Utilizar las opciones de Justificación Vertical del cuadro de diálogo Opciones de marco de texto para alinear el texto dentro de un marco.

En este apartado del capítulo, utilizará la cuadrícula base para alinear el texto.

Utilizar una cuadrícula base para alinear texto

Una de las primeras cosas que puede querer hacer, después de decidir el tamaño de la fuente y el interlineado para el cuerpo del texto de su documento, es configurar una cuadrícula base (también llamada cuadrícula de interlineado) para todo el documento. Las cuadrícula base representan el interlineado del cuerpo del texto de su documento y se utilizan para alinear las líneas base de una columna de texto con las de sus columnas colindantes.

Antes de configurar la cuadrícula base, querrá comprobar el margen superior para su documento y el valor de interlineado establecido para el cuerpo del texto, puesto que estos elementos, junto con la cuadrícula, permiten conseguir un diseño homogéneo.

1. Para ver el valor establecido como margen superior del documento, seleccione Maquetación>Márgenes y columnas. El valor del margen superior es `6p0` (6 picas, 0 puntos). Haga clic en **Cancelar** para cerrar el cuadro de diálogo.
2. Para determinar el valor del interlineado, seleccione la herramienta **Texto** T en el cuadro de herramientas y haga clic en un párrafo del cuerpo del texto. Compruebe el valor del interlineado en el panel Control. El valor establecido como interlineado es de `14pt` (14 puntos).
3. Seleccione Edición>Preferencias> Cuadrículas (Windows) o InDesign>Preferencias>Cuadrículas (Macintosh) para configurar las opciones de la cuadrícula. En la sección Rejilla base, escriba **6** en Principio para que coincida con el valor

de `6p0` de su margen superior. Estas opciones establecen la posición de la primera línea de la cuadrícula del documento. Si utiliza el valor predeterminado de `3p0` de InDesign, la primera línea de la cuadrícula debería aparecer por encima del margen superior.

4. En Incremento cada, escriba **14pt** para que coincida con su interlineado. Cuando seleccione otra opción, InDesign convierte automáticamente el valor en puntos por picas (a `1p2`).

5. Seleccione 100% en Umbral de visualización. La opción Umbral de visualización establece el valor mínimo al que puede ver la cuadrícula en pantalla. Al 100%, la cuadrícula aparece en la ventana del documento sólo a porcentajes de ampliación del 100% o mayores.

6. Haga clic en **Aceptar** para cerrar el cuadro de diálogo.

Ver la cuadrícula base

Ahora hará que la cuadrícula quede visible en pantalla.

1. Para ver la cuadrícula en la ventana del documento, seleccione Ver>Cuadrículas y guías>Mostrar rejilla base. La cuadrícula no aparece porque el porcentaje de visualización del documento es menor que el valor de umbral de visualización. Seleccione 100% en el menú de ampliación situado en la esquina inferior izquierda de la ventana de documento; ahora aparece la cuadrícula en pantalla. Seguidamente, utilizará el panel Control para alinear todo el texto a la cuadrícula.

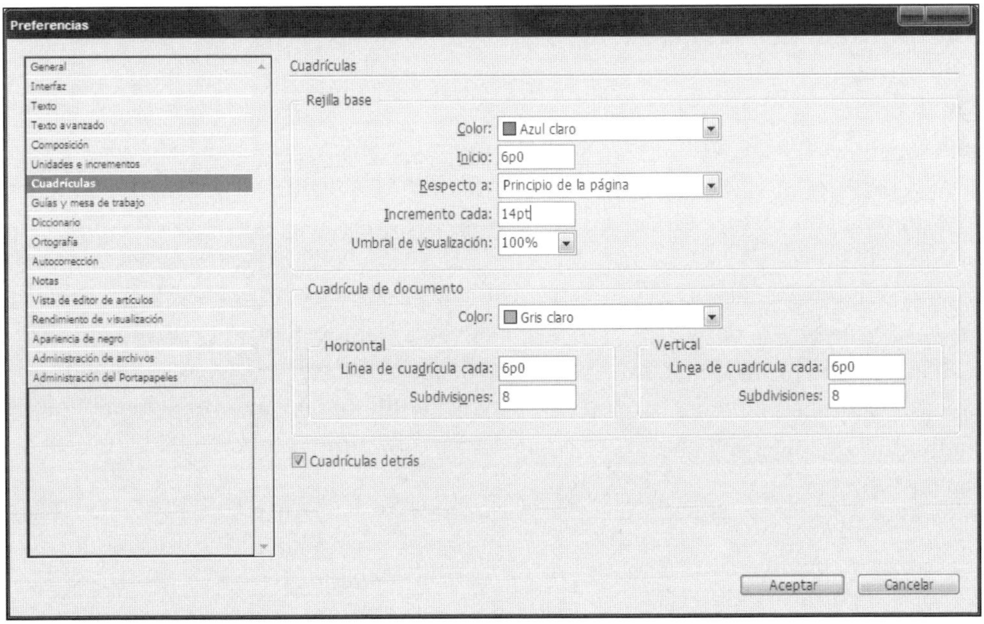

Figura 5.2.
El cuadro de diálogo Preferencias.

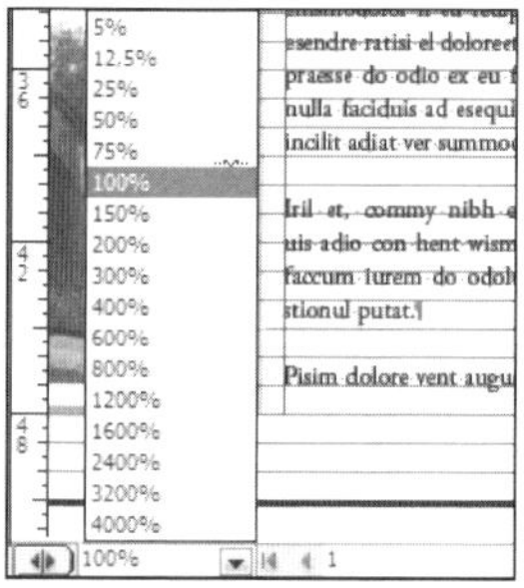

Figura 5.3.
Cambio del zoom para ver la rejilla.

Puede alinear varios artículos de forma individual o todos a la vez. Alineará todos los artículos de este pliego simultáneamente.

2. Si no puede ver el panel Control, seleccione Ventana>Control.

3. Con la herramienta de texto todavía seleccionada, haga clic con el punto de inserción en cualquier parte del primer párrafo del pliego y, tras ello, seleccione Edición>Seleccionar todo para seleccionar todo el texto del artículo principal.

> **Truco:** Cuando se aplican atributos de párrafo, no es necesario seleccionar el párrafo completo con la herramienta de texto. Sólo seleccione una parte del párrafo o párrafos a los que quiera dar formato. Si está dando formato sólo a un párrafo, puede simplemente hacer clic en el párrafo para añadir un punto de inserción.

4. En el panel Control, haga clic en el icono **Controles de formato de párrafo** ¶ y haga clic en **Alinear con la rejilla de línea base**. El texto se desplaza de forma que las líneas base de los caracteres descansan sobre las líneas de la cuadrícula.

5. Si fuera necesario, desplácese hasta el lado izquierdo del pliego de forma que pueda ver la cita situada en este lado de la página; a continuación, sitúe el punto de inserción en la cita y haga clic.

6. En el panel Control, haga clic en el botón **Alinear con la rejilla de línea base**. Como el texto tiene un formato que utiliza un interlineado de 18 puntos y no el valor de interlineado de la cuadrícula base de `14 pt` o `1p2`, la alineación a la cuadrícula provoca que el texto se expanda sobre la siguiente línea de la cuadrícula (utilizando un interlineado de 28 puntos).

7. Guarde el archivo.

Cambiar el espaciado antes y después de los párrafos

Si aplicamos un espacio antes y después de un párrafo que ha sido alineado previamente a la cuadrícula, el espacio se ajustará automáticamente al múltiplo del valor inmediatamente posterior del valor de cuadrícula.

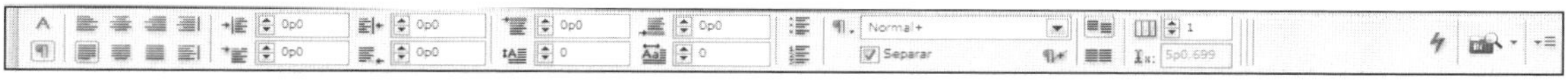

Figura 5.4.
El panel Control.

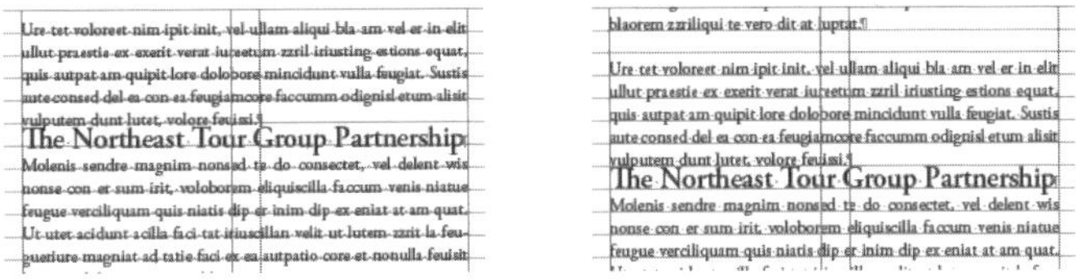

Figura 5.5.
Antes y después de alinear el texto a la cuadrícula base.

Por ejemplo, si su cuadrícula está configurada a 14 puntos (`1p2`) y establece un valor por debajo de 14 como Espacio posterior, InDesign incrementa automáticamente el valor del espacio a 14; si establece un valor por encima de 14, como 16, InDesign lo incrementa en su inmediato múltiplo posterior, es decir 28. Puede utilizar el valor de Espacio antes y Espacio después en lugar del valor de la cuadrícula base, seleccionando la opción **No alinear con rejilla base** en el párrafo afectado.

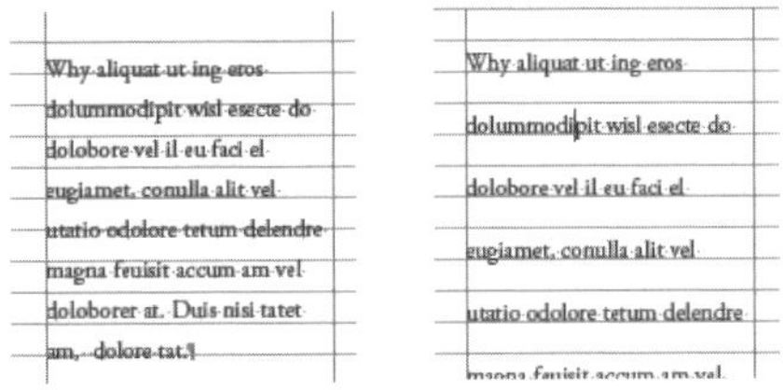

Figura 5.6.
Antes y después de alinear la cita a la cuadrícula base.

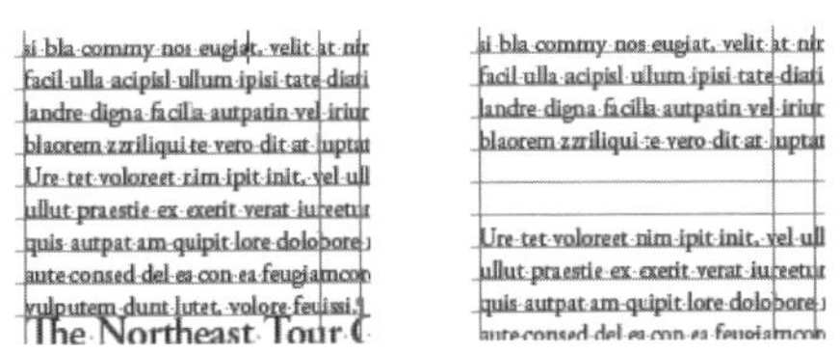

Figura 5.7.
Sin espacio (izquierda), espacio ajustado a 28 pt para que se ajuste a la cuadrícula (derecha).

Ahora incrementará el espacio por debajo del segundo párrafo del artículo principal. Todos los demás párrafos del pliego han sido ya formateados con un valor Espacio después de `1p2`.

1. Compruebe que la herramienta **Texto** está todavía seleccionada y haga clic en cualquier parte del segundo párrafo de la página de la izquierda (página 1).

2. En el panel Control, introduzca **1p2** en Espacio después y pulse **Intro**. Este texto del siguiente titular se desplaza automáticamente hasta la siguiente línea de cuadrícula.

   Ahora incrementará el espacio anterior al encabezado "*The Northeast Tour Group Partnership*" para dejar incluso más espacio.

3. Haga clic para insertar el punto de inserción en el titular "*The Northeast Tour Group Partnership*". En el panel Control, introduzca **0p6** en Espacio antes y pulse **Intro**. Como alineó previamente el titular a la cuadrícula base, el Espacio antes salta a la posición 14 puntos en lugar de a la posición 6 puntos.

   Para utilizar el valor de `0p6` en lugar de 14 y agregar más espacio entre el titular y párrafo siguiente, desactivará la alineación del titular a la cuadrícula.

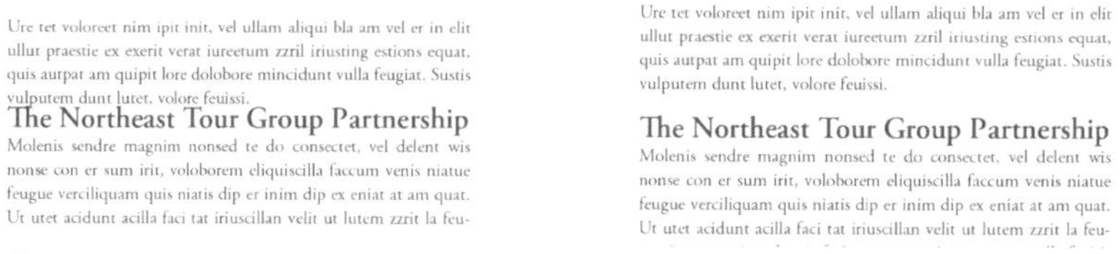

Figura 5.8.
Antes y después de aplicar un valor de Espacio después al párrafo superior.

4. Con el punto de inserción todavía en el titular "*The Northeast Tour Group Partnership*", haga clic en el botón **No alinear con rejilla base** del panel Control. El titular se desplaza ligeramente hacia arriba, lejos del cuerpo de texto situado por debajo. Este titular y el titular de la página de la derecha (página 2) tienen el formato del estilo Head 1. Para actualizar automática-mente el segundo titular de modo que utilice los mismos valores de espaciado del titular que acaba de modificar, redefinirá el estilo.

5. Haga clic en la ficha de el panel Estilos de párrafo (o seleccione Texto>Estilos de párrafo) para abrir el panel.

6. Coloque el punto de inserción haciendo clic en el titular "*The Northeast Tour Group Partnership*". Fíjese en que aparece un signo más (+) después del nombre del estilo Head 1 en el panel. Este signo indica que el formato del texto seleccionado difiere del formato original del estilo.

7. Haga clic en el botón de menú del panel y seleccione Redefinir estilo. El estilo Head 1 toma ahora el formato del texto actual.

   Fíjese en que el signo más desaparece y que se añade el espacio por encima del titular de la página 2.

8. Para aplicar las mismas características de alineación a otro titular, haga clic con la herramienta **Texto** en el titular "*Our Newest Packages*" de la página 2 y, tras ello, seleccione el estilo Head 1 en el panel Estilos de párrafo para aplicarle el estilo redefinido.

9. Guarde el archivo.

Figura 5.9.
Antes y después de desactivar la alineación con la cuadrícula base.

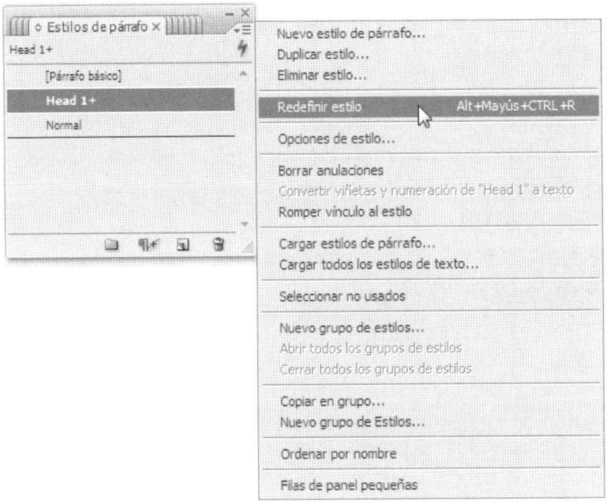

Figura 5.10.
Redefinir estilo.

Modificar el estilo de fuentes y texto

La modificación de los estilos de las fuentes y el tipo del texto puede suponer que la apariencia de su documento cambie drásticamente. Aquí modificará la familia de la fuente, el estilo del texto y el tamaño del texto de una de las notas que se encuentran a lo largo de los bordes del pliego. Realizará esos cambios utilizando el panel Control.

1. Compruebe que el panel Control se encuentra abierto; en caso contrario, seleccione Ventana>Control.
2. Con la herramienta **Texto**, haga clic en la cita del lado izquierdo de la página 1 y, tras ello, seleccione Edición>Seleccionar todo para seleccionar el párrafo completo.
3. En el panel Control, haga clic en el icono **Controles de formato de carácter**. Seleccione Adobe Caslon Pro en el menú de familia de fuente y, en el menú de tipo de estilo, Semibold Italic.
4. En el campo de tamaño de fuente, introduzca **15** y pulse **Intro**.
5. Seleccione Edición>Deseleccionar todo para deseleccionar el texto. Fíjese en cómo el texto permanece alineado a la cuadrícula incluso después de modificar estos atributos.

   Como Adobe Caslon Pro es una fuente Open Type, puede utilizar el panel Pictogramas para seleccionar caracteres alternativos para muchos caracteres.

6. Seleccione el primer carácter (la W) de la cita y, tras ello, ejecute Texto>Pictogramas.
7. En el panel Pictogramas, seleccione Alternativas en el menú desplegable, para ver las alternativas de la letra W. A continuación, haga doble clic en la letra **W** que parezca más manuscrita para reemplazar al carácter original de la cita.
8. Cierre el panel Pictogramas.

> **Truco:** Algunos de los pictogramas utilizados con mayor frecuencia, como los símbolos de marca registrada o derechos reservados, también se pueden aplicar desde el menú contextual. Para ello, debe pulsar con el botón derecho del ratón (Windows) o utilizar la combinación **Control-clic** (Macintosh) en el punto de inserción.

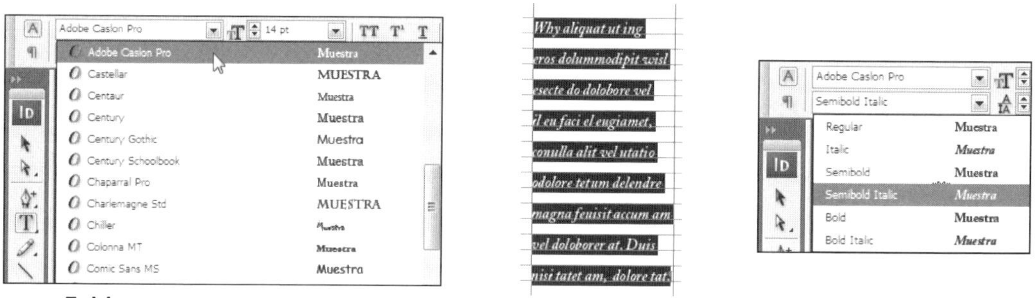

Figura 5.11.
Selección de fuente y estilo.

Figura 5.12.
El resultado de aplicar este estilo y tipo de letra.

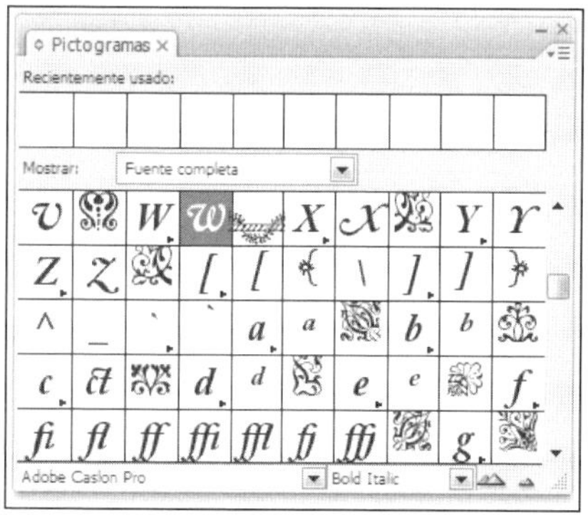

Figura 5.13.
El panel Pictogramas.

9. No utilizará la cuadrícula base en el resto del capítulo, de modo que puede ocultarla. Para hacerlo, seleccione Ver>Ocultar cuadrícula base. A continuación guarde el archivo.

Modificar la alineación del párrafo

Puede manipular fácilmente el ajuste de un párrafo dentro de su marco de texto modificando la alineación. Puede alinear el texto a uno o a ambos bordes del marco de texto o al margen del marco de texto. La justificación del texto alinea el texto con ambos bordes. En este apartado, justificará la cita.

1. Con la herramienta **Texto** T, sitúe el punto de inserción y haga clic en la cita de la página 1.

2. En el panel Control, compruebe que el botón **Controles de formato de párrafo** ¶ está activado y, tras ello, haga clic en el icono **Justificar todas las líneas** ≣.

Agregar una fuente decorativa y un carácter especial

Ahora añadirá un carácter de una fuente decorativa y un espacio de alineación (carácter especial) al final de la cita. Una fuente decorativa y un espacio de alineación, usados juntos, pueden modificar drásticamente el aspecto de un párrafo justificado.

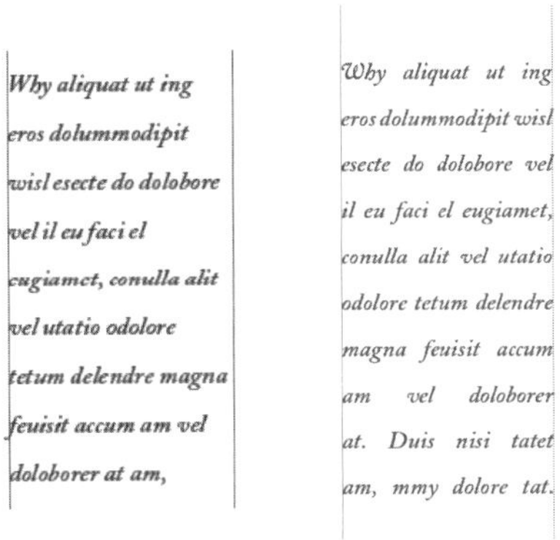

Figura 5.14.
Antes y después de justificar el texto.

1. Con la herramienta **Texto** T, sitúe el punto de inserción y haga clic en la cita, justo después del punto final.
2. Si el panel Pictogramas no está abierta todavía, seleccione Texto>Pictogramas.
3. En el panel Pictogramas, en Mostrar, seleccione Adornos.

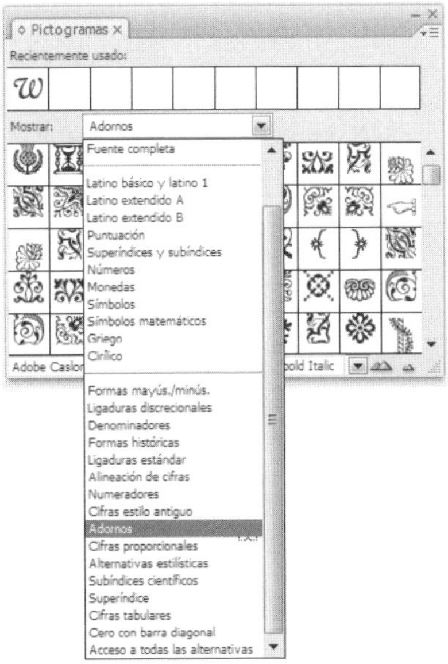

Figura 5.15.
Selección de Adornos.

4. En la lista desplegable, seleccione el carácter y haga doble clic en él para insertarlo. El carácter aparece en la posición del punto de inserción dentro del documento. Ya no necesita más el panel Pictogramas en este capítulo, de modo que ciérrelo ahora, y después guarde su trabajo.

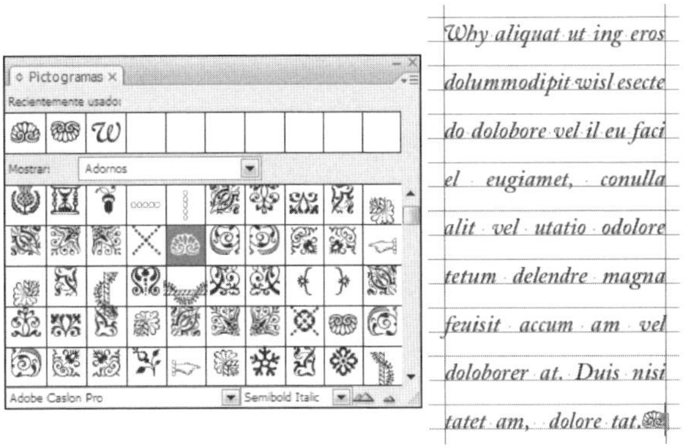

Figura 5.16.
El pictograma insertado.

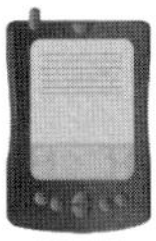

Nota: Esta fuente puede mostrar muchos más pictogramas de los que está acostumbrado a ver ya que es una fuente Open Type. Este tipo de fuentes cuentan con muchos más caracteres y alternativas de pictogramas que los tipos de letra PostScript de versiones anteriores. Sin embargo, las fuentes Open Type de Adobe se basan en los mismos fundamentos que las fuentes PostScript. Si necesita más información, no dude en visitar `www.adobe.com/type`.

Fíjese en que el espaciado entre palabras de la última línea de la cita es demasiado grande en el centro. Puede solventarlo si agrega un espacio de alineación al final del párrafo. Un espacio de alineación agrega una cantidad variable de espacio al final de la línea del párrafo justificado completamente. Insertará el espacio de alineación entre el punto y el carácter decorativo del final del artículo que acaba de añadir. Podría añadir un espacio de alineación utilizando el menú Texto, pero esta vez utilizará el menú contextual para realizar este trabajo.

5. Utilizando la herramienta **Texto**, coloque el punto de inserción y haga clic entre el punto final y el carácter decorativo Wood Type.

6. Haga clic con el botón derecho del ratón (Windows) o mantenga pulsada la tecla **Control** y haga clic (Macintosh) y seleccione Insertar espacio en blanco>Espacio de alineación.

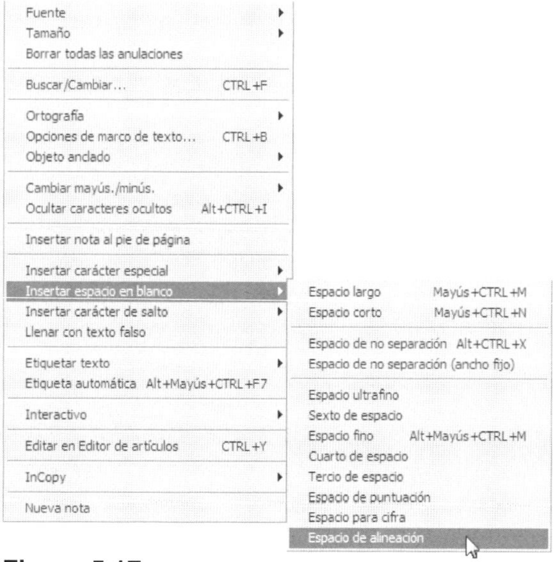

Figura 5.17.
Inserción de un espacio de alineación.

Crear una capitular

Aquí creará una capitular de tres letras en el primer párrafo del documento.

1. Con la herramienta **Texto**, sitúe el punto de inserción y haga clic en cualquier parte del primer párrafo de la página 2.

2. En el panel Párrafo, introduzca **3** en Capitular (número de líneas) para hacer que las letras de la capitular ocupen tres líneas. Tras ello, introduzca **3** en Capitular (uno o más caracteres) para ampliarla a las tres primeras letras. Pulse **Intro**.

3. Seleccione **Controles de formato de carácter** en el panel Control. Con la herramienta **Texto**, seleccione los caracteres que quiera utilizar como capitulares de la página 1. Haga después clic en Adobe Caslon Pro del menú Familia de fuentes y Semibold Italic del menú Estilo de texto.

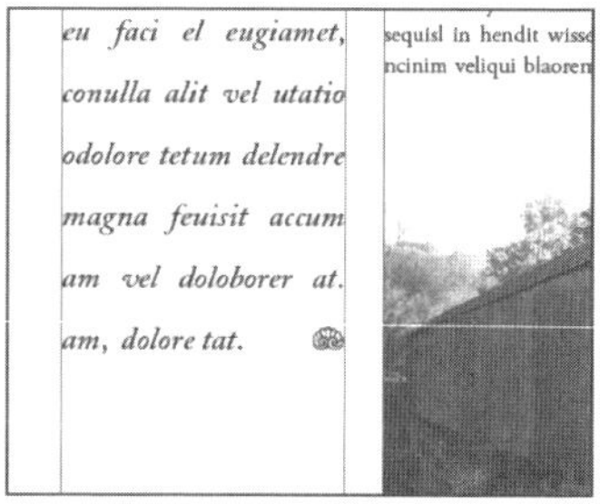

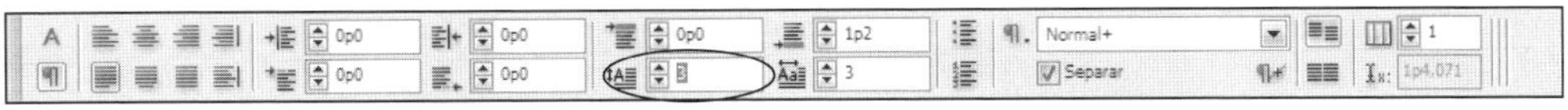

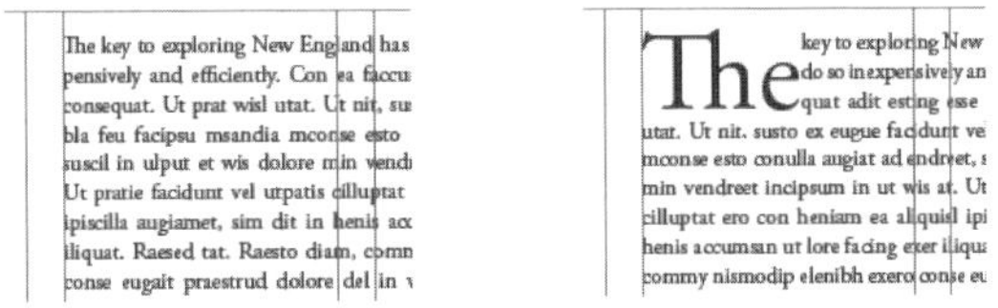

Figura 5.18.
Antes y después de crear la capitular.

4. Ahora seleccione sólo las letras "Th". Haga clic en Texto>Pictogramas para visualizar el panel Pictogramas. En este panel, elija el panel Pictogramas, elija Alternativas del menú desplegable de selección, justo para ver las alternativas que comienzan por "Th". Después, haga doble clic en un adorno para reemplazar los caracteres originales en el capitular. Después, cierre el panel Pictogramas.

Aplicar un relleno y un contorno al texto

Ahora agregará un relleno y un contorno a las letras capitulares que acaba de crear.

1. Con la herramienta **Texto** T todavía seleccionada, seleccione los caracteres de la capitular de la página 1.

2. Si fuera necesario, seleccione el cuadro **Relleno** en el cuadro de herramientas.

3. En el panel Muestras, seleccione Pantone Reflex Blue. InDesign rellena las letras de azul, aunque no pueda verlas todavía porque el texto está todavía seleccionado.

4. Seleccione el cuadro **Contorno** del cuadro de herramientas.

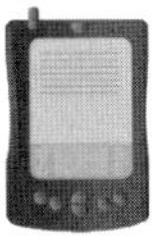

Nota: Si no ve la muestra Reflex Blue en el panel, haga clic en el botón **Mostrar todas las muestras**.

5. En el panel Muestras, seleccione Negro. Aparece un contorno alrededor de cada una de las letras.

   El tamaño predeterminado del contorno es de 1 punto, que es un poco grueso para las letras. Lo cambiará por medio punto.

6. Seleccione Ventana>Contorno para abrir el panel Contorno.

7. En el panel Contorno, escoja 0.5 pt en Grosor. A continuación, pulse **Mayús-Control-A** (Windows) o **Mayús-Comando-A** (Macintosh) para deseleccionar el texto y ver el efecto del contorno y el relleno.

8. Cierre el panel Contorno y guarde el archivo.

Ajuste de la alineación de las letras capitulares

Puede ajustar la alineación de las letras capitulares así como la escala del tamaño del mismo utilizando sus opciones.

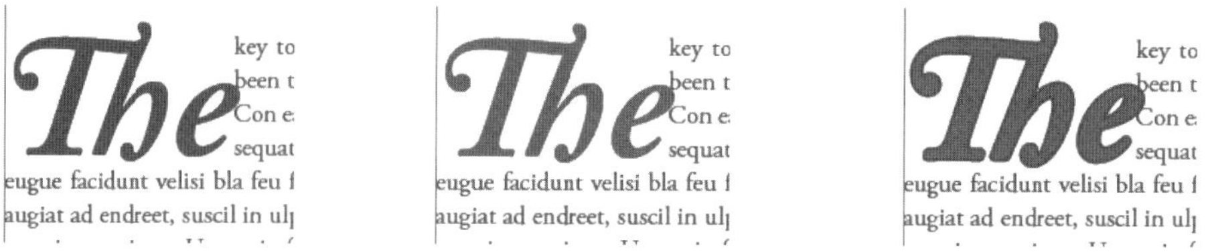

Figura 5.19.
Letra capitular original, capitular con color de relleno y capitular con relleno y trazo .

En esta sección, hará los ajustes pertinentes de forma que se alinee mejor al marco de la mano izquierda.

1. Con la herramienta **Texto** seleccionada, haga clic en un punto de inserción en cualquier parte del primer párrafo que tiene las letras capitulares. En panel Control, más a la derecha, haga clic en el menú del panel desplegable y elija Capitulares y estilos anidados.

2. Haga clic en Alinear borde izquierdo para mover las letras capitulares de forma que le alinee mejor al borde izquierdo.

Después, haga clic en **Aceptar**.

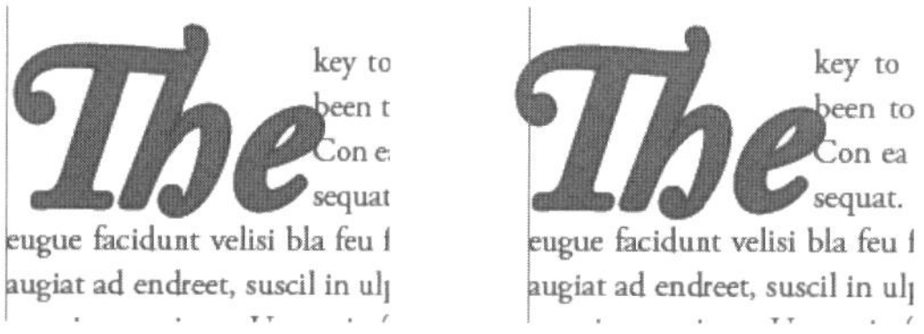

Figura 5.20.
Antes y después del alineado.

Ajustar el espaciado de letras y palabras

Puede cambiar el espaciado entre palabras y letras utilizando las opciones de *kerning* y *tracking* de InDesign. También puede controlar el espaciado de todo el texto de un párrafo utilizando el modo de composición de línea única o de párrafo.

Ajustar el kerning y el tracking

En InDesign puede controlar el espacio entre letras utilizando las opciones de *kerning* y *tracking*. El *kerning* es el proceso de adición o eliminación de espacio entre pares de caracteres concretos. El *tracking* es el proceso de creación de una cantidad igual de espaciado a lo largo de un conjunto de caracteres. Puede utilizar ambas características en el mismo texto.

Aquí establecerá manualmente el *kerning* de algunas letras del titular "*The Northeast Tour Group Partnership*" para suprimir huecos muy notorios. Después establecerá el *tracking* del titular para que todo quede en una sola línea.

1. Para distinguir la cantidad de espacio existente entre las letras más fácilmente y ver el resultado del *kerning* más claramente, seleccione la herramienta **Zoom** en el cuadro de herramientas y arrastre un marco alrededor del titular "*The Northeast Tour Group Partnership*".

2. Si fuera necesario, ajuste el nivel de ampliación en el menú de ampliación situado en la esquina inferior izquierda de la ventana del documento.

3. Seleccione la herramienta **Texto** T y sitúe el punto de inserción y haga clic entre la N y la o de la palabra "*Northeast*".

4. Pulse **Alt-Flecha izda.** (Windows) u **Opción-Flecha izda.** (Macintosh) para mover la letra o hacia la izquierda. Pulse esta combinación de teclas repetidas veces hasta que le parezca que visualmente quedan bien las dos letras adyacentes. Lo pulsamos dos veces.

   Ahora añadiremos espacio adicional entre las letras capitulares y las cuatro líneas del párrafo al lado de ellas.

5. Haga clic en el punto de inserción de la primera línea en frente de la palabra "*key*". Pulse **Alt-Flecha dcha.** (en Windows) u **Opción-Flecha dcha.** (en Mac OS) para mover la parte superior de las cuatro líneas de texto a la derecha. Pulse después la combinación de teclas de forma repetitiva hasta que parezca visualmente atractivo. Lo pulsaremos seis veces.

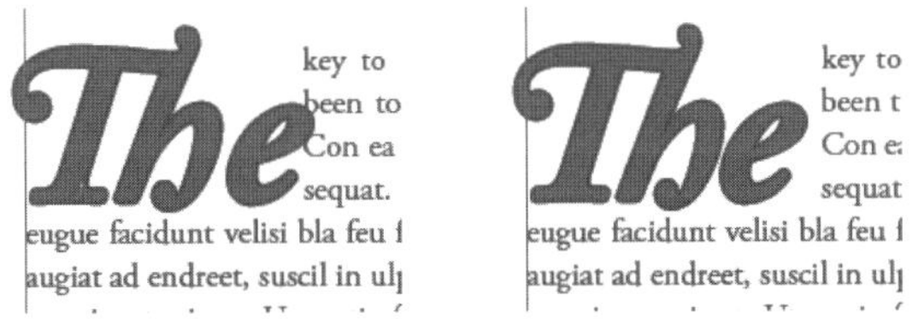

Figura 5.21.
Antes y después de los cambios de kerning.

Ahora modificaremos el valor de *tracking* para el encabezado completo "*The Northeast Tour Group Partnership*" para condensar el espacio global. Para configurar el valor de *tracking*, primero tiene que seleccionar el rango entero de caracteres que quiera utilizar.

6. Haga clic en Ver>Ajustar página en ventana visualizar la página completa en la pantalla.

7. Con la herramienta **Texto** T, haga clic en cuatro veces en "*The Northeast Tour Group Partnership*" para seleccionar el encabezado completo.

8. En el panel Control, haga clic en el botón **Controles de formato de carácter** A, después, introduzca **-15** para el valor Tracking AV y pulse **Intro** o **Retorno**. Ahora usará a un método abreviado de teclado para deseleccionar el texto.

9. Pulse **Mayús-Control-A** (en Windows) o **Mayús-Comando-A** (en Mac OS).

10. Pulse **Control-1** (en Windows) o **Comando-1** (en Mac OS) para volver a la vista 100%.

> **Nota:** Los caracteres en el teclado numérico no puede representar todos los números de la parte superior del teclado, especialmente cuando se utilizan métodos abreviados del teclado. Por ejemplo, en el paso anterior, **Control-1** o **Comando-1** del teclado numérico no hacen nada.

Aplicar los modos de composición de párrafo o de línea única

La densidad de un párrafo (algunas veces denominada su color) está determinada por el método de composición utilizado.

Figura 5.22.
La cabecera después de aplicar el tracking.

Cuando se compone texto, InDesign tiene en cuenta las opciones seleccionadas de espaciado entre palabras, de espaciado entre letras, de escala de pictograma y de separación por sílabas, y después evalúa y escoge los saltos de línea óptimos. InDesign ofrece dos opciones para componer texto: *Adobe Paragraph Composer*, que tiene en cuenta todas las líneas de un párrafo o el modo de composición de línea única, que considera independientemente una línea por vez.

Cuando utiliza el modo de composición de párrafo, InDesign compone una línea considerando su repercusión sobre otras líneas del párrafo; al final, se establece la mejor disposición global de todo el párrafo. Cuando modifica el tipo de una línea dada, las líneas anteriores y posteriores del mismo párrafo pueden dividirse de forma distinta, provocando que todo el párrafo aparezca más uniformemente espaciado. Cuando utiliza un modo de composición de línea única, que es el estándar de otros procesadores de texto y programas de maquetación, sólo se recomponen las líneas siguientes al texto editado.

El texto de este capítulo se compuso utilizando el predeterminado, es decir el modo de composición de párrafo de Adobe. Para ver la diferencia entre los dos, volverá a componer el texto de la cita utilizando el método de composición de línea única.

1. Con la herramienta **Texto** T todavía seleccionada, sitúe el punto de inserción y haga clic en la cita de la página 1.
2. Seleccione Texto>Párrafo. Seleccione Modo de composición de línea única de Adobe en el menú del panel Párrafo.

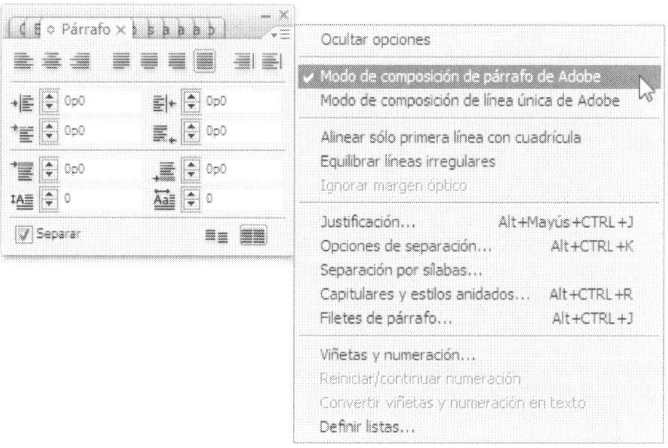

Figura 5.23.
Modo composición de párrafo de Adobe.

El modo de composición de línea única considera cada línea de forma independiente y, consecuentemente, puede hacer que ciertas líneas del párrafo aparezcan más densas o esparcidas que otras. Sin embargo, el modo de composición de párrafo tiene en cuenta varias líneas a la vez y unifica la densidad de las líneas del párrafo.

3. En el menú del panel Párrafo, seleccione Modo de composición de párrafo de Adobe. Las líneas del texto ahora poseen

una densidad más uniforme y todo el texto se ajusta limpiamente al marco de texto.

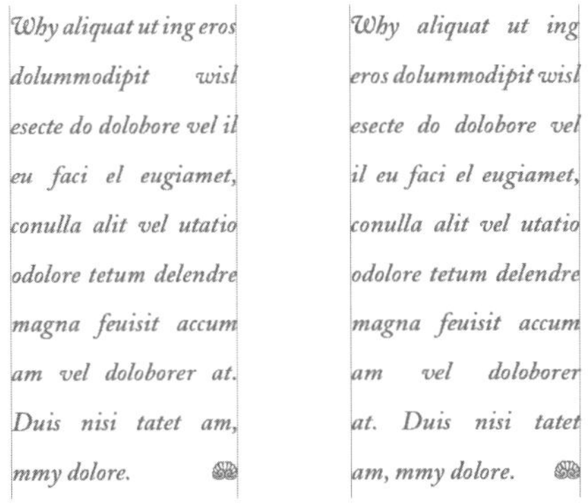

Figura 5.24.
Cita con el modo de composición de línea única (izquierda) y el modo de composición de párrafo (derecha).

4. Seleccione Archivo>Guardar para guardar el archivo.

Trabajar con tabuladores

Puede utilizar los tabuladores para situar el texto en posiciones horizontales concretas de un marco. Utilizando el panel Tabulaciones, puede organizar el texto y crear caracteres de tabulación, sangrías y sangrías francesas. Aquí dará formato a la información de la zona superior de la página 2 utilizando el panel Tabulaciones. Las tabulaciones han sido ya introducidas en el texto, de modo que lo que hará será establecer la posición final del texto.

1. Si fuera necesario, desplácese hasta la zona superior de la página 2 hasta que la tabla aparezca en pantalla.
2. Si quiere ver las tabulaciones en la tabla, seleccione Texto>Mostrar caracteres ocultos y asegúrese de que está seleccionado el modo de visualización normal en el cuadro de herramientas. Si decide no seguir mostrándolos, seleccione Texto>Ocultar caracteres ocultos de nuevo.
3. Con la herramienta **Texto** T, haga clic en la palabra "*Category*" situada en la zona superior de la tabla.
4. Seleccione Texto>Tabulaciones para abrir el panel Tabulaciones. Cuando el punto de inserción está en un marco de texto, el panel Tabulaciones se ajusta al borde del marco de modo que las medidas de la regla del panel coincidan exactamente con el texto.
5. Para centrar la página en pantalla, haga doble clic en el icono de la página 3 en el panel Páginas. Como el panel Tabulaciones es independiente de la tabla, las dos, la página y el panel, ya no estarán alineadas.
6. Haga clic en el icono del imán del panel Tabulaciones para volver a alinear el panel con el texto.

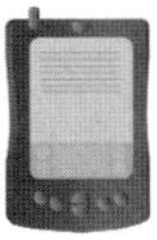

Nota: Si el panel Tabulaciones no se alineó con la tabla, puede que parte del bloque de texto no quede visible, o que no haya suficiente espacio para el panel Tabulaciones entre la tabla y la zona superior de la ventana de documento. Desplácese cuanto sea necesario y, tras ello, haga clic en el icono del imán de nuevo.

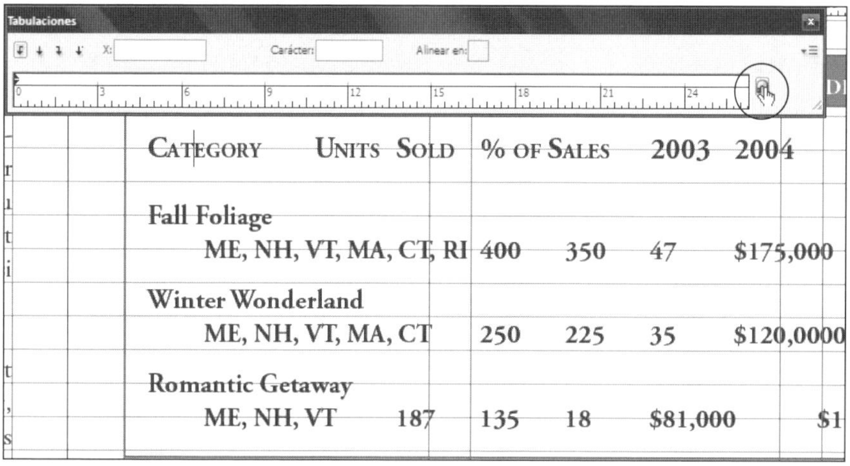

Figura 5.25.

Al hacer clic en el icono del imán en el panel Tabulaciones, se alinea la regla al texto seleccionado.

7. Utilizando la herramienta de texto, seleccione todo el texto del marco de texto de la tabla, desde la palabra "*Category*" hasta el número "$110,000".

8. En el panel Tabulaciones, haga clic en el botón **Tabulación centrada** ⤓ de modo que cuando establezca las nuevas tabulaciones, se alineen desde el centro.

9. En el panel Tabulaciones, sitúe el puntero en el tercio superior de la regla, justo encima de los números, y haga clic para establecer las tabulaciones en las posiciones siguientes: `24`, `29`, `34`, `40` y `45`. Puede ver la posición del puntero en la regla en el cuadro X: (situado en el lado izquierdo de la regla).

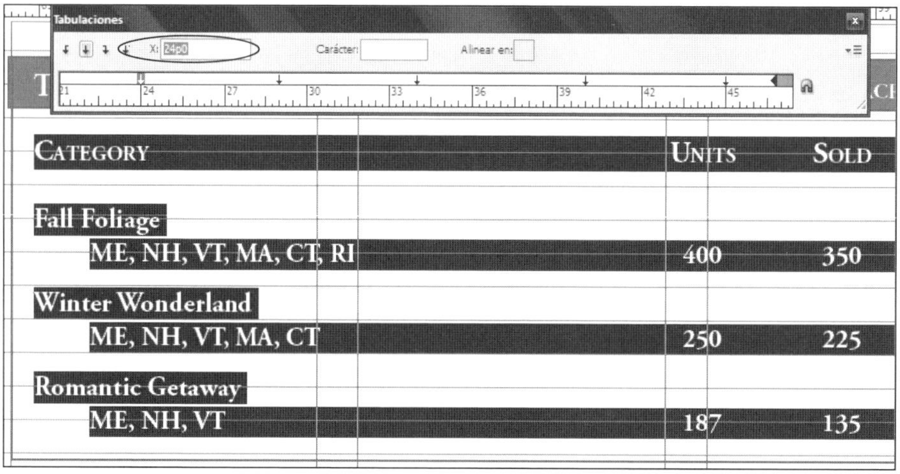

Figura 5.26.

El valor del cuadro de texto X: indica la posición del tabulador seleccionado.

Para establecer de forma exacta el valor, arrastre en la regla mientras observa el valor X antes de soltar el botón del ratón o introduzca el valor directamente en el cuadro X del panel Tabulaciones.

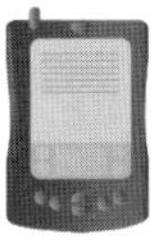

Nota: Si no coloca correctamente el tabulador la primera vez, puede seleccionar el tabulador en la regla e introducir la posición en el cuadro X. También puede pulsar sobre una tabulación en el panel Tabulaciones y arrastrar hacia arriba para eliminarlo.

10. Pulse **Mayús-Control-A** (Windows) o **Mayús-Comando-A** (Macintosh) para deseleccionar el texto y ver los nuevos parámetros de tabulación. Ahora establecerá un carácter de tabulador en algunos de los tabuladores.

11. Seleccione todo el texto de la tabla desde "*Fall*" hasta "$110,000". En el panel Tabulaciones, haga clic en el primer tabulador de la regla para seleccionarlo de modo que el carácter de tabulador que introduzcamos afecte a cualquier tabulador seleccionado en ese tabulador.

12. En el cuadro de texto Carácter, introduzca ._ (punto, espacio) y pulse **Intro**. Puede utilizar cualquier carácter como carácter de tabulador. Utilizamos un espacio entre puntos para crear una secuencia de puntos más espaciada.

13. Deseleccione el texto de la tabla y vea los caracteres de tabulación.

Crear una sangría francesa

Ahora utilizará el panel Tabulaciones para crear sangrías francesas. El marco de texto de esta tabla tiene un margen superior de 6 puntos y de 9 puntos para los lados y margen inferior (para ver los valores del margen, seleccione Objeto>Opciones de marco de texto). Un margen establece la distancia del texto con respecto al marco; ahora lo separará incluso más sangrando las tres categorías de la tabla. Puede establecer una sangría en el panel Tabulaciones o en el panel Control. Mantendrá el panel Párrafo visible para que pueda ver cómo cambian también allí los valores.

1. Compruebe que el panel Control está visible. En caso contrario, seleccione Ventana>Control.

THE TOUR PACKAGES IN TRAVELNE'S ANNUAL OFFERINGS ARE DISTRIBUTED ACROSS THESE MAJOR CATEGORIES:

CATEGORY	UNITS	SOLD	% OF SALES	2003	2004
Fall Foliage ME, NH, VT, MA, CT, RI	400	350	47	$175,000	$185,000
Winter Wonderland ME, NH, VT, MA, CT	250	225	35	$120,0000	$122,000
Romantic Getaway ME, NH, VT	187	135	18	$81,000	$110,000

Figura 5.27.
El resultado final.

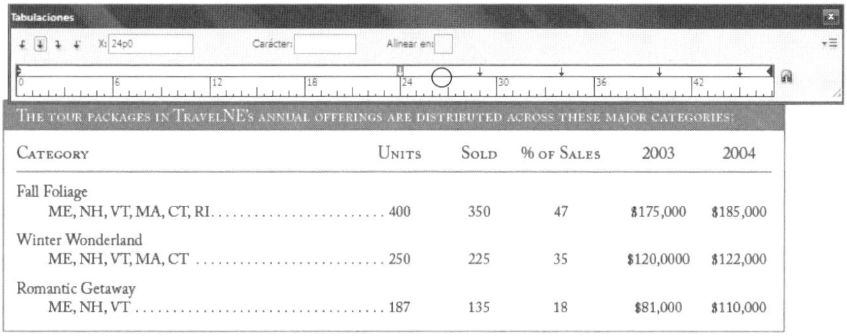

Figura 5.28.

Movimiento de la regla.

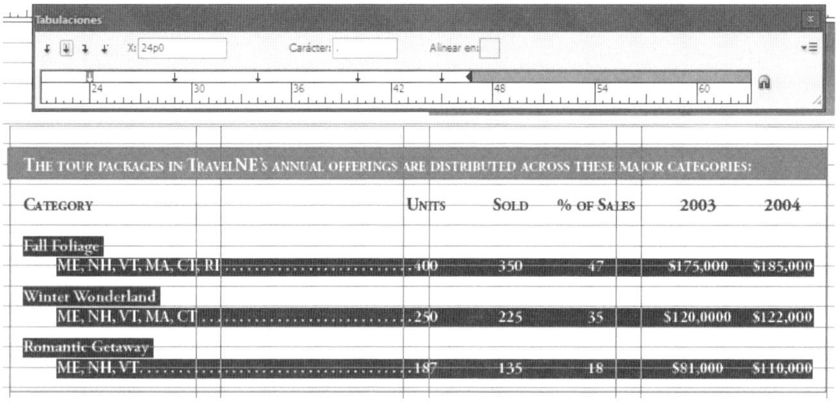

Figura 5.29.

Escritura de un punto y espacio en el campo Carácter para que se repita el patrón.

2. En la tabla, utilice la herramienta de texto T para seleccionar todo el texto, desde "*Fall*" hasta "$110,000".

3. Compruebe que el panel Tabulaciones está todavía alineado sobre la tabla. Si se ha movido, haga clic en el icono del imán.

4. En el panel Tabulaciones, arrastre los marcadores de sangría del lado izquierdo de la regla hacia la derecha hasta que el valor X sea `2p0`. Al arrastrar el marcador inferior desplaza ambos a la vez. Fíjese cómo todo el texto se mueve hacia la derecha y la opción de sangría del panel Párrafo cambia a `2p0`. No deseleccione el texto todavía.

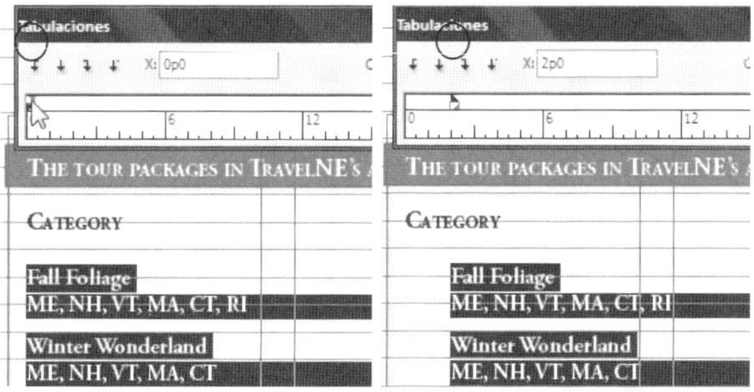

Figura 5.30.

Movimiento de la sangría francesa.

Ahora desplazará sólo el titular de la categoría a su posición original en la tabla para crear una sangría francesa.

5. En el panel Tabulaciones, arrastre la mitad superior del marcador de sangría hacia la izquierda hasta que el valor X: sea `-2p0`. Deseleccione el texto y vea la sangría francesa.

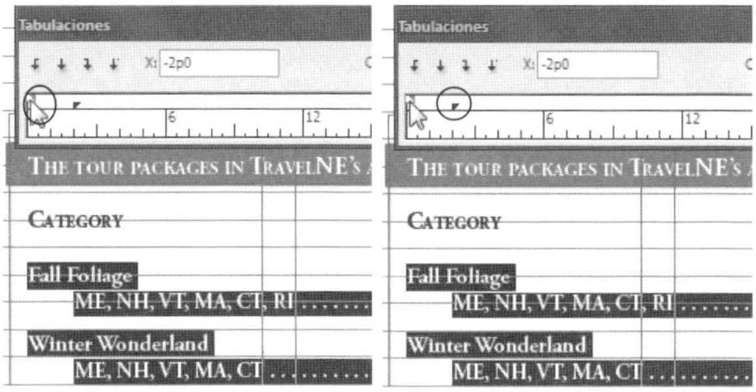

Figura 5.31.
Movimiento de toda la sangría.

6. Cierre el panel Tabulaciones y guarde el archivo.

Nota: También puede crear tablas de datos si utiliza el menú Tabla y el panel Tabla. En un capítulo posterior encontrará más información al respecto.

Agregar un filete de párrafo

Puede agregar un filete, o línea, encima o debajo de un párrafo. Aquí agregaremos un filete bajo los títulos de la tabla.

1. Con la herramienta **Texto** T, sitúe el punto de inserción y haga clic en la palabra "*Category*" de la tabla.

2. Haga clic en el botón Controles de formato de párrafo ¶ en el panel Control. En el menú del panel del lado derecho del panel Control, seleccione Filete de párrafo

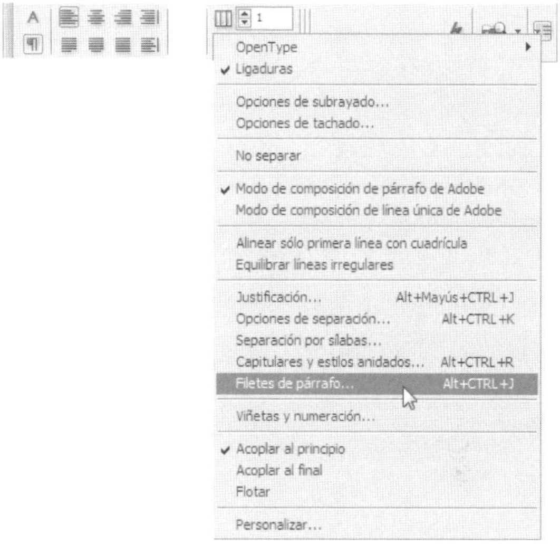

Figura 5.32.
Selección de la opción Filetes de párrafo.

3. En el cuadro de diálogo Filetes de párrafo, seleccione Filete inferior en el menú situado en la zona superior del cuadro de diálogo y, tras ello, marque Filete activado para activar el filete.

4. Para ver el filete cuando seleccione sus opciones, marque Vista previa y mueva el cuadro de diálogo de modo que no impida la visión del título.

5. En Grosor, seleccione 1pt; en Color, elija PANTONE Reflex Blue; en Ancho, seleccione Columna y en Desplazamiento, introduzca **0p9**. A continuación haga clic en **Aceptar**.

6. Guarde el archivo.

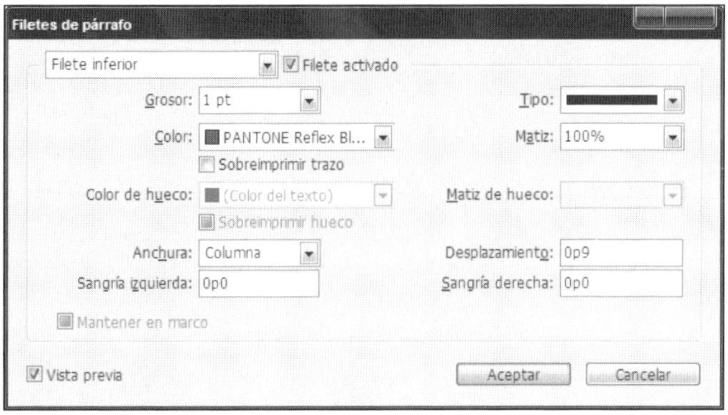

Figura 5.33.
Cuadro de diálogo Filetes de párrafo.

THE TOUR PACKAGES IN TRAVELNE'S ANNUAL OFFERINGS ARE DISTRIBUTED ACROSS THESE MAJOR CATEGORIES:					
CATEGORY	UNITS	SOLD	% OF SALES	2003	2004
Fall Foliage					
ME, NH, VT, MA, CT, RI	400	350	47	$175,000	$185,000
Winter Wonderland					
ME, NH, VT, MA, CT	250	225	35	$120,0000	$122,000
Romantic Getaway					
ME, NH, VT	187	135	18	$81,000	$110,000

Figura 5.34.
El resultado final.

Por sí mismo

Ahora que ha aprendido lo fundamental sobre el formato de texto en un documento de InDesign, está preparado para aplicar estos conocimientos por sí mismo. Intente realizar las tareas siguientes para mejorar sus habilidades tipográficas.

1. Haga clic con el cursor en diferentes párrafos y experimente con la separación por sílabas en el panel Párrafo. Seleccione una palabra separada por sílabas y escoja la opción Sin salto en el menú del panel Carácter para evitar que la palabra se separe por sílabas.

2. Haga clic con el cursor en el cuerpo de texto y seleccione Edición>Editar en editor de artículos. Realice algunos cambios en el texto y, tras ello, ejecute Edición>Editar en maquetación. Comprobará que los cambios efectuados en el editor de artículos se reflejan en la maquetación. Experimente los comandos de formato y edición disponibles en el Editor de artículos.

3. Aplique Alineación óptica de margen a cada párrafo del artículo principal (a todos excepto a las notas y a la tabla). Puede acceder a la opción Alineación óptica de margen desde el comando Artículo del menú Texto. La alineación óptica de margen hace que el texto se alinee visualmente a los bordes del marco de texto, de forma que parte de éste, como los signos de puntuación o las comillas, se sitúen fuera del marco de texto.

Preguntas de repaso

1. ¿Cómo se ve una cuadrícula base?
2. ¿Cuándo y dónde se utiliza un espacio de alineación?
3. ¿Cuál es la diferencia entre el modo de composición de párrafo y el modo de composición de línea única?

Respuestas

1. Para ver una cuadrícula base, seleccione Ver>Cuadrículas y guías>Mostrar cuadrícula base. El documento actual puede estar configurado con el mismo umbral de visualización o por encima, en las preferencias de la Rejilla base. De forma predeterminada, ese valor es 75%.
2. Se utiliza un espacio de alineación en el texto justificado. Por ejemplo, si utilizó un carácter especial o una fuente decorativa al final de un párrafo, este espacio absorbe cualquier espacio sobrante de la última línea.
3. El modo de composición de párrafo comprueba varias líneas al mismo tiempo para determinar los mejores saltos de línea posibles. El modo de composición de línea única sólo tiene en cuenta una línea por vez para determinar el salto de línea.

Capítulo 6

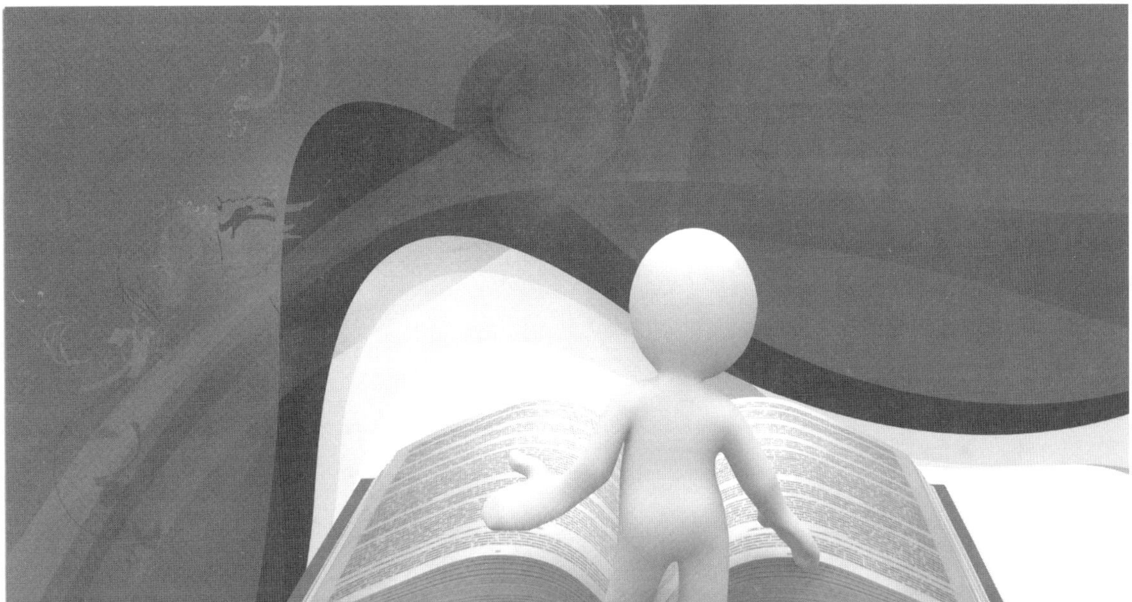

Trabajar con colores

Podemos crear, guardar y aplicar colores planos y de proceso, incluir matices y mezclas de degradado.

Cuando un documento debe cumplir los estándares de color definidos por el cliente o el diseñador, el uso de colores coherentes resulta fundamental. Los sistemas de gestión de color reducen las diferencias de color entre dispositivos para que podamos garantizar el correcto uso del color en todos nuestros documentos.

En esta introducción al trabajo con colores, aprenderá cómo hacer lo siguiente:

- Agregar colores al panel Muestras.
- Aplicar colores a objetos.
- Crear contornos discontinuos.
- Crear y aplicar una muestra de degradado.
- Ajustar la dirección de la mezcla del degradado.
- Crear un matiz.
- Crear una tinta plana.
- Especificar un motor de gestión de color.
- Especificar perfiles ICC predeterminados.
- Asignar perfiles ICC en InDesign CS3.
- Incrustar perfiles ICC en gráficos creados en otros programas de Adobe.

Antes de comenzar

En este capítulo, configurará la administración de color para un anuncio de una empresa ficticia de bombones llamada *Tifflins Truffles*. La administración del color es muy importante en entornos en los que es necesario evaluar la fiabilidad de la imagen en el contexto del producto final. La corrección del color es un proceso diferente que implica imágenes con problemas tonales o de equilibrio de color y que se suelen corregir en la aplicación gráfica original, como puede ser Photoshop CS3.

El anuncio se distribuirá en una gran variedad de publicaciones, de modo que la principal preocupación es conseguir un color uniforme y previsible. Configurará el sistema de administración de color utilizando un flujo de trabajo CMYK destinado a imprenta, confeccionará el documento utilizando gráficos de otros productos Adobe y establecerá los perfiles ICC de gráficos independientes para garantizar la integridad del color.

El anuncio está formado por gráficos creados en InDesign CS3 y en otras aplicaciones de Adobe. Administraremos el color de dichos gráficos para conseguir un resultado coherente desde InDesign CS3.

Nota: Si no ha copiado todavía los archivos de recursos de este capítulo en su disco duro desde el CD adjunto, hágalo ahora. Consulte un apartado anterior al respecto.

1. Para asegurarse de que las herramientas y paneles funcionan exactamente como

se describe en este capítulo, borre o desactive (cambie los nombres) los archivos de preferencias predeterminadas de InDesign CS3. En un apartado anterior encontrará más información sobre cómo restaurar las preferencias predeterminadas.

2. Inicie Adobe InDesign CS3.

3. Seleccione Archivo>Abrir y abra el archivo `06_a.indd` de la carpeta `Lesson_06`, situada dentro de la carpeta `Lessons` contenida dentro de la carpeta `InDesignCIB` de su disco duro.

4. Seleccione Archivo>Guardar como, cambie el nombre del archivo por `06_Color.indd`, y guárdelo en la carpeta `Lesson_06`.

Nota: Este capítulo está pensado para aquellos usuarios que trabajan con InDesign CS3 en entornos que también usan Adobe Illustrator (versión 9 o posteriores) y Adobe Photoshop (versión 5.0 o posteriores). Si no tiene esos programas instalados en su ordenador, puede saltarse algunas de las instrucciones paso a paso para la administración del color de los gráficos desde Illustrator y Photoshop.

5. Si quiere ver cómo queda el documento terminado, abra el archivo `06_b.indd` situado en la misma carpeta. Puede dejar este documento abierto para que le sirva de guía mientras trabaja. Cuando esté preparado para continuar trabajando en el documento de este capítulo, escoja su nombre en el menú Ventana.

Nota: Al trabajar, puede mover los paneles o puede adaptar el porcentaje de ampliación al nivel que le resulte más cómodo. En capítulos anteriores encontrará más información al respecto.

Definir los requisitos de impresión

Es importante conocer los requisitos de impresión antes de comenzar a trabajar en un documento. Por ejemplo, consulte a su proveedor de servicios de impresión y explíquele el diseño del documento y la utilización del color. Ya que su proveedor de servicios de impresión conoce las posibilidades de su maquinaria, puede sugerirle formas para ahorrar tiempo y dinero, incrementar la calidad y evitar posibles y costosos problemas de color e impresión. El artículo de la revista utilizado en este capítulo fue diseñado para imprimirse en una imprenta comercial utilizando el modelo de color CMYK.

Agregar colores al panel Muestras

Por medio de una combinación de paneles y herramientas, puede aplicar color a los objetos.

Figura 6.1.

Las distintas partes del diseño. A. Objeto de InDesign. B. Archivo CMYK (guardado). C. Archivo de Illustrator exportado como mapa de bits. D. Archivo CMYK (guardado). E. Archivo de Adobe Illustrator. F. Archivo PSD de Photoshop.

El flujo de trabajo referente al color InDesign CS3 gira alrededor del panel Muestras. La utilización del panel Muestras para dar nombre a los colores facilita la aplicación, edición y actualización de los colores de los objetos en un documento. Aunque puede utilizar también el panel Color para aplicar colores a los objetos, no existe ninguna forma rápida de actualizar estos colores, denominados colores sin nombre. En cambio, tendría que actualizar el color de cada objeto individualmente.

Ahora creará la mayoría de los colores que utilizará en este documento. Puesto que este documento será impreso en una imprenta comercial, creará colores de cuatricomía CMYK.

1. Compruebe que no hay ningún objeto seleccionado y, a continuación, haga clic en la ficha del panel Muestras (si el panel Muestras no está visible, seleccione Ventana>Muestras). El panel Muestras almacena los colores que han sido previamente cargados en InDesign CS3, así como los colores, matices y degradados que cree y almacene para su reutilización.

2. En el menú del panel Muestras seleccione Nueva muestra de color.

3. Anule la selección de la casilla Nombre con valor de color y, en Nombre de la muestra, escriba **Brown**. Compruebe que Tipo de color y Modo de color están

configurados como Cuatricomía y CMYK, respectivamente.

La opción Nombre con valor de color asigna nombre a un color utilizando los valores de los colores CMYK que introduce y, automáticamente, actualiza el nombre si cambia el valor. Esta opción está sólo disponible en colores de cuatricomía y es útil cuando quiere utilizar el panel Muestras para controlar la composición exacta de las muestras de color de cuatricomía. En esta muestra, hemos anulado la opción Nombre con valor de color para que pueda utilizar un nombre (Brown) porque es más fácil para leer este capítulo.

4. En los porcentajes de color, escriba los valores siguientes: Cian = 0, Magenta = 76, Amarillo = 76 y Negro = 60, y haga clic en **Aceptar**.

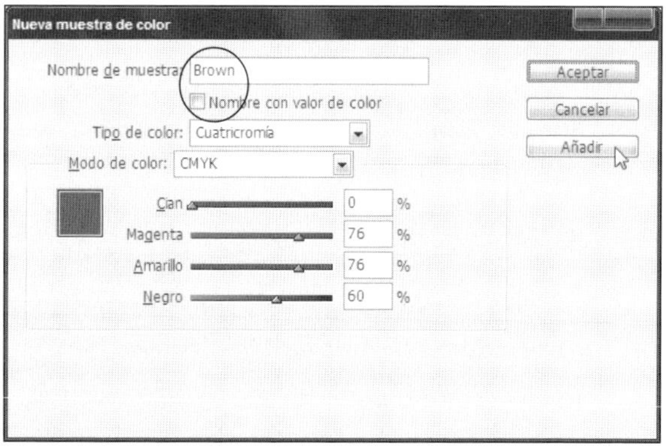

Figura 6.2.
El cuadro de diálogo Nueva muestra de color.

5. Repita los tres pasos anteriores para dar nombre y crear los colores siguientes:

	C	M	Y	K
Blue	60	20	0	0
Tan	2	13	29	0

Truco: Si olvida escribir el nombre de un color o si introduce un valor incorrecto, haga doble clic sobre la muestra, cambie el nombre o el valor, y a continuación haga clic en **Aceptar**.

Los nuevos colores agregados al panel Muestras se almacenan sólo con el documento en el que fueron creados. Aplicará estos colores al texto, gráficos y marcos de su documento.

Aplicar colores a objetos

Existen tres pasos generales para aplicar un color de muestra: (1) seleccionar el texto u objeto, (2) seleccionar el contorno o el relleno en el cuadro de herramientas, dependiendo de lo que quiera cambiar, y (3) seleccionar el color en el panel Muestras. También puede arrastrar las muestras del panel Muestras sobre los objetos.

1. Seleccione la herramienta **Selección** y haga clic sobre el trazado o una de las líneas de cualquiera de las formas de rombo de la zona superior de la página derecha para seleccionarla.

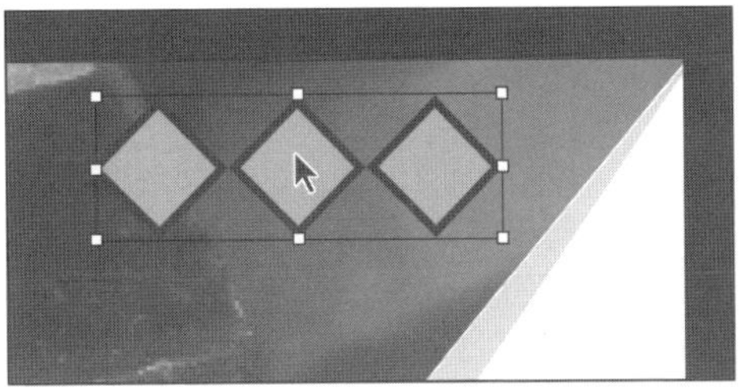

Figura 6.3.
Selección de los tres rombos.

Fíjese en que estos tres objetos están agrupados, por tanto todos están ahora seleccionados. Desagrupará estos objetos y los bloqueará. Al bloquearlos impide que pueda moverlos accidentalmente.

2. Con el grupo de objetos todavía seleccionado, ejecute Objeto>Desagrupar y, a continuación, seleccione Objeto> Bloquear posición.

3. Deseleccione los objetos. Para deseleccionar un objeto, puede ejecutar Edición>Deseleccionar todo, puede hacer clic sobre un área en blanco de la ventana de su documento o bien puede pulsar **Mayús-Control-A** (en Windows) o **Mayús-Comando-A** (en Mac OS).

4. Seleccione la herramienta **Zoom** en el cuadro de herramientas y arrastre para dibujar una marquesina alrededor de las figuras de los tres rombos. La visualización se amplía para que el área definida por la marquesina ocupe ahora la ventana del documento. Compruebe que puede ver las tres figuras del rombo.

5. Seleccione la herramienta **Selección** y a continuación haga clic en el borde de rombo central para seleccionarlo. Seleccione el cuadro **Contorno** en el cuadro de herramientas y haga clic sobre Green en el panel Muestras.

Truco: Para ajustar bien el nivel de ampliación, puede pulsar **Control-=** (en Windows) o **Comando-=** (en Mac OS). Para alejar, puede pulsar **Control--** (en Windows) o **Comando--** (en Mac OS).

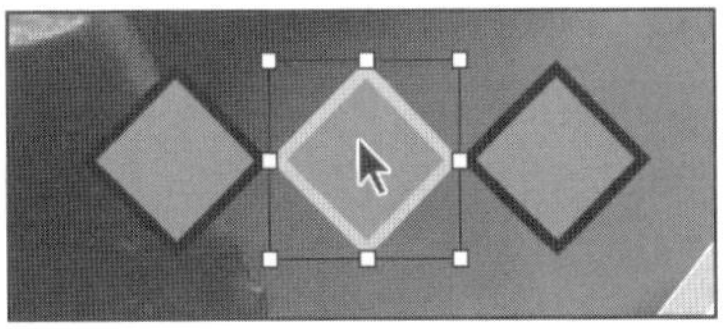

Figura 6.4.
Cambio del contorno del diamante central.

El contorno de la figura de rombo es ahora verde.

6. Deseleccione el objeto.

7. Haga clic sobre el borde del rombo de la izquierda para seleccionarlo. Seleccione Brown en el panel Muestras para aplicarle un contorno marrón.

8. Con el rombo izquierdo todavía seleccionado, seleccione el cuadro **Relleno** en el cuadro de herramientas y, a continuación, en el panel Muestras, haga clic sobre Green (puede necesitar desplazarse por la lista de muestras).

El rombo derecho necesita tener el mismo contorno marrón y relleno verde. Utilizará el cuentagotas para copiar los atributos de contorno y relleno del rombo izquierdo mediante un paso rápido.

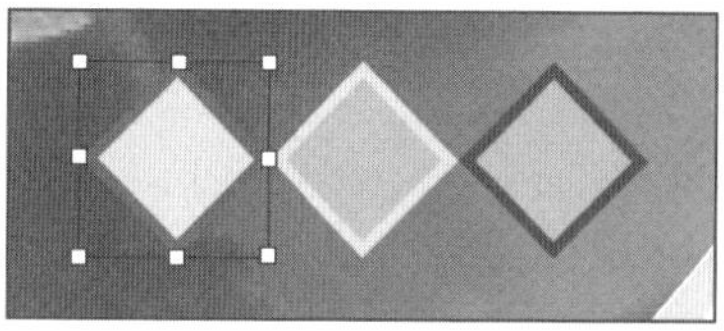

Figura 6.5.
Cambio del relleno del diamante de la izquierda.

9. Seleccione la herramienta **Cuentagotas** y haga clic sobre el rombo izquierdo. Fíjese en que el cuentagotas se rellena , indicando que tomó los atributos del objeto sobre el que se hizo clic.

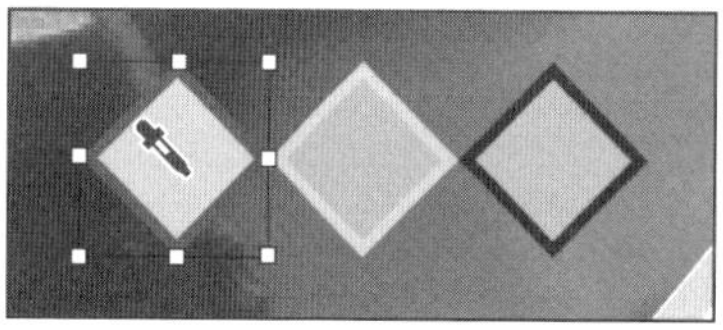

Figura 6.6.
Uso de la herramienta cuentagotas.

10. Con la herramienta del cuentagotas relleno, haga clic sobre el fondo gris del rombo situado más a la derecha. El rombo de la derecha toma los atributos de contorno y relleno del rombo de la izquierda.

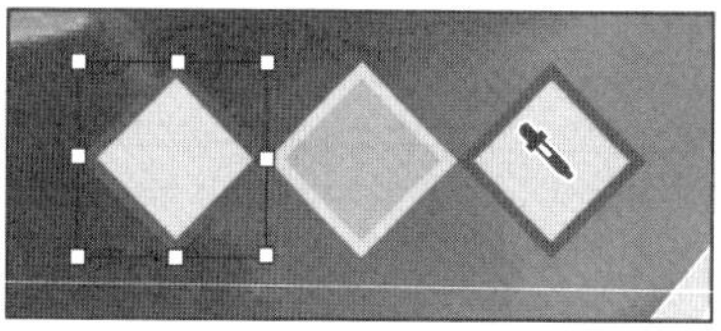

Figura 6.7.
Aplicación del color del diamante de la izquierda en el de la derecha.

Ahora cambiará el color de las dos líneas diagonales del rombo derecho.

11. Seleccione la herramienta **Selección** y, a continuación, deseleccione los objetos.

12. Con la herramienta **Selección**, haga clic en el borde del rombo central para seleccionarlo. Seleccione el cuadro **Relleno** en el cuadro de herramientas y, a continuación, haga clic en [Papel] dentro del panel Muestras. [Papel] es un color especial que simula el color del papel en el que se imprime. Las áreas de los objetos situados detrás de un objeto con color papel y que se solapen con éste no se imprimirán. En su lugar, se verá el color del papel en el que se realice la impresión.

13. Seleccione Edición>Deseleccionar todo. Ahora pondrá trazo a los 6 pequeños diamantes y los alineará con la parte inferior del folleto con marrón.

14. Utilizando la herramienta Selección, mantenga pulsada la tecla **Mayúsculas** y seleccione los seis pequeños diamantes de la parte inferior del folleto así como la línea tras ellos.

15. En el panel de muestras, seleccione el cuadro del trazo y haga clic en la muestra Brown en el panel Muestras.

Crear contornos discontinuos

A continuación, modificará las líneas de los rombos central y derecho por una línea discontinua personalizada. Como sólo utilizará la línea discontinua personalizada en un objeto, la creará con el panel Contorno. Si tiene que guardar un contorno para utilizarlo repetidamente en un documento, puede crear un estilo de contorno. En la Ayuda de

InDesign encontrará más información sobre estilos de contorno, guiones, puntos y rayas.

1. Deseleccione los objetos y reduzca el zoom para ajustar la ventana. Utilice la herramienta **Selección** para seleccionar el contorno negro de los bordes del anuncio.

2. Si el panel Contorno no está todavía visible, seleccione Ventana>Contorno para abrirlo y, a continuación, arrastre la ficha hasta la página para verla mejor.

3. En Tipo, escoja Discontinuo.

   En la zona inferior del panel aparecen seis cuadros guión y hueco. Para crear una línea discontinua, debe establecer la longitud del guión y, tras ello, la del hueco, o espaciado entre guiones.

4. Introduzca los valores siguientes en los cuadros guión y hueco: **12**, **4**, **2** y **4** (pulse el tabulador después de escribir cada valor para pasar al cuadro siguiente). Deje los dos últimos cuadros de guión y hueco vacíos.

5. Seleccione Brown en Color de hueco para rellenar el hueco con dicho color.

6. Deseleccione las líneas y cierre el panel Contorno. A continuación, seleccione Archivo>Guardar.

Trabajar con degradados

Un degradado es una fusión gradual de dos o más colores, o matices del mismo color. Usted podrá crear un degradado lineal o radial.

Figura 6.8.
Selección del contorno del diseño.

Figura 6.9.
Cambio del trazo.

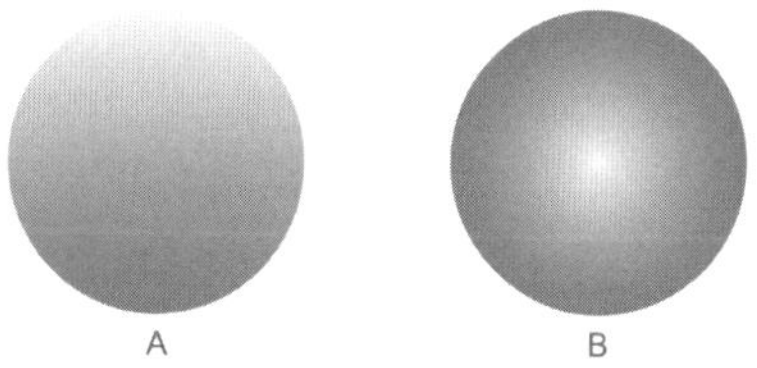

Figura 6.10.
A. Degradado lineal. B. Degradado radial.

Los degradados se definen por una serie de etapas de color en la barra del degradado. Una etapa corresponde al punto en que un degradado cambia de un color al siguiente y se identifica por un cuadrado de color situado bajo la barra de degradado.

Crear y aplicar un muestra de degradado

Cada degradado en InDesign CS3 posee como mínimo dos etapas de color. Puede crear sus propios degradados personalizados, modificando la mezcla de color en cada etapa o añadiendo etapas en el panel Degradado.

1. Asegúrese de que ningún objeto está seleccionado. En el menú del panel Muestras, seleccione Nueva muestra de degradado.

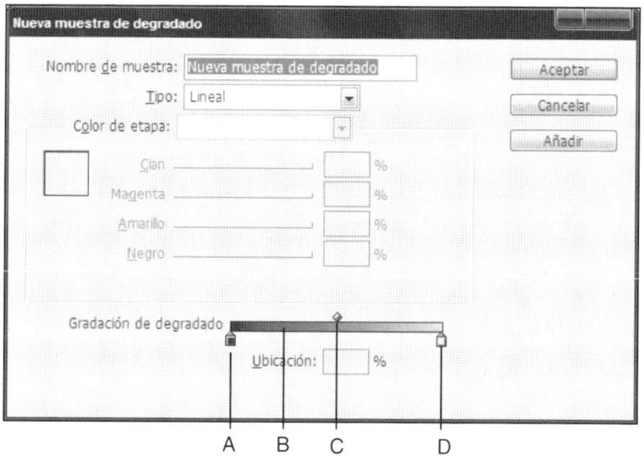

Figura 6.11.
A. Inicio de etapa de color. B. Barra de degradado. C. Regulador de gradación. D. Fin de etapa de color.

2. En Nombre de la muestra, escriba **Brown/ Tan Gradient**.

3. Haga clic sobre el marcador de inicio de etapa de color. Para Color de etapa, seleccione Muestras y, a continuación, desplácese por la lista de muestras de color y seleccione Brown.

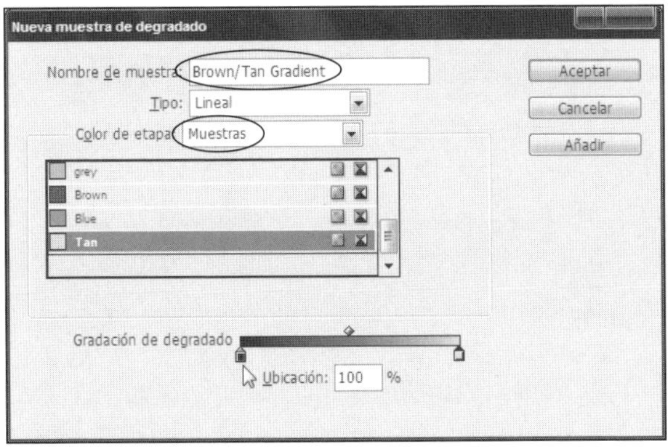

Figura 6.12.
El cuadro de diálogo Nueva muestra de degradado.

4. Haga clic sobre el marcador de fin de etapa de color. En Color de etapa, seleccione Muestras y, tras ello, desplácese hacia abajo por la lista y seleccione Tan.

   La rampa de degradado muestra una fusión de color entre marrón y dorado.

5. Haga clic en **Aceptar**.

   Ahora aplicará el degradado al relleno del rombo central.

6. Amplíe la vista sobre la esquina superior derecha para ver los tres rombos.

7. Con la herramienta **Selección** seleccione el rombo central.

8. Seleccione el cuadro **Relleno** en el cuadro de herramientas y, en el panel Muestras, haga clic en Brown/Tan Gradient.

Ajustar la dirección de la mezcla del degradado

Una vez que haya rellenado un objeto con un degradado, puede modificarlo con la herramienta **Degradado** para "volver a pintar" el relleno a lo largo de una línea imaginaria que arrastre. Esta herramienta permite cambiar la dirección de un degradado y cambiar el punto inicial y final del mismo. Ahora cambiará la dirección del degradado.

1. Compruebe que el rombo central está todavía seleccionado y, tras ello, seleccione la herramienta **Degradado** en el cuadro de herramientas.

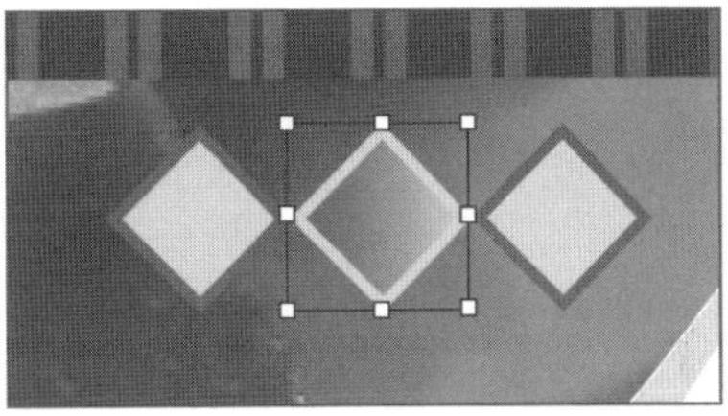

Figura 6.13.
Degradado aplicado al diamante central.

   Ahora probará con la herramienta de degradado para ver cómo puede modificar la dirección y la intensidad del degradado.

2. Para crear un efecto de degradado más gradual, sitúe el puntero a una pulgada o incluso fuera del rombo seleccionado y arrastre por encima y más allá de él.

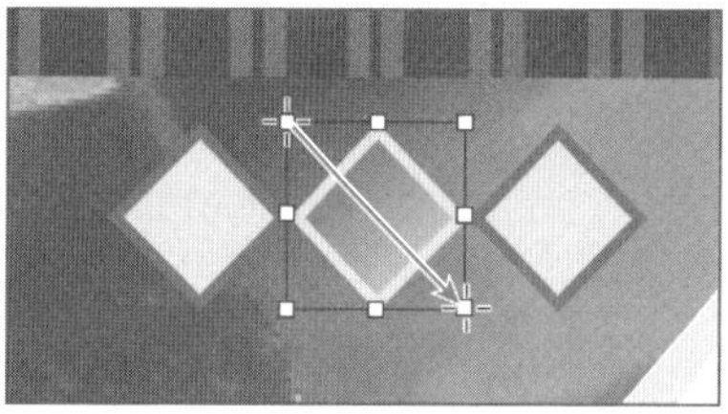

Figura 6.14.
Dirección del degradado en diagonal.

Cuando suelte el botón del ratón, se dará cuenta de que la fusión entre marrón y dorado es más gradual que antes de arrastrar la herramienta de degradado.

3. Para crear un degradado más marcado, arrastre una pequeña línea en el centro del rombo.

   Continúe probando con la herramienta de degradado para que entienda cómo funciona.

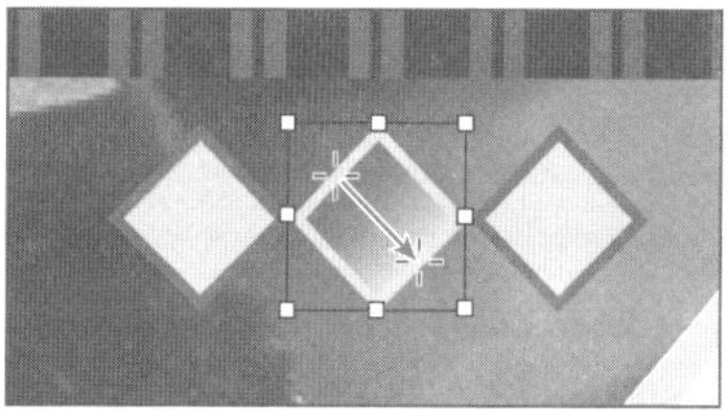

Figura 6.15.
Degradado en diagonal dentro del diamante.

4. Cuando haya terminado de probar, arrastre desde la esquina superior del rombo hasta la esquina inferior. Así es cómo quedará el degradado del rombo central.
5. Seleccione Archivo>Guardar.

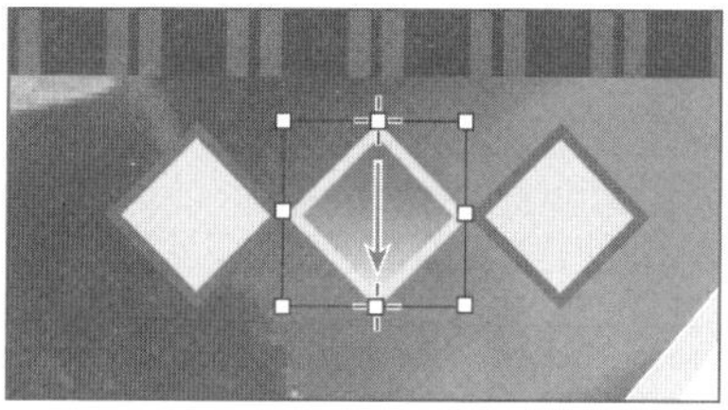

Figura 6.16.
Degradado vertical.

Crear un matiz

Además de agregar colores, también puede añadir matices al panel Muestras. Un matiz es una versión tramada (más clara) de un color. Ahora creará un matiz del 30 por ciento de la muestra marrón que creó anteriormente en este capítulo. Los matices son útiles porque InDesign CS3 mantiene la relación entre un matiz y su color principal. Por ejemplo, si cambiara la muestra de color marrón por un color diferente, la muestra del matiz que cree en este procedimiento se convertiría en una versión más clara del color nuevo.

1. Deseleccione todos los objetos.
2. Seleccione Ver>Ajustar página en ventana para centrar la página derecha del pliego en la ventana del documento.
3. Haga clic sobre Brown en el panel Muestras. En el menú Muestras, seleccione Nueva muestra de matiz. En el porcentaje Matiz, introduzca **30** y haga clic en **Aceptar**.

   La nueva muestra de matiz aparece en la zona inferior de la lista de muestras. La zona superior del panel Muestras contiene información sobre la muestra seleccionada, con un cuadro **Relleno/Contorno** que indica que el matiz marrón es actualmente el color de relleno seleccionado y una opción Matiz que muestra que el color es un 30 por ciento del color Brown original.

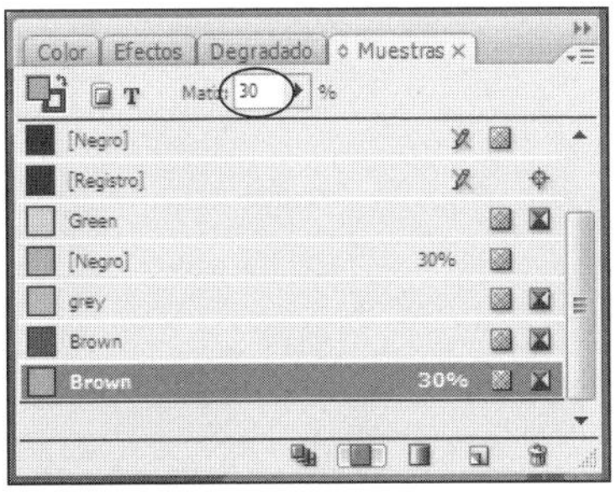

Figura 6.17.
El panel Muestras.

4. Con la herramienta **Selección**, haga clic sobre el texto "¡Sí!" situado en la parte central de la página para seleccionarlo.

5. Compruebe que el cuadro **Relleno** está seleccionado y, a continuación, haga clic en el matiz Brown que acaba de crear en el panel Muestras.

Crear una tinta plana

Esta publicación se imprimirá en una imprenta comercial utilizando el modelo de color estándar CMYK, que requiere cuatro planchas de impresión separadas; una para cian, otra para magenta, una para amarillo y otra para negro. Sin embargo, el modelo de color CMYK tiene un rango limitado de colores, que es donde las tintas planas vienen bien. Por ello, los colores planos se utilizan para crear colores adicionales no incluidos en el rango de CMYK o para crear colores concretos y consistentes como los utilizados en el logotipo de una empresa. En esta publicación, aplicaremos al diseño del título una tinta metálica que no se encuentra en el modelo de color CMYK. Agregará ahora una tinta plana metálica de una biblioteca de color.

1. Deseleccione todos los objetos.

2. En el menú del panel Muestras, seleccione Nueva muestra de color.

3. En el cuadro de diálogo Nueva Muestra de color, seleccione Tinta plana en el menú desplegable Tipo de color.

4. En Modo de color, escoja PANTONE solid coated.

5. En el cuadro de texto PANTONE C, escriba **567** para seleccionar automáticamente de la lista de muestras Pantone el color que quiere para este proyecto, que es PANTONE 567 C.

6. Haga clic en **Aceptar**. La tinta plana se añade al panel Muestras. Fíjese en el icono situado al lado del nombre del color en el panel Muestras. Este icono indica que se trata de una tinta plana.

Figura 6.18.
El panel Muestras con la muestra PANTONE 567 C.

Sobre los tipos de color de proceso y tintas planas

Una tinta plana es una tinta especial previamente mezclada que se utiliza en lugar de las tintas de proceso CMYK (o además de éstas) y que requiere su propia placa de impresión en una imprenta. Utilice una tinta plana en caso de que se especifiquen pocos colores y la precisión del color sea decisiva. Las tintas planas pueden reproducir de forma precisa colores que se encuentren fuera de la gama de los colores de proceso. Sin embargo, el aspecto exacto de la tinta plana impresa está determinado por la forma de mezclar la tinta en la imprenta comercial y el papel en que se imprime, no por los valores de color que se especifican o por la gestión del color. Al especificar los valores de tinta plana, sólo se describe el aspecto simulado del color del monitor y de la impresora compuesta (en función de las limitaciones de la gama de dichos dispositivos).

Un color de proceso se imprime utilizando una combinación de cuatro tintas de proceso estándar: cian, magenta, amarillo y negro (CMYK, en inglés). Utilice colores de proceso cuando un trabajo requiera tantos colores que si se utilizaran tintas planas resultaría caro o poco práctico, como en la impresión de fotografías en color. Tenga presentes las siguientes pautas al especificar un color de proceso:

- Para obtener los mejores resultados en la impresión de un documento, especifique los colores de proceso utilizando valores CMYK impresos en gráficos de referencia de colores de proceso, como los que se encuentran disponibles en una imprenta.
- Los valores de color finales de un color de proceso son los valores en CMYK, de modo que si se especifica un color de proceso utilizando RGB o LAB, estos valores se convertirán a CMYK al imprimir las separaciones de color. Estas conversiones funcionan de modo diferente al activar la gestión del color; se verán afectadas por los perfiles que se hayan especificado.
- No especifique un color de proceso basado en el aspecto que tiene en el monitor, a menos que esté seguro de haber configurado correctamente un sistema de gestión del color y que entienda sus limitaciones para la previsualización.
- No utilice colores de proceso en documentos destinados a verse sólo en línea, puesto que CMYK posee una gama de colores más reducida que la de un monitor convencional.

En ocasiones, resulta práctico utilizar colores de proceso y tintas planas en el mismo trabajo. Por ejemplo, se puede utilizar una tinta plana para imprimir el color exacto del logotipo de una empresa en las mismas páginas de un informe anual en el que las fotografías se reproducen utilizando colores de proceso. También se puede utilizar una placa de impresión de tinta plana para aplicar un barniz en áreas de un trabajo con color de proceso. En ambos casos, en la impresión se utilizará un total de cinco tintas (cuatro tintas de proceso y una tinta plana o barniz). Puede mezclar tintas de proceso y tintas planas para crear colores de tinta mezclados.

> **Nota:** El color que ve en su monitor no refleja el color impreso real. Para determinar el color que quiere utilizar, mire un gráfico facilitado por el sistema de color, como la Guía de fórmulas de Color PANTONE o un gráfico de tintas obtenido en su impresora. Es conveniente que reduzca el número de tintas planas que utilice. Cada tinta plana que cree significa una placa adicional para esa tinta en la imprenta. Por lo general, las imprentas comerciales suelen producir trabajos a dos colores, negro y un color de tinta plana, o a cuatro colores CMYK, con la posibilidad de añadir una o varias tintas planas. El uso de un mayor número de tintas planas puede incrementar el coste. Es aconsejable que consulte con el responsable de la imprenta antes de utilizar tintas planas en su documento.

Aplicar color al texto

Del mismo modo que con los marcos, puede aplicar un contorno o relleno al texto en sí. Aplicará colores al texto situado en la parte superior e inferior del documento.

1. Con la herramienta **Selección**, haga clic en la palabra "*Indulgent?*", mantenga pulsada la tecla **Mayús** y seleccione el texto "Paris. Madrid. New York".
2. En el cuadro de herramientas, compruebe que está seleccionado el cuadro **Relleno** y a continuación haga clic sobre el icono pequeño "T" (el botón **El formato afecta al texto**) situado en la fila por debajo del cuadro **Relleno**.

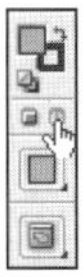

Figura 6.19.
El botón El formato afecta al texto.

3. En el panel Muestras, haga clic en PANTONE 567 C y, tras ello, pulse sobre un área en blanco para deseleccionar. El texto aparece ahora del color de la tinta plana.
4. Seleccione Archivo>Guardar.

Aplicar colores a objetos adicionales

A continuación, aplicaremos el mismo color utilizado en la palabra "*Yes!*" al texto "*Oui!*". Primero, ampliará la vista del texto subrayado para ver los colores utilizados.

1. En el cuadro de herramientas, seleccione la herramienta de ampliación y arrastre a lo largo del texto subrayado.
2. Seleccione la herramienta **Selección directa** y haga clic en el texto subrayado "*Yes!*" para seleccionarlo. Fíjese en que queda resaltada la muestra correspondiente que se aplicó al objeto del panel Muestras cuando selecciona el objeto.

Figura 6.20.
Aplicar una muestra al texto "Yes!".

Ahora aplicará este color al texto subrayado "*Oui!*".

3. Arrastre la muestra de relleno Green desde el panel Muestras hasta el texto subrayado "*Oui!*". Asegúrese de que la arrastra dentro del objeto y no en su borde. El cursor cambiará a una flecha con un cuadrado negro cuando se encuentre dentro del texto y una flecha con una línea a su derecha cuando arrastre la muestra sobre el borde del texto. Asegúrese de que el valor del matiz de la muestra es de `100%`.

La técnica de arrastrar y soltar resulta muy útil para aplicar un color, ya que no es necesario seleccionar primero el objeto.

> **Truco:** Si aplicó el color al objeto equivocado, seleccione Edición> Deshacer aplicar atributo e inténtelo de nuevo.

Crear otro matiz

Ahora creará otro matiz basado en el color Blue. Si modifica el color Blue, el matiz que está basado en el color también cambiará.

1. Deseleccione todos los objetos.
2. En el panel Muestras haga clic en Blue. Seleccione Nueva muestra de matiz en el menú del panel Muestras. Escriba **40** en el cuadro Matiz y, a continuación, haga clic en **Aceptar**.
3. Seleccione la herramienta **Selección** y seleccione el texto con contorno "¡Si!", mostrado a continuación, y aplique el relleno.

Figura 6.21.
Aplicar una muestra al texto "Oui!".

A continuación cambiaremos el color Blue. Blue 40% está basado en la muestra Blue, de modo que este matiz también cambiará.

4. Deseleccione todos los objetos.

Figura 6.22.
Cambio del matiz del color Blue y aplicación al texto "¡Si!".

5. Haga doble clic en Blue (no el matiz Blue) para modificar el color. En Nombre de la muestra, escriba **Violet Blue**. En los porcentajes de color, escriba los valores siguientes: Cian = 59, Magenta = 80, Amarillo = 40, Negro = 0. Haga clic en **Aceptar**.

   Fíjese en que la modificación del color afecta a todos los objetos a los que se aplicaron los colores anteriores. Como puede ver, añadir colores al panel Muestras facilita la actualización de los colores de varios objetos.

6. Seleccione Archivo>Guardar.

Técnicas avanzadas de degradado

Anteriormente creó y aplicó un degradado y ajustó su dirección utilizando la herramienta de degradado. InDesign CS3 también le permite crear degradados de varios colores y controlar el punto en el que se fusionan los colores. Además, puede aplicar un degradado a objetos sueltos o a una colección de objetos.

Crear una muestra de degradado de varios colores

Anteriormente en este capítulo, creó un degradado con dos colores, marrón y tostado. Ahora creará un degradado con tres etapas de modo que el color marrón exterior se decolore hasta blanco en el centro. Compruebe que no hay ningún objeto seleccionado antes de comenzar.

1. En el menú del panel Muestras, seleccione Nueva muestra de degradado y, a continuación, introduzca como Nombre de la muestra **Green/White Gradient**.

   Los colores de la fusión anterior aparecen en el cuadro de diálogo.

2. Haga clic en el marcador de etapa de color izquierdo, seleccione Muestras en Color de etapa y compruebe que está seleccionado el color Green en la lista. Haga clic sobre el marcador de etapa de color derecho, seleccione Muestras en Color de etapa y asegúrese de que el color Green está seleccionado en la lista.

3. Con el marcador de etapa derecho todavía seleccionado, seleccione CMYK en el menú Etapa de color. Manteniendo la tecla **Mayús** pulsada, arrastre el deslizador amarillo hasta que el porcentaje de color amarillo sea del 40%. El gradiente ahora será una mezcla de verde claro y verde. Ahora añada un color de etapa a la mitad para que el color se funda hacia el centro.

4. Haga clic justo en el centro de la barra de gradientes para agregar una nueva etapa. Escriba en Ubicación 50 para asegurarnos de que la etapa está centrada.

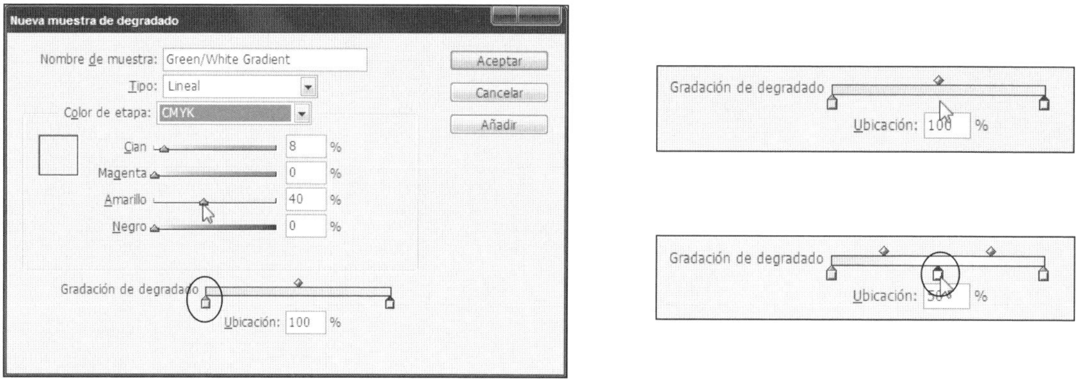

Figura 6.23.
Edición de la etapa verde de la izquierda. Añadir una nueva etapa de color. Cambiar la etapa a blanco.

5. En Etapa de color, seleccione CMYK y después arrastre cada uno de los deslizadores hasta el valor 0 para crear el blanco. También puede seleccionar Muestras y elegir el color del papel para crear una etapa de color blanca.

6. Haga clic en **Aceptar** y seleccione Archivo>Guardar.

Aplicar el degradado a un objeto

A continuación, creará un cuadro que enmarque la página y a continuación aplicará el degradado a su relleno. Primero modificaremos el tamaño de visualización para que pueda ver toda la página.

1. Seleccione Ver>Ajustar página en ventana o haga doble clic en la herramienta **Mano** en el panel Herramientas para conseguir el mismo resultado.

2. Con la herramienta **Selección** seleccionada, haga clic en la banda amarilla verdosa de la derecha de la imagen del chocolate para seleccionarla. Seleccione el cuadro de relleno en el panel Herramientas y después elija la muestra Green/White Gradient. Seleccione luego como trazo **Ninguno** en el panel Herramientas.

3. Para crear un degradado más pronunciado, seleccione la herramienta **Degradado** en el panel Herramientas y arrástrelo hasta el centro del gradiente.

4. Seleccione Edición>Deseleccionar todo y después Archivo>Guardar.

Aplicar un degradado a varios objetos

Anteriormente en este capítulo, utilizó la herramienta **Degradado** para cambiar la dirección del degradado y modificar el punto inicial y final del mismo. Ahora utilizará la herramienta de degradado para aplicar un degradado a varios objetos en tres rombos situados en la parte inferior de la página.

1. Haga doble clic sobre la herramienta **Mano** para ajustar la página a la ventana.

Figura 6.24.
El gradiente aplicado. Edición del gradiente con la herramienta gradiente.

2. Seleccione la herramienta **Selección** y después haga clic sobre el rombo izquierdo bajo el texto "Paris - Madrid - New York" para seleccionarlo. Con la tecla **Mayús** pulsada, seleccione los otros cinco rombos.

   A continuación aplicaremos el degradado Green/White Gradient a los tres rombos.

3. Compruebe que el cuadro **Relleno** está seleccionado en el panel Muestras y, tras ello, utilice el botón Aplicar color del panel Herramientas.

   Ahora que se está modificando el relleno con el valor del degradado y que el trazo está configurado a ninguno, el siguiente objeto que se dibuje contendrá un gradiente sin trazo.

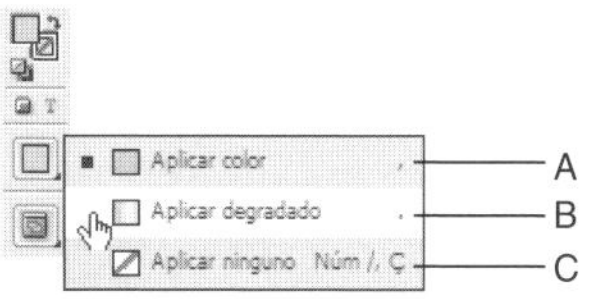

Figura 6.26.
A. Aplica el color utilizado en último lugar.
B. Aplica el último gradiente utilizado.
C. Elimina el color o el gradiente.

Fíjese en que el degradado afecta a cada objeto de forma individual. Ahora utilizará la herramienta de degradado para aplicar el degradado a los tres objetos seleccionados como si se tratara de un sólo objeto.

4. Con los seis objetos todavía seleccionados, seleccione la herramienta **Degradado** en el cuadro de herramientas. Arrastre una línea imaginaria como se indica en la imagen.

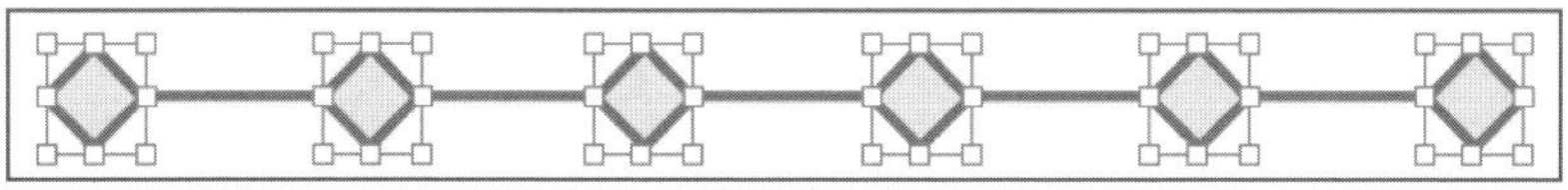

Figura 6.25.
Selección de todos los diamantes.

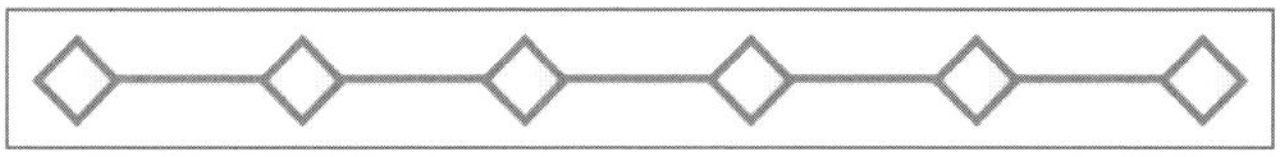

Figura 6.27.
El resultado final.

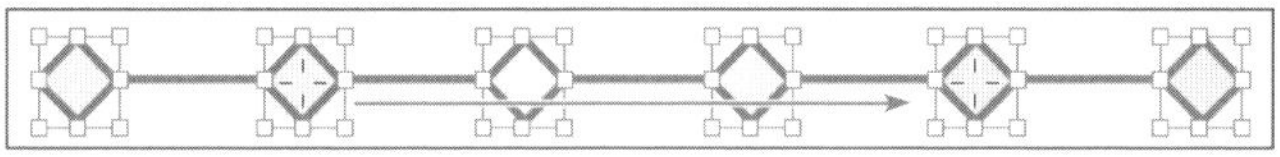

Figura 6.28.
Degradado a través de los distintos diamantes.

Ahora el degradado recorre los tres objetos seleccionados.

5. Guarde el archivo por medio de los comandos Archivo>Guardar.

Garantizar la coherencia del color

La administración de color es importante en entornos donde debe evaluar, en el resultado final, la fiabilidad del color de la imagen. La corrección de color es un problema diferente que implica imágenes con problemas tonales o de equilibrio de color, y que normalmente son retocadas en la aplicación gráfica original, como Photoshop.

Repaso a la administración de color

Los dispositivos y los gráficos tienen diferentes gamas de color. Aunque todas las gamas de color se puedan superponer, no coinciden de forma perfecta, razón por la que algunos colores de su monitor no se pueden reproducir en línea o imprimir. Los colores que no se pueden reproducir de forma impresa se denominan colores fuera de gama, ya que se encuentran fuera del espectro de colores que se pueden imprimir. Por ejemplo, puede crear un elevado porcentaje de colores en el espectro visible con programas como InDesign CS3, Photoshop CS3 e Illustrator CS3 pero, en una impresora de escritorio, sólo tiene la posibilidad de reproducir una parte mínima de dichos colores. La impresora dispone de un espacio de color o gama (el intervalo de colores que puede mostrar o imprimir) menor que el de la aplicación con la que se ha creado el color.

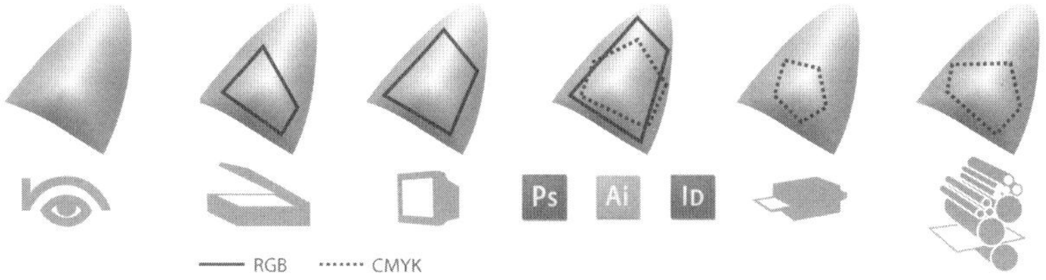

Figura 6.29.
Espectro visible que contiene millones de colores (izquierda) comparado con gamas de color de distintos dispositivos y gráficos.

¿NECESITA ADMINISTRACIÓN DE COLOR?

Tenga en cuenta las siguientes pautas para determinar si necesita gestionar el color:

- La precisión del color en el entorno de trabajo no es necesaria si confía totalmente en sus proveedores de servicios de preimpresión y en las impresoras comerciales para todos sus trabajos en color.
- La administración del color se recomienda para mantener la precisión del color en las visualizaciones en pantalla, la capacidad de probar los colores en pantalla y la coherencia en grupos de trabajo de gran tamaño.
- La administración del color se recomienda si reutiliza gráficos en color para soportes de im presión y en línea, si emplea varios tipos de dispositivos en un solo soporte (como imprentas distintas) o si imprime en diversas imprentas nacionales e internacionales.

Si decide utiliar administración de color, consulte con sus colegas de producción: grafistas y proveedores de preimpresión, para asegurarse de que todos los aspectos del flujo de trabajo relacionado con el color se integra con ellos.
No se debe confundir la gestión de color con la corrección del color. Un sistema de gestión de color no corregirá una imagen que se haya guardado con problemas de equilibrio tonal o de colores. Proporciona un entorno en el que las imágenes se pueden evaluar de manera fiable en el contexto de la salida final.

Para compensar estas diferencias y garantizar la máxima coincidencia entre los colores en pantalla y los impresos, las aplicaciones utilizan un sistema de administración de color (CMS). Por medio de un motor de administración de color, el CMS traduce los colores del espacio de color de un dispositivo a un espacio de color independiente del dispositivo, como por ejemplo CIE LAB. A partir de este espacio de color independiente, el CMS encaja dicha información en el espacio de color de otro dispositivo mediante un proceso denominado asignación de colores o de gamas.

El CMS realiza los ajustes necesarios para representar los colores de forma coherente entre los dispositivos. Un CMS utiliza tres componentes para asignar colores entre dispositivos:

- Un espacio de color que no dependa de ningún dispositivo (o referencia).
- Perfiles ICC que definen las características de color de diferentes dispositivos y gráficos.
- Un motor de administración de color que traduce colores del espacio de color de un dispositivo a otro.

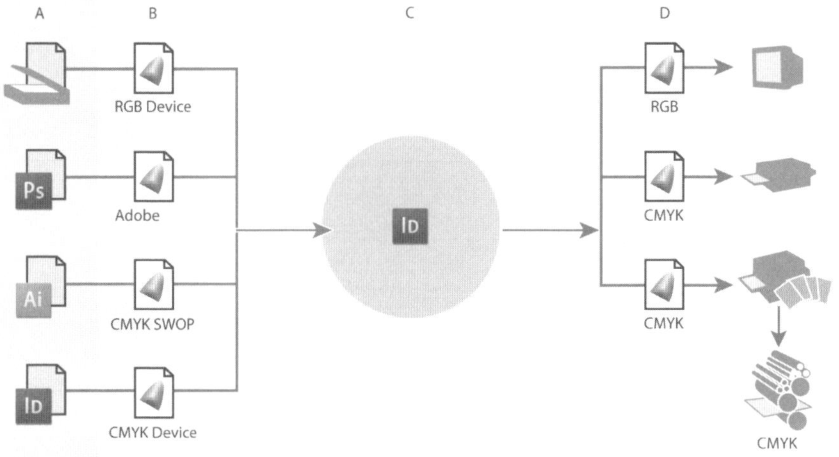

Figura 6.30.

A. Los escáneres y las aplicaciones de software crean documentos en color. B. Los perfiles ICC de origen describen el espacio de color de los documentos. C. Un motor de administración de color utiliza los perfiles ICC de origen para asignar los colores del documento a un espacio de color independiente del dispositivo a través de aplicaciones compatibles. D. El motor de administración de color asigna los colores del documento desde el espacio de color independiente del dispositivo a espacios de color de dispositivos de salida por medio de perfiles de destino.

Acerca del espacio de color independiente del dispositivo

Para comparar satisfactoriamente gamas y realizar los ajustes oportunos, un sistema de administración de color debe utilizar un espacio de color de referencia, una forma objetiva de definir los colores. La mayoría de CMS utiliza el modelo de color CIE LAB, que es independiente a todos los dispositivos y lo suficientemente completo como para reproducir cualquiera de los colores visibles al ojo humano. Por ello, se considera que CIE LAB no depende de ningún dispositivo.

Acerca de los perfiles ICC

Un perfil ICC describe cómo reproduce el color un determinado dispositivo o estándar, recurriendo para ello a un estándar común a todas las plataformas definido por el ICC (Consorcio internacional del color).

Los perfiles ICC garantizan que las imágenes se vean correctamente en cualquier aplicación y dispositivo de color compatible con ICC. Para ello, se incrusta la información del perfil del archivo original o se asigna el perfil a la aplicación en cuestión.

Como mínimo, debe disponer de un perfil de origen para el dispositivo (como por ejemplo un escáner o una cámara digital) o estándar (como SWOP o Adobe RGB) utilizado para crear el color, y un perfil de destino para el dispositivo (un monitor) o estándar (SWOP o TOYO, por ejemplo) que vaya a utilizar para reproducir el color.

Acerca de los motores de administración de color

En ocasiones denominado módulo de concordancia del color (CMM), el motor de administración de color interpreta los perfiles ICC. Como una especie de traductor, convierte los colores fuera de gama del dispositivo original al rango de colores que puede producir el dispositivo de destino. El motor de administración de color tiene la posibilidad de incluirse con el CMS o puede ser una parte independiente del sistema operativo.

La traducción a una gama, sobre todo a una gama menor, suele implicar un compromiso, por lo que existen diferentes métodos de traducción. Por ejemplo, un método de traducción de colores que conserve las relaciones de los mismos en una fotografía seguramente altere los colores de un logotipo. Los motores de administración de color ofrecen diferentes opciones de métodos de traducción, lo que se conoce como calidades de representación, por lo que puede aplicar el correspondiente método a un gráfico de color concreto. Entre las calidades más habituales podemos destacar Percepción (imágenes) para conservar las relaciones de color al igual que lo hace el ojo humano, Saturación (gráficos), para conservar colores vivos a expensas de su precisión, y Colorimétrico relativo y Colorimétrico absoluto, para conservar la precisión del color a expensas de las relaciones entre los colores.

Componentes de un flujo de trabajo CMYK destinado a imprenta

En un flujo de trabajo CMYK, se trabaja con imágenes CMYK preparadas para una prensa de impresión específica o para un periférico de pruebas, o imágenes CMYK (guardadas). Genera un perfil de origen basado en su prensa o estándar de pruebas y lo incrusta en las imágenes CMYK o asigna el perfil en InDesign CS3. El perfil posibilita la impresión CMYK coherente en otros lugares que gestionen el color, como cuando se imprime una revista distribuida ampliamente en imprentas de muchas ciudades diferentes. Puesto que utiliza administración de color, la fiabilidad y uniformidad de la visualización del color se lleva a cabo en todas sus estaciones de trabajo.

Para el resultado impreso final, seleccione un perfil de impresora en el cuadro de diálogo Imprimir que describa su estándar de prueba o su prensa.

Configurar la administración de color en InDesign CS3

Ningún dispositivo mecánico, es decir, monitor, filmadora, impresora, copiadora o prensa de impresión, puede generar el conjunto total de colores perceptibles por el ojo humano. Cada dispositivo posee una capacidad específica, de modo que dispositivos diferentes establecen distintos tipos de compromisos al reproducir las imágenes en color. Las capacidades propias de mostrar color de un dispositivo de salida específico se denominan colectivamente gama o espacio de color.

InDesign CS3 y otras aplicaciones gráficas, como Adobe Photoshop CS3, Adobe Illustrator CS3 y otros, utilizan números de color para describir el color de cada píxel de una imagen. Los números de color corresponden al modelo de color, como los valores RGB conocidos para rojo, verde y azul, o los valores CMYK para cian, magenta, amarillo y negro.

La administración de color es simplemente la designación de un método uniforme de conversión de los números de color por cada píxel del origen (el documento o imagen almacenada en su ordenador) en el dispositivo de salida (como su monitor, impresora a color o prensa de impresión de alta resolución, cada uno con su propia gama específica).

En un flujo de trabajo ICC, es decir, uno que cumpla las convecciones del ICC, se especifica un motor de administración de color y un perfil de color. El motor de administración de color es la característica o módulo de software que realiza el trabajo de lectura y conversión de los colores entre diferentes espacios de color. Un perfil de color es la descripción de cómo los números de color se asignan al espacio de color (prestaciones) de los dispositivos de salida.

Las aplicaciones de Creative Suite 3 le ofrecen sencillas funciones y herramientas de administración de color que le permiten conseguir colores de calidad sin necesidad de ser un experto. De esta forma, podrá ver colores coherentes entre aplicaciones y plataformas al tiempo que garantiza un color más preciso desde las pruebas hasta la impresión definitiva.

Una mirada a Bridge

La aplicación Adobe Bridge de Adobe Creative Suite 3 es el punto central desde el que los usuarios pueden seleccionar un archivo de configuración de color con directivas de administración de color predefinidas y perfiles predeterminados. Al seleccionar un archivo de configuración de color (CSF) en Adobe Bridge, nos aseguramos de que el color se procesa de forma coherente y se muestra e imprime de la misma forma en todas las aplicaciones de Adobe Creative Suite 3.

Cuando los usuarios seleccionan un CSF, los valores predefinidos del archivo determinan el comportamiento de administración del color en todas las aplicaciones, como por ejemplo la forma procesar perfiles incrustados, cuáles son los espacios de trabajo RGB y CMYK predeterminados y si se muestran cuadros de advertencia cuando los perfiles incrustados no coinciden con el espacio de trabajo predeterminado. La selección del CSF correcto depende de su flujo de trabajo. Encontrará más información al respecto en un capítulo posterior.

Especificar el motor Adobe ACE

Distintas empresas han desarrollado diferentes formas de gestionar el color. Para ofrecerle una opción, empleará un sistema de administración de color para designar el motor de administración de color que representa la solución que desea utilizar. Recuerde que el motor de administración de color convierte los colores del origen. InDesign CS3 le ofrece ahora el motor Adobe ACE como una de sus opciones. Este motor se sirve de la misma arquitectura que en Photoshop y en Illustrator, de modo que sus opciones de administración de color están integradas a lo largo de estas aplicaciones gráficas de Adobe.

1. Seleccione Edición>Ajustes de color.

   El motor de administración de color y otros ajustes que escoja en el cuadro de diálogo Ajustes de color se guardan con InDesign CS3 y se aplican a todos los documentos de InDesign CS3 en los que trabaje en el futuro. De forma predeterminada, la administración del color se encuentra activada.

2. Seleccione Preimpresión en Norteamérica 2 en el menú desplegable Ajustes.
3. Marque la casilla de verificación Modo avanzado.
4. Bajo Opciones de conversión, en la zona inferior del cuadro de diálogo, seleccione Adobe (ACE) en el menú desplegable Motor.
5. En Propósito, seleccione Percepción en el menú desplegable. Más adelante, en este capítulo, estudiará las opciones de calidad con más detenimiento.
6. En Normas de gestión de color, en CMYK, seleccione Conservar perfiles incrustados en el menú desplegable.
7. Deje el cuadro de diálogo abierto de modo que pueda utilizarlo en el siguiente apartado.

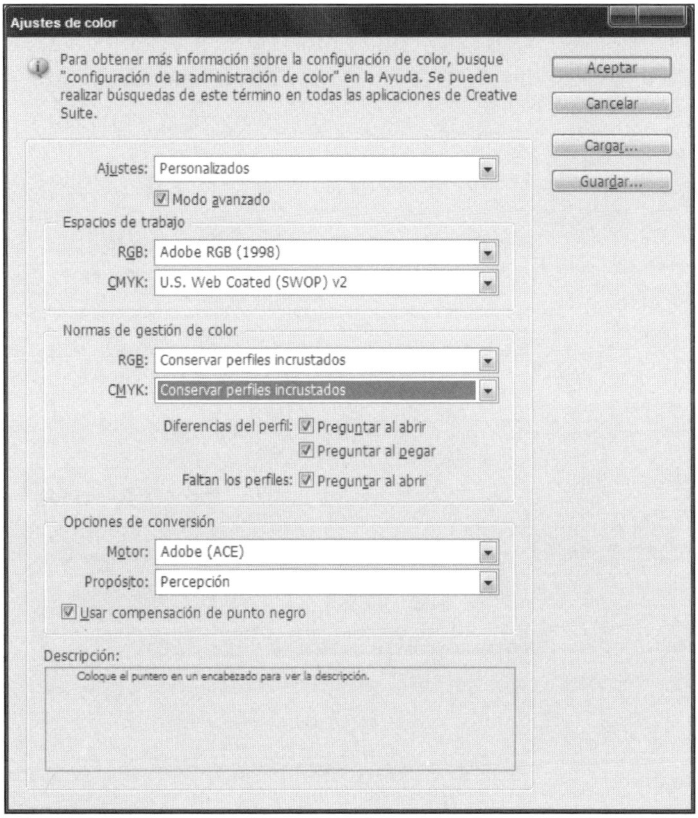

Figura 6.31.
Ajustes de color.

Truco: Seleccione Adobe ACE, a menos que su proveedor de servicios de preimpresión le recomiende otro motor. Utilice el mismo motor a lo largo de todo su flujo de trabajo en Photoshop CS3, Illustrator CS3, Acrobat CS e InDesign CS3.

Configurar espacios de trabajo predeterminados

Para terminar la configuración de la administración de color de la aplicación, escogerá los perfiles de los dispositivos que utilizará para reproducir el color, incluyendo su monitor, dispositivo de composición de pruebas y el estándar final para separaciones. InDesign CS3 se refiere a estos perfiles preestablecidos como espacios de trabajo. Estos espacios de trabajo están también disponibles en otras aplicaciones gráficas de Adobe, incluyendo Illustrator CS3 y Photoshop CS3. Una vez designado el mismo espacio de trabajo para estas tres aplicaciones, habrá configurado automáticamente un color uniforme para ilustraciones, imágenes digitales y maquetaciones de documentos.

Primero, seleccionará un perfil del monitor. Si el cuadro de diálogo Ajustes de color no quedó abierto en el procedimiento anterior, vuelva a abrirlo ahora.

1. Bajo Espacios de trabajo, en CMYK seleccione U.S. Web Coated (SWOP) v2.

   En el apartado siguiente, ajustará la visualización en pantalla de imágenes en alta resolución de modo que InDesign pueda gestionar el color de todos los datos disponibles de la imagen.

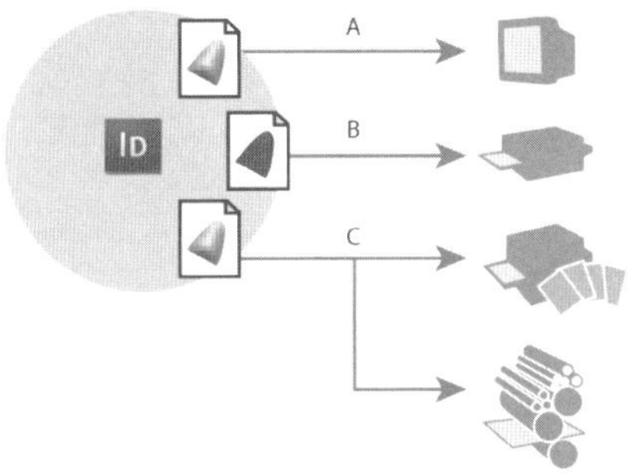

Figura 6.32.
A. Perfil del monitor. B. Perfil compuesto. C. Perfil de las separaciones (que puede ser un dispositivo de salida o estándar de imprenta, como SWOP o TOYO).

2. Desplace el cuadro de diálogo donde no le estorbe y estudie los colores del anuncio.

   Fíjese cómo abunda el color marrón. Observará una diferencia notable en los marrones cuando aplique la administración de color al cerrar el cuadro de diálogo en el paso siguiente.

3. Haga clic en **Aceptar**.

4. Seleccione Ver>Colores de prueba. De esta forma se suavizarán los colores en el monitor. En función de su habilidad visual, conseguirá una vista previa más precisa de cómo se va a imprimir la imagen.

Varios colores cambian en el anuncio, pero en especial los marrones; aparecen más nítidos. Es importante indicar que aunque las imágenes están mejor que cuando abrió el documento, las imágenes en sí no han sido modificadas, sólo ha cambiado la visualización de las mismas. Especialmente, lo que ve ahora representa las características de los siguientes dispositivos:

- El programa o escáner que guardó la imagen, utilizando el perfil de origen incrustado en ella.
- El dispositivo final de salida para el documento, utilizando el perfil de destino que configuró anteriormente en el capítulo.

Es fácil comprobar que el funcionamiento correcto de la administración de color depende finalmente de la exactitud de sus perfiles.

Asignar perfiles de origen

Los perfiles de origen describen el espacio de color que InDesign CS3 utiliza cuando crea los colores y los aplica a los objetos, o cuando importa un gráfico en color RGB, CMYK o LAB que no se grabó con un perfil incrustado. Cuando importe una imagen con perfiles incrustados, InDesign CS3 gestionará el color de la imagen teniendo en cuenta los perfiles incrustados más que los escogidos ahí, a menos que pase por alto los perfiles incrustados de una imagen concreta.

1. Seleccione Edición>Asignar perfiles. Tanto en el área Perfil RGB como Perfil CMYK del cuadro de diálogo, seleccione las opciones Asignar espacio de trabajo actual, que deberían tener el valor Adobe RGB y (1988) U.S. Web Coated (SWAP) v2, como se aprecia en la figura 6.34.

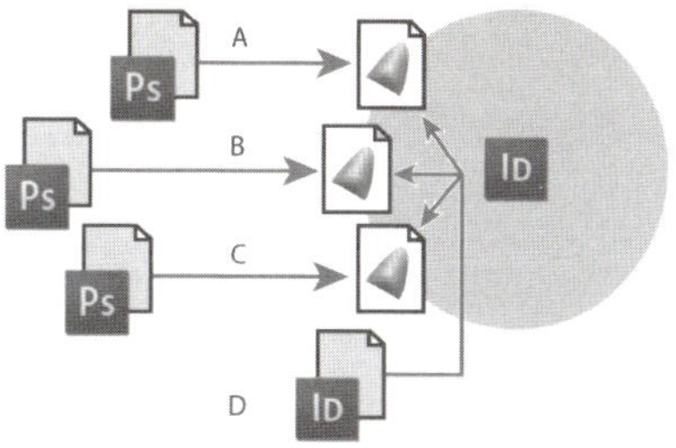

Figura 6.33.
A. Perfil LAB. B. Perfil RGB. C. Perfil CMYK. D. Documento de InDesign CS3 aplicando un perfil que coincide con el modelo de color de cada imagen que carece de perfil.

Fíjese en que el texto que sigue a las palabras "espacio de trabajo actual" contiene la misma información del espacio de trabajo que introdujo en el cuadro de diálogo Ajustes de color. Con estos valores, el motor Adobe ACE no convertirá innecesariamente los colores para los que haya especificado un perfil.

2. Deje el cuadro de diálogo abierto para que pueda utilizarlo en el apartado siguiente.

Especificar la calidad de representación

La calidad de representación determina cómo el motor de administración de color convierte los colores, basados en los perfiles de origen y destino que especifique en InDesign CS3. Establecerá el método de conversión para el motor de administración de color de InDesign CS3 que se aplicará a los gráficos del anuncio.

1. En la zona inferior del cuadro de diálogo Asignar perfiles, deje Colorimétrico relativo en la opción Calidad de color sólido.

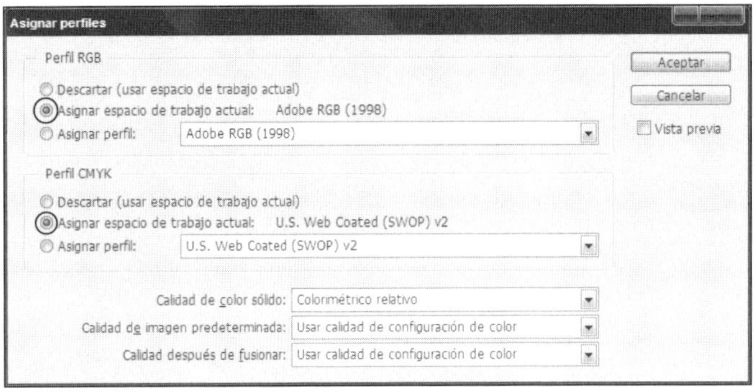

Figura 6.34.
El cuadro de diálogo Asignar perfiles.

Esta opción mantiene los colores individuales en detrimento de las relaciones de color, de modo que es idóneo para logotipos de empresas y otros gráficos similares.

2. Compruebe que está seleccionado Usar calidad de configuración de color para las opciones Calidad de imagen predeterminada y Calidad después de fusionar. Dichas opciones son idóneas para este pliego repleto de imágenes.

3. Haga clic en **Aceptar** para cerrar el cuadro de diálogo Asignar perfiles y guarde su trabajo.

Utilizar visualización de alta resolución con administración de color

Cuando utiliza resoluciones de visualización de imagen por debajo de Alta Calidad para que la pantalla se actualice más rápido, también se agiliza más la visualización del color de la imagen mostrando sus colores de forma menos precisa. Los colores de la imagen se presentan de manera más precisa cuando ve las imágenes a resolución total (además de activar la administración del color).

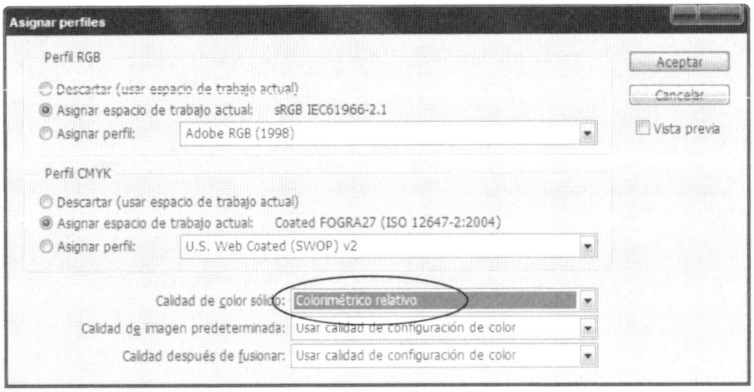

Figura 6.35.
El cuadro de diálogo Asignar perfiles.

Seleccione Ver>Mostrar rendimiento>Visualización de alta calidad.

Es especialmente importante ver las imágenes con administración de color en alta resolución al trabajar con duotonos.

Cuando la administración de color se encuentra activada, la visualización de la imagen está configurada en alta resolución y utiliza perfiles precisos que se aplican adecuadamente, ve la representación del mejor color posible que el monitor es capaz de mostrar.

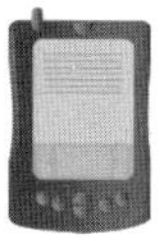

Nota: Para ahorrar espacio en disco, los archivos de ejemplo de este capítulo están a 150 píxeles por pulgada (ppp), de modo que los colores no son tan exactos como con resoluciones más altas.

Administrar el color de gráficos importados en InDesign CS3

Cuando importa un gráfico, puede controlar su administración de color en su documento. Si sabe que un gráfico importado contiene un perfil incrustado preciso con una calidad de representación adecuada, impórtelo y continúe trabajando. InDesign CS3 leerá y aplicará el perfil incrustado al gráfico, integrándolo en el CMS del documento. Si una imagen en mapa de bits importada no incluye un perfil incrustado, InDesign CS3 le aplica el perfil de origen predeterminado (CMYK, RGB o LAB) a la imagen.

InDesign CS3 también aplica un perfil de origen predeterminado a los objetos dibujados en InDesign CS3. Puede asignar un perfil diferente desde InDesign (por medio de los comandos Edición>Asignar perfiles para abrir el cuadro de diálogo Asignar perfiles), o abrir el gráfico en su aplicación original e incrustar el perfil allí.

El anuncio ya contiene dos imágenes que se guardaron sin perfiles incrustados. Integrará esas imágenes en el documento utilizando dos métodos distintos: asignar un perfil desde InDesign CS3 y abrir la imagen original de modo que pueda incrustar el perfil. Más adelante, en este capítulo, importará dos gráficos adicionales y practicará dos métodos para asignar un perfil antes de colocarlos en el anuncio.

Asignar un perfil después de importar una imagen

Cuando importa imágenes a InDesign CS3 que fueron guardadas sin perfiles incrustados, el programa aplica su perfil de origen predeterminado a la imagen. Si una imagen importada no se creó en el espacio de color predeterminado, debería asignarle el perfil que describa el espacio de color original de la imagen.

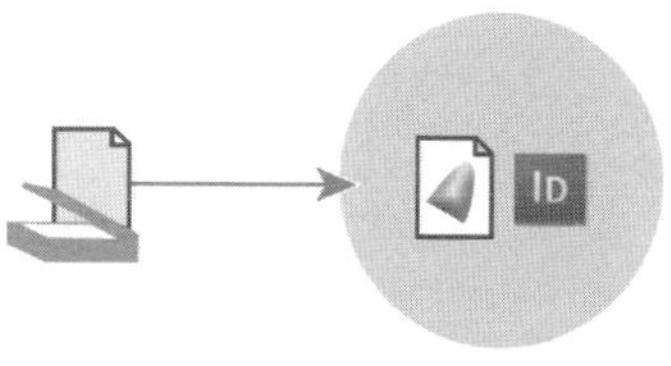

Figura 6.36.
Diagrama de importación de imágenes.

InDesign CS3 aplica su perfil de origen predeterminado a cualquier imagen de mapa de bits sin perfiles incrustados. Trabajará con una imagen que se importó en InDesign CS3 antes de activar la administración de color. Primero, confirmará que el perfil predeterminado de InDesign CS3 utiliza la administración de color de la imagen. A continuación, desde InDesign CS3, le asignará un nuevo perfil porque el espacio de color original de la imagen es distinto al espacio de color predeterminado.

1. Con la herramienta **Selección**, seleccione el plato de trufas del lado izquierdo del anuncio.
2. Seleccione Objeto>Ajustes de color de imagen. Fíjese en que en Perfil se ha seleccionado la opción Usar valores predeterminados del documento. InDesign CS3 activa la administración de color para cada imagen importada y le asigna el perfil de origen predeterminado que configuró anteriormente en este capítulo. Puede deshabilitar la administración de color para imágenes concretas utilizando este cuadro de diálogo. También puede asignarle un nuevo perfil aquí. Al asignar el perfil dentro de InDesign CS3, la modificación sólo se aplicará a la imagen seleccionada en este documento.

Figura 6.37.
Selección del plato de trufas.

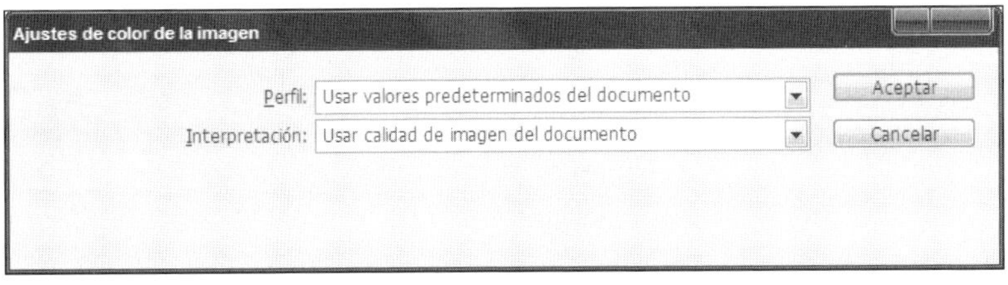

Figura 6.38.
Cuadro de diálogo Configuración de color de imagen.

3. En Perfil, seleccione U.S. Sheetfed Coated v2 para que coincida con el espacio de color original de la imagen. Este perfil representa las tablas de consulta de color utilizadas por el operador del escáner que originalmente la escaneó como imagen CMYK.

4. Deje Calidad de la representación como Usar calidad de imagen del documento y haga clic en **Aceptar**. Los colores se intensifican de manera notable. InDesign CS3 gestionará el color de la imagen utilizando el perfil actualmente asignado.

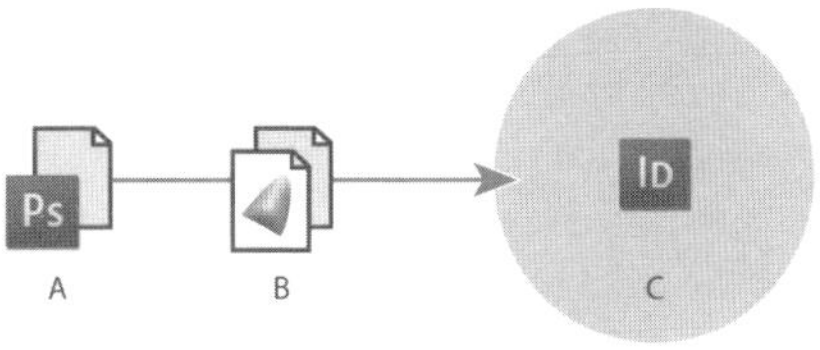

Figura 6.39.
A. Espacio de color CMYK de trabajo de la imagen. B. Imagen con perfil ICC incrustado. C. InDesign CS3 utiliza el perfil incrustado.

Incrustar un perfil en una imagen de Photoshop CS3

Como regla general, debería incrustar los perfiles ICC en archivos antes de importar dichos archivos a otro documento que utilice administración de color. De esta forma, será más probable que las imágenes con perfiles incrustados aparezcan como se quiere en InDesign CS3 o en otro programa que gestione el color sin que necesite realizar ningún trabajo adicional más.

En este apartado, trabajará con una imagen de mapa de bits en color, previamente importada que no contiene un perfil incrustado.

> **Nota:** Si no tiene Photoshop instalado en su sistema, puede utilizar los archivos de Photoshop incluidos en la carpeta del capítulo. Estos pasos le indican cómo hacerlo.

Configurar la administración de color en Photoshop CS3

Primero, definirá los espacios de color de trabajo (utilizados para la visualización y modificación) para los modelos de color RGB y CMYK de la imagen.

1. Inicie Photoshop y ejecute Edición>Ajustes de color (Photoshop>Ajustes de color en Mac OS).

2. En Ajustes, seleccione Preimpresión en Europa 2 en el menú desplegable.

3. En la opción CMYK, debajo de Espacios de trabajo, seleccione U.S. Web Coated (SWOP) v2 si no está todavía seleccionado, para que el perfil incrustado coincida con el perfil de separaciones predeterminado que especificó en InDesign CS3.

4. Deje los demás valores como están y haga clic en **Aceptar**.

Incrustar el perfil

Ahora que ha establecido los espacios de color de trabajo para la imagen de Photoshop, incrustará el perfil especificado.

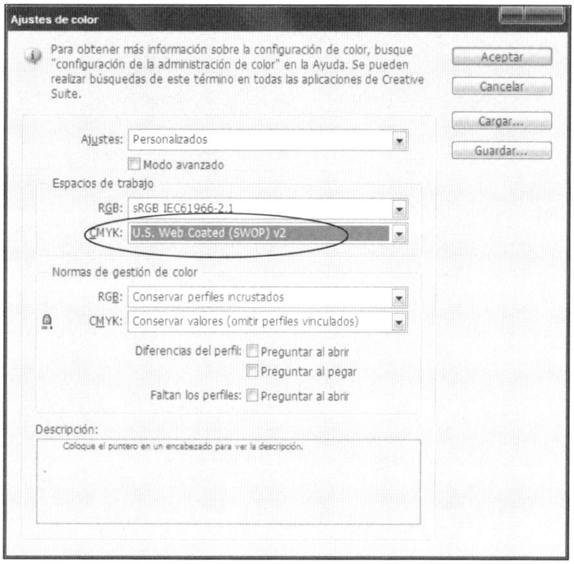

Figura 6.40.
Cuadro de diálogo Ajustes de color.

1. En Photoshop, seleccione Archivo>Abrir y busque el archivo `06_d.psd` de la carpeta `Lesson_06`.

2. En Photoshop, si se abre el cuadro de diálogo Perfil ausente, seleccione Asignar espacio de trabajo CMYK. Fíjese en que ya está configurado como U.S. Web Coated (SWOP) v2, que es el perfil que seleccionó en el procedimiento anterior. Pulse **Aceptar**. Si no recibe esta advertencia, ejecute Imagen>Modo>Convertir en perfil, seleccione U.S. Web Coated (SWOP) v2 como perfil de destino y haga clic en **Aceptar**.

3. Para incrustar el perfil, ejecute Archivo> Guardar como. Seleccione la carpeta `Lesson_06` de su carpeta `InDesignCIB` y escoja TIFF en el menú desplegable Tipo. Introduzca **06_dprof.tif** como nombre del archivo. Compruebe que la casilla de verificación Perfil ICC: U.S. Web Coated (SWOP) v2 (en Windows) o Incrustar perfil de color (en Mac OS) está marcada y pulse **Guardar**.

4. En el cuadro de diálogo Opciones TIFF, pulse **Aceptar** para aceptar los valores predeterminados.

5. Cierre la imagen, salga de Photoshop y vuelva a InDesign CS3.

Actualizar la imagen desde InDesign CS3

Ahora que ha incrustado el perfil ICC en el archivo de Photoshop, puede actualizar la imagen en InDesign CS3. InDesign CS3 gestionará el color de la imagen utilizando el perfil incrustado.

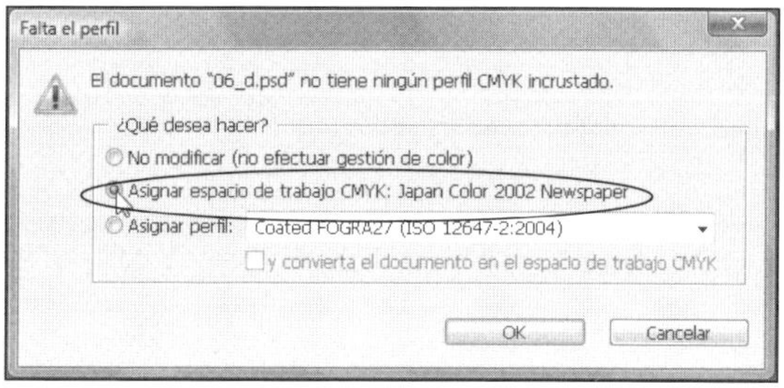

Figura 6.41.
Error de Photoshop.

1. En InDesign CS3, seleccione la imagen grande del chocolate.

2. Realice uno de los siguientes pasos:

   - Si siguió las instrucciones en Photoshop de los apartados anteriores, haga clic en el botón **Volver a vincular** en la zona inferior del panel Vínculos. Localice el archivo `06_dprof.tif` que guardó en la carpeta `Lesson_06`. Haga doble clic en el archivo.

> **Nota:** Al volver a vincular un archivo con un formato de archivo diferente, debe seleccionar Todos los archivos en el menú desplegable Tipo cuando busque un archivo en Windows.

- Si no tiene Photoshop o se saltó los dos apartados anteriores, haga clic en el botón **Volver a vincular** de la zona inferior del panel Vínculos. Localice el archivo `06_dprof.tif` en la carpeta `Final`. Haga doble clic en el archivo.

> **Nota:** Puede que tenga que seleccionar Todos los archivos en el menú desplegable Tipo.

3. Para confirmar que se está utilizando el perfil incrustado, abra el menú del panel Vínculos (seleccione Ventana>Vínculos si no está abierta) y escoja Información del vínculo. En el cuadro de diálogo Información del vínculo, compruebe que el Perfil es U.S. Web Coated (SWOP) v.2 y haga clic en **Finalizado**.

> **Truco:** Una forma rápida de comprobar los perfiles de todos los gráficos de un documento es utilizar la opción Comprobación preliminar para ver los componentes del documento. Otra forma es comprobar el perfil es seleccionar el gráfico y abrir el panel de información

Ahora que ha ajustado los gráficos existentes del documento, terminará el anuncio importando dos gráficos más y configurando sus opciones cuando los importe.

Asignar un perfil al importar un gráfico

Si sabe que una imagen con administración de color emplea un espacio de color que es diferente al espacio de color descrito por el perfil de origen predeterminado, puede asignarle un perfil al importarla en InDesign CS3. En este apartado, importará una imagen CMYK (almacenada) escaneada sin un perfil y le asignará un perfil antes de colocarla en el anuncio.

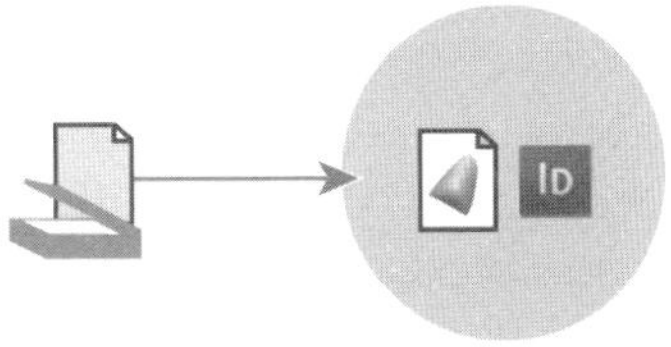

Figura 6.42.
Puede asignar un perfil al importar una imagen.

1. En InDesign CS3, seleccione Ver>Mostrar bordes de marco para mostrar el contorno del marco del gráfico que va a colocar y los marcos de todos los gráficos del anuncio.

2. Si fuera necesario, ajuste la vista para que pueda observar con facilidad los marcos de la zona inferior derecha del pliego. Con la herramienta **Selección**, seleccione de estos tres marcos, el situado más arriba.

Figura 6.43.
El resultado.

3. Ejecute Archivo>Colocar para abrir el cuadro de diálogo Colocar y haga lo siguiente:

   - Abra la carpeta `Lesson_06` situada en la carpeta `InDesignCIB` y seleccione el archivo `06_e.psd`.

   - Marque la casilla de verificación Mostrar opciones de importación, de modo que tenga la oportunidad de establecer un perfil.

   - Haga clic en **Abrir**.

4. En el cuadro de diálogo Opciones para importar imagen, seleccione la ficha Color de la parte central.

5. Seleccione las opciones siguientes:

   - En Perfil, seleccione U.S. Sheetfed Coated v2 para que coincida con el espacio de color original de la imagen.

   - En Calidad de representación, seleccione Percepción (Imágenes).

   - Haga clic en **Aceptar**.

> **Nota:** Si seleccionó un perfil diferente en el apartado de asignación de un perfil después de importar una imagen, seleccione el mismo perfil aquí.

Esta imagen aparece en el marco seleccionado. InDesign CS3 gestionará el color de la imagen utilizando el perfil asignado.

6. Seleccione Objeto>Ajuste>Encajar contenido proporcionalmente si la imagen no encajase.

Incrustar un perfil en un gráfico de Illustrator

En este capítulo, configurará Illustrator (versión 9 o posterior) para que sus valores de administración de color coincidan con los de InDesign CS3. Después guardará un gráfico de Illustrator con administración de color y lo colocará en un documento de InDesign CS3.

InDesign CS3 puede gestionar el color de gráficos vectoriales creados en Illustrator 9 o posterior cuando los guarda en formatos que incrustan los perfiles, como PDF o TIFF. En este capítulo, guardará un archivo como PDF y después colocará el gráfico en InDesign CS3.

Configurar la administración de color en Illustrator CS3

Ahora configurará la administración de color en Illustrator CS3 de modo que coincidan los valores de administración de color con los de InDesign CS3.

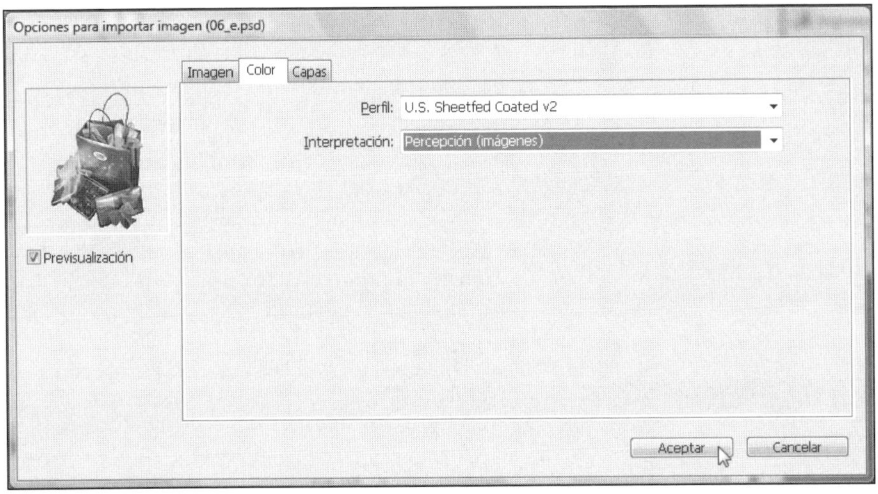

Figura 6.44.
Cuadro de diálogo Opciones para importar imagen.

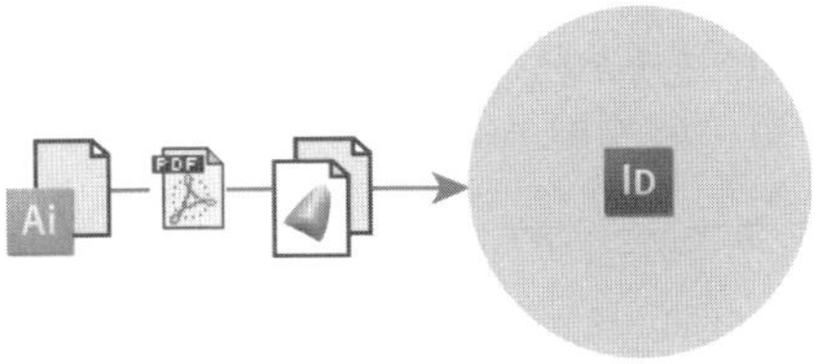

Figura 6.45.
InDesign CS3 gestiona el color de un archivo PDF utilizando los perfiles guardados con la versión PDF del archivo.

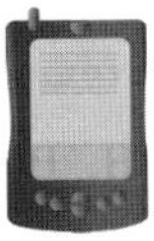

Nota: Si no tiene Illustrator 9 o posterior instalado en su sistema, puede leer la información de los siguientes dos apartados, y después saltar al paso 2 del apartado "Colocar un archivo de Illustrator con administración de color en InDesign CS3", para utilizar el archivo de Illustrator incluido en la carpeta `Lesson_06`.

Esto garantiza que los colores estén unificados desde Illustrator a InDesign CS3 en pantalla y en impresión. La configuración de la administración de color en Illustrator también le permite incrustar un perfil ICC en una versión exportada del archivo de Illustrator. Cuando coloca un archivo exportado de Illustrator en la maquetación de InDesign CS3, InDesign CS3 gestiona el color del logotipo utilizando el perfil incrustado.

1. Inicie Adobe Illustrator CS3 y seleccione Edición>Ajustes de color.

2. Marque la casilla de verificación Modo avanzado para ampliar el cuadro de diálogo de manera que muestre más opciones. En el cuadro de diálogo Ajustes de color, seleccione Valores por defecto-Preimpresión EE.UU.

3. Bajo Espacios de trabajo, en RGB seleccione sRGB IEC61966-2.1. Deje CMYK establecido como U.S. Web Coated (SWOP) v2.

4. Revise las opciones de conversión y compruebe que está seleccionado el motor de Adobe (ACE) y la calidad de representación Colorimétrico relativo.

5. Haga clic en **Aceptar**.

Ha terminado de configurar la administración de color en Illustrator.

Incrustar un perfil en un gráfico desde Illustrator

Puede incrustar un perfil ICC en archivos que cree en Illustrator y exporte en formatos PDF o mapa de bits (`.bmp`). A continuación, InDesign CS3 puede utilizar el perfil para gestionar el color del gráfico. En este procedimiento, exportará un archivo a formato PDF, y después colocará el gráfico en un documento de InDesign CS3.

1. En Illustrator, seleccione Archivo>Abrir. Localice y haga doble clic en el archivo `06_f.ai` de la carpeta `Lesson_06` situada dentro de la carpeta `InDesignCIB` de su disco duro.

2. Cuando aparezca el cuadro de diálogo Falta el perfil, seleccione Asignar perfil y U.S. Web Coated (SWOP) v2 y haga clic en **Aceptar**.

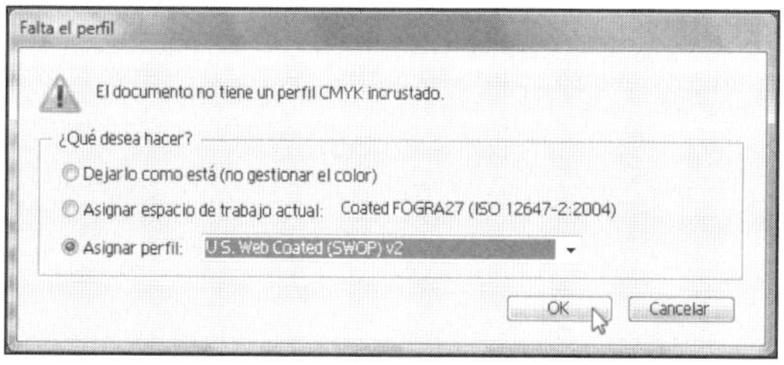

Figura 6.46.
Cuadro de diálogo Falta el perfil.

3. Ejecute Archivo>Guardar como.

4. Llame al archivo `06_Logo.pdf` y, en el menú Tipo (en Windows) o Formato (en Mac OS), seleccione PDF de Adobe. Compruebe que la carpeta de destino es `Lesson_06` y haga clic en **Guardar** para cerrar el cuadro de diálogo Guardar como y abrir el cuadro de diálogo Opciones de Adobe PDF.

5. En el menú desplegable Generales, compruebe que las opciones de comprensión PDF son adecuadas para su producción final impresa.

6. En Compatibilidad, escoja Acrobat 5.0, si no está ya seleccionada. Este valor garantiza que el perfil se guarda con el archivo PDF. A continuación, haga clic en **Aceptar**.

7. Cierre el archivo y salga de Illustrator.

Colocar un archivo de Illustrator con administración de color en InDesign CS3

Ahora que ha creado un archivo PDF de un documento de Illustrator, lo colocará en InDesign CS3.

1. En InDesign CS3, seleccione el marco vacío restante de la zona inferior del anuncio.

2. Realice uno de los siguientes pasos:

    - Si siguió las instrucciones de Illustrator de los apartados anteriores, escoja Archivo>Colocar y seleccione el archivo `06_Logo.pdf` que creó. Asegúrese de que la casilla Mostrar opciones de importación está marcada.

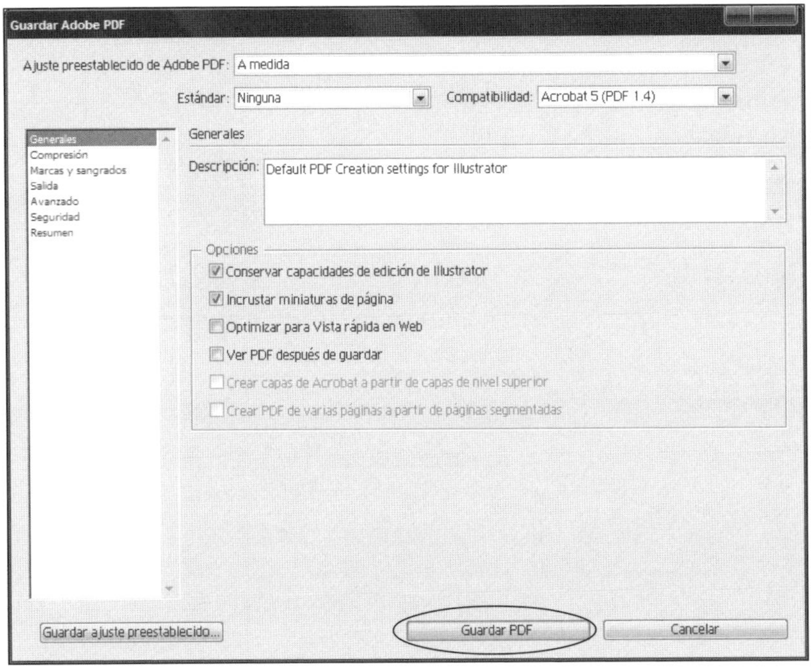

Figura 6.47.
Cuadro de diálogo Guardar como Adobe PDF.

Figura 6.48.
El resultado final.

- Si no tiene Illustrator o se saltó los dos apartados anteriores, ejecute Archivo>Colocar y seleccione el archivo `06_Logo` de la carpeta `Final` de la carpeta `Lesson_06`, situada dentro de la carpeta `Lessons` de la carpeta `InDesignCIB` de su disco duro. Compruebe que la opción Mostrar opciones de importación está seleccionada antes de hacer clic en **Abrir**.

3. En el cuadro de diálogo Colocar PDF, en Recortar a, escoja Cuadro delimitador. Esta opción coloca sólo el cuadro delimitador del logotipo (el área mínima que engloba al logotipo).

4. Compruebe que la opción Fondo transparente está seleccionada, de modo que pueda ver cualquier texto o gráfico que esté debajo del cuadro delimitador, y haga clic en **Aceptar**.

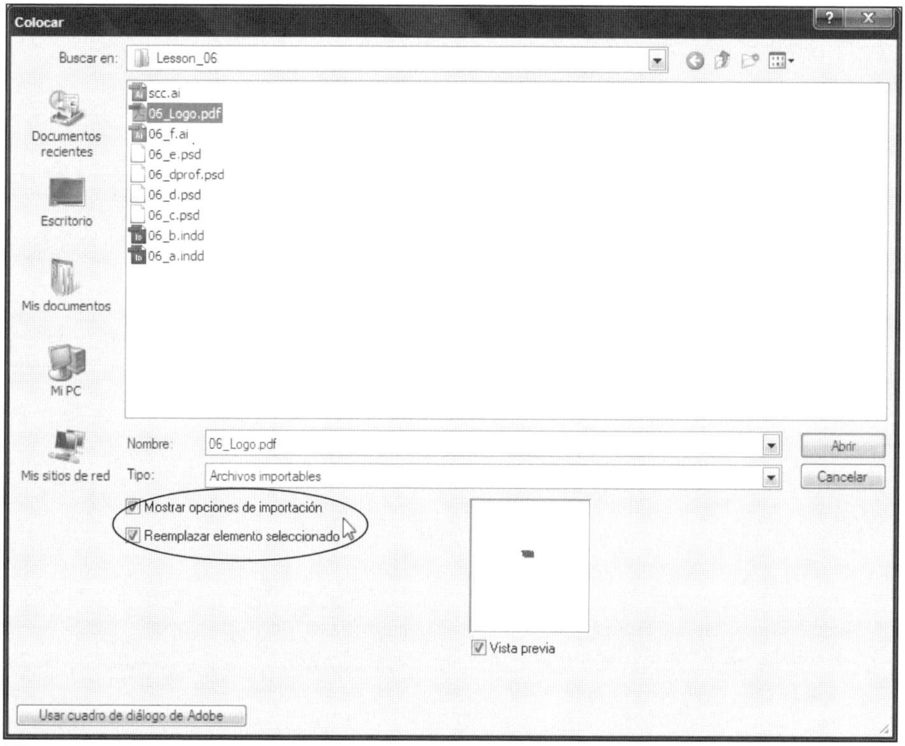

Figura 6.49.

El cuadro de diálogo Colocar.

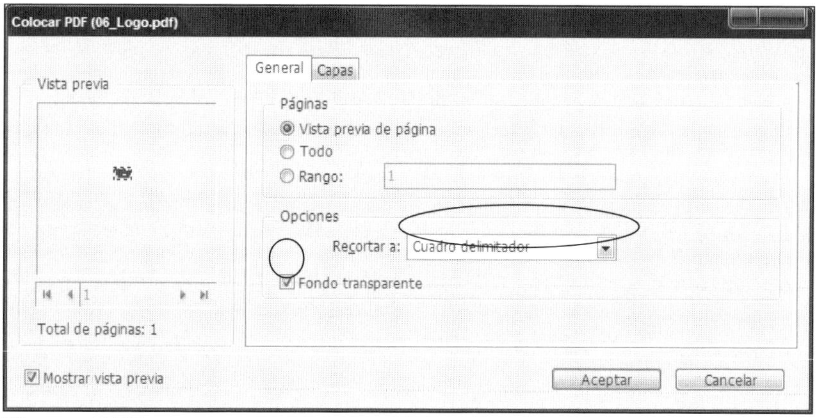

Figura 6.50.

El cuadro de diálogo Colocar PDF.

El logotipo aparece en el marco seleccionado. InDesign CS3 gestionará el color del archivo PDF utilizando el perfil incrustado.

5. Si el gráfico no se ajusta al marco, seleccione Objeto>Ajuste>Encajar contenido proporcionalmente.

Figura 6.51.
El resultado final.

6. Seleccione Archivo>Guardar para guardar el archivo.

En este capítulo ha aprendido cómo configurar la administración de color en tres aplicaciones de Adobe (un logro admirable). Ha aprendido también varios métodos para incorporar gráficos de modo que se pueda gestionar el color cuando se colocan en documentos de InDesign CS3. Al describir su entorno de color a las otras aplicaciones de Adobe cuyos gráficos importó, puede esperar colores predecibles y uniformes en esos gráficos entre las aplicaciones.

En este momento, podría entregar el archivo de InDesign CS3 original con todos los archivos vinculados, o bien exportar el archivo de InDesign CS3 como PDF, incrustando los perfiles ICC que asignó. Si crea un archivo PDF del documento, los colores del anuncio serán iguales en todas las publicaciones en las que se use el anuncio, independientemente de las configuraciones de administración de color utilizadas por la aplicación de maquetación de la publicación. Otros usuarios pueden ver previamente y probar sus archivos con administración de color de forma más exacta y volverlos a configurar para condiciones diferentes de impresión cuando sea útil o cuando su proyecto lo requiera.

Otros puntos de información sobre administración de color

Puede encontrar información adicional sobre la administración de color en la Web y en publicaciones impresas. A continuación le sugerimos algunas soluciones disponibles al cierre de la edición de este libro.

- En el sitio Web de Adobe (`www.adobe.com`) puede realizar búsquedas sobre administración de color.
- En el sitio Web de Apple (`www.apple.com`) busque "ColorSync".
- En una biblioteca pública, busque manuales sobre administración de color.

Por sí mismo

Siga estos pasos para aprender más sobre la importación de colores y el trabajo con degradados.

1. Para crear un nuevo documento, seleccione Archivo>Nuevo>Documento y, a continuación, haga clic en **Aceptar** en el cuadro de diálogo Nuevo documento.
2. Para importar los colores desde un documento distinto de InDesign CS3, utilice el procedimiento siguiente:

- Utilice el menú del panel Muestras y escoja Nueva muestra de color.

- En el menú desplegable Modo de color, seleccione Otra biblioteca y busque la carpeta `Lesson_06`.

- Haga doble clic en el archivo `06_Color.indd` (o `06_b.indd`). Fíjese en que los colores que creó anteriormente en este capítulo aparecen en esta lista del cuadro de diálogo para el documento nuevo.

- Seleccione la muestra Brown/Tan Gradient y haga clic en **Aceptar** para cerrar el cuadro de diálogo y agregar el color al panel Muestras.

- Repita el proceso completo unas veces más para añadir otros colores al panel Muestras.

3. Con los archivos del capítulo o en su propio documento de InDesign CS3, haga doble clic sobre la muestra Papel para cambiar su composición. El color del documento cambia para reflejar el color del papel en el que se va a reproducir el documento.

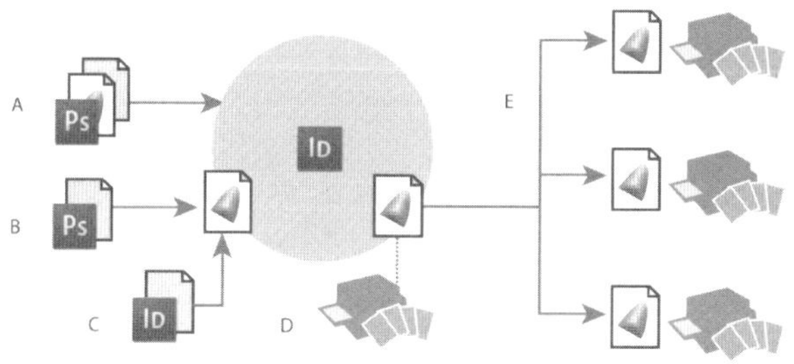

Figura 6.52.
A. Imagen con perfil CMYK incrustado. B. Imagen con perfil CMYK asignado en InDesign CS3. C. Documento de InDesign CS3 utilizando un perfil CMYK basado en un perfil de separación. D. Perfil de separación. E. Perfiles de separación diferentes cuando se destinan a diversas imprentas.

Preguntas de repaso

1. ¿Cuál es la ventaja de aplicar los colores utilizando el panel Muestras en lugar del panel Color?
2. ¿Cuáles son las ventajas e inconvenientes de utilizar tintas planas y colores de proceso?
3. Después de crear un degradado y aplicarlo a un objeto, ¿cómo se ajusta la dirección de la mezcla del degradado?
4. ¿Qué función tiene el motor de administración de color?
5. ¿Qué describen los perfiles de origen?
6. ¿Cuáles son las tres formas de adjuntar un perfil ICC a un gráfico de modo que InDesign CS3 pueda gestionar el color del gráfico?
7. ¿Por qué incrustaría un perfil ICC en un gráfico?
8. ¿Qué formatos de archivo incrustan perfiles ICC para usarlos en Windows y Mac OS?

Respuestas

1. Si aplica un color a varios objetos y después decide que quiere utilizar un color diferente, no necesita actualizar cada objeto de forma independiente. En su lugar, modifique el color en el panel Muestras y el color de todos los objetos se actualizará automáticamente.
2. Mediante la utilización de una tinta plana, puede garantizar la precisión del color. Sin embargo, cada tinta plana requiere su propia placa en la imprenta, por lo que su utilización resulta más costosa. Utilice los colores de proceso cuando un trabajo requiera tantos colores que el uso de las tintas planas resultaría caro o impracticable, como puede ser cuando imprima fotografías a color.
3. Para ajustar la dirección de la mezcla del degradado, utilice la herramienta de degradado para volver a dibujar el relleno a lo largo de una línea imaginaria en la dirección que desee.
4. El motor de administración de color traduce los colores del espacio de color de un dispositivo al espacio de color de otro dispositivo en un proceso denominado asignación de colores.
5. Los perfiles de origen seleccionados en el cuadro de diálogo Asignar perfiles describen el espacio de color que InDesign CS3 asigna a los objetos que crea utilizando las herramientas de dibujo, o cuando importa un gráfico en color RGB, CMYK o LAB que no se guardó con un perfil incrustado.
6. Puede incrustar el perfil en el archivo original, asignar un perfil dentro de InDesign CS3 o utilizar el perfil predeterminado que especificó cuando configuró la administración de color en InDesign CS3.
7. La incrustación de un perfil ICC garantiza la visualización correcta del gráfico en

cualquier aplicación que utilice administración de color compatible con ICC. La aplicación que emplea el gráfico respeta el perfil incrustado en lugar de aplicarle el predeterminado.

8. Un número creciente de formatos pueden contener un perfil ICC incrustado, pero la mayor parte de los formatos ampliamente compatibles para utilizar con perfiles ICC incrustados en este momento son formatos de imagen en mapas de bits como Photoshop (PSD), TIFF y JPEG.

Capítulo 7

Trabajar con estilos

Con Adobe InDesign CS3 puede crear estilos o conjuntos de atributos de formato que aplicar a varias instancias. La aplicación de estilos a un documento le permite modificar el aspecto operativo y visual de sus gráficos y del texto en una misma operación.

En esta introducción al uso de estilos en InDesign nos centraremos en los siguientes aspectos:

- Crear y aplicar estilos de objeto.
- Crear y aplicar estilos de carácter.
- Crear y aplicar estilos de párrafo.
- Crear y aplicar estilos de tabla.
- Anidar estilos de carácter en estilos de párrafo.
- Actualizar estilos de objeto, de carácter y de párrafo de forma global.
- Crear grupos de estilos.
- Importar y aplicar estilos de otros documentos de InDesign.

Antes de comenzar

En este capítulo, trabajaremos con un documento de tres páginas para *Expedition Tea Company*. Varios de los elementos del documento, incluidos texto y gráficos, ya han sido colocados. El objetivo es aplicar los estilos o agrupar los atributos a estos elementos.

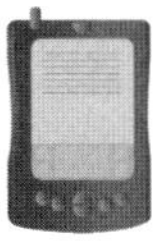

Nota: Si todavía no ha copiado los archivos de recursos de este capítulo en su disco duro de la carpeta `Lesson_07` del CD adjunto, hágalo ahora. Consulte cómo copiar los archivos del CD en un apartado anterior.

1. Para garantizar que las herramientas y paneles funcionan exactamente como se describe en este capítulo, borre o desactive (cambie el nombre) los archivos de configuración predeterminada de InDesign CS3 siguiendo un apartado anterior.
2. Inicie Adobe InDesign CS3. Para empezar a trabajar, abriremos un documento existente de InDesign.
3. Seleccione Archivo>Abrir y abra el archivo `07_a.indd` de la carpeta `Lesson_07`, situada en la carpeta `Lessons` dentro de la carpeta `InDesignCIB` de su disco duro.
4. Seleccione Archivo>Guardar como, cambie el nombre del archivo por **07_etc.indd** y guárdelo en la carpeta `Lesson_07`.
5. Si quiere ver cómo queda el documento terminado, abra el archivo `07_b.indd` de la misma carpeta. Si lo prefiere, puede dejar el documento abierto para utilizarlo como guía según trabaje. Cuando esté listo para continuar trabajando en el documento del capítulo, seleccione su nombre en el menú Ventana.

Figura 7.1.
El resultado final de este capítulo.

Crear y aplicar estilos de objeto

Los estilos de párrafo permiten aplicar actualizaciones en el formato de forma global a un texto. Permiten también aumentar la producción y crear un diseño genérico más consistente. Los estilos de párrafos incorporan todos los elementos del formateo de texto y pueden incluir atributos de carácter como fuentes, tamaños, estilos y colores, combinados con atributos de párrafo como sangrías, alineaciones, tabulaciones y guiones. Son diferentes de los estilos de carácter, que veremos más adelante en este documento, que se aplican a párrafos completos de una vez y no a caracteres determinados.

Crear un estilo de objeto

En este ejercicio, se aplicará formato adicional al texto en el documento creando un estilo de párrafo para seleccionar párrafos que se han colocado en el documento.

1. Con el documento `07_etc.indd` abierto, haga doble clic en la página 1 del panel **Páginas** para centrar la página en el documento. La forma más sencilla de crear un estilo de párrafo es dar formato a un párrafo de ejemplo utilizando el formato actual y crear un nuevo estilo basado en este ejemplo. De nuevo, esto permite ver de forma efectiva el estilo antes de terminarlo. En este caso, el estilo del texto de la primera parte será local y luego dejaremos que InDesign utilice este formato para construir el nuevo estilo. El nuevo estilo puede utilizarse en el resto del documento.

2. Seleccione la herramienta **Texto** T del panel **Herramientas** para seleccionar "*Loose Leaf Teas*" en la primera columna del documento.

Figura 7.2.
Selección del texto.

3. En el panel Control, haga clic en el botón **Controles de formato de carácter** y configure los siguientes parámetros:

- Fuente: Adobe Caslon Pro.
- Estilo: Semibold.
- Tamaño: 18 pt.

Deje el resto de parámetros como están.

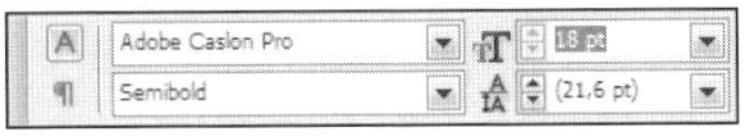

Figura 7.3.
Detalle de la configuración en el panel Control.

4. En el panel Control, haga clic en el botón **Controles de formato de párrafo** ¶ e incremente el valor de Espacio antes a 0p9.

   Ahora creará un estilo de párrafo utilizando este formato de forma que se pueda dar formato a otras secciones del documento. Asegúrese de que deje el punto de inserción de texto en el texto al que acaba de dar formato.

5. Si todavía no está visible, abra el panel Estilos de párrafo eligiendo Ventana> Texto y Tablas>Estilos de párrafo. Allí encontrará varios estilos que se incluyen por defecto, como [Párrafo básico].

6. En el panel Estilo de párrafo, cree un nuevo estilo seleccionando Nuevo estilo de párrafo en el menú del panel. Se abrirá la ventana Nuevo estilo de párrafo mostrando la información que se utilizó en la configuración del estilo.

7. Primero, asigne un nombre al estilo escribiéndolo en el campo Nombre de estilo en la parte superior de la ventana. El nombre será `Head2` ya que será el segundo encabezado más grande.

8. En la sección General de esta ventana, fíjese en que puede basar un estilo nuevo en uno anterior. Ya que está creando un estilo nuevo, deje la configuración por defecto.

9. También puede hacer que InDesign cambie a otro estilo automáticamente cuando pulse **Intro** o **Retorno** después de introducir el texto. Seleccione Body Text en Estilo siguiente ya que será el estilo que utilicemos para el texto que sigue al encabezado `Head2`.

10. También puede crear un método abreviado de teclado para la aplicación más sencilla de este estilo. Haga clic dentro del campo Método abreviado, mantenga pulsada la tecla **Control** (en Windows) o **Comando** (en Mac OS) y escriba el número **9** en el teclado numérico del teclado. (InDesign necesita utilizar una tecla de modificación de métodos abreviados de teclado.)

11. Haga clic en Aplicar estilo a selección para aplicar este nuevo estilo al texto al que acaba de dar formato. De otra manera, el estilo aparecerá en el panel Estilo de párrafo pero no se aplicará automáticamente al texto al que haya dado formato y no se actualizará hasta que actualice el estilo `Head2`.

12. Ya ha creado su primer estilo de párrafo. Haga clic en **Aceptar** para cerrar la ventana.

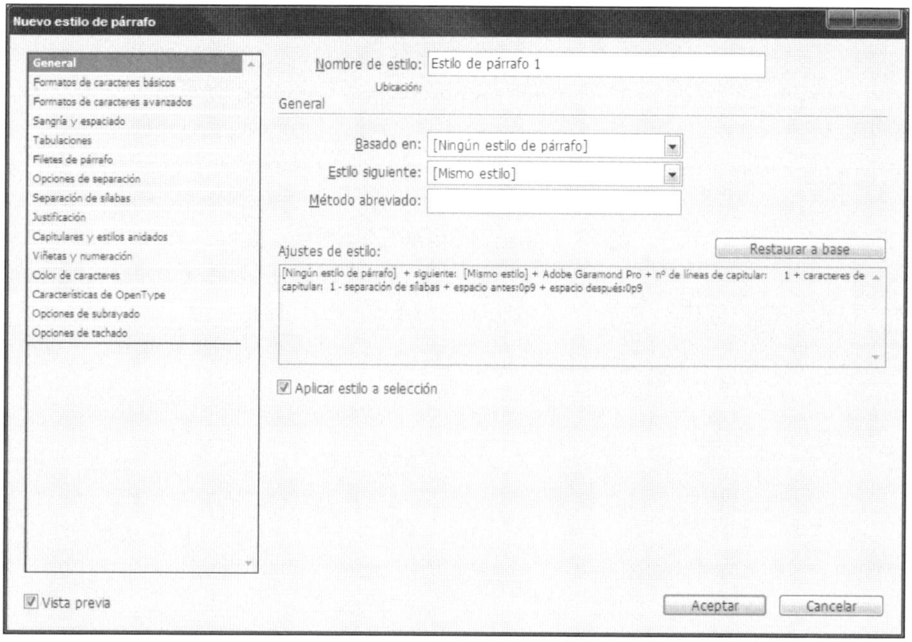

Figura 7.4.
El cuadro de diálogo Nuevo estilo de párrafo.

Debería ver que el estilo `Head2` aparece en el panel Estilos de párrafo.

Aplicar un estilo de párrafo

A continuación aplicaremos el estilo de párrafo al texto seleccionado de las otras secciones del documento.

1. En el panel Páginas, haga doble clic sobre Panel 1 del menú para centrarlo en la ventana del documento.

2. Después, haga clic en la herramienta **Texto** T, haga clic para insertar un punto de inserción en "*Tea Gift Collections*".

3. A continuación, haga clic una vez en el estilo Head2 en el panel Estilos de párrafo para aplicar el estilo al texto. Debería ver como los atributos de texto cambian para reflejar el estilo de párrafo que acabamos de crear.

4. Repita los pasos 2 y 3 para aplicar el estilo Head2 a "*Teapots and Tea Accessories*" en la segunda columna.

Figura 7.5.
El resultado de aplicar a todos los títulos el estilo Head2.

5. Después, vaya a la página 2 y 3 para aplicar el estilo a los otros títulos con el estilo Head2. Repita los pasos 2 y 3 para aplicar el estilo a "*Premium Loose Leaf Tea Selections*" de la página 2 y después "*About Tea and Training*" de la página 3.

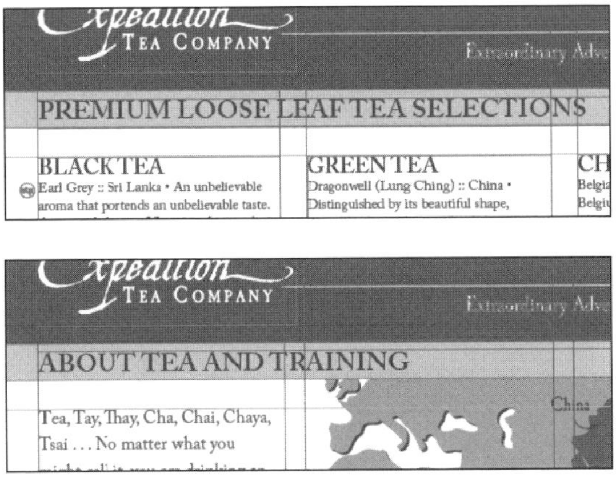

Figura 7.6.
El resultado de aplicar los estilos.

> **Nota:** También se podría haber utilizado el método abreviado de teclado (**Control-9** o **Comando-9**) para aplicar el estilo `Head2`.

6. Seleccione Archivo>Guardar.

Crear y aplicar estilos de carácter

En el ejercicio anterior, los estilos de párrafo permitían aplicar formato de párrafo al texto por medio de un simple clic o de la pulsación de una tecla. De igual manera, los estilos de carácter son una forma de aplicar varios atributos al texto utilizando una sola acción. A diferencia de los estilos de párrafo, los estilos de carácter aplican formato a intervalos de texto más pequeños que un párrafo (por ejemplo, un carácter, una palabra o un grupo de palabras). Debido a esto, los estilos de carácter se utilizan una y otra vez para el formato de caracteres cuando se está creando un documento.

Crear un estilo de carácter

El texto de los elementos del documento "*Expedition Tea Company*" se ha creado en una aplicación de procesamiento de texto y se ha importado al archivo del capítulo. En este ejercicio tendrá que crear y aplicar un estilo de carácter al texto seleccionado del documento, para reconocer la eficacia y la coherencia que ofrecen los estilos de carácter.

1. Con `07_etc.indd` abierto, haga doble clic en la página 1 del panel Páginas para centrar la página 1 en la ventana del documento.

2. Abra el panel Estilos de carácter por medio de los comandos Ventana>Texto y tablas>Estilos de carácter. El único estilo que aparece en el panel es el predeterminado, [Ninguno].

   Al igual que en la sección anterior, crearemos el estilo de carácter basado en un formato de texto ya existente. De esta forma podremos ver el estilo antes de generarlo. En este caso, seleccionaremos el formato del nombre "*Expedition Tea Company*" como base del estilo de carácter para poder reutilizarlo a lo largo del documento.

3. Seleccione la herramienta **Texto** T en el cuadro de herramientas y arrastre para seleccionar las palabras "*Expedition Tea Company*" de la primera columna.

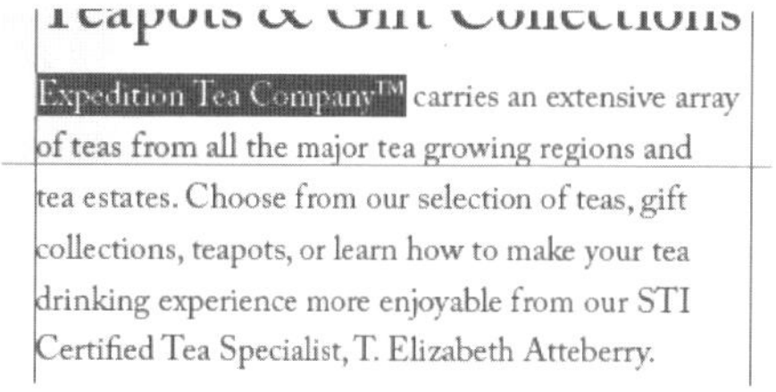

Figura 7.7.
Selección del texto.

4. En el panel Control, haga clic en el botón **Controles de formato de carácter** y seleccione Versalitas.

5. Ahora que el texto ya tiene formato, creará un nuevo estilo de carácter seleccionando Nuevo estilo de carácter en el menú del panel Estilos de carácter. Aparecerá la ventana correspondiente mostrando el formato que se ha aplicado en la configuración del estilo.

6. Asigne un nombre al estilo desde el campo Nombre de estilo situado en la parte superior de la ventana. Introduzca **Company** para definir el texto al que se aplicará.

7. En la sección General de la ventana puede basar el nuevo estilo de carácter en un estilo existente. Como vamos a crear un nuevo estilo, conserve el valor predeterminado [Ninguno].

8. También en el grupo General, puede crear un método abreviado de teclado para aplicar el estilo más fácilmente. Haga clic dentro del campo Método abreviado, mantenga pulsada la tecla **Control** (Windows) o **Comando** (Macintosh) e introduzca **8** desde el teclado numérico. (InDesign requiere el uso de un modificador para los métodos abreviados de teclado de estilos.)

9. Haga clic en Aplicar estilo a selección para que se aplique el nuevo estilo al texto que acaba de crear.

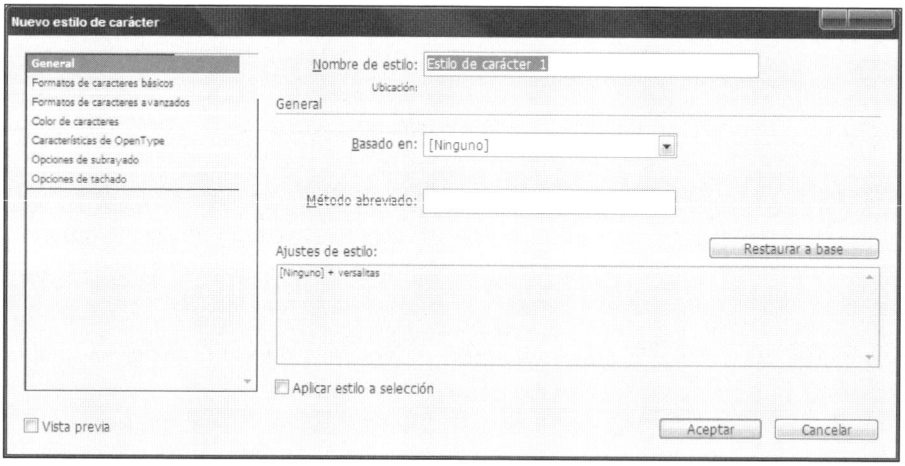

Figura 7.8.
La ventana Nuevo estilo de carácter.

De otra forma, el estilo aparecerá en el panel Estilos de carácter pero no se aplicará directamente al texto que se formatea y este hecho hará que se necesite una actualización completa del estilo Company.

10. Ahora que ha creado (y editado) su primer estilo de carácter, haga clic en **Aceptar** para cerrar la ventana y podrá comprobar cómo aparece el estilo Company en el panel Estilos de carácter.

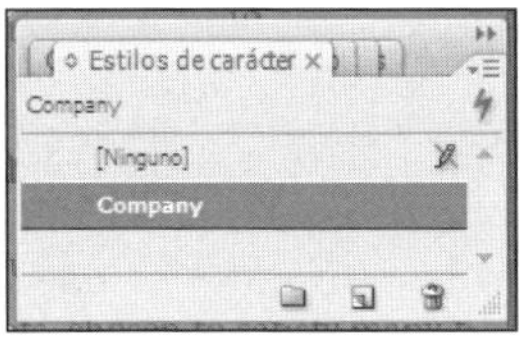

Figura 7.9.
El nuevo estilo de carácter en el panel Estilos de carácter.

Aplicar un estilo de carácter

A continuación aplicaremos el estilo de carácter al texto seleccionado en el documento. Al igual que ocurría con los estilos de párrafo, el uso de estilos de carácter evita tener que aplicar manualmente varios atributos de texto de forma individual.

1. Si todavía no se encuentra en ella, haga doble clic en la página 1 del panel Páginas, para centrar la página en la ventana del documento.

   En la parte inferior del panel verá las palabras "*Expedition Tea Company*" al final de la segunda columna. Para que tenga el mismo aspecto que el nombre de la compañía, aplicaremos el estilo de carácter Company.

2. Con la herramienta **Texto** T, haga clic sobre las palabras "*Expedition Tea Company*".

3. En el panel Estilos de carácter, haga clic una vez sobre el estilo Company para aplicarlo al texto. Verá que la fuente cambia para reflejar el estilo de carácter que acabamos de crear.

Nota: También puede utilizar el método abreviado de teclado que definimos antes (**Control-8** o **Comando-8**) para aplicar el estilo `Company`.

4. Con cualquiera de los métodos anteriores, aplique el estilo de carácter `Company` a "*Expedition Tea Company*" que encontramos dos veces más en la página 3.

5. Seleccione Archivo>Guardar.

Anidar estilos de carácter en estilos de párrafo

Para que el uso de los estilos le resulte más cómodo y completo, InDesign permite anidar formatos de carácter en estilos de párrafo. Estos estilos anidados permiten aplicar formato de caracteres a parte de un párrafo, independientemente de que sea el primer carácter, la segunda palabra o la tercera frase. De esta forma, los estilos anidados resultan perfectos para aplicarlos a títulos en los que la primera parte de una línea o párrafo tenga un estilo diferente al resto de la línea o párrafo, párrafos estructurados o, como veremos, capitulares.

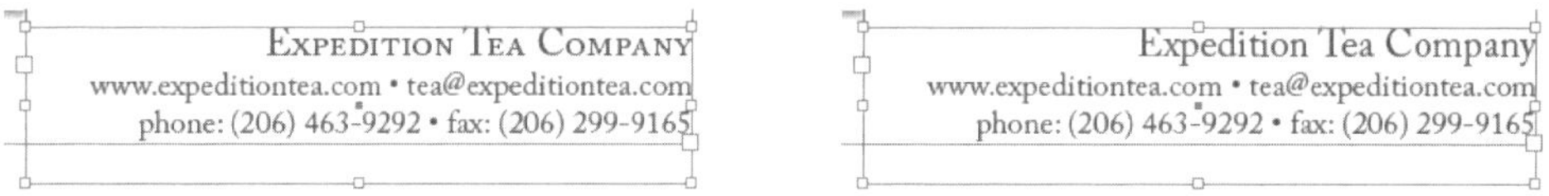

Figura 7.10.
Antes y después.

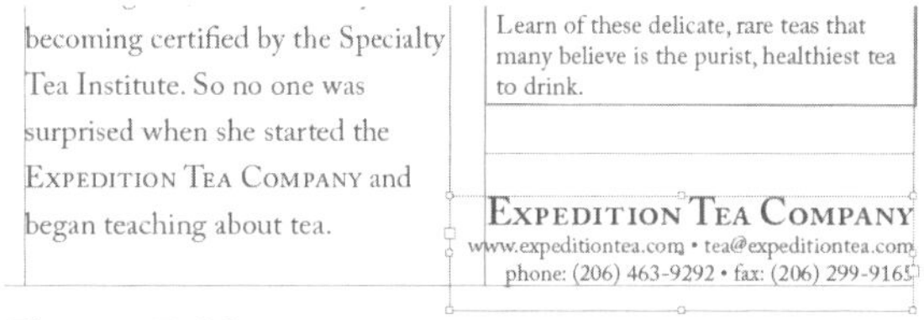

Figura 7.11.
El resultado final.

Crear un estilo de carácter para anidación

Los dos requisitos previos para utilizar estilos anidados son que primer hay que crear un estilo de carácter y, tras ello, crear un estilo de párrafo en el que anidarlo. En esta sección, se crearán dos estilos de carácter y después se anidarán en el estilo de párrafo Tea Body que ya existe.

1. Con `07_etc.indd` abierto, haga doble clic sobre la página 2 en el panel Páginas para centrarla en la ventana del documento.

   Si el cuerpo de texto es demasiado reducido, agrande el primer párrafo que comienza por "*Earl Gray*". En este ejercicio, crearemos dos nuevos estilos anidados para distinguir el nombre del té de la región donde crece. Advierta la presencia del conjunto de dos puntos (::) separando el nombre y la región y de una viñeta (•) después de la región. Esto es importante si creamos nuestros propios estilos más adelante en esta sección.

2. Seleccione la herramienta **Texto** T y seleccione las palabras "*Earl Gray*" en la primera columna. En el panel Control, cambie el estilo a Bold. Deje el resto de configuraciones predeterminadas.

3. El formato del texto debería estar listo para servirnos como base para un estilo de carácter. Si no está todavía visible, abra el panel Estilos de carácter seleccionando Ventana>Texto y tablas>Estilos de carácter.

4. En el panel Estilos de carácter, seleccione Nuevo estilo de carácter del menú del panel. Se abre la ventana correspondiente, mostrando los formatos que se aplicarán.

5. Asigne un nombre al estilo escribiendo en el cuadro Nombre de estilo **Name** para definir el texto al que se aplicará.

6. Para hacer que el nombre del té resalte un poco más, cambiará su color negro. De la lista de la izquierda, seleccione Color de caracteres.

7. En la configuración que aparece a la derecha seleccione la combinación C = 43, M = 100, Y = 100, K = 30.

8. Haga clic en **Aceptar** en la ventana Nuevo estilo de carácter. Debería ver el nuevo estilo en el panel Estilos de carácter.

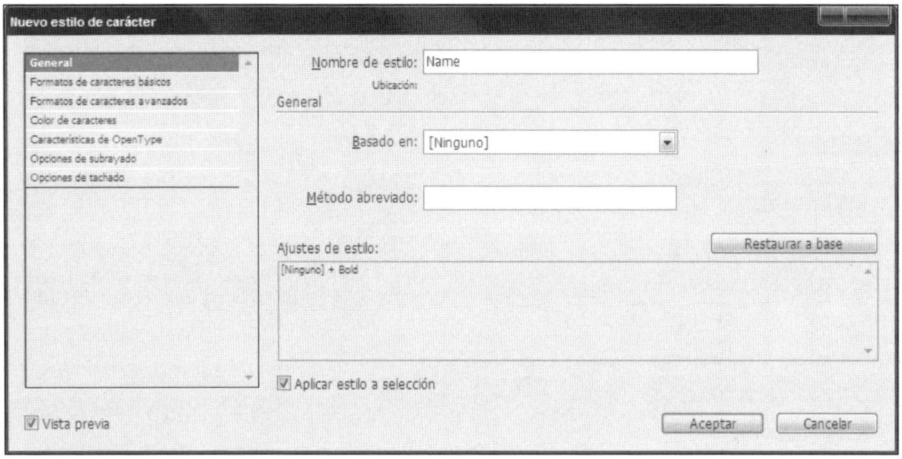

Figura 7.12.
La ventana Nuevo estilo de carácter.

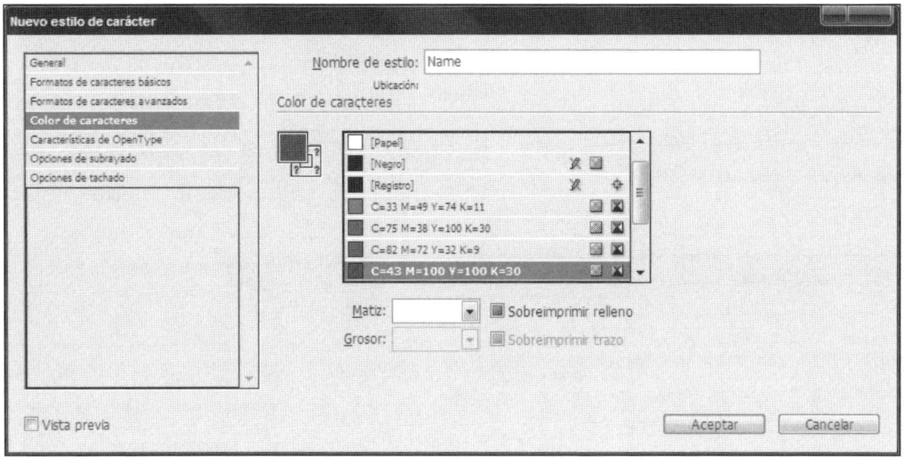

Figura 7.13.
Cambio del color del carácter.

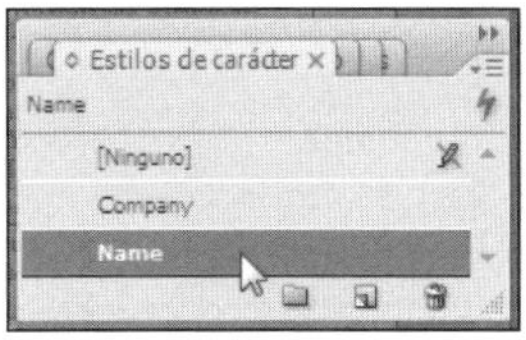

Figura 7.14.
El nuevo estilo de carácter.

9. Ahora creará un segundo estilo de carácter que anidar. Seleccione el texto "*Sri Lanka*" justo a la derecha de *Earl Gray*. Asigne el formato Adobe Caslon Pro Italic.

10. Repita los pasos 3 a 5 anteriores para crear un nuevo estilo de carácter llamado `Country`. Cuando haya terminado, haga clic en **Aceptar** para cerrar la ventana Opciones de estilo de carácter.

Ya ha creado dos estilos de carácter nuevos y, junto con el estilo de párrafo Tea body que ya existe, está preparado para crear y aplicar un estilo anidado.

Crear un estilo anidado

Al crear un estilo anidado dentro de un estilo de párrafo existente, básicamente lo que hacemos es crear un conjunto secundario de reglas que InDesign aplica al dar formato a un párrafo. En este ejercicio, crearemos un estilo anidado en el estilo Tea body utilizando los dos estilos de carácter creados en el ejercicio anterior.

1. En caso de que no se encuentre centrada en la pantalla, haga doble clic en la página 2 del panel Páginas en la ventana del documento.

2. Si el panel Estilos de párrafo todavía no está visible, seleccione Ventana>Texto y tablas>Estilos de párrafo.

3. En el panel Estilos de párrafo, haga doble clic sobre el estilo Tea body para abrir el cuadro de diálogo Opciones de estilo de párrafo.

4. En la lista de categorías de la parte izquierda, seleccione Capitulares y estilos anidados. Verá las opciones para aplicar capitulares y estilos anidados.

5. En el grupo Estilos anidados, haga clic en el botón **Nuevo estilo anidado** para crear un nuevo estilo anidado.

6. Cuando aparezca, haga clic en la entrada [Ninguno] para acceder a un menú desplegable. Haga clic y mantenga pulsada la flecha situada a la derecha para abrir el menú desplegable y ver las opciones de los estilos de carácter disponibles para la anidación.

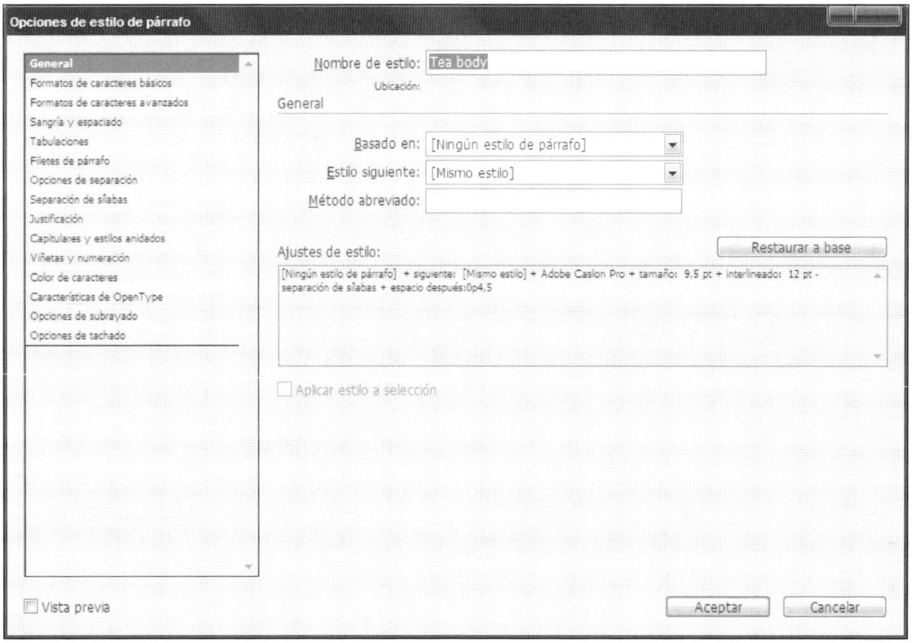

Figura 7.15.

El cuadro de diálogo Opciones de estilo de párrafo.

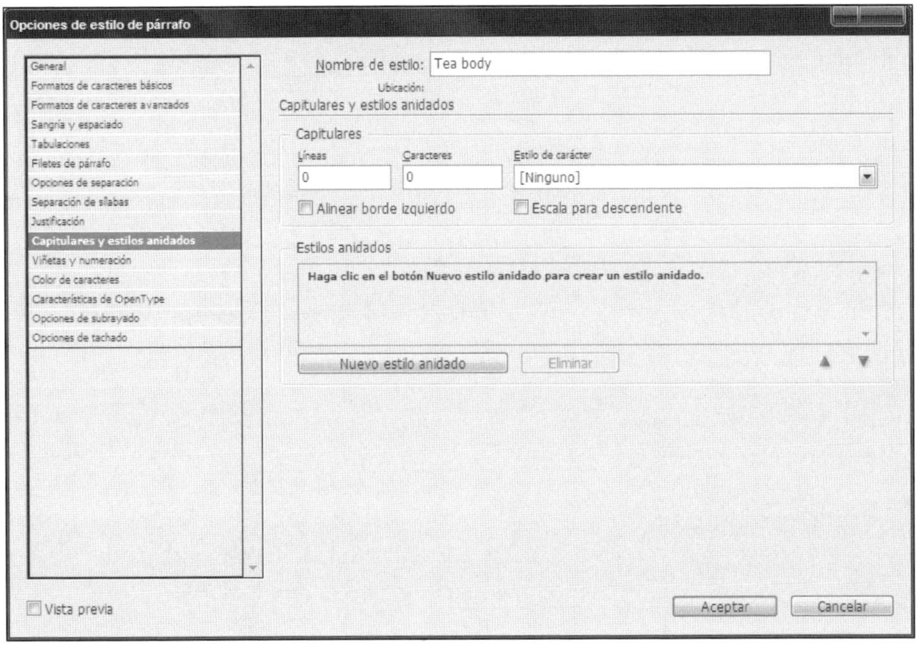

Figura 7.16.

El cuadro de diálogo Opciones de estilo de párrafo en su opción Capitulares y estilos anidados.

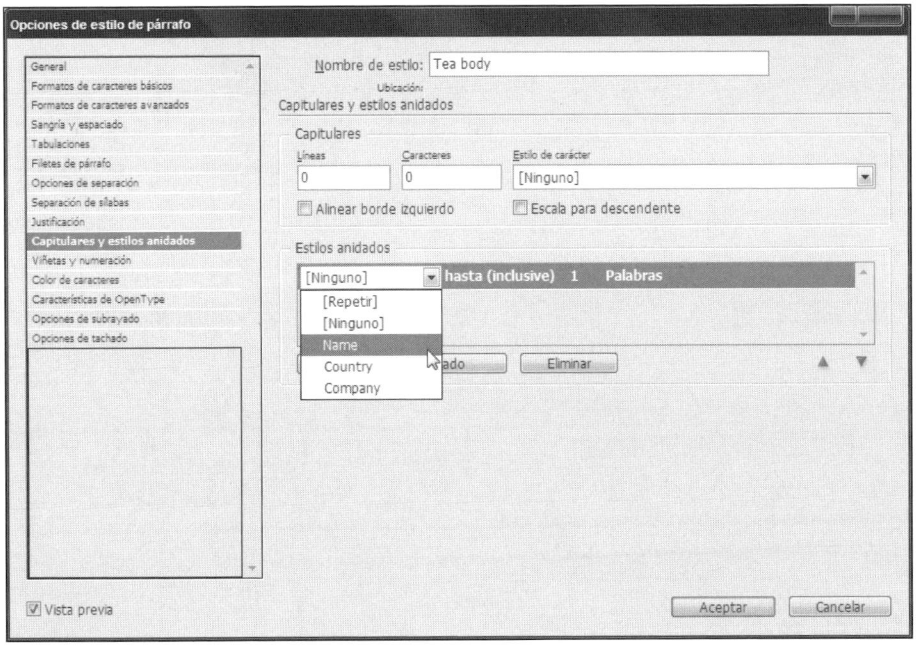

Figura 7.17.

El cuadro de diálogo Opciones de estilo de párrafo seleccionando los estilos anidados.

7. Seleccione Nombre ya que será el primer estilo anidado de la secuencia.

8. Haga clic en la palabra hasta para visualizar el siguiente menú desplegable. Este menú contiene dos opciones: hasta (inclusive) y hasta (sin incluir). Conserve el valor predeterminado hasta los primeros dos puntos (:) y después de *Earl Gray*, seleccione hasta (sin incluir).

9. Haga clic en el número 1, al lado de hasta (sin incluir) para que aparezca un campo de texto en el que puede escribir un número. El número define cuantos elementos aplicará el estilo. Aunque hay dos puntos, sólo tendremos que hacer referencia al primero, con lo que dejaremos el valor predeterminado como 1.

10. Haga clic en Palabras para mostrar el otro menú desplegable. Este menú contiene muchas opciones de elementos para seleccionar el estilo que se aplicará, incluyendo las frases, caracteres y espacios. En dicho caso, no optará por ninguno de los elementos de la lista y en su lugar escribirá dos puntos en el campo. Haga clic de nuevo en el campo para cerrar la lista desplegable y escriba **:** en el campo.

11. Si no está todavía seleccionado, haga clic en Vista previa y mueva la ventana. Podrá ver el nombre de cada té en negrita y con el color elegido en sustitución del negro hasta los dos puntos. Después, haga clic en **Aceptar**.

    Ahora añadirá otro estilo anidado, pero primero tendremos que copiar la viñeta de la página.

12. Vaya a la viñeta de la página y seleccione Edición>Copiar.

13. En el panel Estilos de párrafo, haga doble clic en Tea body y en la sección de estilos anidados, haga clic en el botón **Nuevo estilo anidado** para crear otro estilo.

14. Repita los pasos 7 a 11 para crear el nuevo estilo anidado con el siguiente formato:

    - En la primera lista desplegable, seleccione Country.
    - En la segunda lista desplegable, seleccione hasta (sin incluir).
    - En la tercera lista desplegable, seleccione 1.
    - En la cuarta lista desplegable, introduzca la viñeta que acaba de copiar.

15. Mueva la ventana Opciones de estilo de párrafo de forma que pueda ver que el país de cada té tiene formato en itálica. Sin embargo, también adoptarán este formato los dos conjuntos de dos puntos para lo que tendremos que añadir un estilo adicional [Ninguno], entre los otros dos estilos para los dos puntos.

16. En la sección Estilos anidados, haga clic en el botón **Nuevo estilo anidado** para crear otro estilo anidado.

17. Repita los pasos 7 a 11, para crear el nuevo estilo anidado con el siguiente formato.

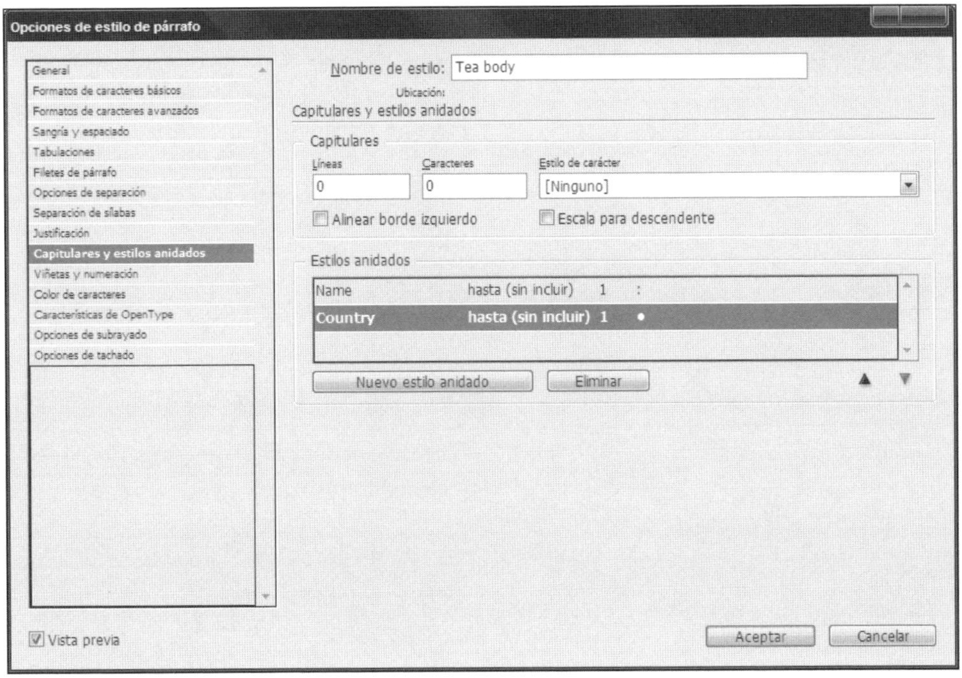

Figura 7.18.
Configuración del estilo anidado.

- En la primera lista desplegable, seleccione [Ninguno].
- En la segunda lista desplegable, seleccione hasta (inclusive).
- En la tercera lista desplegable, seleccione 2.
- En la cuarta lista desplegable, escriba otros dos puntos :

18. Ahora ya tiene el estilo anidado, pero necesita estar entre los estilos Name y Country. Con el estilo [Ninguno] seleccionado, haga clic en la flecha arriba hasta que se encuentre entre las dos.
19. Haga clic en **Aceptar** para aceptar los cambios. Ahora ya ha terminado de crear un estilo anidado que aplicará los estilos de carácter Name y Country a cualquier párrafo que tenga como estilo de párrafo Tea Body.
20. Seleccione Archivo>Guardar.

Creación y aplicación de estilos a objetos

Los estilos de objetos permiten aplicar y dar formato global a los gráficos, textos y marcos. Estos atributos de formato, incluyen el relleno, el trazo, la transparencia y las opciones de contorneo de texto, creando un diseño general más consistente e incrementando la productividad.

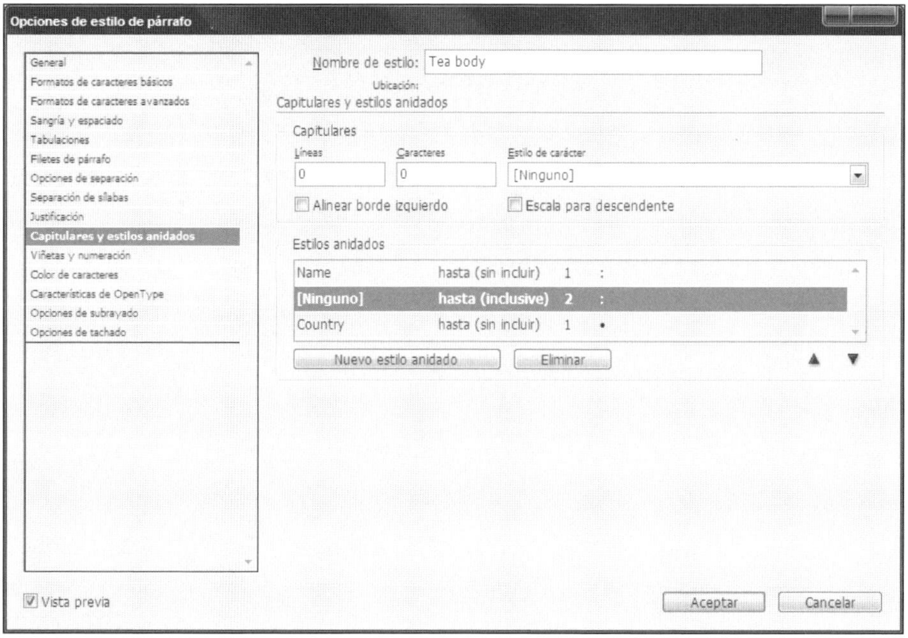

Figura 7.19.
Situación del estilo entre los otros dos.

Figura 7.20.
Resultado de la aplicación del estilo de párrafo anidado.

Creación de un estilo de objeto

En esta sección, creará y aplicará un estilo de objeto al círculo negro del símbolo "etp" de la página 2. Este símbolo significa *Ethical Tea Partnership*.

1. Haga doble clic en la página 2 en el panel Páginas para centrar la página 2 en la ventana.
2. Seleccione la herramienta **Zoom** del panel Herramientas e incremente la visualización para ver el símbolo cerca del texto *Earl Gray*.

   Aplicaremos un efecto de biselado al círculo. Para hacerlo más sencillo, el texto y el círculo de todos los símbolos se colocarán en capas distintas: los círculos en una capa llamada `etp circle` y el texto en una capa llamada `etp type`.

3. Seleccione Ventana>Capas para ver el panel Capas. Haga clic en el cerrojo al lado del texto para bloquearlo en el centro del círculo.
4. Con la herramienta **Selección**, haga clic en el círculo negro al lado de *Earl Gray*.

5. En el panel Muestras, cambie el color del trazo y del relleno a C = 43 M = 100 Y = 100 K = 30.

6. Seleccione Objetos>Efectos>Biselar y grabar. Si todavía no está seleccionado, seleccione Biselado interno en el menú Estilo bajo Estructura. Asegúrese de que la opción Vista previa está activada y mueva la ventana Efectos para ver el círculo.

7. En el campo Tamaño, escriba **0p2** para cambiar la forma del biselado. Deje el resto de parámetros como están.

8. Haga clic en **Aceptar** de forma que vea el efecto en el símbolo.

9. En el panel Estilos de objeto, cree un nuevo estilo de objeto seleccionando Nuevo estilo de objeto en el menú de panel . Se abre la ventana ofreciéndonos las opciones de formato para construir el estilo.

Figura 7.22.
Antes y después del efecto.

10. Asigne como nombre de estilo **etp circle** en el cuadro de texto Nombre de estilo.

11. Haga clic en Aplicar estilo a la selección para aplicar el estilo de este nuevo objeto al círculo al que acaba de dar formato. De otra manera, el estilo aparecerá en el panel Estilo de objeto pero no se aplicará automáticamente al círculo al que dio formato hasta que se actualice el estilo.

12. En la sección General de esta ventana, fíjese que se puede basar el nuevo estilo de objeto en uno ya creado. Como lo estamos creando desde el principio, deje este parámetro con el valor [Ninguno].

13. Si está creando un estilo basado en un formato ya existente en el documento, podrá ver dicha configuración en la sección Configuración de estilo de la ventana.

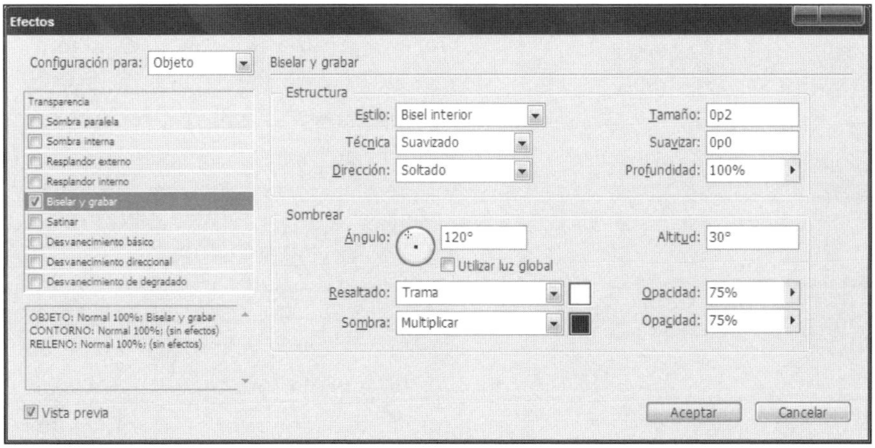

Figura 7.21.
El cuadro de diálogo Efectos.

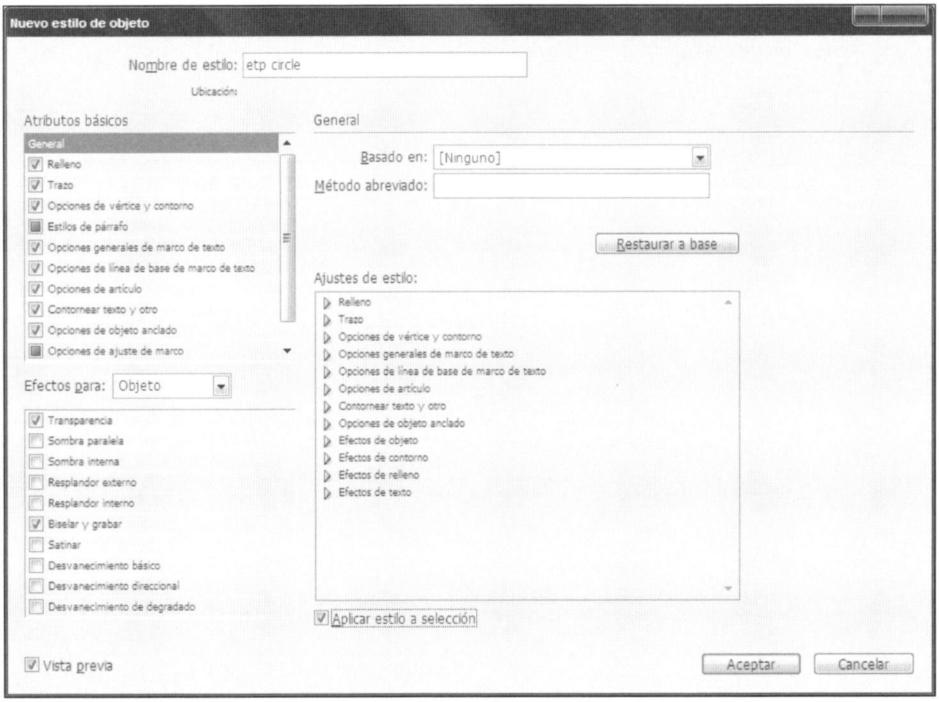

Figura 7.23.
El cuadro de diálogo Nuevo estilo de objeto.

Debido a que el estilo se ha creado desde cero, haga clic en los triángulos de cada ajuste donde se muestra los valores predeterminados para dicho atributo.

14. El cuadro de selección de la izquierda de esta ventana muestra los atributos que se aplicarán cuando se utilice el estilo. Para añadir una sombra paralela al estilo, haga clic en Sombra paralela para configurar sus atributos en la parte derecha de la ventana.

15. En la configuración de la sombra, indique los siguientes parámetros:

    - Cambia los valores X e Y con el valor **0p2**.
    - Cambie el valor Tamaño a **0p4**.
    - Deje el resto de parámetros predeterminados, asegurándose de que el color de la sombra es el negro.

16. Ya ha creado su primer estilo de objeto. Haga clic en **Aceptar** para cerrar la ventana y podrá ver el estilo en el panel Estilos de objeto.

Aplicar un estilo de objeto

Ahora aplicará un estilo de objeto a los otros dos círculos de la página 2. El uso de un estilo de objeto evita tener que aplicar de forma manual la sombra y los atributos de contorneo de texto a cada imagen de forma individual.

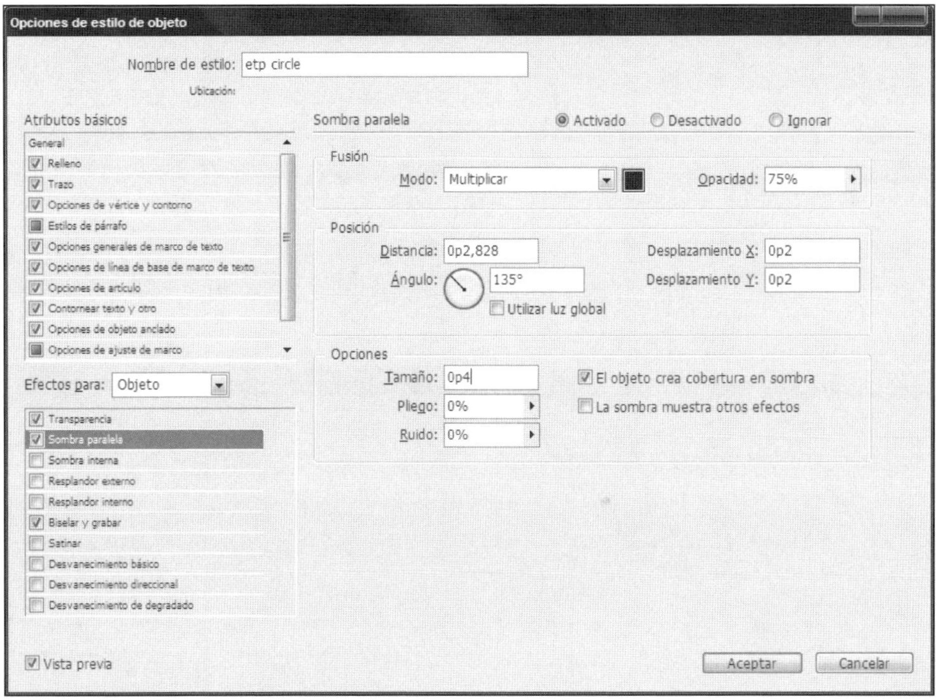

Figura 7.24.
Configuración de una sombra paralela.

Figura 7.25.
El panel Estilos de objeto.

1. En el panel Páginas, haga doble clic en la página 2 para centrarla en la ventana.

2. Usando la herramienta **Selección**, seleccione el segundo círculo y después haga clic en el estilo `etp circle` del panel Estilos de objeto. El círculo debería aparecer exactamente con el formato del otro.

3. Para acelerar el proceso, mantenga pulsada la tecla **Mayús** para seleccionar todos los círculos de la página 2 y después aplique el estilo.

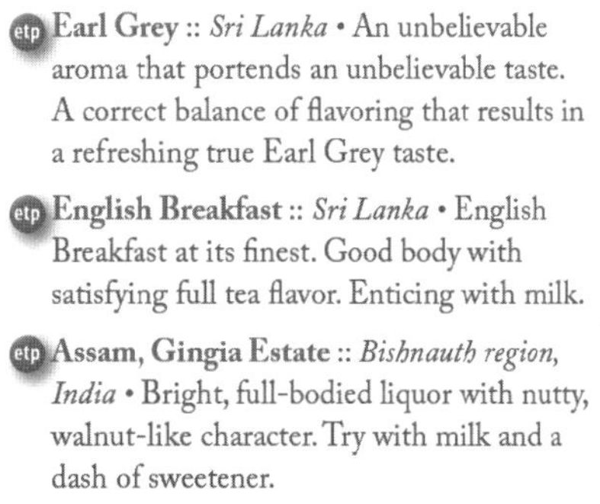

Figura 7.26.
El resultado final.

4. Seleccione Archivo>Guardar.

Creación y aplicación de estilos de tabla y de celda

Las tablas son ideales para organizar de forma sencilla los contenidos en filas y columnas. Los estilos de tabla y celda permiten dar formato a tablas con la misma sencillez y consistencia que utilizamos para dar estilo al texto con estilos de párrafo o caracteres. Los estilos de tabla nos permiten controlar los atributos visuales de la tabla incluidos los bordes de la tabla, el espacio antes y después de la tabla, los trazos de las filas y las columnas así como los patrones de relleno. Los estilos de celda nos permiten controlar los textos interiores, la justificación vertical, los contornos de celdas y los rellenos, así como las líneas diagonales.

En esta sección, crearemos y aplicaremos una tabla y dos estilos de celdas a tablas del documento.

Creación de estilos de celda

Ahora vamos a crear un estilo de celda tanto para el encabezado de fila como para el resto de las mismas para la tabla de la parte inferior de la página 2. Estos dos estilos estarán dentro del estilo Tabla, muchos de los estilos de carácter estarán anidados dentro de estilos de párrafos vistos anteriormente en este capítulo.

1. Si todavía no está visible, haga doble clic en la página 2 en el panel Páginas para centrar la página en la ventana. Haga doble clic en la herramienta **Zoom** para incrementar el tamaño hasta 100%, si fuese necesario, para visualizar la tabla de la parte inferior de la página.
2. Utilizando la herramienta **Texto**, seleccione las dos primeras celdas de la fila del encabezado que contiene las palabras "*Tea*" y "*Finished Leaf*". Después, seleccione Tabla>Opciones de celda>Contornos y rellenos. Seleccione el color C = 4 M = 15 Y = 48 K = 0 en el menú desplegable Color en la sección Relleno de celda.

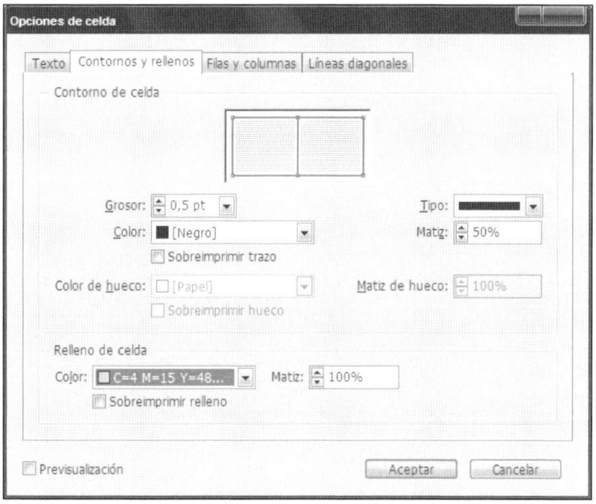

Figura 7.27.
El cuadro de diálogo Opciones de celda.

3. Con las celdas seleccionadas, haga aparecer el panel Estilos de celda seleccionando Ventana>Texto y tablas>Estilos de celda.
4. En el menú del panel Estilos de celda, seleccione Nuevo estilo de celda. El formato de la celda que se aplique se mostrará en el cuadro Configuración de estilo. En esta sección, sin embargo, vamos a configurar el estilo de párrafo que utilizaremos en la fila de la cabecera.
5. Asigne un nombre para este estilo en el campo Nombre de estilo y llámelo **Table Head**.

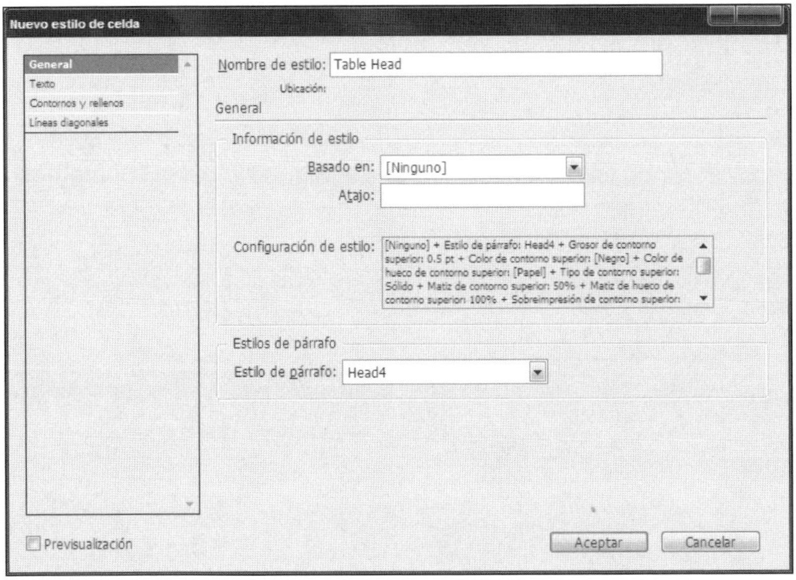

Figura 7.28.
El cuadro de diálogo Nuevo estilo de celda.

6. En la lista desplegable Estilo de párrafo, seleccione Head 4. Este estilo ya fue creado en el documento. Después, haga clic en **Aceptar**.

   Ahora pasaremos a crear el nuevo estilo de celda para las filas del cuerpo de la tabla.

7. Seleccione las dos primeras celdas de la segunda fila de la tabla incluidas "*White*" y "*Soft, grayish white*".
8. En el menú del panel Estilos de celda, seleccione Nuevo estilo de celda.
9. Asigne un nombre a este estilo en el campo Nombre de estilo y después llámelo **Table Body Rows**.
10. En la lista Estilo de párrafo, seleccione Table Body. Este estilo de párrafo ya fue creado anteriormente en el documento.
11. Haga clic en **Aceptar** de forma que vea el nuevo estilo en el panel Estilos de celda. Ahora tiene dos estilos de celda y puede crear un estilo de tabla a partir de ambos.

Creación de un estilo de tabla

El estilo de tabla nos permite controlar el estilo de celdas que queramos en nuestras tablas así como el formato general de la tabla incluyendo el borde de la tabla, el espacio antes y después de la tabla y los contornos de una fila alternativa, los contornos de la columna y los patrones de relleno.

1. Si todavía no está presente, haga doble clic en la página 2 del panel Páginas para centrar la página en la ventana. Haga doble clic en la herramienta **Zoom** para incrementar la visualización hasta el 100% y después, desplácese hasta la parte inferior de la página.

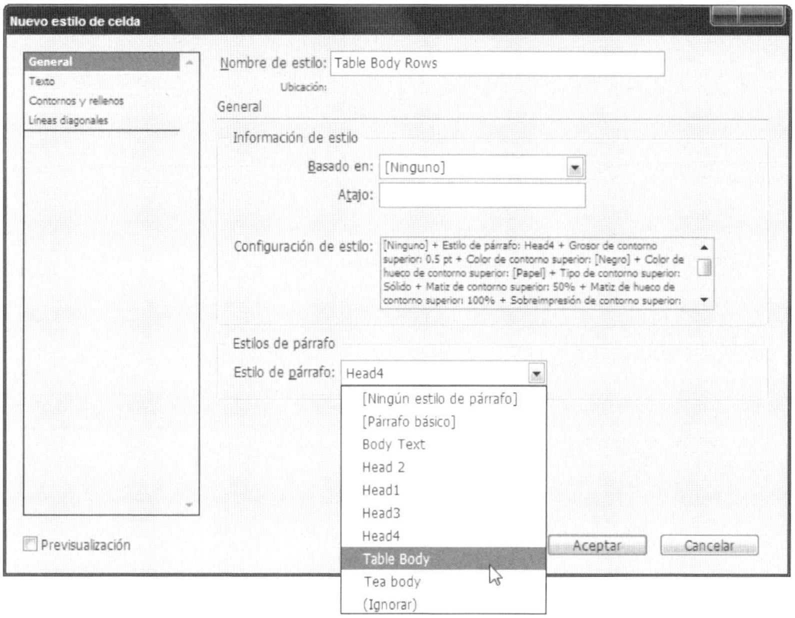

Figura 7.29.
Selección del estilo de párrafo Table Body.

2. Utilice la herramienta **Texto** y haga clic para crear un punto de inserción en cualquier parte de la tabla.

3. Seleccione Ventana>Texto y tablas> Estilos de tabla y en el menú del panel , seleccione Nuevo estilo de tabla.

4. En el campo Nombre de estilo, asigne un nombre para el nuevo estilo de tabla. Escriba **Tea Table**. Ahora podrá elegir los dos estilos de celda que creó para dar formato a las filas del encabezado y el cuerpo de la tabla.

5. En la sección Estilo de celdas, seleccione en la lista desplegable Filas de encabezado la opción Table Head.

6. Elija Table Body Rows en la lista desplegable Filas de texto.

Ahora, daremos formato a la tabla para tener colores alternativos en sus filas.

7. Seleccione Rellenos en el menú de la izquierda. Seleccione en Alternar patrón, la opción Fila sí, fila no y aparecerán más opciones.

8. En Color, seleccione el color amarillo pálido (C = 4, M = 15, Y = 48, K = 0).

9. En Matiz, introduzca `30%`.

10. Haga clic en **Aceptar** de forma que podrá ver el nuevo estilo en el cuadro Estilos de tabla.

Aplicar un estilo de tabla

Ahora aplicará el estilo de tabla que acaba de crear.

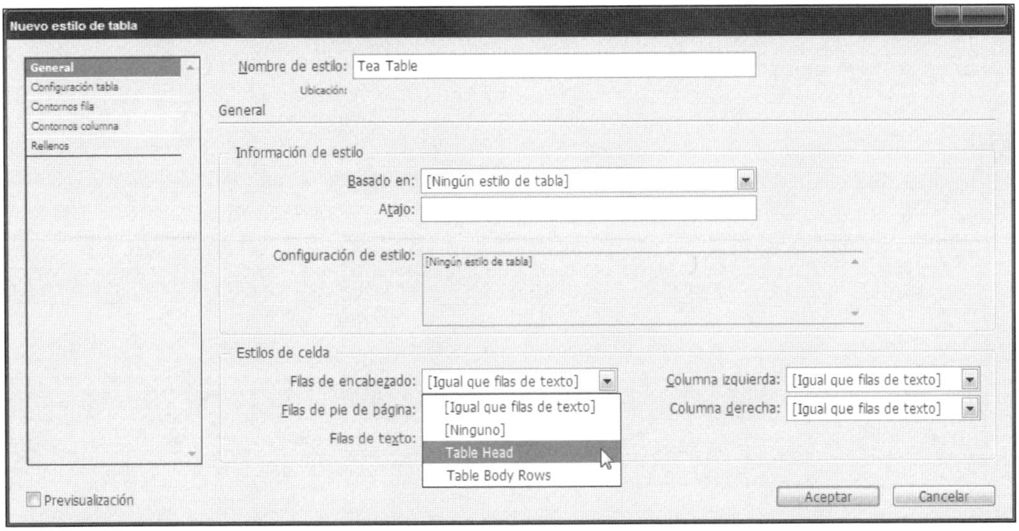

Figura 7.30.
Selección de Table Head en la lista desplegable Filas de encabezado.

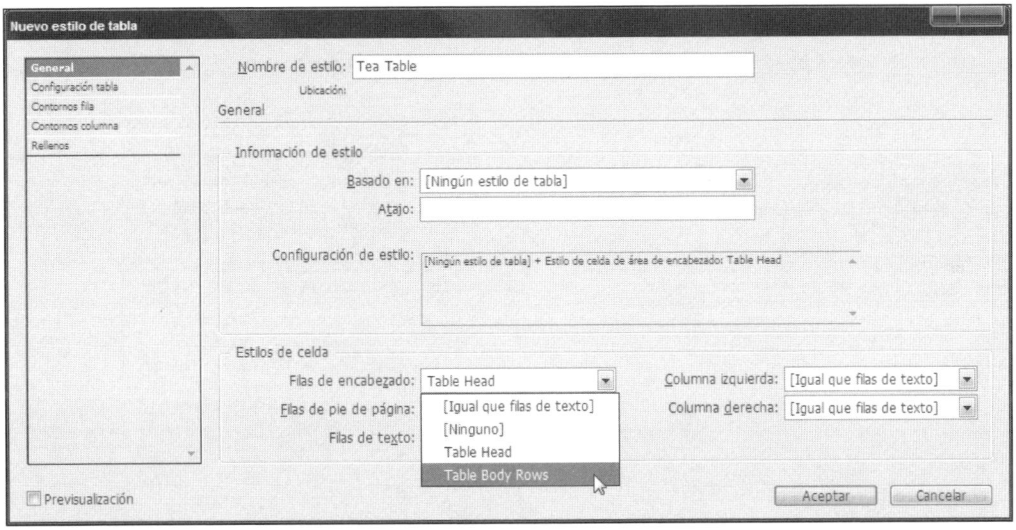

Figura 7.31.
Selección de Table Body Rows en el menú Filas de texto.

1. Si todavía no está visible, haga doble clic en la página 2 del panel Páginas para centrar la página en la ventana. Haga doble clic en **Zoom** para incrementar el zoom al 100% y si fuese necesario, vaya a la parte inferior de la página.
2. Utilizando la herramienta **Texto** T, haga clic para introducir un punto de inserción en cualquier parte de la tabla.
3. En el panel Estilos de tabla, haga clic en el estilo Tea Table.

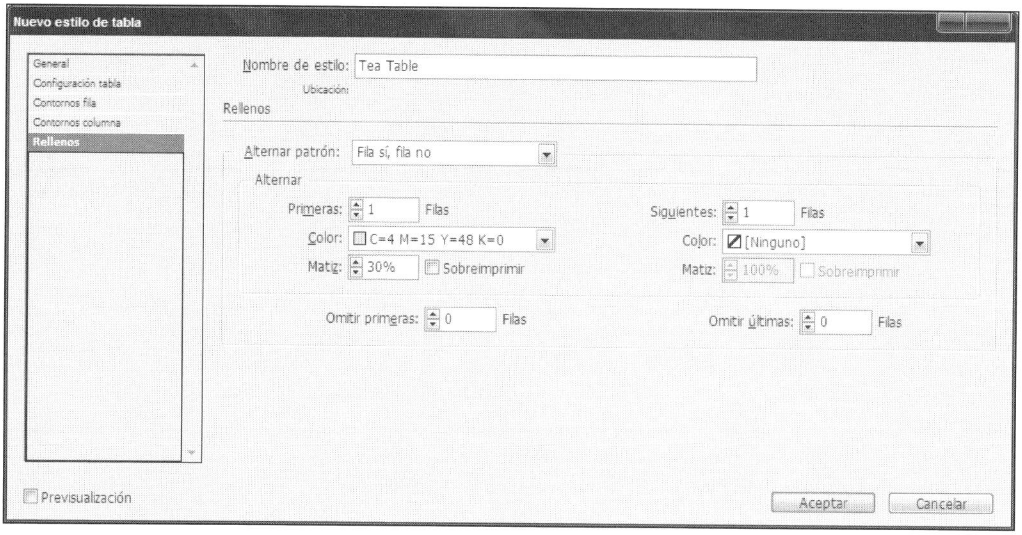

Figura 7.32.
Sección Rellenos de Nuevo estilo de tabla.

La tabla debería obtener el formato con los estilos de tabla y de celdas que acaba de crear.

Tea	Finished Leaf	Liquor	Caffeine
White	Soft, grayish white	Pale yellow or pinkish	15 mg
Green	Dull to brilliant green	Green or yellowish	20 mg
Oolong	Blackish or greenish	Green to brownish	30 mg
Black	Lustrous black	Rich red or brownish	40 mg

Figura 7.33.
El resultado final.

4. Ahora, haga doble clic en la página 3 en el panel Páginas. Haga clic en cualquier parte de la tercera columna de la tabla para introducir un nuevo punto de inserción.

5. En el panel Estilos de tabla, haga clic en el estilo Tea Table. La tabla debería obtener el formato de los estilos de tabla y celda que hemos creado.

Fíjese en que hay una pequeña diferencia en cuanto a que no hay fila de encabezado en esta tabla, de forma que el estilo `Table Head` se ha ignorado.

Tea Tasting Overview
An overview and tasting of the white, green, oolong and black, and how each are grown and processed, and how to best prepare each.
Black Tea Tasting
Learn to distinguish the various types of black tea including Assams, Ceylons, Darjeelings, Yunnans and other regional blacks.
Green Tea Tasting
An overview and tasting of Japanese and Chinese greens including Dragonwell, Gyrokuro, Matcha and Genmaicha.
Oolong Tea Tasting
The complexities of oolong teas come alive in this tasting overview, including Ti Kuan Yin, Quangzhou Milk and Phoenix Iron Goddess oolong teas.
White Tea Tasting
Learn of these delicate, rare teas that many believe is the purist, healthiest tea to drink.

Figura 7.34.
Resultado de aplicar el formato de texto y de celdas a la tabla.

6. Ya ha creado con éxito y ha aplicado estilos de tabla y de celda. Haga clic en Archivo>Guardar.

Actualizar estilos de forma global

Existen dos formas de actualizar estilos de objeto, carácter o párrafo en InDesign. El primero consiste en abrir el estilo y modificar las opciones de formato, como hicimos al crear un estilo anidado en el ejercicio anterior. Como existe una relación principal-secundario entre el estilo y la instancia o instancias a la que se aplica, todas las instancias se actualizan para reflejar la modificación.

La otra forma de actualizar estilos de objeto, carácter o párrafo consiste en utilizar formatos locales para modificar una instancia y, tras ello, volver a definir el estilo en función de dicha instancia. En este ejercicio, modificaremos el estilo Head3 por medio de formatos locales para redefinir el estilo.

1. Con `07_etc.indd` abierto, haga doble clic en la página 2 del panel Páginas para centrar la ventana del documento. Después, haga doble clic en la herramienta **Zoom** para incrementarlo hasta el 100%.

2. Con la herramienta **Texto** T, haga clic para colocar un punto de inserción en "*Black Tea*" de la primera columna.

3. Si todavía no está visible, seleccione Ventana>Texto y Tablas>Estilos de párrafo para acceder al panel Estilos de párrafo. Fíjese en que este panel muestre el estilo Head3 que se aplicó anteriormente en este capítulo.

4. En el panel Control, a la derecha, seleccione Filetes de párrafo en el menú del panel.

5. Seleccione Filete inferior dentro de la lista desplegable de la zona superior y haga que Vista previa quede marcada de la parte inferior izquierda y mueva el cuadro hasta que se pueda ver "*Black Tea*" en la pantalla.

6. Cree un filete inferior utilizando la configuración siguiente:

   - Grosor a 1pt.
   - Color con los valores C = 4, M = 15, Y = 48 y K = 0.
   - Desplazamiento a **0p2**.

   Deje el resto de parámetros predeterminados.

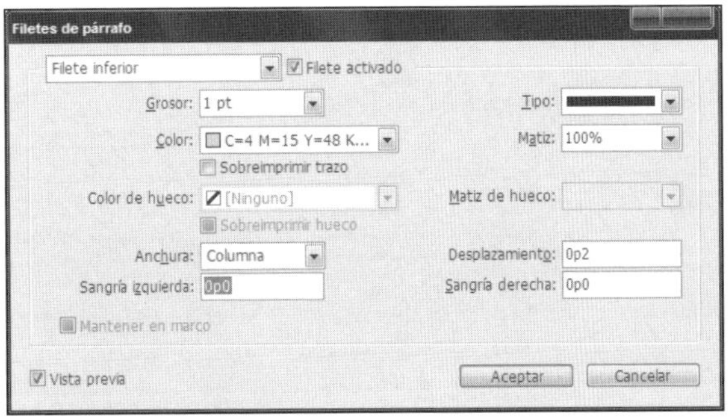

Figura 7.35.
Filetes de párrafo.

7. Haga clic en **Aceptar** y aparecerá una línea amarilla bajo "*Black Tea*".

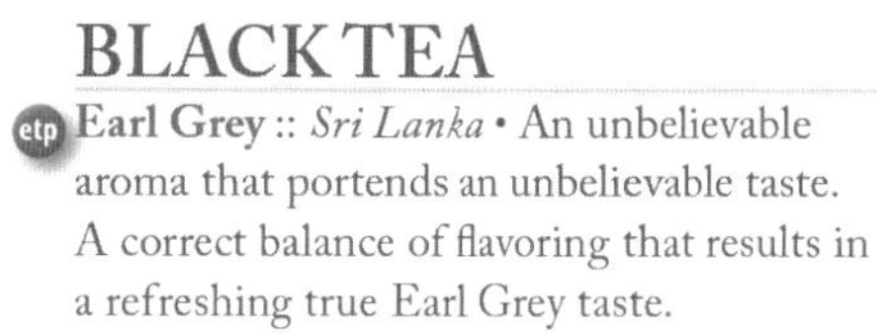

Figura 7.36.
El resultado final.

> **Nota:** Verá que aparece un signo + junto al nombre del estilo en el panel Estilos de párrafo. Indica que se ha aplicado formato local (y se ha añadido al estilo Head3).

8. Tras ello, volveremos a definir el estilo de objeto para que el cambio local se aplique a todas las imágenes que contaran con el estilo Head3. En el menú del panel Estilos de párrafo, seleccione Redefinir estilo. El signo + desaparecerá del nombre del estilo. Todas las cabeceras que tuvieran el estilo Head3 se actualizarán globalmente para reflejar los cambios realizados en el estilo.

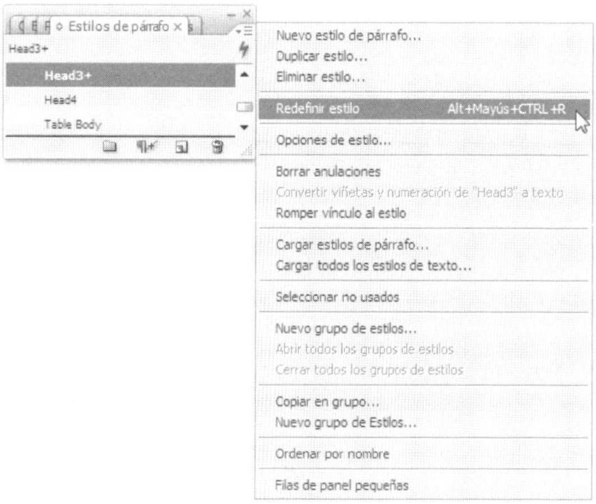

Figura 7.37.
La opción Redefinir estilo.

> **Nota:** Puede utilizar la misma técnica para redefinir estilos de carácter, objeto y tabla basándose en formatos de texto local.

9. Seleccione Archivo>Guardar.

Cargar estilos desde otro documento

Los estilos sólo aparecen en el documento en que los creemos. Sin embargo, resulta muy sencillo compartir estilos entre documentos de InDesign si los cargamos o importamos desde otros documentos. En este ejercicio, importaremos y aplicaremos un nuevo estilo anidado de párrafo desde el documento terminado `07_b.indd` al primer cuerpo de párrafo de la página 3, que tiene un estilo de carácter con letra capital anidado.

1. Con `07_etc.indd` abierto, haga doble clic en la página 3 en el panel Páginas para centrar esta página en la ventana del documento. Haga doble clic en la herramienta **Zoom** para incrementar el zoom a `100%`.

2. Si todavía no está visible, seleccione Ventana>Texto y tablas>Estilos de párrafo para abrir el panel Estilos de párrafo.

3. Haga clic en el botón de menú del panel Estilos de párrafo y seleccione Cargar todos los estilos de texto. Tendrá la oportunidad de elegir todos los estilos de texto del documento `07_b.indd`.

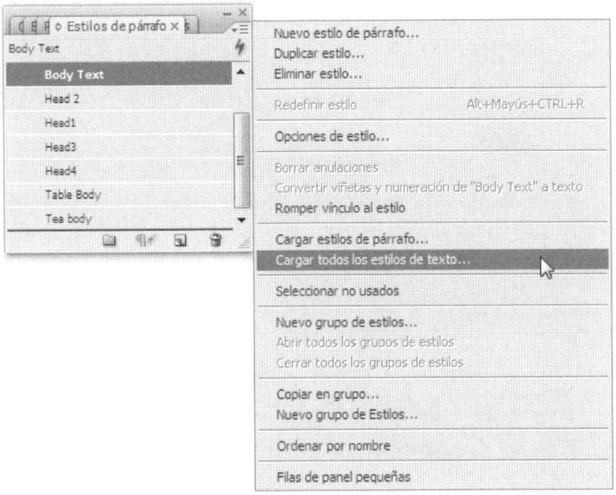

Figura 7.38.
La opción Cargar todos los estilos de texto.

4. En el cuadro de diálogo Abrir un archivo, seleccione el archivo `07_b.indd` de la carpeta `Lesson_07`. Se abrirá el cuadro de diálogo Cargar estilos. Para no rescribir estilos existentes al realizar la importación, haga clic en **Desactivar todo**. Fíjese que el estilo de carácter Drop cap está seleccionado en la lista ya que es el carácter anidado dentro de Drop Cap Body. Ambos estilos se importarán. Haga clic en **Aceptar**.

5. Con la herramienta **Texto** T, coloque un punto de inserción en el primer párrafo que comienza por "*Tea, Tay*" y seleccione el estilo Drop Cap Body en el panel Estilos de párrafo. La T inicial se transformará según el estilo elegido.

6. Seleccione Archivo>Guardar.

Enhorabuena. Ha completado el capítulo.

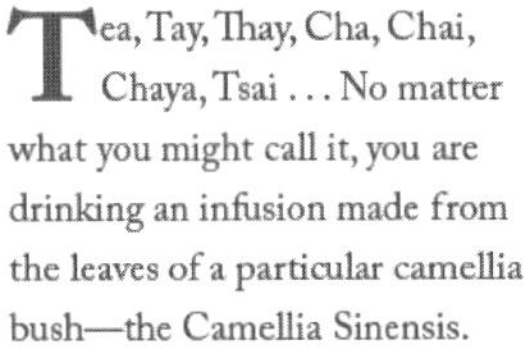

Figura 7.39.
El resultado final.

Preguntas de repaso

1. ¿Cómo puede acelerar el flujo de trabajo el uso de estilos de objeto?
2. ¿Qué debe crear antes de poder diseñar un estilo anidado?
3. ¿Qué dos formas existen para actualizar globalmente un estilo aplicado a un documento de InDesign?
4. ¿Cómo importaría estilos de otros documentos de InDesign?

Respuestas

1. Los estilos de objeto nos permiten ahorrar tiempo ya que generan un grupo de atributos de formato que podemos aplicar a nuestras imágenes de forma rápida. Si tiene que actualizar el formato, no será necesario cambiar individualmente cada imagen, sino simplemente modificar el estilo.
2. Los dos requisitos previos para utilizar estilos anidados son la necesidad de crear primero un estilo de carácter y, tras ello, crear un estilo de párrafo en el que anidarlo.
3. En InDesign existen dos formas de actualizar un estilo de objeto, carácter o párrafo. La primera consiste en abrir el propio estilo y modificar las opciones de formato. La segunda consiste en utilizar formatos locales para cambiar una instancia y, tras ello, redefinir el estilo en función de dicha instancia.
4. La importación de archivos es muy sencilla. Basta con seleccionar la opción de cargar estilo para los objetos, caracteres y párrafos en el menú del panel y localizar el documento de InDesign desde el que desee cargar los estilos. Los estilos se cargarán en los correspondientes paneles y estarán disponibles para su utilización.

Capítulo 8

Importar y vincular gráficos

Puede mejorar fácilmente su documento con fotografías e ilustraciones creadas en Adobe Photoshop, Adobe Illustrator u otros programas gráficos. Si estos gráficos importados cambian, InDesign le puede informar cuándo está disponible una versión más reciente de un gráfico y puede actualizar o sustituir cualquier gráfico en cualquier momento.

En este capítulo, aprenderá cómo hacer lo siguiente:

- Distinguir entre gráficos vectoriales y mapa de bits.
- Colocar gráficos con capas de Adobe Photoshop y Adobe Illustrator.
- Importar trazados de recorte con gráficos y crear trazados de recorte.
- Gestionar archivos colocados por medio de la paleta Enlaces.
- Utilizar y crear bibliotecas para los objetos.
- Importar gráficos con Adobe Bridge.
- Importar archivos PDF.

Antes de comenzar

En este capítulo, agrupará un libreto para un disco compacto importando y gestionando gráficos de Adobe Photoshop, Adobe Illustrator y Adobe Acrobat. Después de imprimirlo y cortarlo, se doblará para que encaje en una caja de un CD.

Este capítulo incluye un procedimiento que puede llevar a cabo utilizando Adobe Photoshop, si tiene una copia de ese programa instalada en su ordenador.

> **Nota:** Si no ha copiado todavía los archivos de recursos de este capítulo en su disco duro de la carpeta `Lesson_08` del CD adjunto, hágalo ahora.

1. Para asegurarse de que todas las herramientas y paneles funcionan de la misma forma que en este capítulo, restaure las preferencias predeterminadas de Adobe InDesign.
2. Inicie Adobe InDesign CS3.
3. Seleccione Archivo>Abrir y abra el archivo `08_a.indd` de la carpeta `Lesson_08`, situada en la carpeta `Lessons` dentro de la carpeta `InDesignCIB` de su disco duro.
4. Aparece un mensaje, diciendo que la publicación contiene vínculos modificados o que faltan. Haga clic en **No reparar**; lo arreglará más adelante en este capítulo.
5. Mueva la paleta Enlaces de forma que no tape la vista del documento. La paleta Enlaces se abre automáticamente siempre que abra un documento de InDesign que contiene vínculos que faltan o que han sido modificados.
6. Si quiere ver cómo queda el documento terminado, abra el archivo `08_b.indd`

de la misma carpeta. Si lo prefiere, puede dejar el documento abierto para utilizarlo como guía según trabaje. Cuando esté listo para continuar trabajando en el documento del capítulo, seleccione su nombre en el menú Ventana.

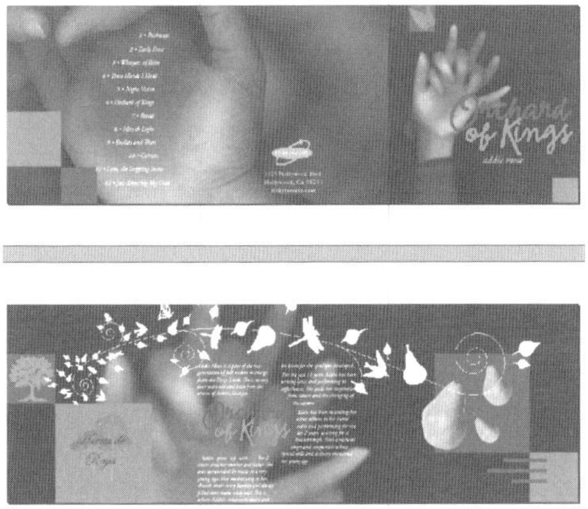

Figura 8.1.
El archivo original y el resultado final.

7. Seleccione Archivo>Guardar como, cambie el nombre del archivo por `08_cdbook.indd` y guárdelo en la carpeta `Lesson_08`.

> **Nota:** Al trabajar en este capítulo, puede mover las paletas o puede adaptar el porcentaje de ampliación al nivel que le resulte más cómodo. Consulte cómo cambiar el porcentaje de ampliación de su documento y utilizar la paleta Navegador en un capítulo anterior.

Agregar gráficos de otros programas

InDesign admite muchos formatos de archivos gráficos comunes. Aún cuando esto quiere decir que puede utilizar gráficos creados utilizando una amplia gama de programas gráficos, InDesign funciona de una forma más uniforme con otros programas gráficos profesionales de Adobe, tales como Photoshop, Illustrator y Acrobat.

De forma predeterminada, los gráficos importados se vinculan, lo que quiere decir que InDesign muestra un archivo gráfico en su maquetación sin copiar realmente el archivo gráfico completo en el documento InDesign.

Vincular archivos de recursos posee dos ventajas principales. Primera, se ahorra espacio en disco, especialmente si reutiliza el mismo gráfico en muchos documentos de InDesign. Segunda, puede editar un documento vinculado en el programa que utilizó para crearlo y después simplemente actualizar el vínculo en la paleta Enlaces de InDesign. La actualización de un archivo vinculado mantiene la posición y valores actuales para el recurso de forma que no tiene que rehacer el trabajo.

Todos los gráficos vinculados y los archivos de texto aparecen en la paleta Enlaces, que posee botones y comandos para gestionar los vínculos. Cuando genere un resultado final utilizando Postcript® o PDF, InDesign utiliza los vínculos para dar la máxima calidad disponible desde los originales, versiones almacenadas externamente de los gráficos colocados.

Comparativa entre gráficos vectoriales y mapas de bits

Las herramientas de dibujo de Adobe InDesign y Adobe Illustrator crean gráficos vectoriales, que están compuestos de formas basadas en expresiones matemáticas. Los gráficos vectoriales se componen de líneas uniformes que mantienen su aspecto cuando se escalan. Son idóneos para ilustraciones, texto y gráficos como logotipos que normalmente se escalan a tamaños diferentes. Las imágenes de mapa de bits están basadas en una cuadrícula de píxeles y son creadas por medio de las aplicaciones de edición de imagen, como Adobe Photoshop. Cuando trabaja con imágenes de mapa de bits, edita píxeles individuales más que objetos o figuras. Ya que los gráficos de mapas de bits pueden representar gradaciones sutiles de matices y colores, son idóneos para imágenes de tonos continuos, tales como fotografías u obras de arte creadas con programas de dibujo. Una desventaja de los gráficos de mapas de bits es que pierden definición y aparecen "dentados" cuando se amplían. Además, suelen tener un mayor tamaño de archivo que las imágenes vectoriales.

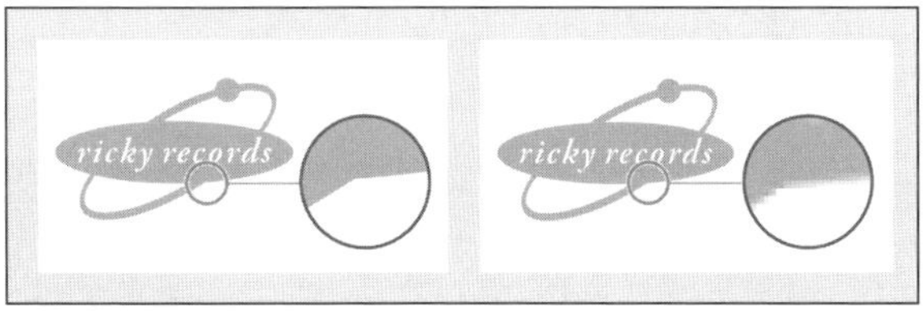

Figura 8.2.
Logotipo dibujado como gráfico vectorial y rasterizado como mapa de bits.

En general, utilice las herramientas de dibujo vectorial para crear ilustraciones o texto con líneas definidas que queden bien a cualquier tamaño, como por ejemplo el logotipo utilizado en una tarjeta de visita y también en un cartel. Puede crear ilustraciones vectoriales utilizando las herramientas de dibujo de InDesign o podría preferir beneficiarse de la amplia gama de herramientas de dibujo vectorial disponibles en Illustrator. Puede utilizar Photoshop para crear imágenes de mapas de bits que tengan la suavidad de trazos de la fotografía o la pintura o para aplicar efectos especiales al gráfico lineal.

Gestionar vínculos a archivos importados

Cuando abrió el documento, vio un mensaje de alerta sobre problemas con los archivos vinculados. Resolverá dichos problemas utilizando la paleta Enlaces, que facilita información completa sobre el estado de cualquier texto o archivo gráfico vinculado de su documento.

Identificar imágenes importadas

Utilizará tres técnicas diferentes en la paleta Enlaces para identificar algunas de las imágenes que ya se habían importado en el documento. Más adelante en este capítulo, utilizará la paleta Enlaces para modificar y actualizar los gráficos importados.

1. Si fuera necesario, amplíe o desplace la ventana del documento para que pueda ver ambos pliegos o seleccione Edición> Toda la mesa de trabajo.

2. Si la paleta Enlaces no está visible, seleccione Ventana>Enlaces.

3. Utilizando la herramienta **Selección**, seleccione el logotipo "*Orchard of Kings*" en la página 4, la página situada más a la derecha del primer pliego. Fíjese en que el nombre del archivo del gráfico, `08_i.ai`, aparece seleccionado en la paleta Enlaces, cuando lo selecciona en la maquetación. A continuación, utilizará la paleta Enlaces para localizar un gráfico en la maquetación.

4. En la paleta Enlaces, seleccione `08_g.psd` y haga clic en el botón **Ir al enlace**. El gráfico queda seleccionado y se centra en la pantalla. Es una forma rápida de encontrar un gráfico con un nombre conocido.

   Si la paleta Enlaces está todavía en el centro de la ventana del documento, puede moverla ahora para que no le estorbe y ver la página cuando siga trabajando con el resto del capítulo.

Estas técnicas para identificar y localizar los gráficos vinculados son útiles a lo largo de este capítulo y siempre que trabaje con un gran número de archivos importados.

Ver información sobre archivos vinculados

Puede utilizar la paleta Enlaces para gestionar los gráficos o archivos de texto colocados de muchas otras formas, como actualizar o sustituir texto o gráficos. Todas las técnicas que aprenda en este capítulo sobre la gestión de archivos vinculados se aplican igualmente a los archivos gráficos y de texto que coloque en su documento.

1. Si la paleta Enlaces no está visible, seleccione Ventana>Enlaces para abrirla. Si no puede ver los nombres de todos los archivos vinculados sin desplazarlos, arrastre la esquina inferior derecha de la paleta para agrandarla.

2. Haga doble clic sobre el vínculo `08_g.psd`. El cuadro de diálogo Información de enlace aparece, describiendo el archivo al que se refiere el vínculo.

3. Haga clic en **Siguiente** para ver la información del siguiente archivo de la lista de la paleta Enlaces, `08_h.psd`.

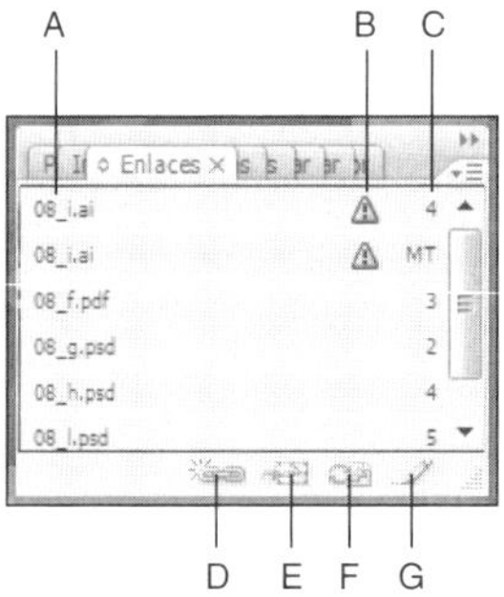

Figura 8.3.

A. Nombre del archivo vinculado. B. Icono de advertencia. C. Página en la que aparece el elemento vinculado. D. Botón Volver a enlazar. E. Botón Ir a enlace. F. Botón Actualizar enlace. G. Botón Editar original.

Puede examinar rápidamente todos los vínculos de esta forma. Uno o más vínculos pueden mostrar un icono de advertencia ⚠ en Estado del contenido; este icono avisa sobre un problema de vinculación, que resolverá en el siguiente apartado. Después de que haya examinado la información sobre el vínculo, haga clic en **Finalizado.**

De forma predeterminada, los archivos se ordenan en la paleta Enlaces de forma que los no actualizados aparecen primero. Puede utilizar los comandos del menú de la paleta Enlaces para ordenar la lista de archivos de varias formas.

4. En el menú de la paleta Enlaces, seleccione Ordenar por página. La lista de la paleta aparece ahora ordenada por orden numérico, por el número de página en la que aparece el elemento vinculado.

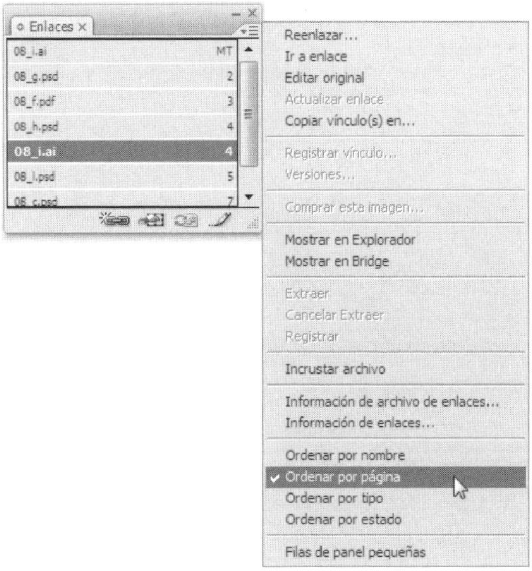

Figura 8.4.
Menú Enlaces>Ordenar por página.

Ver archivos en el Explorador (en Windows) o Finder (en Mac OS)

Aunque la paleta Enlaces ofrece información sobre los atributos y ubicación de un archivo concreto, no nos permite acceder al propio archivo. Podemos acceder directamente a un archivo desde el disco duro por medio de la opción Mostrar en Explorador o Mostrar en Finder.

1. Seleccione el archivo `08_g.psd` si no está seleccionado. Haga clic con el botón derecho del ratón o haga clic con la tecla **Control** pulsada y seleccione Gráficos>Mostrar en Explorador (en Windows) o Gráficos>Mostrar en Finder (en Mac OS). Se abrirá le ventana en la que se almacena el archivo vinculado. Esta función resulta muy útil para localizar documentos en el disco duro y cambiarlos de nombre en caso de que sea necesario.

2. Cierre la ventana y, en caso de que sea necesario, haga clic en el documento para regresar a InDesign.

Actualizar gráficos corregidos

Después de colocar archivos de texto o gráficos en su documento de InDesign, puede utilizar otros programas para actualizar esos archivos. La paleta Enlaces indica qué archivos han sido modificados fuera de InDesign y le da la oportunidad de actualizar su documento con las últimas versiones de esos documentos.

En la paleta Enlaces, el archivo `08_i.ai` tiene un icono de advertencia ⚠, indicando que el original ha sido modificado recientemente. Es el archivo que provocó el mensaje de alerta cuando abrió este documento. Actualizará este vínculo para que el documento de InDesign utilice la versión actual.

1. En la paleta Enlaces, seleccione la segunda instancia del archivo `08_i.ai` (en la página 4) y haga clic en el botón **Ir al enlace** . No tiene que dar este paso para actualizar un vínculo, pero es una forma rápida de comprobar doblemente qué archivo importado va a actualizar.

2. Haga clic en el botón **Actualizar enlace** .

La apariencia de la imagen en el documento cambia para mostrar su versión más reciente. Sin embargo la imagen nueva es mayor que la versión anterior por lo que el marco existente ahora corta el gráfico actualizado. Seleccione el resto de archivos que incluyan el icono de advertencia y haga clic en el botón de actualización. Puede utilizar la tecla **Mayús** para seleccionar varios archivos consecutivos para que se actualicen en un solo paso o utilizar **Control-clic** (Windows) o **Comando-clic** (en Mac OS) para seleccionar elementos no consecutivos en la paleta Enlaces.

Ver el estado de los vínculos en la paleta Enlaces

Un archivo vinculado puede aparecer en la paleta Enlaces de cualquiera de las siguientes maneras:

- Un archivo actualizado sólo muestra el nombre del archivo y su página en el documento.

- Un archivo modificado muestra un icono de vínculo modificado, un triángulo amarillo con un signo de exclamación . Este icono significa que la versión del archivo del disco es más reciente que la versión del documento. Por ejemplo, este icono aparecerá si importa un gráfico de Photoshop a InDesign y, a continuación, otro diseñador edita y guarda el gráfico original en Photoshop.

- Si un archivo no está disponible, se visualiza un icono de vínculo ausente, un hexágono rojo con un interrogante . El gráfico ya no está en la ubicación desde la que se importó, aunque puede que se encuentre en otro sitio. Esto puede suceder si alguien mueve el archivo original a una carpeta o servidor distintos después de que se haya importado un documento de InDesign. Es imposible saber si un archivo no disponible está actualizado hasta que se localice su original. Si imprime o exporta un documento cuando se visualice este icono, puede que el archivo no se imprima ni se exporte con resolución total.

Figura 8.5.
Vinculación.

> **Truco:** Todos los botones situados en la parte inferior de la paleta Enlaces también se encuentran como comandos en el menú de la misma.

3. Seleccione el gráfico `08_i.ai` de la página y, a continuación, seleccione Objeto> Ajuste>Ajustar contenido proporcionalmente. De esta forma podrá ver el gráfico de mayor tamaño.

Figura 8.6.
Ajuste del contenido proporcionalmente.

Sustituirá la imagen grande y amplia de la mano que abarca el segundo pliego (páginas 2-4) por una imagen modificada. Puede utilizar el botón **Volver a enlazar** para reasignar el vínculo a ese gráfico.

4. Vaya a las páginas 2-4 (el primer pliego) y seleccione Ver>Ajustar pliego en ventana.
5. Seleccione la imagen `08_h.psd`, que es la fotografía de las dos manos que se encuentra en la página 4. Sabrá que ha seleccionado la imagen correcta cuando el nombre del archivo quede seleccionado en la paleta Enlaces.
6. Haga clic en el botón **Volver a enlazar** en la paleta Enlaces.
7. Busque el archivo `08_j.psd` en la carpeta `Lesson_08` y, a continuación, haga clic en **Abrir**. La nueva versión de la imagen (que tiene un fondo diferente) sustituye a la imagen original y también se actualiza la paleta Enlaces.
8. Haga clic en un área vacía de la mesa de trabajo para deseleccionar todos los objetos.

9. Seleccione Archivo>Guardar para guardar su trabajo.

Ajustar la calidad de visualización

Ahora que ha corregido todos los vínculos de archivos, está en disposición de agregar más gráficos. Primero ajustaremos la calidad de visualización del archivo `08_i.ai` de Illustrator que actualizamos en el apartado anterior.

Al colocar la imagen, InDesign crea automáticamente una versión del archivo a baja resolución, según los valores actuales establecidos en el cuadro de diálogo Preferencias. Ésta y cualquier otra imagen del documento son actualmente variables sustitutivas de baja resolución, razón por la que la imagen parece tener bordes dentados. Puede controlar el grado de detalle que InDesign utiliza para mostrar los gráficos insertados. Si reduce la calidad en pantalla de los gráficos colocados, las páginas se muestran más rápido y no afecta a la calidad del producto final.

1. En la ventana Enlaces, seleccione la imagen `08_i.ai` actualizada en el apartado anterior en la página 4. Haga clic en el icono **Ir a enlace** para ver el documento ampliado.

2. Haga clic con el botón derecho del ratón (Windows) o utilice **Control-clic** (en Mac OS) sobre la imagen "*Orchard of Kings*" y, a continuación, seleccione Mostrar rendimiento>Visualización de alta calidad en el menú contextual que aparece. La imagen aparece a resolución real. Fíjese en que este proceso no afecta a la visualización de la resolución de las otras imágenes. Este proceso le permite confirmar la claridad, el aspecto o la posición de un gráfico concreto de su diseño.

3. Seleccione Ver>Mostrar rendimiento> Visualización de alta calidad. Este parámetro cambia el rendimiento de visualización predeterminado del documento. Todos los gráficos se mostrarán con la mayor calidad posible. En equipos más antiguos o en diseños con gráficos importados, este parámetro puede ralentizar el sistema y afectar a la actualización de la pantalla. En la mayoría de los casos, es aconsejable establecer el rendimiento en Visualización típica y, tras ello, cambiar la calidad de gráficos concretos.

4. Seleccione Archivo>Guardar.

Trabajar con trazados de recorte

Puede eliminar cualquier fondo no deseado de una imagen desde InDesign. Adquirirá experiencia al respecto en el siguiente procedimiento. Además de eliminar el fondo con Adobe InDesign, también puede crear trazados o canales alfa en Photoshop que, posteriormente, puede utilizar para retocar una imagen en su diseño de InDesign.

La imagen que acaba de colocar posee un fondo sólido rectangular que le impide ver el área que hay detrás.

Figura 8.7.
Visualización en pantalla con las opciones Visualización típica y Visualización de alta calidad.

Puede ocultar partes no deseadas de una imagen utilizando un trazado de recorte, un contorno vectorial dibujado que actúa como una máscara. InDesign puede crear trazados de recorte para muchos tipos de imágenes:

- Si dibujó un trazado en Photoshop y lo guardó con la imagen, InDesign puede crear un trazado de recorte a partir de él.
- Si pintó un canal alfa en Photoshop y lo guardó con la imagen, InDesign puede crear un trazado de recorte a partir de él. Un canal alfa implica áreas transparentes y opacas, y se crea normalmente en imágenes utilizadas para la composición fotográfica y de vídeo.
- Si la imagen tiene un fondo claro o blanco, InDesign puede detectar automáticamente sus bordes y crear un trazado de recorte.

La imagen que colocó de la pera no tiene un trazado de recorte o un canal alfa, sin embargo tiene un fondo blanco que InDesign puede eliminar.

Eliminar un fondo blanco utilizando InDesign

Puede utilizar la opción Detectar bordes del comando Trazado de recorte para eliminar el fondo blanco de una imagen. La opción Detectar bordes oculta áreas de una imagen cambiando la forma del marco que contiene la imagen, agregando puntos de anclaje si fuera necesario. Si desea obtener más información sobre los marcos y puntos de anclaje, revise los capítulos anteriores.

1. Desplácese hasta la página 7 del documento; para ello, haga doble clic sobre el icono de la página 7 de la paleta Páginas. Seleccione Archivo>Colocar y haga doble clic sobre el archivo `08_c.psd` de la carpeta `Lesson_08`.
2. En el panel Capas, asegúrese de que la capa Photos está seleccionada de forma que la imagen aparezca en la capa.
3. Sitúe el icono de gráfico cargado fuera del cuadrado violeta, a la izquierda y por debajo del borde superior (evite situar el cursor sobre el cuadrado) y haga clic para colocar la imagen de la pera sobre un fondo blanco. Si tiene que modificar la posición de la imagen, hágalo ahora.
4. Seleccione Objeto>Trazado de recorte. Si fuera necesario, arrastre el cuadro de diálogo Trazado de recorte para que pueda ver la imagen de la pera.

Figura 8.8.
Trazado de recorte.

5. En el menú desplegable Tipo, seleccione Detectar bordes. Marque la casilla de verificación Vista previa para que pueda ver cómo queda casi completamente eliminado el fondo blanco de la imagen.

6. En Umbral, arrastre el deslizador y mire la imagen de la página 7 hasta que el valor de umbral oculte tanto fondo blanco como sea posible sin ocultar partes del sujeto (áreas oscuras). Utilizamos un valor de umbral de 20.

> **Nota:** Si no puede encontrar un valor que elimine todo el fondo sin que afecte al sujeto, introduzca un valor que deje el sujeto completo visible con pequeñas partes de fondo blanco. Eliminará el fondo blanco restante ajustando exactamente el trazo de recorte en los pasos siguientes.

La opción Umbral funciona ocultando las áreas claras de la imagen, comenzando con el blanco. Según arrastre hacia la derecha, se incluyen tonos incrementalmente más oscuros en el rango de tonos que se han de ocultar. No intente encontrar un valor que se ajuste a la pera exactamente. Aprenderá cómo mejorar el trazo de recorte más adelante.

7. En Tolerancia, arrastre el deslizador ligeramente hacia la izquierda hasta que el valor de tolerancia esté entre 1 y 1,8.

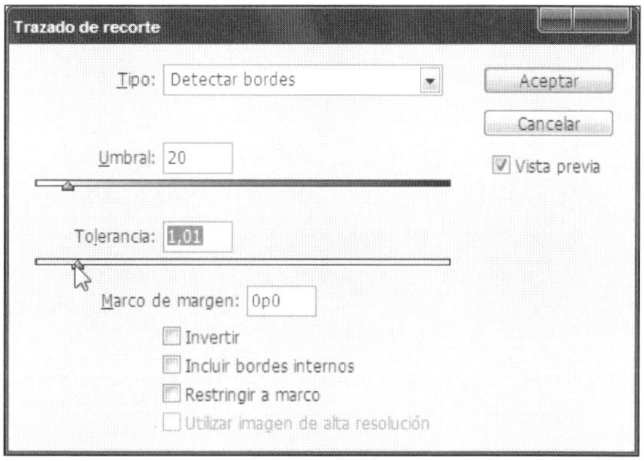

Figura 8.9.
El cuadro de diálogo Trazado de recorte.

La opción Tolerancia establece cuántos puntos definen el marco que se genera automáticamente. Según arrastre hacia la derecha, InDesign utiliza menos puntos de modo que el trazado de recorte se ajusta a la imagen más libremente (mayor tolerancia). Utilizar menos puntos en un trazado puede acelerar la impresión del documento, pero puede ser menos exacto.

8. En Marco de margen, introduzca un valor que cierre cualquier área de fondo restante. Especificamos un valor de **0p1** (cero picas, un punto). Esta opción reduce la forma actual del trazado de recorte uni-

formemente, sin que le afecten los valores más claros de la imagen. A continuación haga clic en **Aceptar** para cerrar el cuadro de diálogo Trazado de recorte.

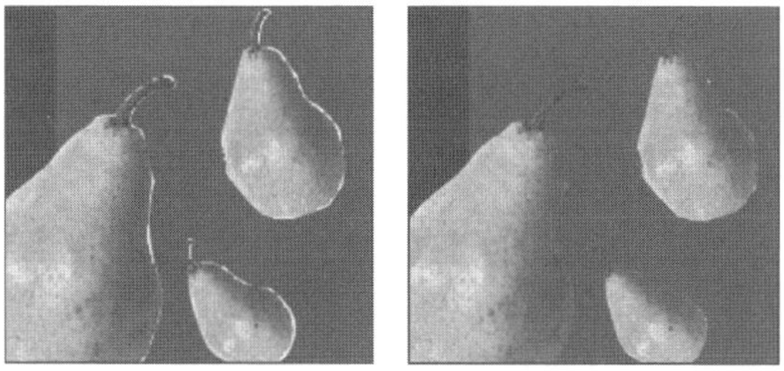

Figura 8.10.
Antes y después de aplicar un Marco de margen de 1 punto.

9. (Opcional.) Puede redefinir el trazado de recorte. Cambie a la herramienta **Selección directa** para activarla. A continuación, puede arrastrar puntos de anclaje individuales y utilizar las herramientas de dibujo para editar el trazado de recorte alrededor de las peras. En imágenes con bordes complejos, puede aumentar el documento para manipular los puntos de ancla con mayor precisión

10. Guarde el archivo.

> **Truco:** También puede utilizar la función Detectar bordes para eliminar un fondo negro. Seleccione sólo la opción Invertir y establezca un valor de tolerancia alto.

Trabajar con canales alfa

Cuando una imagen tiene un fondo que no es totalmente blanco o negro, la característica Detectar bordes puede no servir para eliminar el fondo eficazmente. Con este tipo de imágenes, al ocultar los valores más claros del fondo podemos también ocultar aquellas partes de los objetos que utilicen los mismos valores claros. En su lugar, puede utilizar herramientas avanzadas de Photoshop de eliminación de fondos para marcar las áreas transparentes utilizando trazados o canales alfa y dejar que InDesign realice un trazado de recorte para esas áreas.

> **Nota:** Si inserta un archivo de Photoshop (`.psd`) que sea una imagen colocada sobre un fondo transparente, InDesign respeta la transparencia sin depender de trazados de recorte o canales alfa. Esto puede ser especialmente útil cuando coloca una imagen con un borde suave o difuminado.

Importar un archivo de Photoshop y canales alfa

Importó la imagen anterior utilizando el comando Colocar. Esta vez, utilizará un método alternativo: simplemente arrastrará una imagen de Photoshop directamente a un pliego de InDesign. InDesign puede utilizar los trazados y canales alfa de Photoshop directamente; no necesita guardar el archivo de Photoshop en un formato distinto. Encontrará más información al respecto en la ayuda de InDesign.

1. En la paleta Capas, compruebe que la capa Photos está seleccionada de modo que la imagen aparecerá en esta capa.

2. Vaya a la página 2 de su documento. A continuación cambie el tamaño y disponga la ventana del Explorador (Windows), ventana Finder (en Mac OS) y sus ventanas de InDesign como necesite de manera que pueda simultáneamente ver la lista de archivos del escritorio y la ventana del documento InDesign. Compruebe que el cuarto izquierdo inferior de la página 2 queda visible.

3. En el Explorador (Windows) o Finder (en Mac OS), abra la carpeta `Lesson_08`, que contiene el archivo `08_d.psd`.

4. Arrastre el archivo `08_d.psd` a la página 2 del documento de InDesign. A continuación utilice la herramienta **Selección** para volver a posicionar el gráfico de forma que quede en la esquina inferior izquierda de la página.

> **Nota:** Cuando coloque el archivo, tenga cuidado de soltarlo fuera de los cuadrados de color sólido. Si lo suelta sobre un objeto dibujado en InDesign, lo colocará dentro del objeto. Si esto ocurre, seleccione Edición>Deshacer e inténtelo de nuevo.

5. Si fuera necesario, puede maximizar la ventana de InDesign a su tamaño anterior, porque ha terminado de importar el archivo.

Examinar trazados y canales alfa de Photoshop

En la imagen de Photoshop que arrastró a InDesign, la mano y el fondo comparten muchos valores similares de color.

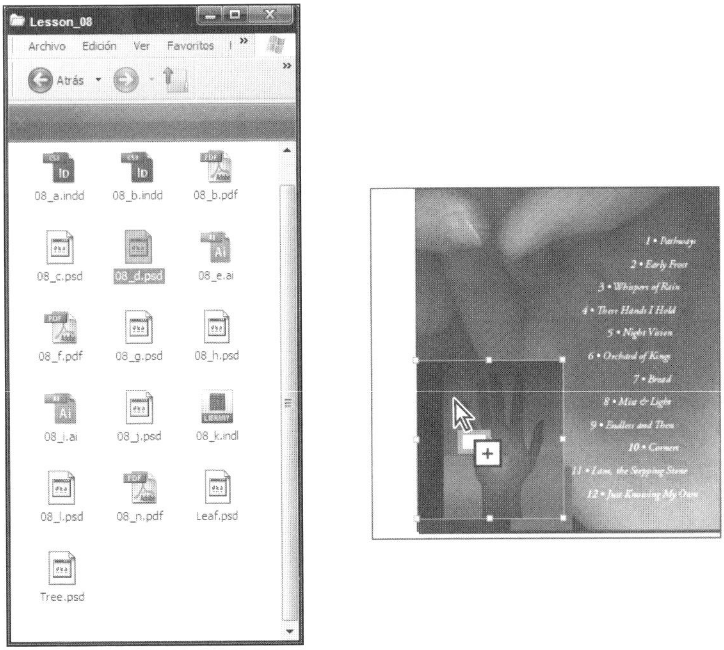

Figura 8.11.
Colocación del archivo correctamente en la mesa de trabajo.

Por tanto, el fondo no puede aislarse utilizando la opción Detectar bordes del comando Trazado de recorte.

En su lugar, configurará InDesign para que utilice un trazado o canal alfa de Photoshop. Primero, utilizará la paleta Enlaces para abrir la imagen directamente en Photoshop y ver qué trazados o canales alfa incluye. El procedimiento de este apartado requiere poseer una versión completa de Photoshop 4.0 o posterior y es más fácil si tiene suficiente RAM disponible para dejar tanto InDesign y Photoshop abiertos mientras trabaja. Si su configuración no posee estas dos condiciones, puede leer estos pasos que le ayudarán a comprender cómo son y qué hacen los canales alfa de Photoshop.

1. Si fuera necesario, utilice la herramienta de selección para seleccionar la imagen `08_d.psd` en InDesign.

2. Si la paleta Enlaces no está todavía abierta, seleccione Archivo>Enlaces. El nombre del archivo de la imagen aparece seleccionada en la paleta Enlaces.

Figura 8.12.
El panel Enlaces.

3. En la paleta Enlaces, haga clic en el botón **Editar original**. Esto abre la imagen en un programa que puede verla y editarla. Esta imagen fue grabada en Photoshop, por lo que si Photoshop está instalado en su ordenador, InDesign inicia Photoshop con el archivo seleccionado.

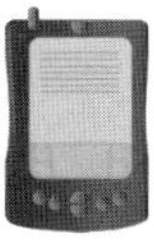

Nota: Algunas veces el botón **Editar original** abre una imagen en un programa distinto de Photoshop o el programa que la creó. Al instalar software, algunas utilidades de instalación cambian la configuración de su sistema operativo para asociar archivos a programas. El comando **Editar original** utiliza esta configuración para asociar archivos a programas. Para cambiar estos valores, consulte la documentación de su sistema operativo.

4. Si aparece un cuadro de diálogo Diferencia de perfil incrustado cuando la imagen se abre en Photoshop, proceda de una de las siguientes formas:

   - Si no está utilizando gestión de color, seleccione Usar el perfil incrustado (en lugar del espacio de trabajo).

   - Si ha configurado correctamente todos los valores de gestión de color de Photoshop e InDesign para su espacio de trabajo utilizando perfiles ICC precisos, seleccione Convierte los colores de un documento a su espacio de trabajo para reproducir la imagen correctamente en Photoshop.

5. En Photoshop, seleccione Ventana>Canales para mostrar la paleta Canales o haga clic en la ficha de la paleta Canales. Desplácese por la paleta Canales para ver los tres canales alfa además de los canales

RGB estándar. Estos canales se dibujaron utilizando las herramientas de máscara y dibujo de Photoshop.

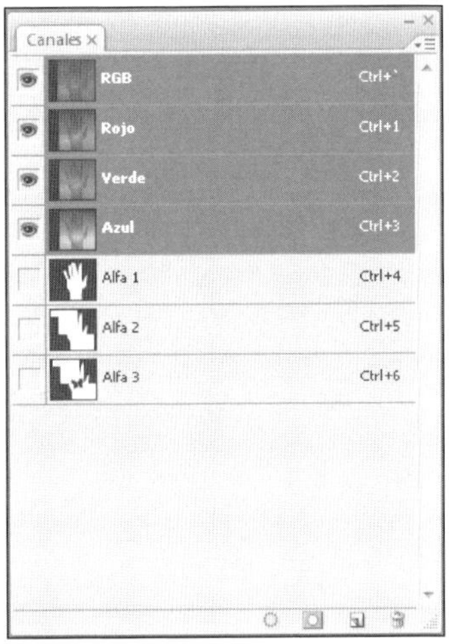

Figura 8.13.
Archivo de Photoshop guardado con tres canales alfa.

6. En la paleta Canales de Photoshop, haga clic en el canal Alpha 1 para ver su apariencia y, a continuación, haga clic en Alpha 2 y Alpha 3 para compararlas.

7. En Photoshop, seleccione Ventana>Trazados para abrir la paleta Trazados o haga clic en la ficha de la paleta Trazados.

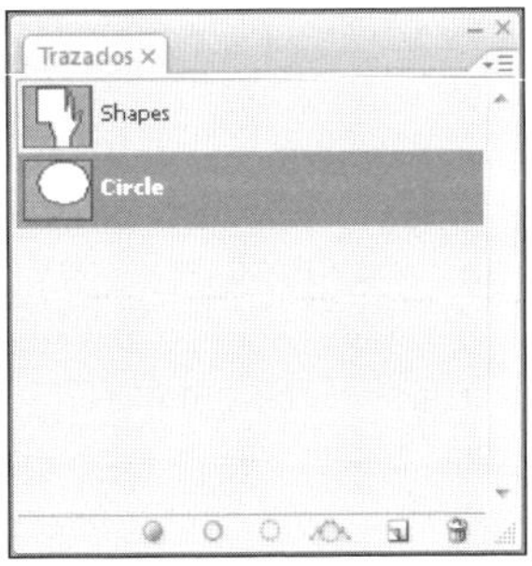

Figura 8.14.
El panel Trazados.

La paleta Trazados contiene dos trazados con nombre, Shapes y Circle. Fueron dibujados con la herramienta Pluma y otras herramientas de trazado de Photoshop, aunque también podrían haber sido dibujados en Illustrator y pegados en Photoshop.

8. En la paleta Trazados de Photoshop, haga clic en Shapes para ver ese trazado. A continuación, haga clic en Circle. Ha terminado de utilizar Photoshop, por lo que puede cerrar el programa ahora.

Utilizar canales alfa de Photoshop en InDesign

Ahora volverá a InDesign y verá cómo puede crear trazados de recorte diferentes a partir de los trazados y canales alfa de Photoshop.

1. Inicie InDesign. Compruebe que el archivo de Photoshop `08_d.psd` sigue seleccionado en la página; si fuera necesario, selecciónelo con la herramienta **Selección**.

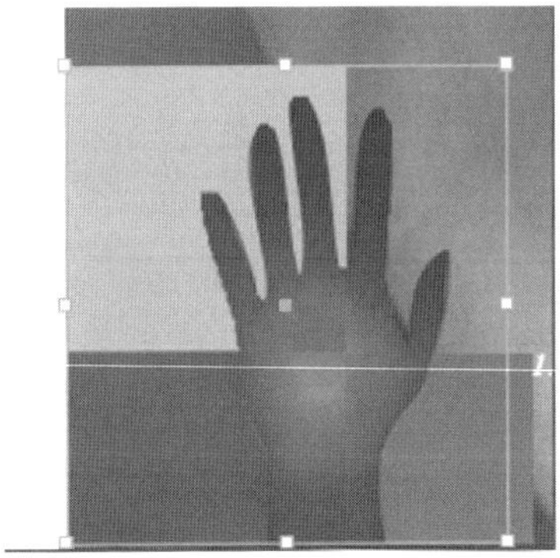

Figura 8.15.
El archivo de Photoshop seleccionado.

2. (Opcional.) Haga clic con el botón derecho del ratón (Windows) o mantenga pulsada

la tecla **Control** y haga clic (en Mac OS) en la imagen de la mano, y seleccione Mostrar rendimiento>Visualización de alta calidad en el menú contextual que aparece. Este paso no es necesario, pero le permite ver de antemano exactamente los pasos siguientes.

3. Con la imagen de la mano todavía seleccionada, seleccione Objeto>Trazado de recorte para abrir el cuadro de diálogo Trazado de recorte. Si fuera necesario, mueva el cuadro de diálogo para que pueda ver la imagen según trabaja.

4. Compruebe que la opción Vista previa está marcada y, en el menú Tipo, escoja Canal Alfa. El menú Alfa queda disponible, listando los nombres de los tres canales alfa asignados en Photoshop.

5. En el menú Alfa, escoja Alpha 1. InDesign crea un trazado de recorte a partir del canal alfa. A continuación seleccione Alpha 2 en el mismo menú y compare los resultados.

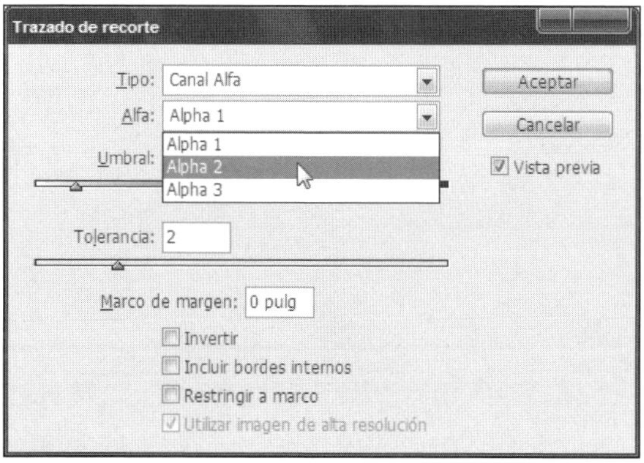

Figura 8.16.
El cuadro de diálogo Trazado de recorte.

Truco: El primer trazado de recorte que ve representa los valores predeterminados que definen los bordes de un canal alfa. Puede precisar el trazado de recorte que InDesign genera a partir de un canal alfa, ajustando las opciones Umbral y Tolerancia, como hizo cuando utilizó Detectar bordes anteriormente en este capítulo. Con canales alfa, comience con un valor de umbral bajo, como por ejemplo 1.

6. Seleccione Alpha 3 en el menú Alfa y, a continuación, marque la opción Incluir bordes internos. Fíjese en cómo cambia la imagen.

La selección de la opción Incluir bordes internos hace que InDesign reconozca un hueco con forma de mariposa pintado en el canal alfa 3 y que lo añada al trazado de recorte.

Truco: Puede examinar cómo es el hueco con forma de mariposa en Photoshop viendo el canal alfa 3.

7. Seleccione Trazado de Photoshop en el menú Tipo y, a continuación, escoja Shapes en el menú Trazado. InDesign modifica la forma del marco de la imagen para que coincida con el trazado de Photoshop.

8. Seleccione Circle en el menú Trazado. Puesto que éste es el efecto deseado para este diseño, haga clic en **Aceptar**.

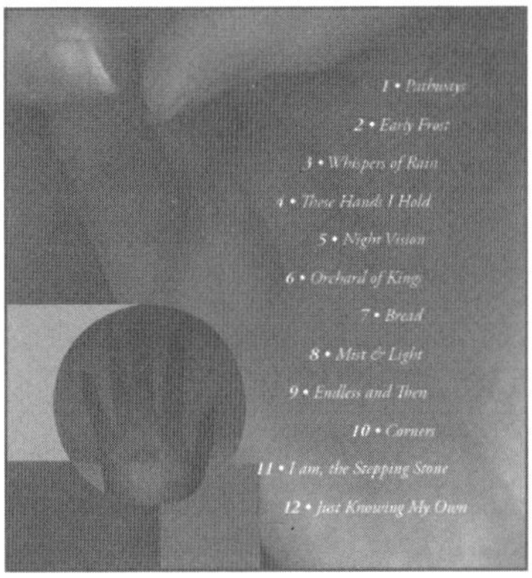

Figura 8.17.
Selección del trazado Circle.

Colocar archivos nativos

InDesign funciona con archivos nativos de Adobe como los de Photoshop, Illustrator y Acrobat. Un documento puede incluir distintos requisitos para gráficos e InDesign nos permite importar distintos tipos de archivo, al tiempo que nos ofrece opciones para controlar cómo se importa el archivo. Por ejemplo, un archivo de Photoshop con capas se puede importar como documento completo o importar una de las capas (o varias) de forma independiente.

Importar un archivo de Photoshop con capas y composiciones de capa

En el último ejercicio trabajamos con un archivo de Photoshop que incluía trazados y canales alfa; sin embargo, tenía una sola capa de fondo. Al trabajar con archivos de Photoshop con capas, podemos ajustar la visibilidad de cada una de ellas. Además, podemos ver distintas composiciones de capa.

Las composiciones de capa aparecieron en Photoshop CS y se utilizan para crear varias composiciones de una imagen para comparar distintos estilos o ilustraciones. Las composiciones de capa se crean en Photoshop y se guardan como parte del archivo; al colocar el archivo en Photoshop, podemos previsualizar las distintas composiciones en relación con el diseño global.

1. En la paleta Enlaces, haga clic en el vínculo del archivo `08_j.psd` y haga clic en el icono **Ir a enlace** para seleccionar el archivo y centrarlo en pantalla. Este archivo, que volvimos a vincular en un ejercicio anterior, tiene cuatro capas y tres composiciones de capa.

2. Seleccione Objeto>Opciones de capa de objeto para abrir la ventana Opciones de capa de objeto. En esta ventana puede activar y desactivar capas, así como intercambiar composiciones de capa.

3. Haga clic y arrastre la ventana Opciones de capa de objeto hasta la parte inferior de la pantalla para ver mejor la imagen seleccionada. Marque la casilla de verificación Vista previa. De esta forma podrá ver los cambios mientras mantiene abierta la ventana Opciones de capa de objeto.

4. Haga clic en el icono en forma de ojo situado a la izquierda de la capa de las manos para desactivarla y ver únicamente la capa de fondo. Fíjese en la paleta Enlaces. Apreciará que el vínculo del gráfico actual (`08_j.psd`) incluye un icono en forma de ojo. Este icono aparece cuando el usuario modifica la visibilidad de un documento con capas e indica que se ha modificado el estado predeterminado del gráfico.

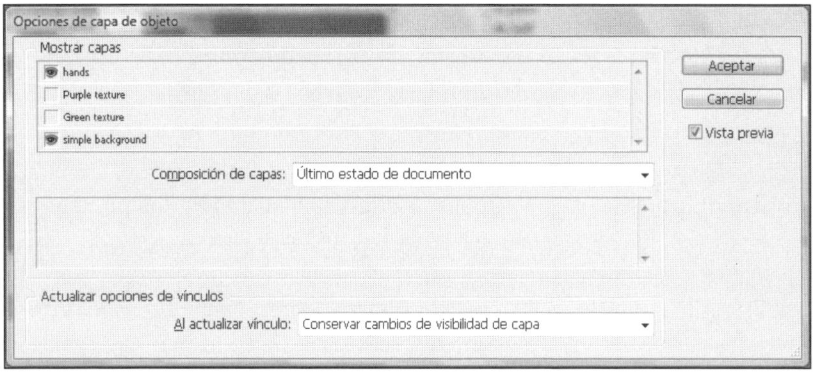

Figura 8.18.
Cuadro de diálogo Opciones de capa de objeto.

5. Haga clic en el cuadrado situado junto a la capa de las manos para volver a activar la visibilidad. El icono en forma de ojo desaparece de la paleta Enlaces ya que hemos recuperado el estado original de la imagen.

6. En el grupo Composición de capas de la ventana Opciones de capa de objeto, haga clic en el menú desplegable y seleccione la opción Green Glow. Esta composición de capas tiene un fondo diferente y la capa de las manos cuenta con un brillo verde, añadido en Photoshop como estilo de capa a la composición de capas Green Textured.

7. En el grupo Composición de capas, seleccione la opción Purple Opacity. Esta composición de capas tienen un fondo diferente y la capa de las manos es parcialmente transparente. Las composiciones de capa no son una simple disposición de varias capas sino que permiten guardar estilos de capa, visibilidad y valores de posición de Photoshop.

Figura 8.19.
Resultado de la composición de capas.

8. En el grupo Composición de capas, seleccione la opción Blue Plain. Esta composición es la versión original del documento. Haga clic en **Aceptar**.

Colocar gráficos en línea

Los gráficos en línea son los que fluyen con el texto al colocarlos. En el siguiente ejercicio colocaremos el logotipo en el texto del párrafo.

1. En la paleta Páginas, haga doble clic sobre el segundo pliego y seleccione

Ver>Ajustar pliego en ventana. Desplácese hacia abajo en caso de que sea necesario. En la parte inferior de la mesa de trabajo encontrará un marco de texto con el logotipo "*Orchard of Kings*". Añadiremos este gráfico al párrafo situado por encima.

2. Haga clic en el logotipo y seleccione Edición>Cortar para añadir el gráfico al portapapeles.

3. Haga clic en la herramienta **Zoom** y pulse sobre el marco de texto de la página 6 para ampliarlo; en este caso utilizamos el valor 150%. Seleccione Texto>Mostrar caracteres ocultos para ver los espacios y los retornos del carro del texto. De esta forma podrá localizar el punto en el que pegar el gráfico en línea.

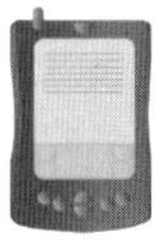

Nota: El comando Mostrar caracteres ocultos no es obligatorio para colocar gráficos en línea; lo utilizamos para identificar la estructura del texto.

4. Seleccione la herramienta **Texto** T y haga clic en el segundo retorno del carro que aparece tras las palabras "*Athens, Georgia*". Verá un cursor de texto que parpadea. Seleccione Edición>Pegar para colocar el gráfico entre los dos párrafos. El texto que aparece por detrás del gráfico vuelve a fluir al colocar la imagen.

5. A continuación crearemos un espacio entre el texto y el gráfico por medio de **Espacio antes**. En la parte superior de la pantalla, en la paleta Control, haga clic en el icono **Controles de formato de párrafo** ¶ para activarlos. En la propiedad Espacio antes, haga clic en la flecha para modificar el valor por 0p4. Al incrementar el valor, el gráfico en línea y el texto se desplazan ligeramente hacia abajo.

Añadir contorneo de texto a un gráfico en línea

Podemos añadir contorneo de texto a un gráfico en línea de forma sencilla. Esta función permite al diseñador experimentar con distintos diseños y ver los resultados inmediatamente.

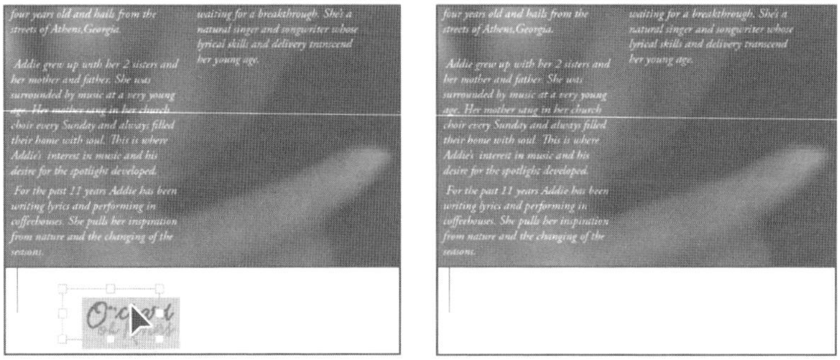

Figura 8.20.
Corte del logotipo.

1. Con la herramienta **Selección**, haga clic en el gráfico "*Orchard of Kings*" que acaba de añadir. Mantenga pulsado **Control-Mayús** (en Windows) o **Comando-Mayús** (en Mac OS), y haga clic y arrastre el punto de ancla superior derecho del marco hacia arriba y a la derecha. Esta combinación de teclas nos permite escalar proporcionalmente el gráfico y el marco a la vez. Escale el gráfico hasta situarlo aproximadamente en el 25 por ciento de la segunda columna.

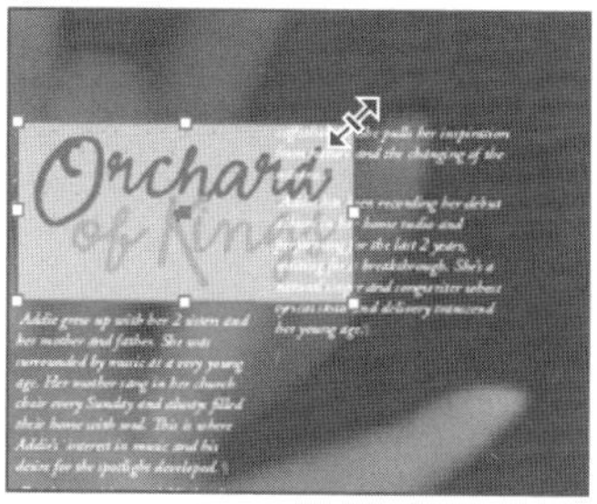

Figura 8.21.
Arrastre del logotipo para incrementar su tamaño.

2. Seleccione Ventana>Contornear texto para acceder a las opciones de contorneo de texto. Aunque se trata de un gráfico en línea, se coloca por debajo del texto.

3. En la ventana Contornear texto, haga clic en la tercera opción, **Contornear alrededor de forma de objeto**.

4. Para aumentar el espacio entre el cuadro delimitador del gráfico, pulse la flecha de la opción Desplazamiento superior hasta el valor 1p0.

5. También podemos contornear el texto alrededor de la forma del gráfico en lugar de sólo el cuadro delimitador. Para verlo mejor, haga clic en la mesa de trabajo para deseleccionar y, tras ello, vuelva a pulsar sobre el logotipo. Haga clic en la tecla de la barra inclinada (/) para no aplicar ningún color de relleno.

6. En el grupo Opciones de silueta de la ventana Contornear texto, seleccione Detectar bordes en el menú desplegable. Como se trata de un gráfico vectorial, el contorneo de texto respeta los bordes del texto. Para ver el documento con mayor claridad, haga clic sobre el fondo para deseleccionar el gráfico y seleccione Texto>Ocultar caracteres ocultos para ocultar los retornos de carro y los espacios.

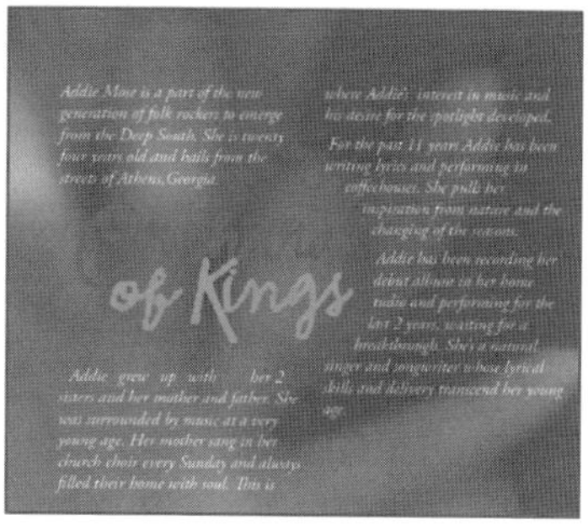

Figura 8.22.
Ocultación de los retornos de carro y los espacios.

7. Utilice la herramienta Selección para seleccionar el logo una vez más. En el menú Contornear texto de la ventana de contorneo de texto, seleccione Lado derecho. El texto se moverá a la parte derecha de la imagen, obviando la parte derecha inferior de la imagen, incluso cuando hay espacio para visualizarlo respecto de los límites de contorno del texto.

8. Ahora seleccione Lados izquierdo y derecho. El texto se moverá a ambos lados alrededor de la imagen. Podrá verse que hay un pequeño salto en el tipo donde los límites del borde se solapan en el área del texto.

9. Por último, seleccione Área mayor. El texto se moverá al área más grande a un lado de los límites de contorneo de texto.

10. (Opcional.) Haga clic en la herramienta Selección directa y, tras ello, pulse sobre el gráfico para ver los puntos de ancla utilizados para el contorneo de texto. Al utilizar la opción Detectar bordes, podemos ajustar manualmente los puntos de ancla utilizados para definir el contorneo de texto si hacemos clic sobre los mismos y los modificamos.

11. Cierre la paleta Contornear texto.

Importar un archivo de Illustrator

InDesign saca partido de la suavidad de las líneas que ofrecen los gráficos vectoriales tanto EPS como los generados a partir de Adobe Illustrator. Cuando utilice visualización de alta calidad en InDesign, los gráficos y los textos vectoriales EPS aparecen con bordes suavizados sea cual sea su tamaño o porcentaje de ampliación. La mayoría de los gráficos vectoriales EPS no necesitan un trazado de recorte porque la mayoría de los programas los guardan con fondos transparentes. En este apartado, arrastrará un gráfico de Illustrator desde una carpeta al documento de InDesign.

1. Seleccione la paleta Capas y defina como destino la capa Graphics. Seleccione Edición>Deseleccionar todo para asegurarse de que no hay ningún elemento seleccionado en el documento. Tras ello, seleccione Archivo>Colocar y seleccione el archivo `08_e.ai` de la carpeta `Lesson_08`. Asegúrese de que la casilla de verificación Mostrar opciones de importación no está seleccionada. Pulse **Abrir**.

2. Sitúe el cursor en la esquina superior izquierda de la página 5 y haga clic para añadir el archivo de Illustrator. Ubíquelo como se indica en la figura 8.23. Los gráficos creados en Illustrator son transparentes en las zonas que carecen de ilustraciones.

Figura 8.23.
Colocación de otro archivo de Illustrator en el diseño.

3. Si lo desea, puede cambiar el tamaño de la ventana de InDesign una vez que ha importado el archivo.

Importar un archivo de Illustrator con capas

Si desea importar un archivo de Illustrator con capas, debe guardar el archivo original en formato PDF con capas. De esta forma podrá controlar la visibilidad de las capas y modificar la posición del gráfico; sin embargo, no podrá editar los trazados, los objetos ni el texto.

1. Compruebe que no haya ningún elemento seleccionado; para ello haga clic en una zona vacía del documento. Seleccione Archivo>Colocar. En la esquina inferior izquierda de la ventana Colocar, marque la casilla de verificación Mostrar opciones de importación. Seleccione el archivo `08_n.pdf` y pulse **Abrir**. Al marcar esta casilla de verificación, se abre la ventana Colocar PDF.

2. En la ventana Colocar PDF asegúrese de que está marcada la opción Vista previa; en la sección de opciones asegúrese de que la opción Recortar a tenga el valor Cuadro delimitador y que Fondo transparente también esté marcada.

3. Haga clic en la ficha Capas para ver las capas de este archivo. Tiene tres: una imagen de fondo de árboles (Layer 3), una capa de texto en inglés (English Title) y una capa de texto en español (Spanish Title).

   Al escoger las capas que importar en la zona de vista previa, no se aprecian bien los resultados, por lo que lo haremos en el propio documento. Pulse **Aceptar**.

4. Con el icono de gráfico cargado sitúe el cursor a la izquierda del cuadro azul de la página 5 pero no en su interior, para evitar incluir el gráfico en el marco. Haga clic para colocar el gráfico y, tras ello, céntrelo sobre el cuadro azul.

5. Con el gráfico seleccionado, seleccione Objeto>Opciones de capa de objeto. Desplace la ventana para poder ver mejor el gráfico en el documento. Marque la casilla de verificación Vista previa y, tras ello, haga clic en el icono en forma de ojo de la capa English Title para desactivarla. A continuación, haga clic en el cuadro vacío situado junto a la capa Spanish Title para activarla. Pulse **Aceptar** y anule la selección del gráfico haciendo clic sobre la mesa de trabajo. El uso de archivos de Illustrator con capas nos permite modificar ilustraciones sin tener que crear dos documentos diferentes.

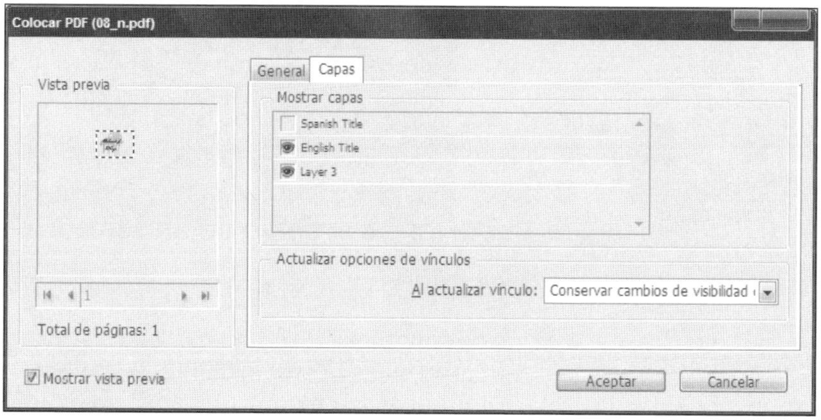

Figura 8.24.

El cuadro de diálogo Colocar PDF.

Creación de un archivo Adobe PDF con capas

Tanto Adobe InDesign como Adobe Acrobat proporcionan funciones para cambiar la visibilidad de capas en un archivo Adobe PDF. Si guarda un archivo PDF con capas en Illustrator, permite que la ilustración se pueda utilizar en diferentes contextos. Por ejemplo, en lugar de crear varias versiones de la misma ilustración para una publicación en varios idiomas, puede crear un archivo PDF que contenga texto para todos los idiomas.
Mantenga las capas que quiera ajustar en InDesign en la parte superior o dentro de un conjunto de capas en la capa superior. No las coloque en conjuntos de capas anidadas.

1. Configure la ilustración de forma que los elementos ajustables, aquellos que desea mostrar y ocultar, se encuentran en capas de nivel superior independientes, y no anidadas en subcapas. Por ejemplo, si está creando una ilustración para varios idiomas, coloque el texto de cada idioma en una capa de nivel superior diferente.

2. Guarde el archivo en formato Adobe PDF.

3. En el cuadro de diálogo Guardar Adobe PDF, seleccione Acrobat 8 (1.7) o Acrobat 7 (1.6) en Compatibilidad.

4. Seleccione Crear capas de Acrobat a partir de capas de nivel superior, defina opciones de PDF adicionales y haga clic en Guardar PDF.

Utilizar una biblioteca para gestionar objetos

Las bibliotecas de objetos le permiten almacenar y organizar gráficos, texto y páginas que utiliza frecuentemente. También puede agregar guías, cuadrículas, figuras dibujadas e imágenes agrupadas a una biblioteca. Cada biblioteca aparece como una paleta independiente que puede agrupar con otras paletas de la forma que quiera. Puede crear tantas bibliotecas como necesite; por ejemplo, bibliotecas diferentes para cada uno de sus proyectos o clientes. En este apartado, importará un gráfico actualmente almacenado en una biblioteca y, a continuación, creará su propia biblioteca.

Figura 8.25.
Resultado de la colocación de la imagen PDF.

1. Si no se encuentra en la quinta página, introduzca **5** en el cuadro de desplazamiento de páginas, situado en la parte

inferior de la ventana del documento para acceder a dicha página. Pulse **Intro** o **Retorno**.

2. Seleccione Archivo>Abrir, seleccione el archivo `08_k.indl` de la carpeta `Lesson_08` y haga clic en **Abrir**. Arrastre la esquina inferior derecha de la paleta para mostrar más elementos incluidos en ella.

3. En la paleta de la biblioteca `08_k.indl`, haga clic en el botón **Mostrar subconjunto de biblioteca** . En el último cuadro de la opción Parámetros, introduzca **tree** y haga clic en **Aceptar**.

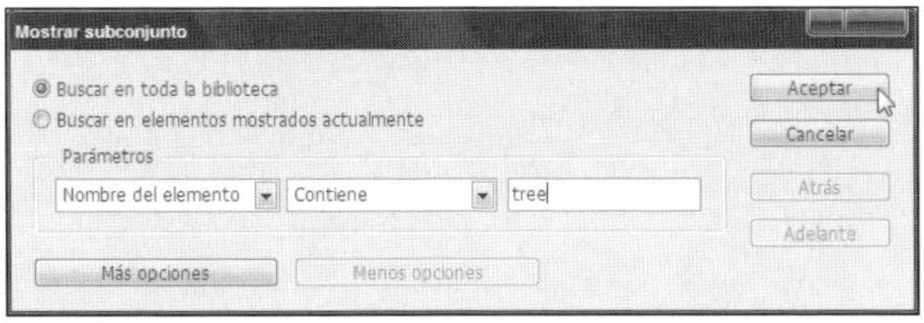

Figura 8.26.
El cuadro Mostrar subconjunto.

4. Compruebe que la paleta Enlaces está abierta. En la paleta Capas, compruebe que está seleccionada la capa Graphics.

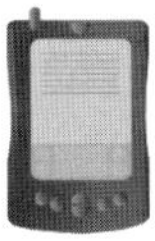

Nota: Como ha copiado la imagen `Tree.psd` desde su ubicación original hasta el disco duro, InDesign puede advertirle, mediante un icono de vínculo modificado en la paleta Enlaces, que el archivo ha cambiado de ubicación. Para eliminar esta advertencia, utilice el comando **Actualizar enlace** de la paleta Enlaces.

5. De los dos objetos visibles en la paleta de la biblioteca `08_k.indl`, arrastre `Tree.psd` a la página 5. El archivo se añade a la página y el nombre del archivo aparece en la paleta Enlaces.

6. Con la herramienta **Selección**, sitúe la imagen `Tree.psd` como se muestra en la figura 8.27.

Figura 8.27.
El resultado final.

Crear una biblioteca

Ahora creará su propia biblioteca.

1. Seleccione Archivo>Nuevo>Biblioteca. Escriba **CD Projects** como nombre del archivo de la biblioteca, vaya a la carpeta `Lesson_08` y haga clic en **Guardar**. La biblioteca aparece en su propia paleta flotante, etiquetada con el nombre que introdujo.

2. Vaya a la página 3 y, con la herramienta de selección, arrastre el logotipo "*ricky records*" a la biblioteca que acaba de crear. El logotipo ahora se guarda en la biblioteca para usarlo en otros documentos InDesign.

Figura 8.28.
Creación de un elemento de la biblioteca.

3. En la biblioteca CD Projects, haga doble clic sobre el logotipo "*ricky records*". En Nombre de elemento, escriba **Logo** y después haga clic en **Aceptar**.

4. Con la herramienta **Selección**, arrastre el bloque de texto de la dirección a la biblioteca que creó. Aparece en la paleta de la biblioteca CD Projects.

5. En la biblioteca CD Projects, haga doble clic sobre el bloque de texto de la dirección. En Nombre del elemento, escriba **Address** y a continuación haga clic en **Aceptar**. Ahora su biblioteca contiene tanto texto como gráficos. Tan pronto como modifique la biblioteca, InDesign guarda los cambios.

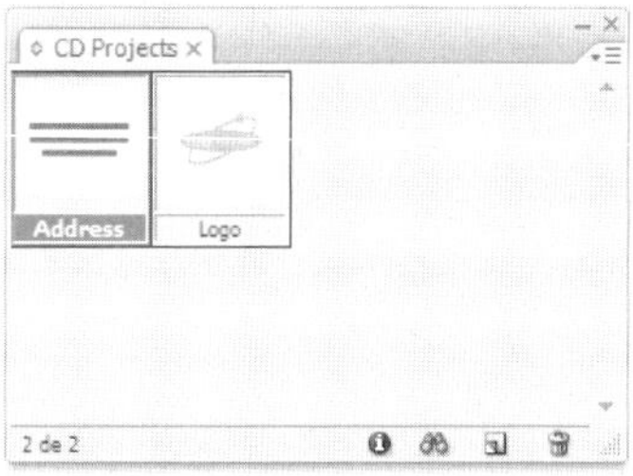

Figura 8.29.
El panel CD Projects.

Nota: Los gráficos almacenados en una biblioteca de InDesign requieren el archivo original de alta resolución para su impresión. No se copia la totalidad del archivo gráfico a la biblioteca; mantiene un vínculo con el archivo original.

6. Cierre la biblioteca.

Utilizar Adobe Bridge para importar gráficos

Adobe Bridge es una aplicación independiente que se instala con Adobe InDesign CS3. Nos permite examinar equipos locales y en red en busca de imágenes para después añadirlas a InDesign.

1. Seleccione Archivo>Examinar para iniciar Adobe Bridge.

2. En la esquina superior izquierda de la sección Favoritos encontrará una lista de las distintas ubicaciones en las que puede buscar documentos. Si ha guardado la

carpeta `Lesson_08` de este capítulo en su escritorio, búsquela y haga doble clic sobre la misma para ver los contenidos. Si la ha almacenado en otra ubicación, haga doble clic sobre clic sobre él para ver los contenidos. Si colocó la carpeta `Lesson_08` en otra ubicación, haga doble clic en Mi PC (en Windows) o en Equipo (en Mac OS) y búsquela y después haga doble clic en la carpeta para ver sus contenidos.

3. Bridge le permite ver miniaturas de todas sus imágenes. Haga clic sobre el gráfico `Leaf.psd` para seleccionarlo. Tras ello, pulse sobre el nombre de archivo para seleccionar el campo de nombre de archivo. Cámbielo por **08_o.psd** y pulse **Intro** para confirmar el cambio.

La posibilidad de cambiar el nombre de los archivos en Bridge puede resultar muy útil.

4. En caso de que sea necesario, cambie el tamaño de la ventana de Bridge para poder ver el documento de InDesign de fondo. Tras ello, pulse y arrastre el archivo `08_o.psd` hacia la mesa de trabajo del documento. Haga clic una vez sobre el documento para volver a InDesign.
5. Sitúe el gráfico de la hoja en la esquina superior derecha de la página 3., sobre la caja violeta.
6. Haga clic en el archivo `08_j.psd` de la paleta Enlaces para seleccionarlo. Tras ello, seleccione el botón **Ir a enlace**.

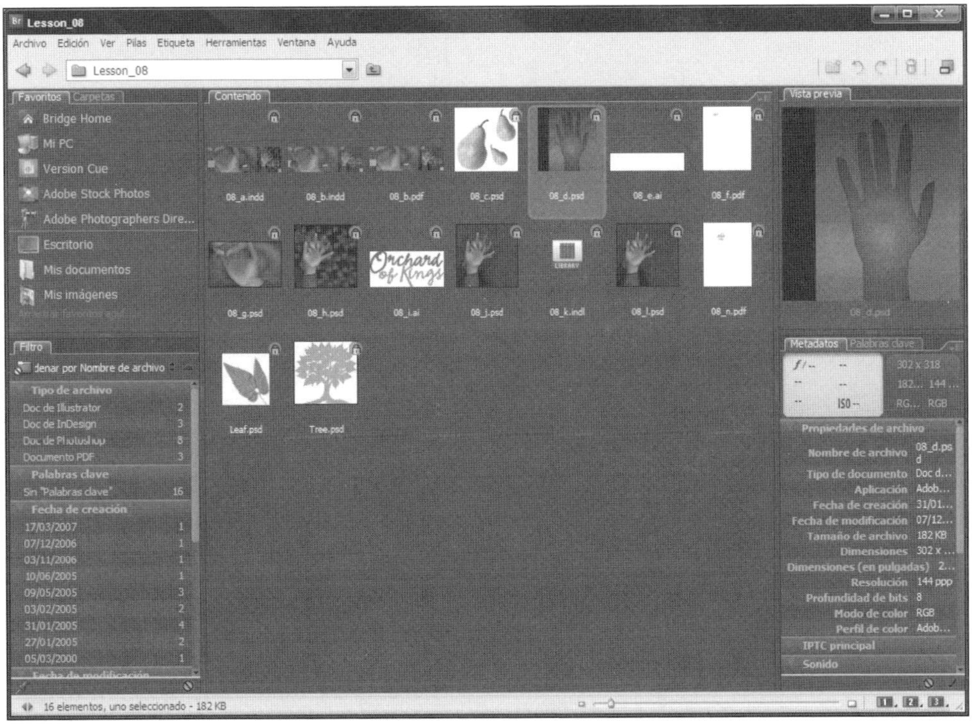

Figura 8.30.
Adobe Bridge.

Haga clic con el botón derecho del ratón o haga clic con la tecla **Control** pulsada (en Mac OS) sobre el gráfico y seleccione Gráficos>Mostrar en Bridge. Al cambiar de InDesign a Bridge el gráfico aparece seleccionado.

7. Guarde el archivo.

Enhorabuena. Ha creado un libreto de un CD importando, actualizando y gestionando gráficos con muchos formatos gráficos distintos.

Por sí mismo

Ahora que ha adquirido práctica trabajando con gráficos importados, aquí tiene algunos ejercicios para que pruebe por sí mismo.

1. Coloque formatos de archivos distintos con la opción Mostrar opciones de importación del cuadro de diálogo Colocar marcada y vea qué opciones aparecen para cada formato. Si desea obtener una descripción completa de todas las opciones disponibles para cada formato, consulte la Ayuda de InDesign.

2. Coloque un archivo PDF que contenga varias páginas con la opción Mostrar opciones de importación marcada e importe varias páginas del mismo.

3. Cree bibliotecas de texto y gráficos para su trabajo.

Preguntas de repaso

1. ¿Cómo puede saber el nombre de archivo de un gráfico importado en su documento?

2. ¿Cuáles son las tres opciones de la ventana Trazado de recorte y qué debe contener un gráfico importado en cada opción para que funcione?

3. ¿Cuál es la diferencia entre actualizar un vínculo de un archivo y reemplazar un archivo?

4. Cuando una versión actualizada de un gráfico está disponible, ¿cómo comprueba que está actualizado en su documento de InDesign?

Respuestas

1. Seleccione el gráfico y, a continuación, seleccione Archivo>Enlaces para ver si el nombre de archivo del gráfico está resaltado en la paleta Enlaces. El gráfico aparecerá en la paleta Enlaces si ocupa más de 48 KB en el disco o fue colocado o arrastrado desde el escritorio.

2. El comando Trazado de recorte en InDesign puede crear un trazado de recorte a partir de un gráfico importado utilizando:

    - La opción Detectar bordes, cuando un gráfico contiene un fondo sólido blanco o negro.
    - La opción Trazado de Photoshop, cuando un archivo de Photoshop contiene uno o más trazados.
    - La opción Canal Alpha, cuando un gráfico contiene uno o más canales alfa.

3. La actualización de un vínculo de un archivo utiliza la paleta Enlaces para actualizar la representación en pantalla de un gráfico de forma que represente la versión más reciente del original. La sustitución de un gráfico seleccionado utiliza el comando Colocar para insertar otro gráfico en el lugar del gráfico seleccionado. Si quiere cambiar cualquiera de las opciones de importación de gráficos colocados, debe reemplazar el gráfico.

4. Compruebe la paleta Enlaces y asegúrese de que no se muestra ningún icono de alerta para el archivo. Si aparece algún icono de alerta, simplemente seleccione el vínculo y haga clic en el botón **Actualizar enlace** siempre que el archivo no haya sido movido. Si el archivo ha sido movido, puede localizarlo de nuevo utilizando el botón **Volver a enlazar**.

Capítulo 9

Crear tablas

Las tablas son un método eficaz y efectivo de mostrar grandes cantidades de información. Con InDesign puede crear tablas visualmente atractivas; puede crear sus propias tablas o importar tablas de otras aplicaciones.

En este capítulo aprenderá a:

- Importar tablas con formato de otras aplicaciones como Microsoft Word y Microsoft Excel.
- Dar formato a tablas alternando los colores de fila.
- Dar formato a los contornos de celdas y bordes.
- Aplicar colores a filas individuales.
- Borrar y modificar el tamaño de columnas.
- Establecer las dimensiones concretas de columna.
- Colocar uno o varios gráficos dentro de una celda.
- Dar formato al texto de las tablas por columnas o por filas.

Antes de comenzar

En este capítulo trabajará en un pliego de una revista ficticia que ofrece tablas de información introduciéndonos en el eficaz mundo de diseño gráfico. Creará las tablas utilizando el panel Tabla, que le ofrece control completo sobre las características de las tablas.

Nota: Si no ha copiado todavía los archivos de recursos de este capítulo a su disco duro desde la carpeta `Lesson_09` del CD adjunto, hágalo ahora siguiendo las instrucciones de un capítulo anterior.

1. Para garantizar que las herramientas y paneles funcionan exactamente como se describe en este capítulo, borre o desactive (cambie el nombre) los archivos predeterminados de preferencias.

2. Inicie Adobe InDesign CS3.

3. Seleccione Archivo>Abrir y abra el archivo `09_a.indd` de la carpeta `Lesson_09` contenida en la carpeta `Lessons` situada en la carpeta `InDesignCIB` de su disco duro.

4. Seleccione Archivo>Guardar como, cambie el nombre del archivo por `09_Gardens` y guárdelo en la carpeta `Lesson_09` de la carpeta `InDesignCIB` de su disco duro.

5. Si quiere ver cómo quedará el documento terminado, abra el archivo `09_b.indd` de la misma carpeta. Puede dejar este documento abierto para que le sirva de guía al trabajar. Cuando esté listo para continuar trabajando en el documento de este capítulo, seleccione Ventana>09_Gardens.indd.

En el panel Páginas del documento `09_Gardens.indd`, fíjese en que la página 1 y la página 2 son pliegos diferentes. Quiere que esas páginas queden opuestas en un sólo pliego numerándolas como 2 y 3.

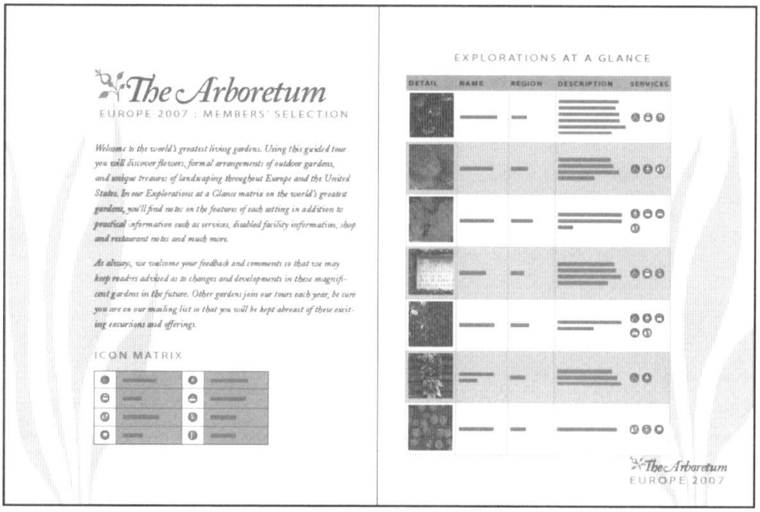

Figura 9.1.
El resultado final de este capítulo.

6. En el panel Páginas, haga doble clic para seleccionar la página 1. En el menú del panel, seleccione Opciones de numeración y sección y, tras ello, seleccione Iniciar numeración de páginas en e introduzca **2**. Haga clic en **Aceptar** para cerrar el cuadro de diálogo.

7. En el menú del panel Páginas, desmarque Permitir reorganización de pliego seleccionado.

8. Abra el panel Capas y haga los ajustes siguientes:

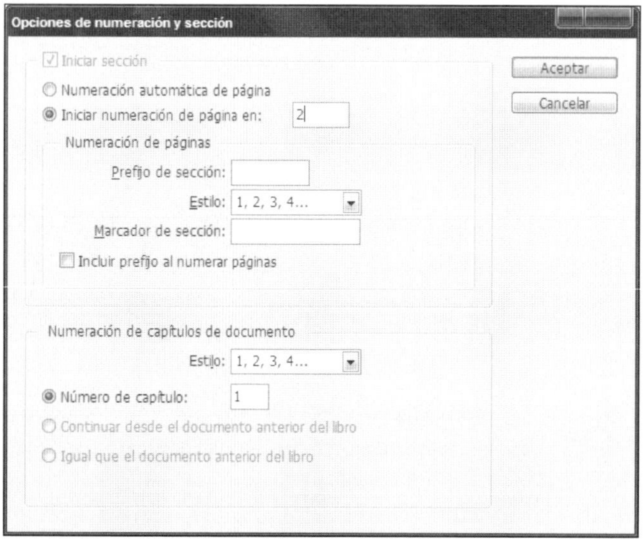

Figura 9.2.
El panel Opciones de numeración y sección.

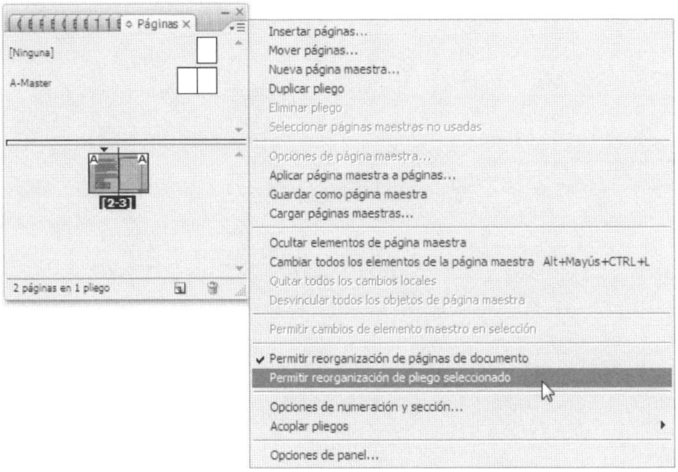

Figura 9.3.
Deselección de Permitir reorganización de pliego.

- (Opcional.) Haga clic en el icono del ojo de la capa Leaves para ocultar esa capa. Esto evitará seleccionar accidentalmente las hojas del fondo.
- Seleccione la capa Table para que sea la capa de destino.
- Bloquee la capa Text para que no la modifique accidentalmente mientras trabaja en la primera tabla.

Importar y dar formato a una tabla

Si ha trabajado antes con tablas, ya sabe que las tablas son cuadrículas de celdas individuales dispuestas en filas (horizontal) y columnas (vertical). El borde de la tabla es un contorno que rodea el perímetro exterior de toda la tabla. Los contornos de las celdas son líneas dentro de la tabla que separan unas celdas de otras. Muchas tablas incluyen filas o columnas especiales que describen la categoría de información que contienen. Usualmente, éstas son la fila superior, la primera columna o ambas.

Figura 9.4.
El panel Capas.

InDesign CS3 puede importar tablas de otras aplicaciones, como Microsoft Word y Microsoft Excel. En este apartado, importará una tabla que fue creada en Word. Esta tabla contiene toda la información sobre un recorrido por un jardín, organizada en filas y columnas, necesaria para su maquetación en InDesign.

1. En el panel Páginas, haga doble clic en la página 3 para centrarla en la ventana del documento.

2. En el menú Ver>Cuadrículas y guías, compruebe que el comando Ajustar a guías está activado, tal como indica una marca de verificación. Si está disponible el comando Mostrar guías, selecciónelo ahora.

   Para crear un enlace con un documento de Microsoft Word, de forma que pueda actualizarse el archivo más adelante, necesitará cambiar las preferencias.

3. Seleccione Edición>Preferencias>Texto (en Windows) o InDesign>Preferencias>Texto (en Mac OS). Bajo Enlaces, marque la opción Crear vínculos al colocar texto y archivos de hoja de cálculo y después haga clic en **Aceptar**.

4. Con la herramienta **Texto** T, haga clic para insertar un punto de inserción en el cuadro de texto de la página 3. Se desea colocar el archivo dentro de este cuadro.

5. Seleccione Archivo>Colocar, busque en la carpeta `Lesson_09` el archivo `09_c.doc` y haga doble clic sobre él.

   Si se abre el cuadro de diálogo de opciones de importación de Microsoft Word, haga clic en **Aceptar**. Si aparece un cuadro advirtiendo de que faltan fuentes, haga clic en **Aceptar**.

6. El archivo se distribuye en el cuadro de texto. Debido a que es una tabla, el texto se encierra dentro de celdas. Podemos editar el texto y hacer la selección en función de las filas, las columnas o la tabla entera.

7. Advertirá un punto rojo en una de las columnas. Indica que la columna no es suficientemente ancha para albergar el texto.

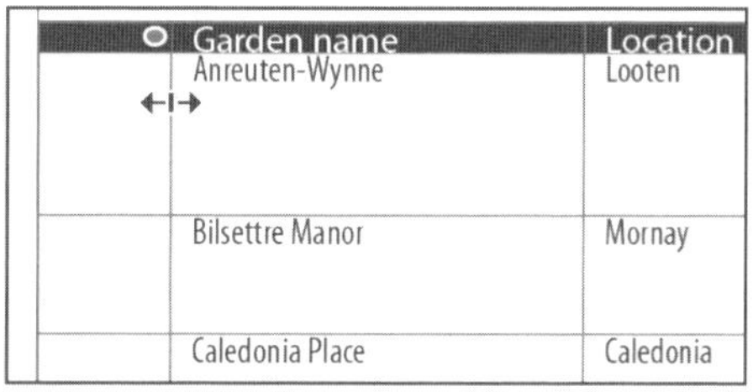

Garden name	Location
Anreuten-Wynne	Looten
Bilsettre Manor	Mornay
Caledonia Place	Caledonia

Figura 9.6.
La columna con el punto rojo que no es suficientemente ancha.

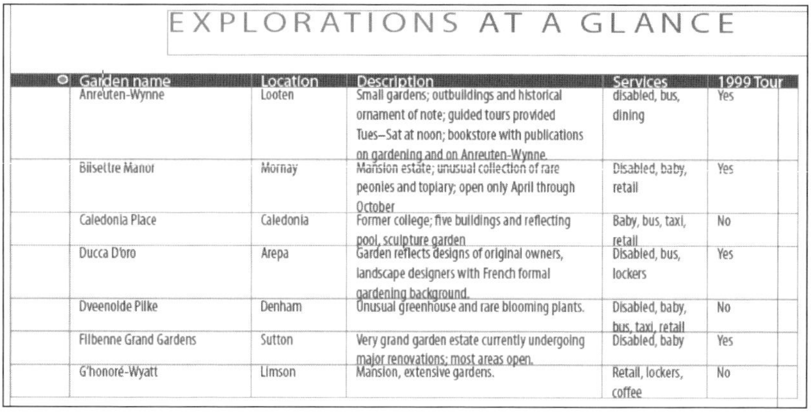

EXPLORATIONS AT A GLANCE

Garden name	Location	Description	Services	1999 Tour
Anreuten-Wynne	Looten	Small gardens; outbuildings and historical ornament of note; guided tours provided Tues–Sat at noon; bookstore with publications on gardening and on Anreuten-Wynne.	disabled, bus, dining	Yes
Biisettre Manor	Mornay	Mansion estate; unusual collection of rare peonies and topiary; open only April through October	Disabled, baby, retail	Yes
Caledonia Place	Caledonia	Former college; five buildings and reflecting pool, sculpture garden	Baby, bus, taxi, retail	No
Ducca D'oro	Arepa	Garden reflects designs of original owners, landscape designers with French formal gardening background.	Disabled, bus, lockers	Yes
Dveenolde Pilke	Denham	Unusual greenhouse and rare blooming plants.	Disabled, baby, bus, taxi, retail	No
Filbenne Grand Gardens	Sutton	Very grand garden estate currently undergoing major renovations; most areas open.	Disabled, baby	Yes
G'honoré-Wyatt	Limson	Mansion, extensive gardens.	Retail, lockers, coffee	No

Figura 9.5.
La tabla dentro del cuadro de texto.

En ese caso, ajuste la columna posicionando la herramienta **Texto** sobre el borde de la misma y cuando vea un icono de una flecha horizontal, arrastre la columna para hacerla tan ancha como sea necesario para acomodar el texto. Ahora ya está listo para dar formato a la tabla.

Dar formato a los bordes y alternar los colores de fila

InDesign CS3 incluye muchas opciones de formato fáciles de utilizar para las tablas. Puede usarlas para conseguir que sus tablas sean más atractivas y fáciles de entender para los lectores, de modo que encuentren la información que necesitan rápida y cómodamente.

1. Con la herramienta **Zoom** haga clic en la zona superior izquierda de la página 3 para ampliarla a un 100% o más. Tras ello, seleccione la herramienta **Texto** T.

2. Mueva el puntero sobre la esquina superior izquierda de la tabla importada, de modo que el puntero aparezca como una gran flecha diagonal y haga clic una vez para seleccionar la tabla completa.

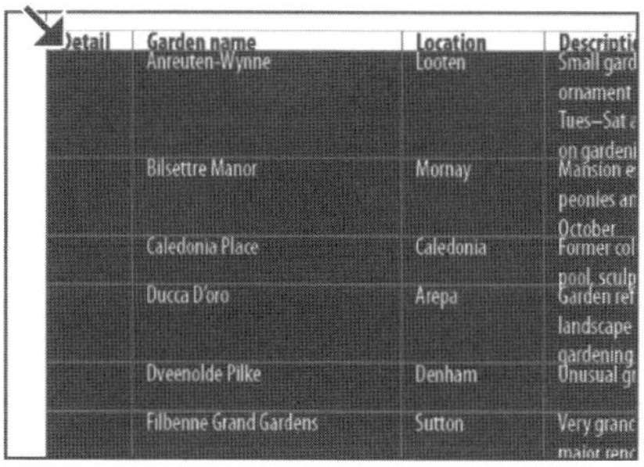

Figura 9.7.
Selección de toda la tabla.

Si le resulta difícil que aparezca la flecha diagonal, incremente el porcentaje de ampliación. Un método alternativo para seleccionar una tabla completa es hacer clic con la herramienta **Texto** en cualquier parte de la tabla y luego seleccionar Tabla>Seleccionar>Tabla. Si la herramienta **Texto** no está seleccionada, este comando no está disponible.

3. Seleccione Tabla>Opciones de tabla>Configuración tabla (o elija el mismo comando en el menú del panel Tabla). El cuadro de diálogo Opciones de tabla se abre por la ficha Configuración tabla.

4. En Borde de tabla, establezca las opciones siguientes:

   - Grosor a 1.
   - Tipo a Sólido.
   - Color a [Negro].
   - Matiz a 50%.

5. Tras ello, haga clic en la ficha Rellenos y configure las siguientes opciones:

   - En Alternar patrón, escoja Fila sí, fila no.
   - En la parte izquierda, seleccione como Color, C = 43 M = 0 Y = 100 K = 56 y después introduzca 20% en Matiz.
   - En la parte derecha, seleccione como Color, [Papel].
   - En Omitir primeras, escriba **1** de modo que los colores alternos comiencen en la fila 2 (la fila por debajo de las cabeceras).

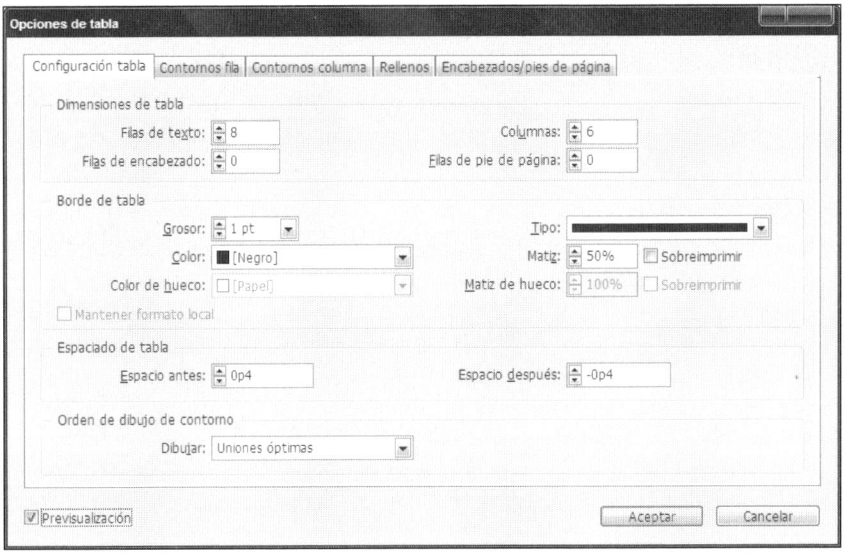

Figura 9.8.
El cuadro de diálogo Opciones de tabla. Pestaña Configuración tabla.

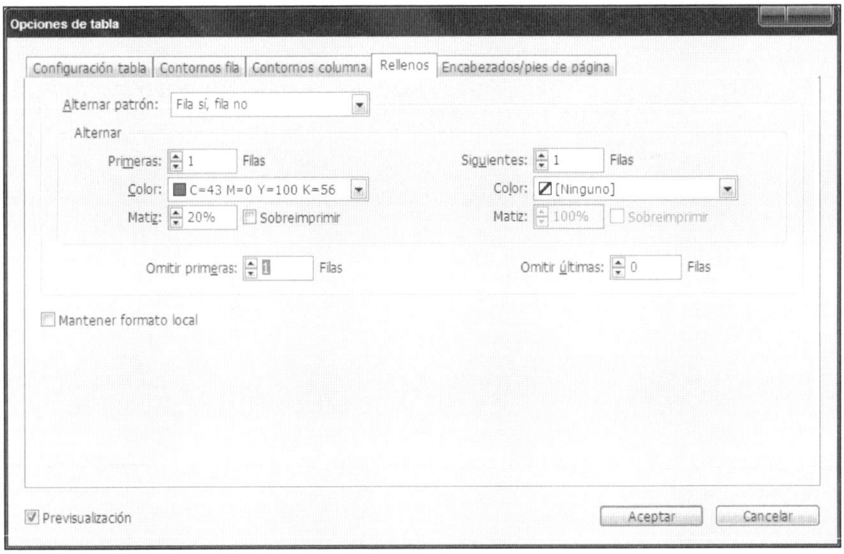

Figura 9.9.
El cuadro de diálogo Opciones de tabla. Pestaña Rellenos.

6. Haga clic en **Aceptar** para cerrar el cuadro de diálogo y, tras ello, ejecute Edición> Deseleccionar todo de modo que pueda ver los resultados. Ahora las filas pares tienen un color verde pálido de relleno.

Edición de los contornos de las celdas

Los contornos de las celdas son las líneas que rodean cada una de las celdas. Se puede desear editar el trazo negro por defecto o incluso eliminarlos. En este capítulo, cambiaremos los contornos de las celdas de forma que coincidan con el nuevo borde de la tabla.

1. Seleccione la herramienta **Texto** T y de nuevo mueva el puntero sobre la esquina superior izquierda de la tabla hasta que se convierta en una flecha diagonal, y después haga clic para seleccionar la tabla completa.
2. Seleccione Tabla>Opciones de celda> Contornos y rellenos (o seleccione el mismo comando en el menú del panel Tabla).
3. En el grupo Contorno de celda del cuadro de diálogo, seleccione las opciones siguientes:
   - En Grosor, introduzca 1.
   - En Tipo, escoja Sólido.
   - En Color, seleccione [Negro].
   - En Matiz, seleccione 50%.
4. Haga clic en **Aceptar** y luego seleccione Editar>Deseleccionar todo para ver los resultados de su formato.

Aplicar formato a las celdas de encabezado

Otro aspecto que facilita la lectura de una tabla es diferenciar las categorías de los datos de la tabla. Si diferencia visualmente las categorías, es más probable que sus lectores comprendan la tabla en un golpe de vista y encuentren la información fácilmente. En este procedimiento, establecerá márgenes, de modo que el texto no toque los contornos de las celdas, y después le dará a las celdas de la fila de la cabecera un único color de relleno.

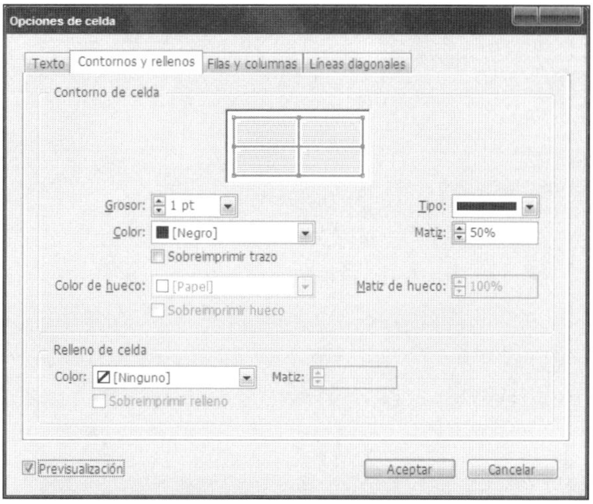

Figura 9.10.
El cuadro de diálogo Opciones de celda.

1. Con la herramienta **Texto** T, mueva el puntero sobre el borde izquierdo de la primera fila hasta que aparezca una gruesa flecha horizontal ➔. A continuación haga clic para seleccionar la primera fila completa.

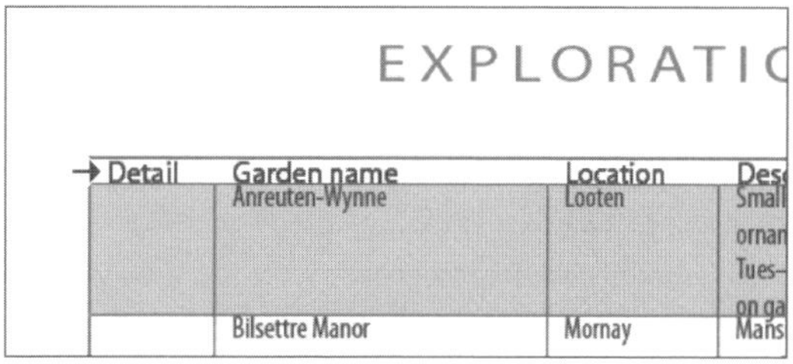

Figura 9.11.
Selección de la primera fila.

2. Seleccione Tabla>Opciones de celda> Texto.

3. En la ficha Texto, establezca las opciones siguientes:

   - Bajo Márgenes de celda, introduzca 0p3,6 en Superior y después haga clic en el botón a su lado, para que los ajustes sean los mismos para el margen superior e inferior, así como para el izquierdo y derecho.
   - Bajo Justificación vertical, en Alinear, seleccione Centrar.
   - En Primera línea de base, compruebe que Desplazamiento está configurado como Ascendente. Deje el cuadro de diálogo abierto.

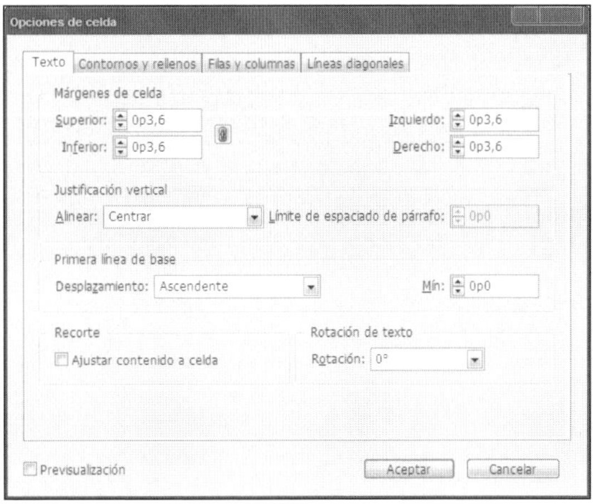

Figura 9.12.
El cuadro Opciones de celda en su pestaña Texto.

4. En la ficha Contornos y rellenos, deje el valor de Contorno de celda como está (1pt, Sólido, [Negro], 50%). En la opción Color de Relleno de celda, seleccione C = 43 M = 0 Y = 100 K=56. Ajuste el matiz al 40% y deje el cuadro de diálogo abierto.

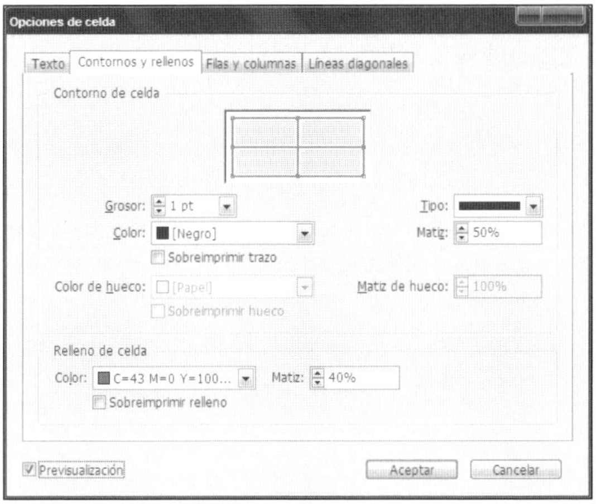

Figura 9.13.
El cuadro Opciones de celda en su pestaña Contornos y rellenos.

5. En la ficha Filas y columnas, en Alto de fila, seleccione Exacto en el menú desplegable y, tras ello, introduzca 2p0.

6. Haga clic en **Aceptar** para cerrar el cuadro de diálogo, y después deseleccione para ver los resultados de su trabajo.

La fila de la cabecera de la tabla ahora aparece con el texto en blanco sobre un fondo verde.

Eliminar una columna

Después de crear o importar una tabla, puede añadir o borrar filas o columnas completas a o de la estructura de su tabla. Algunas veces, querrá eliminar sólo los contenidos de una celda, fila o columna. Otras veces, querrá eliminar la celda, fila o columna en sí, incluyendo sus contenidos. Las técnicas para llevar a cabo estos dos procedimientos difieren ligeramente para que haga las modificaciones exactas que desea.

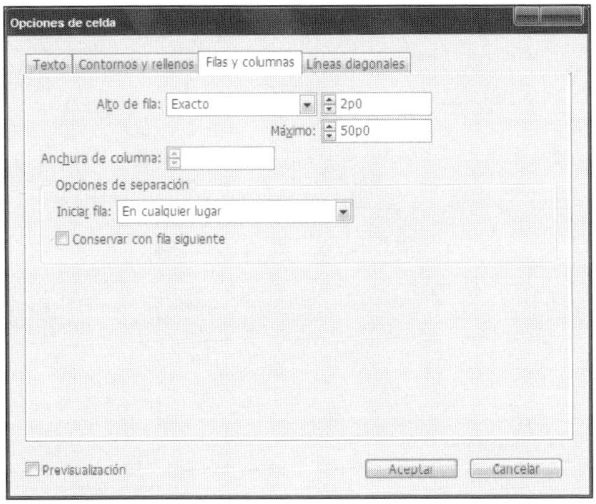

Figura 9.14.
El cuadro Opciones de celda en su pestaña Filas y columnas.

La información de la columna situada más a la derecha de esta tabla no está actualizada y ya no es relevante, de modo que eliminará la columna completa ahora.

1. Con la herramienta **Texto**, mueva el puntero sobre el borde superior de la columna 6 (la última columna de la derecha) hasta que el puntero se convierta en una flecha gruesa apuntando hacia abajo ↓. Después haga clic para seleccionar la columna completa.

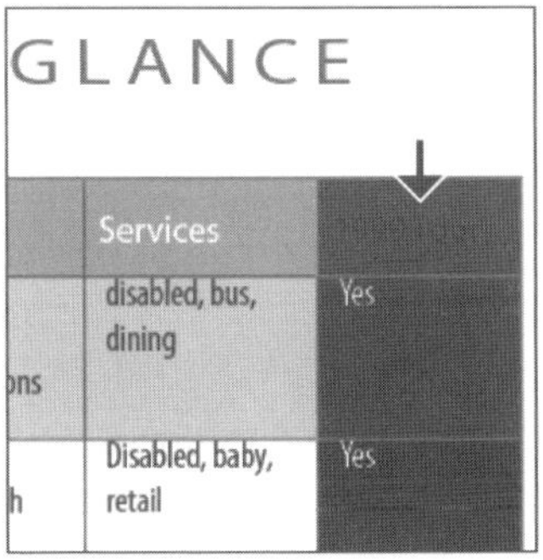

Figura 9.15.
Selección de la columna 6.

2. Seleccione Tabla>Eliminar>Eliminar columna. Ahora desaparece la columna completa.

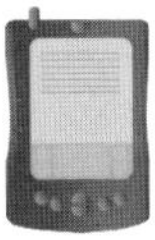

Nota: Para eliminar únicamente el contenido de una columna, puede seleccionarla y utilizar la tecla **Supr** del teclado.

Truco: Encontrará más comandos en el menú Tabla y en el menú del panel Tabla para insertar columnas y filas adicionales, para eliminar filas y tablas completas, para seleccionar filas, columnas, celdas y tablas completas.

Utilizar gráficos dentro de tablas

Puede utilizar las tablas de InDesign para crear tablas eficaces que combinen texto, fotografías e ilustraciones. Las técnicas necesarias son tan sencillas como las utilizadas con el texto.

En este apartado, ajustará el formato de su tabla para que las celdas tengan los tamaños idóneos para los gráficos que colocará en ellas. A continuación, pondrá dichos gráficos en esas celdas.

Establecer las dimensiones fijas de filas y columnas

Puede definir los tamaños de las celdas, columnas o filas para que se ajusten a medidas exactas. En este apartado, ajustará el tamaño de la primera columna para que imágenes fotográficas de una pulgada encajen bien dentro de las celdas.

1. Con la herramienta **Texto** T, seleccione la primera columna, bien arrastrando de arriba a abajo, o bien haciendo clic en el borde superior de la columna cuando aparezca la flecha gruesa apuntando hacia abajo ↓. O puede hacer clic en cualquier celda y seleccionar Tabla>Seleccionar>Columna.

2. Seleccione Ventana>Texto y tablas>Tabla para abrir el panel Tabla, si no está ya visible. En la opción Ancho de columna, introduzca **6p10,8** y pulse **Intro**. A continuación, haga clic en cualquier parte de la tabla para deseleccionar la columna.

3. De nuevo con la herramienta **Texto**, arrastre hacia abajo desde la segunda celda de la columna 1 para seleccionar todas las celdas excepto la celda de la cabecera situada en la zona superior de la columna.

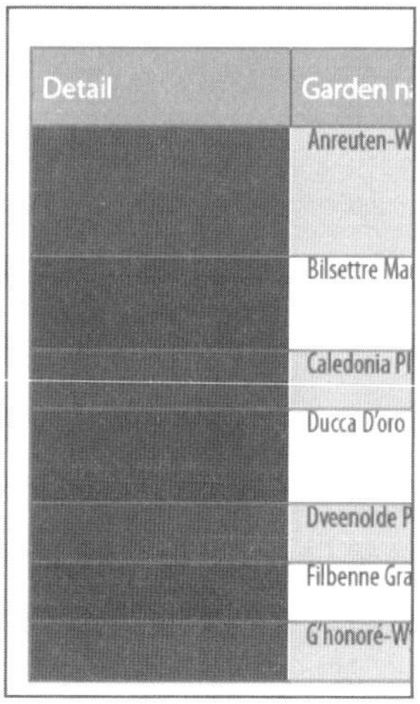

Figura 9.16.
Selección de toda la columna salvo su cabecera.

4. En el panel Tabla, seleccione Exacto en la opción Altura de fila y escriba **6p10,8**. Pulse **Intro**.

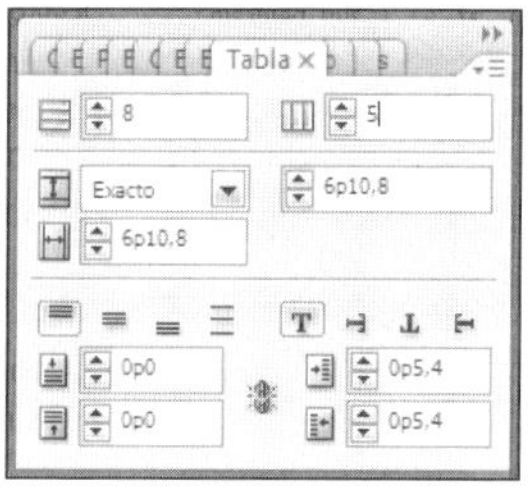

Figura 9.17.
Cambio de la altura de la fila en el panel Tabla.

Colocar gráficos en las celdas de la tabla

Para ahorrar tiempo, la mayor parte de las imágenes que colocará dentro de la tabla están ya colocadas en la mesa de trabajo del archivo del capítulo. En este procedimiento, cortará y pegará esas imágenes una por una en las celdas de la primera columna de la tabla. Para comenzar, importará una imagen que no forma parte del archivo de InDesign.

1. Con la herramienta **Texto** T, haga clic para colocar el punto de inserción en la primera celda de la segunda fila (justo debajo de la celda `Detail`).

2. Seleccione Archivo>Colocar y localice el archivo `09_d.tif` en su carpeta `Lesson_09`. Haga doble clic para abrir el archivo. La imagen de la fotografía aparece en la primera celda.

3. Haga doble clic en la miniatura de la página 3 en el panel Páginas para centrar la página 3 en la ventana del documento.

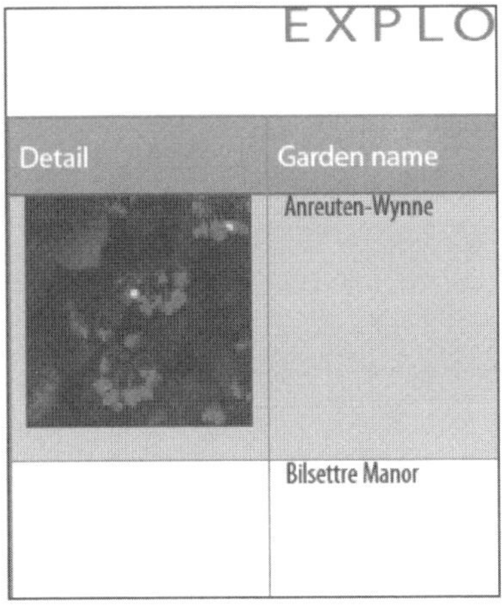

Figura 9.18.
Colocación de un archivo gráfico.

Haga la capa Leaves visible si es que la desactivó anteriormente.

4. Con la herramienta **Selección**, seleccione la fotografía superior de la mesa de trabajo a la derecha del pliego. Ejecute Edición>Cortar.

5. Haga doble clic para colocar un punto de inserción en la tercera fila de la primera columna, justo debajo de la fotografía que colocó en el paso anterior.

6. Seleccione Edición>Pegar.

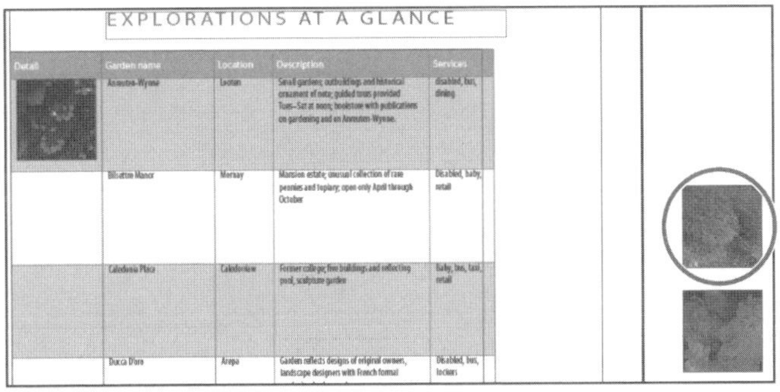

Figura 9.19.
Selección del gráfico a la derecha del pliego.

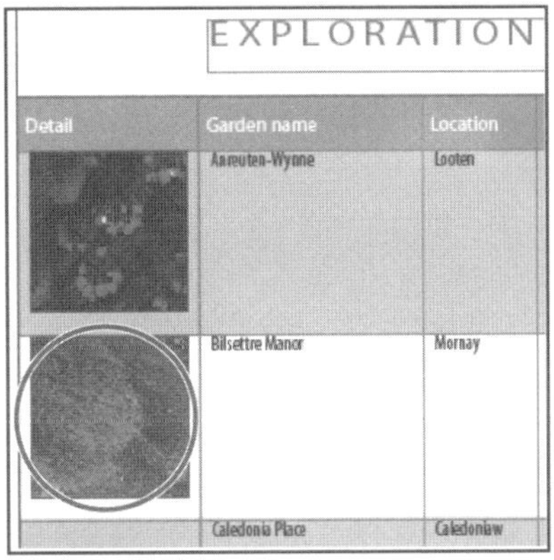

Figura 9.20.
Arrastre y colocación del gráfico en la segunda columna.

7. Continúe cortando y pegando para colocar cada una de las cinco fotografías restantes en las celdas vacías de la columna 1, procediendo de arriba a abajo.

Truco: Puede cambiar temporalmente entre la herramienta **Selección** y la herramienta **Texto** si mantiene pulsada la tecla **Control** (en Windows) o **Comando** (Macintosh).

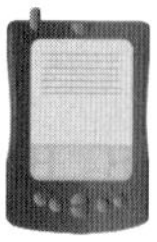

Nota: No puede simplemente arrastrar los elementos a las celdas de la tabla. Al arrastrar posicionaría exclusivamente el elemento encima o debajo de la tabla en el orden de apilamiento de la maquetación, pero no colocaría el elemento dentro de una celda. Es necesario para el tipo de tabla de este trabajo utilizar la herramienta **Texto** cuando coloque o pegue el contenido en las celdas.

Colocar varios gráficos en una celda

Esencialmente, las imágenes que coloca o pega en las celdas de la tabla son gráficos integrados en el texto. Por ello, puede añadir tantas imágenes en una sola celda como las dimensiones de la celda le permitan. Únicamente está limitado al tamaño real de la celda.

1. Con la herramienta **Zoom**, pulse y arrastre para aislar la esquina superior derecha de la página 3, junto a los iconos de la mesa de trabajo.

2. Oculte el panel Páginas o las demás paneles si es necesario. Para ello, haga clic en la ficha Páginas para mostrar los gráficos en la mesa de trabajo del documento. Con la herramienta **Selección**, seleccione el gráfico de la silla de ruedas.

3. Seleccione Edición>Copiar.

4. Active la herramienta **Texto** y busque en la columna 5 la primera instancia de la palabra *Disabled*. Haga doble clic para seleccionar la palabra completa y la coma. Es probablemente más fácil seleccionar también el espacio entre la palabra y la siguiente.

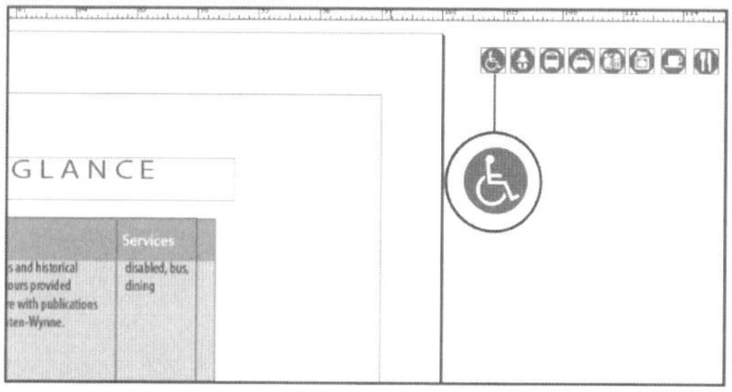

Figura 9.21.
Selección del gráfico de la silla de ruedas.

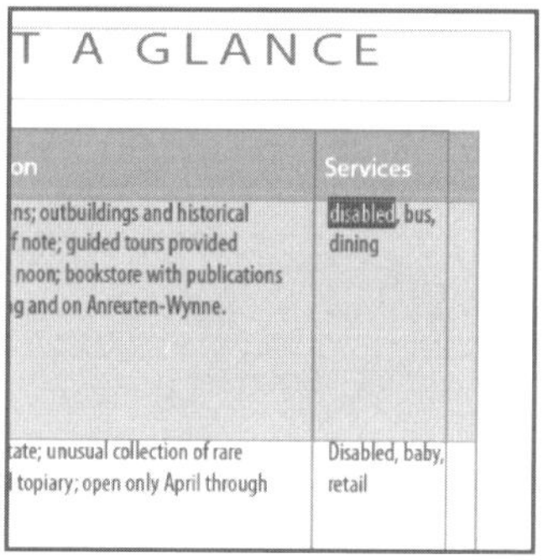

Figura 9.22.
Selección de la palabra por la que vamos a reemplazar el icono.

5. Seleccione Edición>Pegar. Si seleccionó el espacio después de la coma, pulse la **Barra espaciadora** para agregar un espacio después del gráfico.

6. Busque las restantes instancias de la palabra *Disabled* en el resto de celdas de esa columna, selecciónelas y pegue para sustituir el texto con el gráfico de la silla de ruedas.

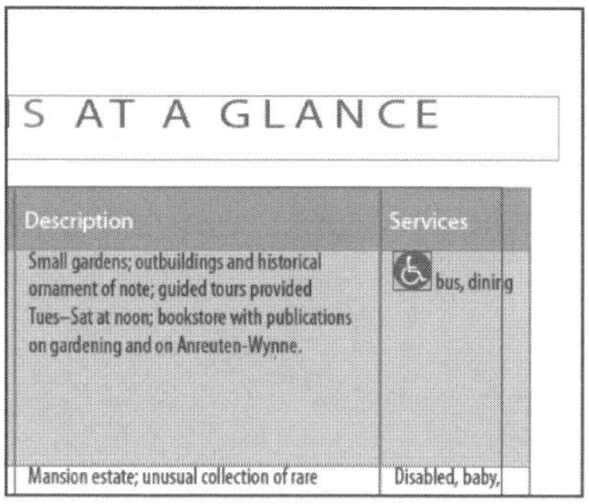

Figura 9.23.
Sustitución realizada.

7. Repita el proceso completo para cada palabra e icono restantes: *Baby*, *Bus*, *Taxi*, *Lockers*, *Retail*, *Coffee* y *Dining*.

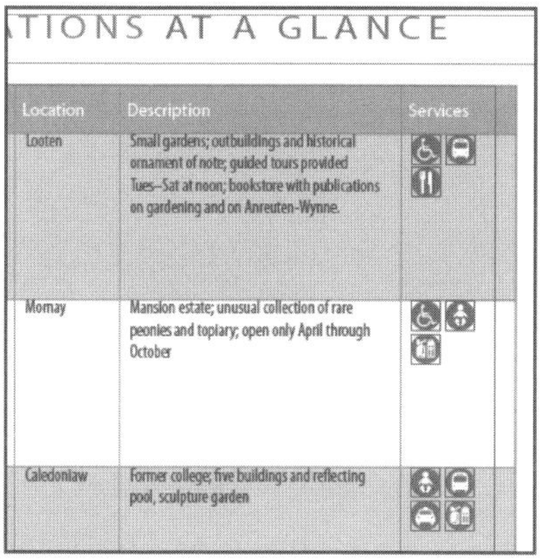

Figura 9.24.
El resultado final de todas las sustituciones.

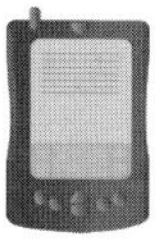

Nota: Si no está seguro de cuál es el icono correspondiente, seleccione el icono con la herramienta de selección y después mire en el panel Enlaces para ver qué archivo está seleccionado, ya que los nombres de los archivos de los iconos son descriptivos.

Puesto que todavía no ha ajustado la anchura de las columnas, sus iconos pueden solaparse unos sobre otros verticalmente en esta fase de su trabajo. Lo arreglará en el apartado siguiente.

8. Haga clic en la ficha Páginas para mostrar el panel Páginas y haga doble clic sobre la miniatura de la página 3 para centrarla.

Dar formato al texto de una tabla

Todo lo que queda por hacer en su proyecto de tabla son los ajustes finales para que el texto, los gráficos y el espaciado de la tabla sean homogéneos con el resto del pliego.

Aplicar estilos de carácter al texto de una tabla

Si ya maneja cómodamente el formato del texto en marcos de texto, entonces dar formato al texto en tablas será una extensión fácil y natural de sus habilidades en InDesign.

1. Con la herramienta **Texto** T, seleccione la palabra "*name*" de la primera fila de la tabla. Fíjese en que el panel Estilos de párrafo tenga el estilo de párrafo header. Este estilo se importó junto con el documento de Microsoft Word para mantener el formato original. Habrá que actualizar el estilo para que refleje el nuevo formato.

2. En el panel Control, cambie los siguientes atributos:

- Fuente: Myriad Pro.
- Estilo: Regular.
- Tamaño: 10 pt.
- Interlineado: 14 pt.
- **Todo en mayúsculas:** Seleccionado.
- Tracking: 150.
- Escala horizontal: 125%.

3. En el panel Muestras, seleccione Negro para el texto.
4. En el panel Estilos de párrafo, ahora verá un signo más al lado de la cabecera del estilo. Desde el menú , seleccione Redefinir estilo.

   Si cierto texto ya no entra en la celda, tendremos que fijarlo en el siguiente paso. Si ocurre esto, aparecerá un círculo rojo en la columna.

5. En la tercera columna, seleccione la palabra "*Looten*". Fíjese que en el panel Estilos de párrafo este tipo ya tiene el estilo `bodytable`. Este estilo fue importado junto con el documento de Microsoft Word para mantener el formato. Habrá que actualizar este estilo para que refleje el nuevo formato.
6. En el panel Control, configure los siguientes parámetros:
   - Fuente: Myriad Pro.
   - Estilo: Regular.
   - Tamaño: 8 pt.
   - Interlineado: 10 pt.
7. En el panel Estilos de párrafo, ahora verá un signo más en el estilo bodytable. En el menú del panel , selecciones Redefinir estilo.

Creación de un nuevo estilo de celda

Ahora creará un nuevo estilo de celda que contenga el estilo de párrafo que acaba de editar, así como un formato para la celda, para tener el texto de esas celdas alineadas verticalmente al centro.

1. Seleccione la herramienta **Texto** T para crear un punto de inserción en la palabra *Looten*.
2. Seleccione Ventana>Texto y tablas> Estilos de celda y en el panel Estilos de celda, haga clic en el botón del panel y después seleccione Nuevo estilo de celda.
3. Asigne un nombre para el estilo en el campo Nombre de estilo y llámelo **Table Body**.
4. En el menú desplegable Estilo de párrafo, seleccione el estilo de párrafo bodytable. Esto asegura que el estilo sea parte del formato de las celdas.

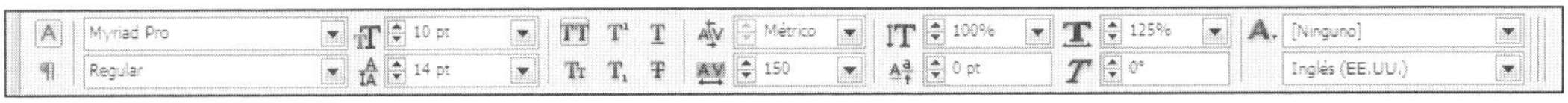

Figura 9.25.
Configuración de atributos en el panel Control.

5. Seleccione Texto en la parte izquierda del cuadro de diálogo. En la sección Márgenes de celda, introduzca 0p5 en el campo Superior y después seleccione el botón de al lado para que el resto de márgenes sean iguales.

6. En la sección Justificación vertical, seleccione en Alinear la opción Centrar en el menú desplegable.

7. Haga clic en **Aceptar** de forma que el estilo de la celda aparezca en el panel Estilos de celda.

8. Con la herramienta **Texto** T todavía seleccionada, seleccione todas las filas y columnas (menos la fila de encabezados) y haga clic en Table Body para aplicar el nuevo estilo a las celdas seleccionadas. Incluso sin haber escrito nada en la primera columna, nos beneficiaremos del centrado automático de las fotos.

Truco: Si hace esto y el texto no cambia y sigue viendo el signo más al lado del estilo, pulse la tecla **Alt** (en Windows) u **Opción** (en Mac OS) mientras selecciona el estilo.

9. Fíjese en que la última columna es demasiado estrecha para acomodar todos los iconos. Pasaremos ahora a ajustar esto.

10. Con la herramienta **Texto** T, seleccione los tres iconos en la celda superior de la última columna.

11. En el panel Control, incremente el desplazamiento vertical a 20 pt.

12. En el menú del panel , del panel Estilos de párrafo, seleccione Nuevo estilo de párrafo para cambiar la configuración.

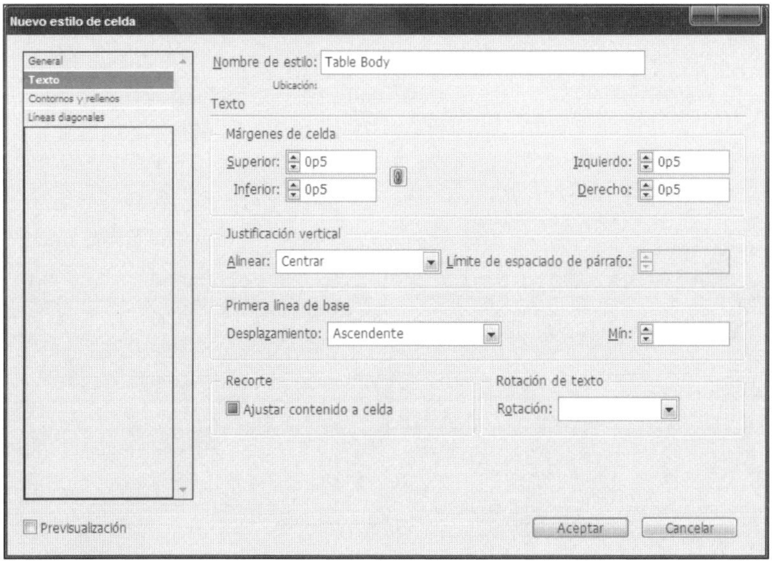

Figura 9.26.
El cuadro de diálogo Nuevo estilo de celda.

13. Escriba **Table Icons** en el campo Nombre de estilo para asignar un nombre al nuevo estilo. Después, haga clic en **Aceptar**.

14. Seleccione Ventana>Texto y tablas>Estilos de celda para acceder al panel Estilo de celda. Como queremos utilizar un estilo parecido a `Table body`, sólo queremos cambiar el estilo del párrafo, haga clic en el estilo `Table Body` y después, en el menú del panel, seleccione Duplicar estilo.

15. Aparecerá la ventana Duplicar estilo de celda mostrando los mismos atributos que el estilo `Table Body`.

16. Escriba **Table Icons** en Nombre de estilo.

17. En la sección Estilo de párrafo, seleccione Table Icons en el menú desplegable.

18. Haga clic en **Aceptar** de forma que el nuevo estilo aparece en el panel Estilos de celda. Con la herramienta **Texto**, seleccione todas las celdas con los iconos verdes (menos la fila del encabezado) y haga clic en Table Icons en el panel Estilos de celda para aplicar el nuevo estilo a dichas celdas. El contenido de las celdas debería tener el formato correcto y, si fuese necesario, sólo tendríamos que ajustar la anchura de las columnas para acomodar el texto y las imágenes.

Arrastrar para ajustar el tamaño de la columna

Cuando un marco de texto normal contiene un artículo que no se ajusta completamente dentro del espacio asignado, la casilla de salida del marco muestra un signo más rojo (+), indicando que hay texto desbordado.

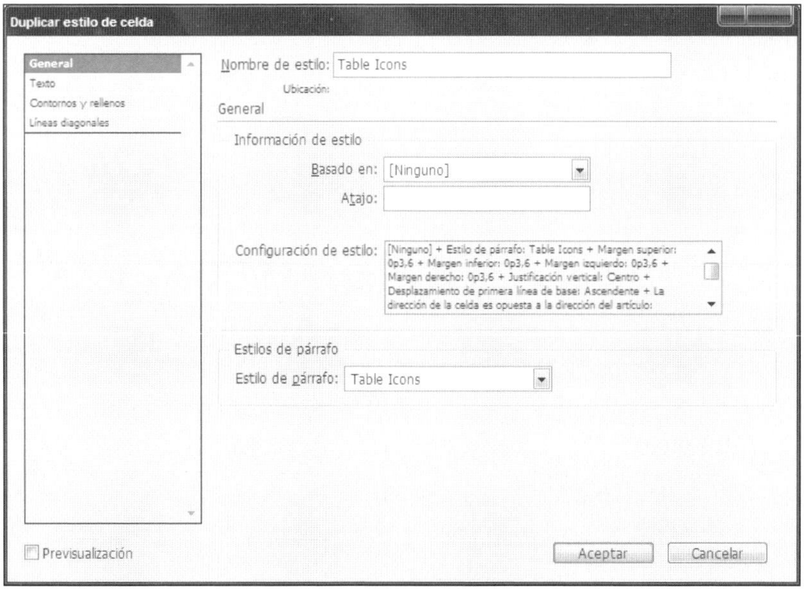

Figura 9.27.
El cuadro de diálogo Duplicar estilo de celda.

Lo solucionaría bien ampliando el marco de texto o bien continuando el artículo en otro marco de texto.

En las tablas, el texto o los gráficos que no caben en sus celdas se denominan también desbordados y lo indica un pequeño círculo rojo situado en la esquina inferior derecha de la celda. A diferencia de los marcos normales, no puede llevar el exceso de información a otra celda de la tabla. En su lugar, debe o bien, redimensionar la celda para almacenar la información o bien, redimensionar el contenido (escalando el gráfico o borrando parte del texto).

En esta tabla, redimensionará las columnas de modo que todo quede bien ajustado en la tabla.

1. Amplíe la vista de la página por medio de las combinaciones **Control-2** (en Windows) o **Comando-2** (Macintosh) para ver la página al 200%.

2. Mueva la herramienta **Texto** T sobre la línea vertical que separa las columnas 2 y 3 hasta que el icono del puntero se convierta en una flecha doble ↔ y después arrastre el margen de columna para redimensionarla hasta que sean más anchas, dejando más sitio para el encabezado.

3. Moviendo de izquierda a derecha, redimensione cada una de las columnas de modo que los contenidos quepan dentro y que el borde derecho de la tabla se ajuste a la guía del margen vertical del lado derecho de la página.

4. Seleccione Ver>Ajustar pliego en ventana y, tras ello, guarde su trabajo.

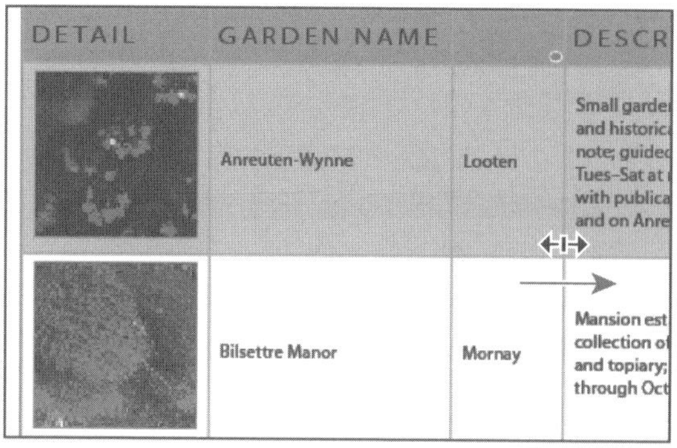

Figura 9.28.
Redimensionado de la columna.

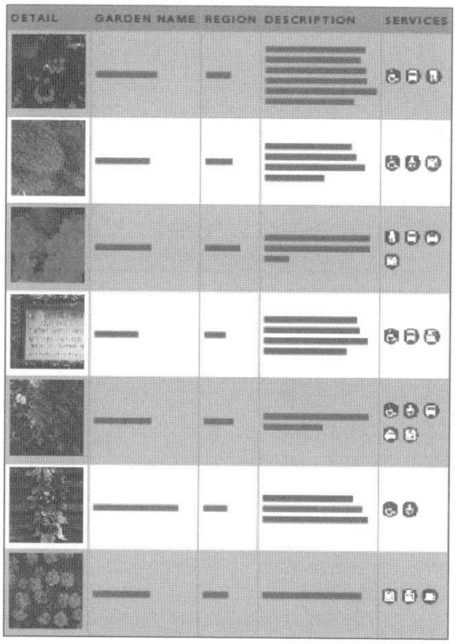

Figura 9.29.
Resultado final.

Retoques finales

Casi ha terminado el trabajo de este capítulo.

1. En el panel Herramientas, haga clic en el botón **Modo de vista previa**.

2. Pulse **Tab** para ocultar todos los paneles y revise los resultados de su trabajo.

Figura 9.30.
El botón Modo de vista previa.

¡Enhorabuena! Ahora ha terminado este capítulo. Si desea obtener más información sobre el trabajo con tablas, consulte la Ayuda de InDesign.

Por sí mismo

Ahora que ya se ha entrenado en los fundamentos del trabajo con tablas en InDesign, puede probar otras técnicas para ampliar sus habilidades en la construcción de tablas.

1. Para crear una tabla nueva, desplácese más allá del pliego, a la mesa de trabajo, y arrastre la herramienta **Texto** para crear un marco de texto nuevo. A continuación, seleccione Tabla>Insertar tabla e introduzca el número de filas y columnas que quiera en su tabla.

2. Para introducir información en su tabla, compruebe que el punto de inserción parpadeante está en el primer marco y después escriba. Para desplazarse a la siguiente celda de la fila, pulse **Tab**. Para desplazarse a la siguiente celda de la columna, pulse la tecla **Flecha abajo**.

3. Para agregar una columna arrastrando, mueva la herramienta **Texto** sobre el borde derecho de una de las columnas de su tabla, de modo que el puntero se convierta en una flecha de dos puntas. Mantenga pulsada la tecla **Alt** (en Windows) u **Opción** (Macintosh) y arrastre una pequeña distancia hacia la derecha, aproximadamente de una pulgada. Al soltar el botón del ratón aparece una columna nueva, que tiene la misma anchura que la distancia que arrastró.

4. Para combinar varias celdas en una celda, seleccione todas las celdas de la columna nueva que creó en el punto previo. A continuación, seleccione Tabla>Combinar celdas. Para convertir la tabla en texto, seleccione Tabla>Convertir tabla a texto. Puede utilizar tabuladores para separar lo que antes eran columnas y saltos de párrafo para separar las columnas. También puede modificar estas opciones. Del mismo modo, puede convertir texto separado por tabulaciones en una tabla si selecciona el texto y ejecuta los comandos Tabla>Convertir texto a tabla.

5. Para crear un texto girado, haga clic con la herramienta **Texto** dentro de la celda combinada que acaba de crear. Seleccione Ventana>Tabla para abrir el panel Tabla y seleccione la opción **Girar texto 270°** ⊢. A continuación introduzca el texto que quiera en la celda.

Preguntas de repaso

1. ¿Cuáles son las ventajas de utilizar tablas en lugar de escribir sólo el texto y utilizar tabulaciones para separar las columnas?

2. ¿Cuándo podría generarse una celda desbordada?

3. ¿Qué herramienta se suele utilizar más frecuentemente con tablas?

Respuestas

1. Las tablas le proporcionan mayor flexibilidad y mayor facilidad a la hora de dar formato. En una tabla, el texto se puede distribuir dentro de una celda, de modo que no tenga que agregar más líneas para acomodar celdas con muchas palabras. También, puede asignar estilos a filas, columnas y celdas individuales, incluyendo estilos de carácter e incluso estilos de párrafo, porque se considera cada celda como un párrafo independiente.

2. Las celdas desbordadas se producen cuando las dimensiones de la celda están limitadas y los contenidos no cambien dentro de ellas. Cuando esto ocurre, debe proceder a definir la anchura y altura de la celda (o su fila y columna).

   De lo contrario, cuando coloque el texto en la celda, éste se ajustará dentro de la celda, que después se expandirá verticalmente para acomodar el texto. Cuando coloca un gráfico en una celda que no tiene definidos sus límites de tamaño, la celda se expande también vertical pero no horizontalmente, de modo que la columna de la fila mantiene su anchura original.

3. Debe seleccionarse la herramienta **Texto** para realizar cualquier trabajo en la tabla. También puede utilizar otras herramientas para trabajar con gráficos dentro de las celdas de la tabla, pero no para trabajar con la tabla en sí, como por ejemplo para seleccionar filas o columnas, para insertar texto o gráficos, para ajustar las dimensiones de la tabla, etc. utilice la herramienta **Texto**.

Capítulo 10

Trabajar con transparencias

Para fomentar su imaginación y creatividad, InDesign CS3 posee un conjunto de opciones de transparencia. No sólo controlará la opacidad y las fusiones de color en InDesign, sino que podrá importar archivos y que utilizan transparencia.

En este capítulo, aprenderá cómo hacer lo siguiente:

- Dar color a un gráfico importado en blanco y negro.
- Cambiar la opacidad de los objetos dibujados en InDesign.
- Ajustar los valores de transparencia para gráficos importados.
- Aplicar valores de transparencia a texto.
- Aplicar modos de fusión a los objetos solapados.
- Aplicar suavizados a objetos.
- Aplicar múltiples efectos a un objeto.
- Editar y eliminar efectos.

Antes de comenzar

El proyecto de este capítulo es un menú de un restaurante ficticio, *Bistro Nouveau.* Al aplicar transparencia a los objetos en una serie de capas, creará un diseño visualmente rico.

1. Para garantizar que las herramientas y paneles funcionan exactamente como se describe en este capítulo, borre o desactive (cambie el nombre) los archivos de preferencias predeterminadas.

> **Nota:** Si todavía no ha copiado los archivos de recursos de este capítulo a su disco duro de la carpeta `Lesson_10` del CD adjunto, hágalo ahora.

2. Inicie Adobe InDesign CS3.
3. Seleccione Archivo>Abrir y abra el archivo `10_a.indd` de la carpeta `Lesson_10`, que está dentro de la carpeta `InDesignCIB` de su disco duro.
4. Seleccione Archivo>Guardar como, cambie el nombre del archivo por `10_Menu.indd` y guárdelo en la carpeta `Lesson_10`.

   El menú aparece como una larga página en blanco porque todas las capas están actualmente ocultas. Mostrará estas capas una por una cuando las necesite, para que le sea fácil centrarse en las tareas y los objetos específicos que llevará a cabo en este capítulo.

5. Si quiere comprobar el aspecto del proyecto terminado, seleccione Archivo>Abrir y abra el archivo `10_b.indd`, que se encuentra en la carpeta `Lesson_10`, dentro de la carpeta `InDesignCIB` de su disco duro.
6. Cuando esté preparado para comenzar a trabajar, puede cerrar el archivo `10_b.indd` o seleccionar Ventana>10_Menu.indd para volver al documento de trabajo

de este capítulo, dejando el ejemplo del archivo terminado como referencia.

Figura 10.1.
El resultado final.

Importar y dar color a una imagen en blanco y negro

Comenzará trabajando con la capa de fondo del menú. Esta capa sirve como un fondo con textura aleatoria que quedará visible a través de los objetos colocados sobre él, que tengan establecidos valores de transparencia. Puesto que no hay nada por debajo de esta capa en la pila de capas, no podrá realizar ningún cambio sobre la opacidad de esta capa.

1. En el panel Capas, seleccione la capa Background, desplazando si fuera necesaria la lista de capas hasta el final de la pila de capas para encontrarla. Compruebe que los dos cuadros situados a la izquierda del nombre de la capa muestran que la capa está visible (aparece el icono del ojo) y desbloqueada (no aparece el icono de bloqueo). El icono de la pluma situado a la derecha de la capa indica que es la capa en la que se colocarán los objetos importados o donde se crearán los nuevos marcos.

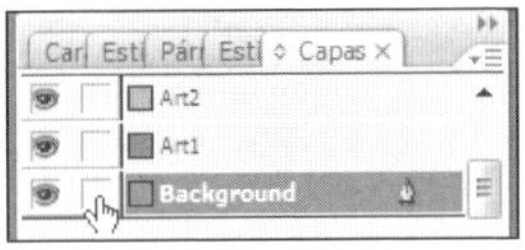

Figura 10.2.
El panel Capas.

2. Seleccione Ver>Cuadrículas y guías>Mostrar guías.

3. Seleccione Archivo>Colocar. Localice, seleccione y abra el archivo `bg.tif` de su carpeta `Lesson_10`.

4. Mueva el icono de gráfico cargado a la esquina superior izquierda de la página y haga clic, de modo que la imagen ocupe la página completa, incluyendo los márgenes. Después de colocar el gráfico, permanece seleccionado. No lo deseleccione.

> **Nota:** Si no ve las guías en la página, seleccione Ver>Cuadrículas y guías>Mostrar guías para que aparezcan.

5. Con el gráfico todavía seleccionado, seleccione Ventana>Muestras para abrir el panel Muestras y seleccione el cuadro de relleno. Desplace la lista de muestras hasta encontrar Light Green, selecciónela. Utilice el cuadro desplegable Matiz para seleccionar un valor de 76%. El área

blanca de la imagen tendrá ahora un porcentaje de verde claro del 76%, mientras que las grises permanecerán grises. Seleccione Edición>Deseleccionar todo para deseleccionar la imagen.

6. En el panel Herramientas, utilice la herramienta **Selección directa** para seleccionar la imagen de nuevo y después seleccione el color Light Green el panel Muestras. Este color reemplaza al gris en la imagen original, dejando las áreas con color verde claro al 76% como están.

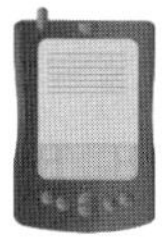

Nota: Recuerde que la herramienta **Selección directa** aparece como una mano cuando se sitúa sobre un marco pero selecciona el contenido de la imagen cuando hace clic.

7. En el panel Capas, seleccione el cuadro vacío que aparece a la izquierda del nombre de la capa Background para bloquearla. Deje la capa Background visible para que pueda ver los resultados del trabajo con la transparencia que realice sobre esta capa.

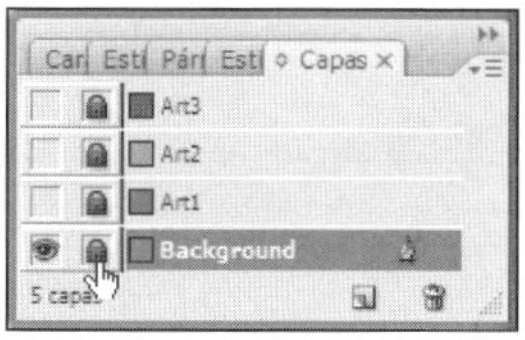

Figura 10.3.
El panel Capas con la capa Background bloqueada.

Hemos desarrollado un método rápido para aplicar color a una imagen en escala de gris. Aunque resulte eficaz para crear composiciones, seguramente encuentre los controles de color de Adobe Photoshop CS3 más indicados para crear su obra final.

Aplicar valores de transparencia

InDesign CS3 nos ofrece numerosos controles de transparencia. Puede cambiar la opacidad de los rellenos y contornos aplicados a objetos, texto e incluso objetos importados. También puede utilizar modos de fusión, desvanecimientos y sombras paralelas para experimentar con los efectos de transparencia. En este proyecto, practicaremos el uso de las distintas opciones de transparencia de cada una de las capas del menú.

Información general del panel Efectos

Utilice el panel Efectos (Ventana>Efectos) para especificar la opacidad y el modo de fusión de los objetos y grupos, aislar la fusión a un grupo específico, aplicar un *knockout* a objetos dentro de un grupo o aplicar un efecto de transparencia.

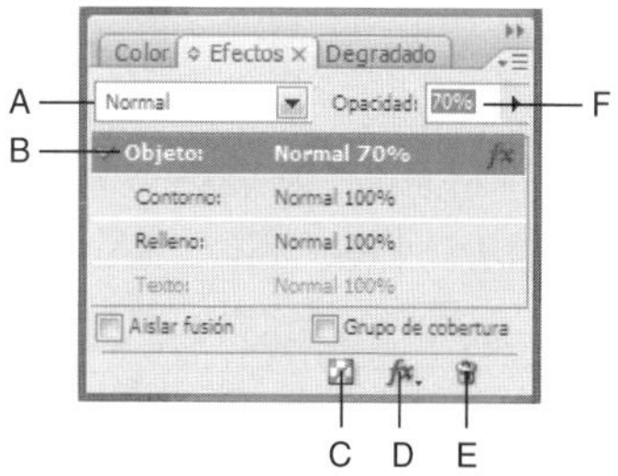

Figura 10.4.
A. Modo de fusión. B. Niveles. C. Icono de efectos. D. Borrar efectos. E. Botón de efectos. F. Cambiar opacidad.

Visión general del panel de efectos

- **Modo de fusión:** Especifica cuántos colores de los objetos transparentes interactúan con los objetos que tienen detrás.
- **Opacidad:** Determina la opacidad de un objeto, contorno, relleno o texto.
- **Nivel:** Indica la configuración de opacidad del objeto, contorno, relleno y texto del objeto, así como si se han aplicado los efectos de transparencia. Haga clic en el triángulo situado a la izquierda de la palabra Objeto (o Grupo o Gráfico) para ocultar o mostrar estos valores de nivel. El icono de efectos aparece en un nivel una vez haya aplicado la configuración de transparencia en él y puede hacer doble clic en ese icono para editar la configuración.
- **Aislar fusión:** Aplica un modo de fusión a un grupo seleccionado de objetos.
- **Grupo de *knockout*:** Hace que los atributos de opacidad y fusión de todos los objetos de un grupo cubran, o bloqueen, los objetos subyacentes del grupo.
- **Botón Borrar todo:** Borra los efectos (contorno, relleno o texto) de un objeto, define el modo de fusión en Normal y cambia la configuración de opacidad al 100% en todo el objeto.
- **Botón de efectos:** Muestra una lista de efectos de transparencia.

Cambiar la opacidad de objetos de color sólido

Una vez completado el gráfico de fondo, puede comenzar agregando características de transparencia a las capas colocadas sobre el mismo. Comenzará con una serie de figuras sencillas dibujadas en InDesign CS3.

1. En el panel Capas, seleccione la capa Art1 para que sea la capa activa y haga clic sobre los cuadros situados a la izquierda del nombre de la capa para desbloquearla. Haga clic en el cuadro situado a la izquierda del nombre de la capa par ver el icono del ojo, lo que indica que ahora es visible.

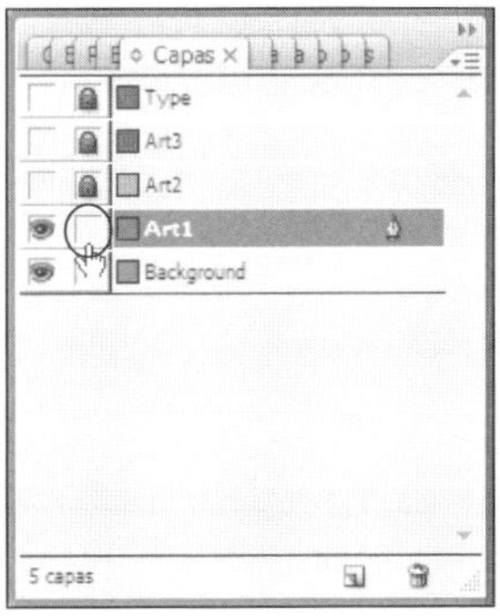

Figura 10.5.
El panel Capas.

2. Con la herramienta **Selección**, haga clic en el círculo relleno con la muestra Yellow/Green de la parte derecha de la página. El cuadro de la elipse con relleno sólido fue dibujado con InDesign.

> **Nota:** Seleccione Ventana>Muestras para abrir el panel Muestras para este ejercicio. Las formas mencionadas se nombrarán con la muestra aplicada al relleno del objeto.

3. Seleccione Ventana>Efectos para abrir el panel Efectos.

4. En el panel Efectos, haga clic en el botón de la flecha situada junto al porcentaje Opacidad para abrir el deslizador y, tras ello, arrastre para establecerlo en 70%. También puede introducir **70%** en la opción Opacidad y pulsar **Intro**.

   Tras ajustar la transparencia, la barra púrpura se verá a través de la elipse amarilla verdosa.

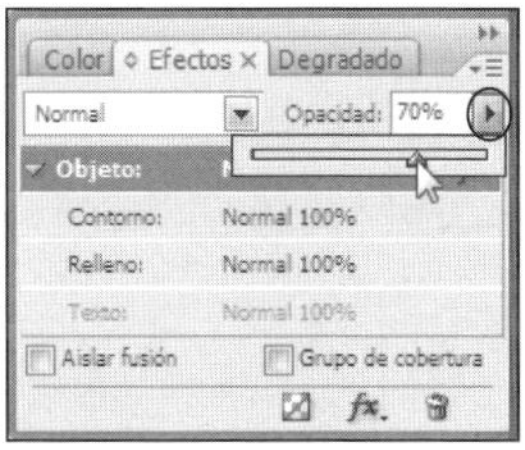

Figura 10.6.
El panel Efectos.

5. Seleccione el semicírculo verde claro situado en la zona superior del lado izquierdo de la página, vaya al panel Efectos y cambie su opacidad a un valor de **50%**. El semicírculo aparecerá ahora como una variación de color contra el fondo.

6. Repita el proceso del paso 5, cambie el resto de los círculos de la capa Art1, utilizando los valores siguientes para cada uno de ellos:

   - Lado izquierdo, central: muestra color Medium Green, Opacidad=**60%**.
   - Lado izquierdo, inferior: muestra color Light Purple, Opacidad =**70%**.
   - Lado derecho: muestra color Light Purple y trazo negro, Opacidad=**60%**.
   - Lado derecho, inferior: semicírculo muestra color Light Green, Opacidad=**50%**.

Aplicar un modo de fusión

El valor Opacidad modifica el objeto seleccionado creando un color que combina los valores de color del objeto con los objetos que hay debajo. Los modos de fusión le ofrecen otra forma de crear interacciones de color entre los objetos de las capas.

En este procedimiento, verá las diferencias cuando modifique primero la opacidad y después aplique el modo de fusión Multiplicar a los mismos objetos.

1. Con la herramienta **Selección**, seleccione el círculo de color amarillo verdoso situado en la zona media del lado derecho de la página.

2. En el panel Efectos, abra el menú desplegable de modos de fusión (que actualmente muestra Normal seleccionado), y seleccione Superponer. Fíjese en el cambio en la apariencia de los colores.

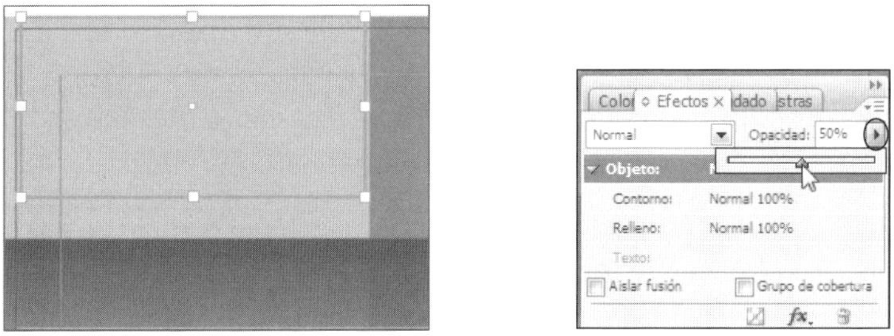

Figura 10.7.
Seleccione la imagen. Cambie la opacidad al 50%.

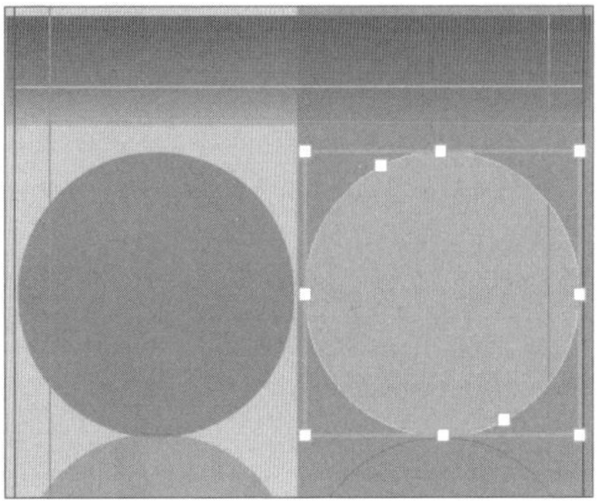

Figura 10.8.
Selección del círculo del lado derecho de la página.

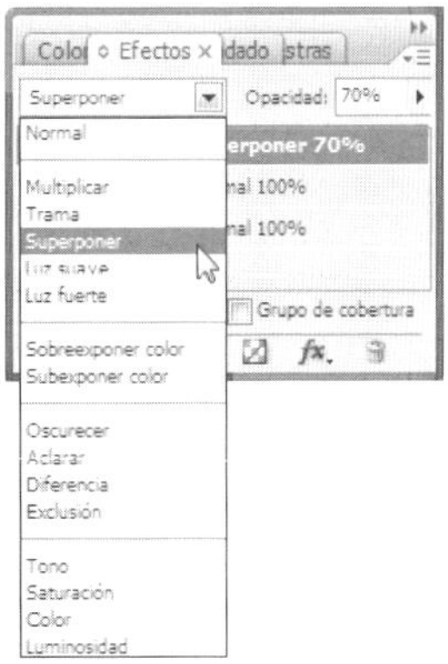

Figura 10.9.
La opción Superponer.

3. Seleccione la mitad del círculo verde claro situado en la zona inferior del lado derecho de la página y manteniendo la tecla **Mayús** pulsada seleccione el semicírculo en la zona superior del lado izquierdo de la página, aplíqueles el modo de fusión Multiplicar, utilizando el mismo método del paso 2.

4. Seleccione Archivo>Guardar.

Si desea obtener más información sobre los diferentes modos de fusión, consulte el apartado sobre modos de fusión en la Ayuda de InDesign. Este apartado describe los resultados generados para cada uno de los modos de fusión.

Ajustar los valores de transparencia en imágenes EPS

Hasta el momento, en este capítulo, ha aplicado varios valores de transparencia a objetos dibujados en InDesign. También puede configurar la opacidad, modo de fusión y las opciones de desvanecimiento en gráficos importados de programas como Adobe Illustrator.

1. En el panel Capas, desbloquee y muestre la capa Art2.

2. En el panel Herramientas, compruebe que la herramienta **Selección** está seleccionada.

3. En el lado izquierdo de la página, haga clic en la imagen de la espiral negra, que está por encima del círculo de color Medium Green. A continuación, pulse **Mayús** y haga clic para seleccionar también la espiral que está encima del círculo de color Light Purple situado en el lado derecho de la página. Ambas espirales quedarán seleccionadas.

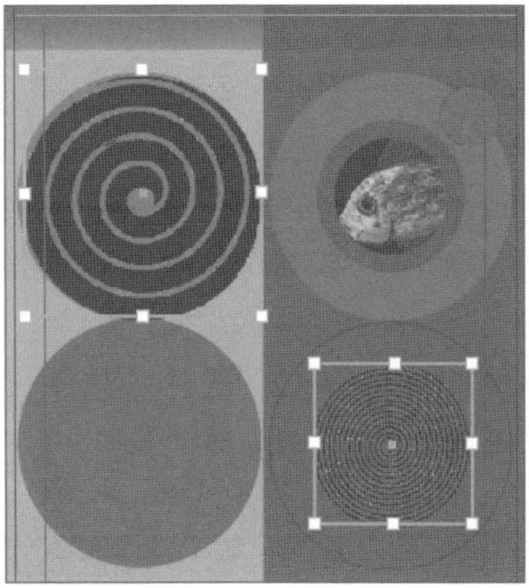

Figura 10.10.
Selección de las espirales.

4. En el panel Efectos, seleccione como modo de fusión Sobreexponer color y establezca la Opacidad en **30%**.

5. En el panel Capas, bloquee la capa Art2 y seleccione Archivo>Guardar para guardar su trabajo. A continuación, se aplicará un efecto de fusión al trazo de un objeto.

6. Con la herramienta **Selección**, haga clic en la imagen del pez de la parte derecha de la página. Desde el panel Efectos, haga clic en la opción Trazo del objeto. Esto hace que se aplique una opacidad que cambia el modo del trazo del objeto seleccionado.

7. Seleccione Luz fuerte en las opciones del modo de fusión.

Ajustar la transparencia de imágenes de Photoshop

En este procedimiento, aplicará transparencia a un archivo importado de Photoshop. Aunque este ejemplo utiliza una imagen monocromática, puede también aplicar los valores de transparencia de InDesign a fotografías multicolor complejas que importe de Photoshop.

1. En el panel Capas, seleccione la capa Art3, muéstrela y desbloquéela. Puede ocultar la capa Art1 o Art2, o ambas, si le resulta más fácil para ver su trabajo; pero deje como mínimo una capa subyacente visible para que pueda ver el resultado de las interacciones de la transparencia.

2. Con la herramienta **Selección** , haga clic en la imagen de la estrella negra ardiendo situada en la zona superior derecha de la página.

3. En el panel Efectos, introduzca **70%** en el valor Opacidad.

4. Active la herramienta **Selección directa** , mueva el puntero sobre la imagen de la estrella ardiendo hasta que aparezca una mano y haga clic una vez sobre la imagen.

Figura 10.11.
Seleccione la imagen, seleccione la opción Trazo y seleccione Luz fuerte.

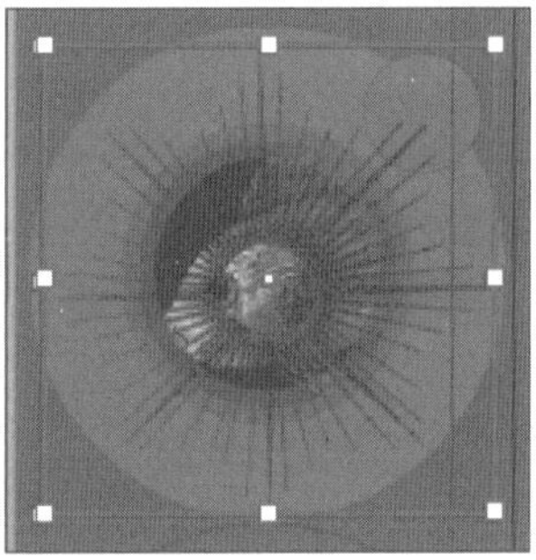

Figura 10.12.
Selección de la estrella.

5. En el panel Muestras, seleccione la muestra de color Red para que el color rojo sustituya las áreas negras de la imagen. Si tiene otras capas visibles por debajo de la capa Art3, verá la estrella ardiendo como en un color anaranjado apagado. Si ninguna otra capa está visible, la estrella ardiendo es roja. Deje la imagen de la estrella ardiendo seleccionada o vuelva a seleccionarla con la herramienta **Selección directa**.

6. En el panel Efectos, seleccione el modo de fusión Trama del menú desplegable. Deje el valor Opacidad al 100%. Dependiendo de las capas que estén visibles, la estrella ardiendo cambia de color de distintas formas después de aplicar esta modificación.

Importar y ajustar archivos de Illustrator que utilizan transparencia

Cuando importa archivos de Adobe Illustrator en su maquetación de InDesign, InDesign CS3 reconoce y respeta cualquier interacción de transparencia que se aplicara en Illustrator. Puede ajustar posteriormente la transparencia del gráfico importado aplicando valores de opacidad, modos de fusión y desvanecimiento de InDesign a la imagen completa.

1. Compruebe que la capa Art3 es la capa activa en el panel Capas y que la herramienta **Selección** está seleccionada en el panel Herramientas. Ejecute Edición>Deseleccionar todo.

2. Seleccione Ver>Ajustar página en ventana.

3. Seleccione Archivo>Colocar. Marque la casilla Mostrar opciones de importación en la parte inferior de la ventana Colocar.

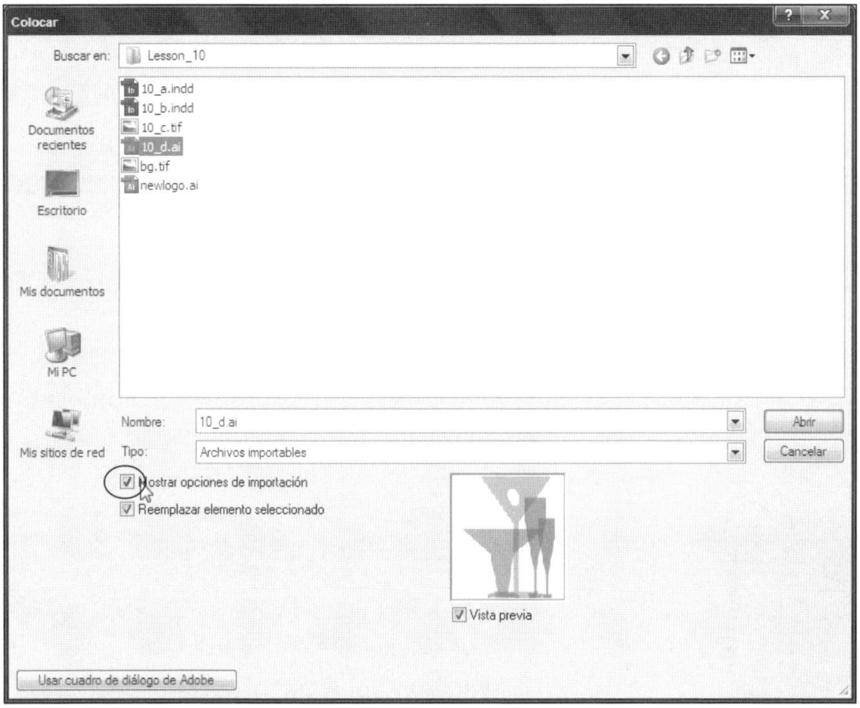

Figura 10.13.
El cuadro de diálogo Colocar.

4. Busque el archivo `10_d.ai` que encontrará en la carpeta `Lesson_10` y haga doble clic sobre el mismo para seleccionarlo.

5. En el cuadro de diálogo Colocar PDF, compruebe que en la lista desplegable Recortar a: está seleccionada la opción Cuadro delimitador. Pulse **Aceptar**.

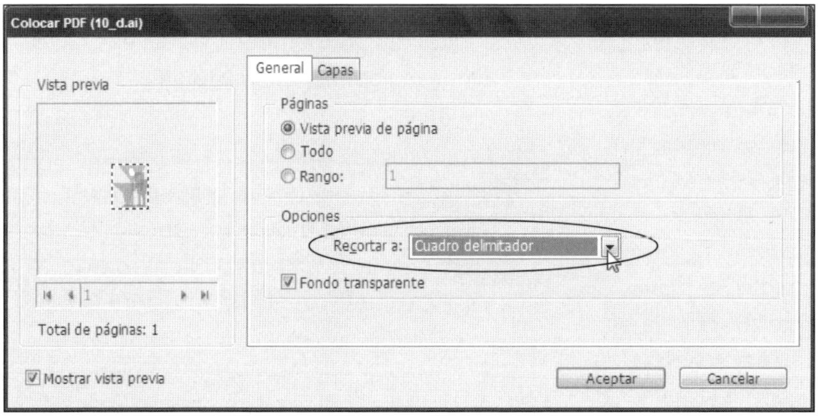

Figura 10.14.
Cuadro de diálogo Colocar PDF.

6. Mueva el icono de gráfico cargado sobre el círculo violeta situado en el centro del lado derecho de la página y haga clic para colocar la imagen del gráfico. Si fuera necesario, arrastre la imagen de modo que quede aproximadamente centrada sobre el círculo púrpura. Tenga cuidado de no insertar el gráfico dentro de un marco existente.

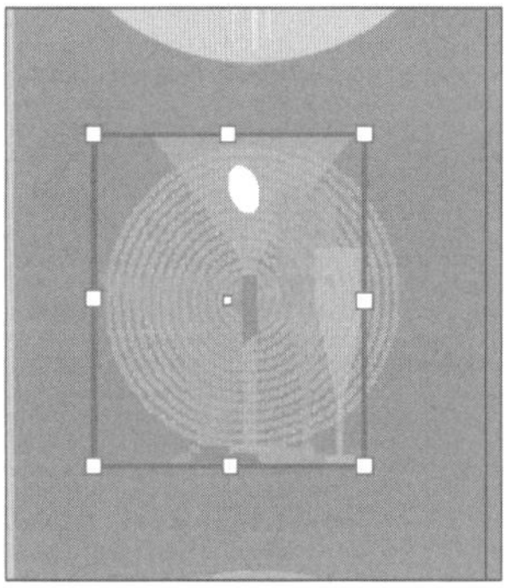

Figura 10.15.
Colocación del dibujo en el centro de la espiral.

7. En el panel Capas, haga clic para ocultar las capas Art2, Art1 y Background, para que se muestre sólo la capa Art3 y pueda ver la interacción de la transparencia dentro de la imagen original. A continuación haga clic en los cuadros de nuevo para mostrar las capas Art2, Art1 y Background. Fíjese en que la figura de la "aceituna" blanca es completamente opaca mientras que el resto de figuras son parcialmente transparentes.

8. Con el gráfico de las copas todavía seleccionado, cambie la Opacidad en el panel Efectos a 80%. Fíjese en que ahora puede ver la espiral negra detrás de la aceituna blanca y que el color de las copas está más atenuado. Mantenga seleccionada la imagen de las copas.

9. En el panel Efectos, seleccione como modo de fusión Subexponer color. Ahora los colores e interacciones de la imagen adquieren un aspecto totalmente diferente.

10. Seleccione Archivo>Guardar para guardar su trabajo.

Aplicar transparencia a texto

Cambiar la opacidad del texto es fácil cuando se aplican los valores de transparencia a objetos gráficos en su maquetación. En este apartado, cambiará el color y la opacidad de algunas palabras que agregará al diseño.

1. En el panel Capas, haga clic para bloquear a la capa Art3 y, tras ello, pulse para desbloquear y mostrar la capa Type.

2. En el panel Herramientas, seleccione la herramienta **Selección**, después, haga clic en el cuadro de texto "I THINK, THEREFORE I DINE". Si fuera necesario, acérquelo para que pueda leer el texto con facilidad.

3. En el panel Efectos, seleccione el nivel Texto. Elija Superponer y, tras ello, seleccione en Opacidad el valor **70%**.

Nota: No se pueden especificar opciones de transparencia cuando está activa la herramienta **Texto**. Al cambiar a la herramienta **Selección**, las opciones de transparencia se pueden aplicar al cuadro de texto y a sus contenidos.

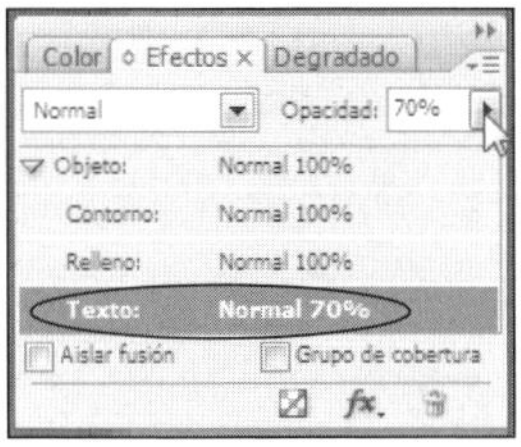

Figura 10.16.
Cambio de la opacidad a un cuadro de texto.

4. Seleccione Edición>Deseleccionar todo y, tras ello, Archivo>Guardar para guardar su trabajo.

Aplicar configuración de transparencias al relleno de un cuadro de texto

Cambiar la opacidad del texto es tan sencillo como aplicar una configuración de transparencia a objetos gráficos dentro de una composición. Después, cambiará el color y la opacidad de algo de texto que agregue al diseño.

1. En el panel Herramientas, elija la herramienta **Selección** y haga luego clic en el cuadro de texto de la parte inferior de la página que contiene "*Boston | Chicago | Denver | Houston | Minneapolis*". Si fuese necesario, agrande el zoom para que pueda leerlo más fácilmente.

2. Seleccione Relleno en el panel Efectos y cambie el valor de Opacidad a **70%**.

3. Seleccione Edición>Deseleccionar todo y después Archivo>Guardar, para guardar el trabajo.

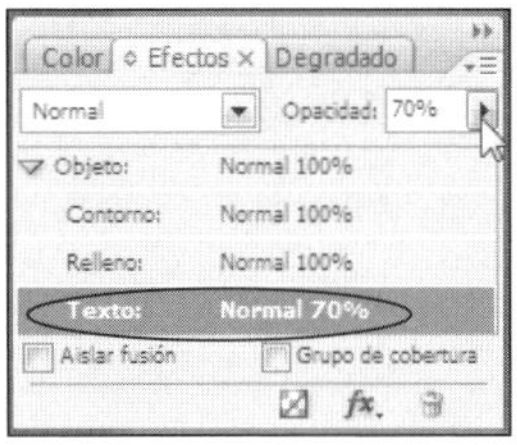

Figura 10.17.
Cambio de la opacidad del relleno del texto.

Trabajo con efectos

InDesign ofrece nueve efectos de transparencia. Muchas de las configuraciones y opciones para crear estos efectos son parecidos.

Aplicar un desvanecimiento básico a los márgenes de la imagen

El desvanecimiento es otra forma de aplicar transparencia al objeto. Existen tres tipos de desvanecimientos en InDesign CS3 que son: Desvanecimiento básico (suavizados o desvanecimiento) Desvanecimiento direccional (suavizado de los bordes de un objeto desvaneciendo los bordes hacia la trasparencia desde las direcciones que se indiquen) y Desvanecimiento de degradado (suaviza las distintas zonas de un objeto desvaneciéndolas hacia una transparencia). El desvanecimiento crea una transición sutil entre el objeto y las imágenes subyacentes. En esta primera parte, se utilizará un desvanecimiento básico, y después, utilizaremos un desvanecimiento de degradado.

1. Con la herramienta **Selección**, desbloquee la capa Art 1 y seleccione el círculo de color Light Purple de la izquierda de la página.

Efectos de transparencia

- **Sombra paralela:** Añade una sombra que cae detrás del objeto, contorno, relleno o texto.
- **Sombra interna:** Añade una sombra que afecta sólo al interior de los bordes del objeto, contorno, relleno o texto, proporcionándole la apariencia de hueco.
- **Resplandor externo y Resplandor interno:** Añade resplandor que procede desde los bordes exteriores o interiores del objeto, relleno o texto.
- **Biselar y grabar:** Añade varias combinaciones de resaltados y sombras para proporcionar al texto y a las imágenes una apariencia tridimensional.
- **Satinar:** Añade sombreado interior que crea un acabado satinado.
- **Desvanecimiento básico, Desvanecimiento direccional y Desvanecimiento de degradado:** Suaviza los bordes de un objeto atenuándolos hasta un tono transparente.

2. Seleccione Objeto>Efectos>Desvanecimiento básico, de forma que se abre el cuadro de diálogo Efectos.
3. En Ancho de desvanecimiento, escriba **0,375 pulg**. En la opción Vértices, seleccione Difuso. Cambie la Obturación a 10% y el valor de Ruido a 10% también. Asegúrese de que Vista previa está marcada y fíjese en cómo los márgenes del círculo púrpura se difuminan. Haga clic en **Aceptar** para cerrar el cuadro de diálogo Efectos.
4. Seleccione Archivo>Guardar.

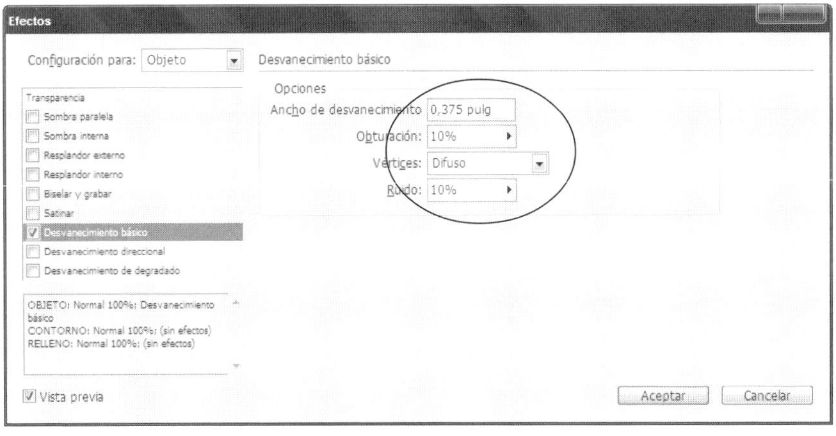

Figura 10.18.
El cuadro de diálogo Efectos.

Aplicar un desvanecimiento de degradado

Puede utilizar un efecto de desvanecimiento de degradado para suavizar las áreas de un objeto atenuándolas hasta hacerlas transparentes. Este tipo de efectos es nuevo en InDesign CS3 ya que es uno de los que más se utilizan.

1. Desbloquee la capa Art1 si es que no lo estaba ya. Seleccione la herramienta **Selección** y haga clic en la barra vertical púrpura claro de la parte derecha de la página de la capa Art 1.

2. En el panel Efectos, haga clic en el botón **Fx** de la parte inferior del panel y seleccione Desvanecimiento de degradado en el menú contextual.

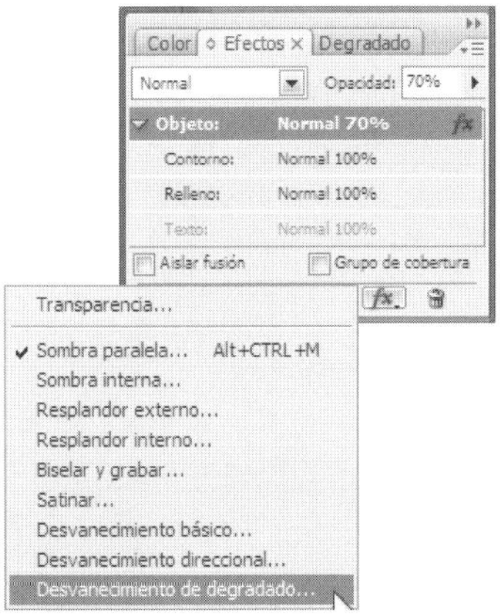

Figura 10.19.
La opción Desvanecimiento de degradado.

3. En el cuadro de diálogo Efectos que debería aparecer, haga clic en el botón **Invertir degradado** para cambiar entre el negro y los colores transparentes. Después, haga clic en **Aceptar** para cerrar el cuadro de diálogo.

> **Nota:** El cuadro de diálogo Efectos muestra los efectos que se aplicarán a un objeto seleccionado (indicado por una marca de selección en la parte izquierda del cuadro de diálogo), y permite aplicar varios efectos a un sólo objeto.

4. El rectángulo púrpura debería difuminarse hacia transparente desde la derecha a la izquierda. Ahora se controlará la dirección de la transparencia. En el panel Herramientas, haga clic y mantenga el botón del ratón pulsado sobre la herramienta **Muestras de degradado** y selecciónela. Con el cursor, manteniendo pulsada la tecla **Mayús**, arrastre desde abajo hacia arriba atravesando el rectángulo púrpura para cambiar la dirección del gradiente. Si no lo consigue a la primera, pruebe una vez más.

5. Seleccione Edición>Deseleccionar todo y después Archivo>Guardar para guardar el trabajo.

   Ahora aplicaremos varios efectos a un solo objeto y después, lo editaremos.

Aplicar varios efectos a objetos

Existen varios tipos de efectos que se pueden aplicar. Podemos crear la impresión de que un objeto está biselado, con el efecto Biselar y grabar o crear la ilusión de un objeto flotando sobre una página agregando una sombra paralela. Para ello, utilizaremos dos efectos.

1. Utilizando la herramienta **Selección**, seleccione el semicírculo verde claro de la esquina superior izquierda de la página.

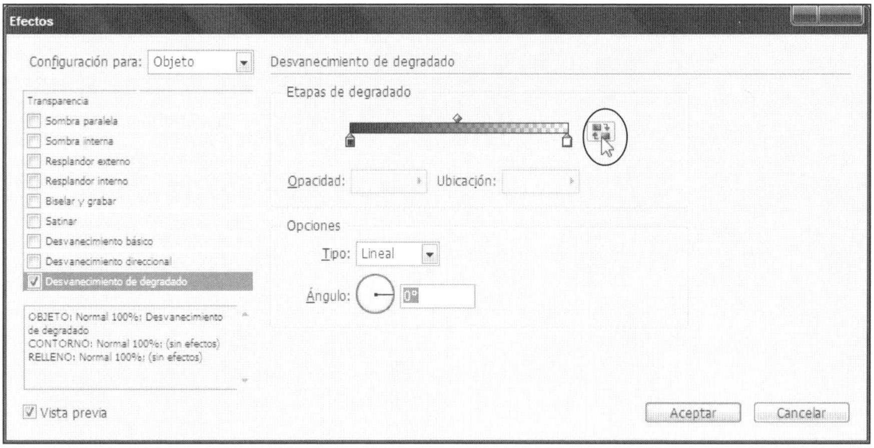

Figura 10.20.
El cuadro Efectos.

Figura 10.21.
Cambiar la dirección del gradiente.

2. En el panel Efectos, haga clic en el botón **Fx** *fx*. de la parte inferior del panel y seleccione Biselar y grabar en el menú desplegable.

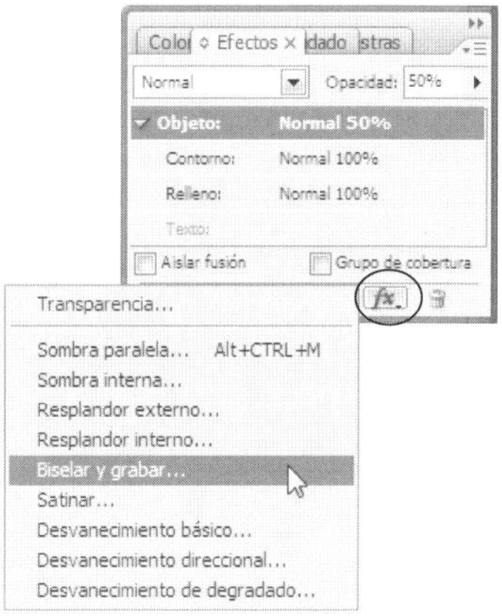

Figura 10.22.
El efecto Biselar y grabar.

3. En el cuadro de diálogo Efectos, seleccione la siguiente configuración bajo las opciones Estructura. Asegúrese de que la opción Vista previa está marcada para poder ver el resultado sobre la marcha.

- En el campo Tamaño, escriba **0,3125 pulg**.
- En el valor Suavizar, escriba **0,3125 pulg** también.

- En el valor Profundidad, seleccione 30% haciendo clic en la flecha de la derecha y utilizando el deslizador.

4. Deje el resto de las configuraciones iguales y deje abierto el cuadro de diálogo. Para más información consulte la ayuda de InDesign.

5. Con el cuadro de diálogo Efectos todavía abierto, haga clic en el cuadro de selección de Resplandor externo a la izquierda del cuadro de diálogo. Esto agregará un resplandor al semicírculo también.

6. Haga clic en el cuadro de selección para editar los efectos y confirmar la configuración siguiente:

   - Seleccione Multiplicar en el campo Modo.
   - En Opacidad, seleccione 80%.
   - En Tamaño, escriba **0,25 pulg**.
   - En Pliego, escriba **10%**.

7. Haga clic en **Aceptar** para cerrar el cuadro de diálogo.

Ahora, aplicaremos la misma configuración al otro semicírculo de la página.

8. Haga doble clic en la herramienta **Mano** para ajustar la página a la ventana.

9. Con el semicírculo verde de la esquina superior izquierda todavía seleccionado y el panel Efectos visible, utilice la herramienta **Selección** para hacer clic y arrastre el símbolo **Fx** (a la derecha de la opción Objeto) directamente en la parte superior del semicírculo verde de la esquina inferior derecha de la página.

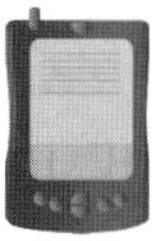

Nota: Si no encuentra el semicírculo, puede encontrarlo con Edición>Deshacer y reintentarlo.

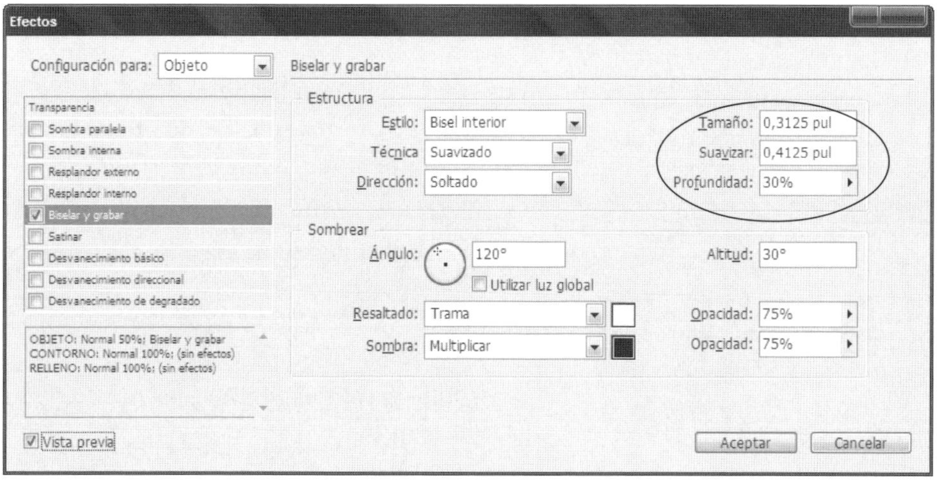

Figura 10.23.
El cuadro de diálogo Efectos.

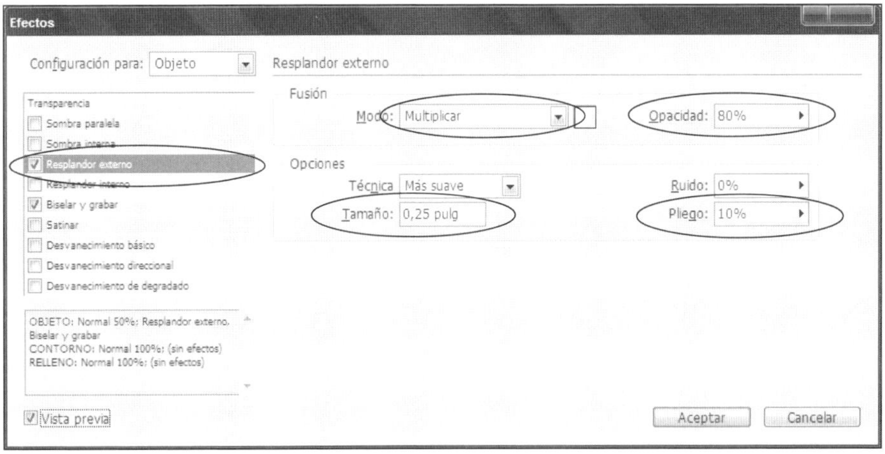

Figura 10.24.

Configuración del resplandor externo.

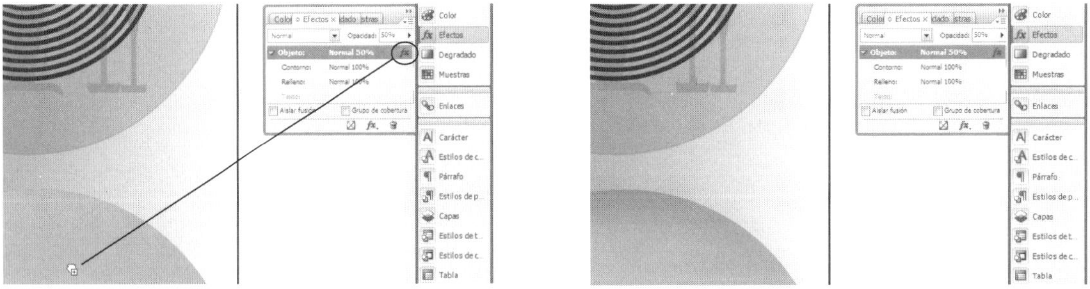

Figura 10.25.

Arrastre el icono Fx en el otro semicírculo. El resultado.

10. En el panel Capas, haga clic en el icono de ojo para desactivar la capa Art 3. Haga clic y arrastre el mismo efecto en el círculo gris encima de la parte derecha del pez.

11. Seleccione Archivo>Guardar para guardar el trabajo.

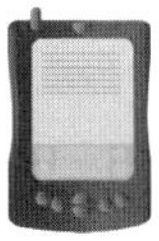

Nota: Cuando exporte el documento de InDesign a PDF, una transparencia se mantiene cuando se crea un archivo para Adobe Acrobat 5.0 o posterior como configuración de compatibilidad.

Edición y eliminación de efectos

Los efectos que se aplican puede editarse y eliminarse de forma sencilla. Se puede también comprobar fácilmente si hay efectos aplicados a un objeto.

1. En el panel Capas, asegúrese de que la capa Art 1 está desbloqueada y está visible.

2. Con la herramienta **Selección**, haga clic en la barra negra detrás del texto "*bistro Nouveau*".

3. Visualizando el panel Efectos, haga clic en el botón **Fx** *fx* en la parte inferior del panel. Fíjese en el panel desplegable que aparece, el efecto Desvanecimiento de degradado tiene una marca de selección a su lado. Seleccione esta opción en el menú.

4. En el cuadro de diálogo Efectos que aparece, bajo las opciones Etapas de degradado, haga clic en la etapa de color a la derecha del degradado para seleccionarlo. Cambie el valor de Opacidad a 30% y cambie el valor de Ángulo a 90°.

5. Haga clic en **Aceptar** para cerrar el cuadro de diálogo.

6. Con la herramienta **Selección**, haga clic en el círculo pequeño gris a la derecha y encima de la imagen del pez a la derecha de la página.

7. En la parte inferior del panel Efectos, haga clic en el botón de eliminar efectos para eliminar todos los efectos aplicados al círculo.

Nota: Esto también debería eliminar los cambios de la transparencia como la opacidad del objeto.

Truco: Si quiere eliminar sólo los elementos aplicados y no la opacidad, seleccione Objeto>Efectos> Borrar efectos.

8. En el panel Capas, active la capa Art 3.

9. Seleccione Archivo>Guardar para guardar el trabajo.

¡Enhorabuena! Ha terminado el capítulo.

Por sí mismo

Pruebe algunas de las siguientes ideas para trabajar con las opciones de transparencia de InDesign:

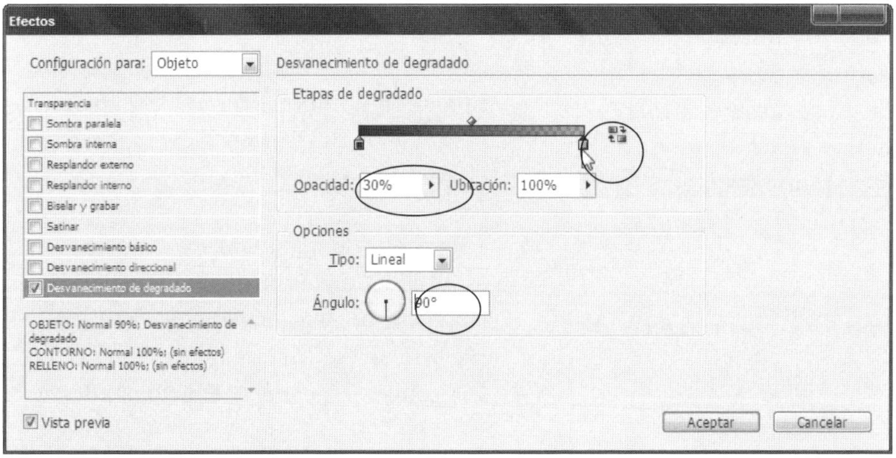

Figura 10.26.
El cuadro de diálogo Efectos.

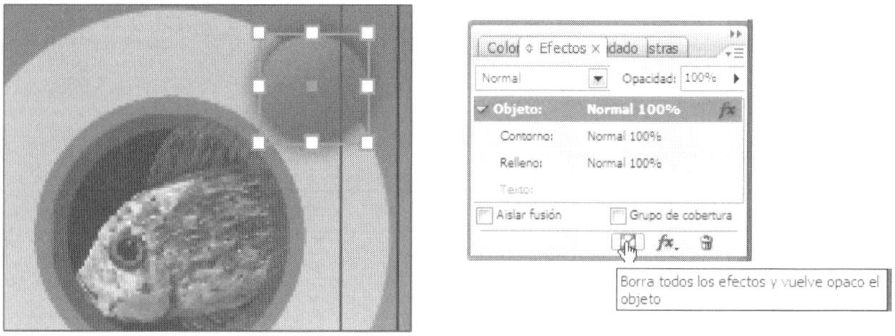

Figura 10.27.
Selección del círculo. Haga clic en el botón Borrar todos los efectos y volverá opaco el objeto.

1. Desplácese a una zona en blanco de la mesa de trabajo y cree varias figuras en una nueva capa (utilizando las herramientas de dibujo o importando copias nuevas de algunos de los archivos de imágenes utilizados en este capítulo). Sitúe sus figuras de modo que se solapen unas sobre otras, como mínimo parcialmente. Seguidamente:

    - Seleccione el objeto situado en la parte superior de su disposición de figuras y pruebe con otros modos de fusión, como Luminosidad, Luz fuerte y Diferencia, seleccionándolos en el panel Efectos. Después seleccione un objeto diferente y aplique los mismos modos de fusión para comparar los resultados. Cuando capte lo que los distintos modos hacen, seleccione todos los objetos y aplíqueles como modo de fusión, el modo Normal.

    - En el panel Efectos, cambie la opacidad de algunos de los objetos pero no de otros. Después seleccione objetos diferentes de su disposición y utilice los comandos Objeto>Traer adelante y Objeto> Enviar atrás para observar los diferentes resultados.

    - Pruebe a combinar diferentes opacidades y diferentes modos de fusión en un objeto. Después haga lo mismo con otros objetos que se solapen parcialmente con el primer objeto para descubrir la gran cantidad de efectos diferentes que puede crear.

2. Haga doble clic en el icono de la página 1 del panel Páginas para centrarla en la ventana del documento. Después haga clic en los iconos del ojo de las diferentes capas con nombre Art, cada vez en una, para ver las diferencias que esto crea en el efecto global del proyecto.

3. Asegúrese de que todas las capas no están bloqueadas en el panel Capas. Haga clic en el gráfico de las gafas para seleccionarla. Aplique una sombra paralela utilizando el panel Efectos.

Preguntas de repaso

1. ¿Cómo se cambia el color de las áreas blancas de una imagen en blanco y negro? ¿Y de las áreas negras?
2. ¿Cómo puede cambiar los efectos de transparencia sin modificar el valor Opacidad de un objeto?
3. ¿Cuál es la importancia del orden de apilamiento de las capas y de los objetos en las capas cuando trabaja con transparencias?
4. ¿Aparecen los efectos de transparencia creados en InDesign CS3 en un PDF que exporte desde InDesign?

Respuestas

1. Para modificar las áreas blancas, seleccione el objeto con la herramienta **Selección** y, tras ello, seleccione el color en el panel Muestras. Para cambiar las áreas negras, seleccione el objeto con la herramienta **Selección directa** y, seguidamente, seleccione el color que quiera utilizar en el panel Muestras.
2. Además de seleccionar un objeto y cambiar su opacidad en el panel Efectos, también puede crear efectos de transparencia modificando el modo de fusión, desvaneciendo los bordes de los objetos y agregando sombras paralelas que tengan transparencia.

   Los modos de fusión establecen cómo el color base y el color de fusión se combinarán para producir un color resultante.
3. La transparencia de un objeto afecta a la vista de los objetos situados por debajo de éste en el orden de apilamiento. Por ejemplo, los objetos situados por debajo de un objeto semitransparente se pueden ver por debajo de él, como los objetos situados debajo de una película plástica coloreada. Los objetos opacos impiden ver el área que hay debajo de ellos en el orden de apilamiento, a pesar de que los objetos que están debajo de ellos tengan aplicados valores reducidos de opacidad, desvanecimiento o modos de fusión.
4. Sí, si exporta el archivo PDF con parámetros de compatibilidad de Acrobat 5.0 o posterior, la transparencia se conservará en el archivo PDF resultante.

Capítulo 11

Trabajar con documentos extensos

Puede ensamblar sus documentos de InDesign en grandes libros compuestos de varios archivos. La numeración automática de páginas de archivo a archivo es sólo el principio; también puede crear tablas de contenidos e índices para todo el libro. Además, con las opciones para libros, puede imprimir varios archivos o convertirlos a PDF en un solo paso.

En este capítulo, aprenderá cómo hacer lo siguiente:

- Asociar varios documentos de InDesign a un libro.
- Establecer la numeración de página entre documentos por medio de un libro.
- Crear encabezados y pies de página.
- Crear una tabla de contenido para un libro.
- Asignar un archivo para que actúe como origen para las definiciones de estilos.
- Actualizar archivos del libro después de modificar documentos.
- Crear variables de texto.
- Crear referencias de índice.
- Generar un archivo de índice y ordenar las entradas.
- Modificar las referencias del índice.

Antes de comenzar

En este proyecto, unirá un conjunto de varios documentos de InDesign CS3, cada uno de ellos representa a un capítulo de un libro de cocina. Con InDesign CS3, combinará estos capítulos en un libro de modo que pueda generar fácilmente elementos usuales como una tabla de contenido, el índice, la numeración unificada de páginas, estilos y definiciones de colores.

> **Nota:** Si todavía no ha copiado los archivos de recursos de este capítulo a su disco duro de la carpeta `Lesson_11` del CD adjunto, hágalo ahora.

Para garantizar que las herramientas y paletas funcionan exactamente como se describe en este capítulo, elimine o desactive (cambie el nombre) los archivos de preferencias predeterminadas de InDesign CS3.

Definir un libro

Su proyecto va a reunir, en un libro, seis capítulos existentes. En InDesign, la definición de un libro supone que debe establecer la relación entre varios archivos existentes, indicando los archivos que se van a incluir y el orden en el que deben aparecer.

Crear un archivo de un libro

La tarea siguiente es definir qué archivos de InDesign formarán parte del libro.

1. Inicie Adobe InDesign CS3.

2. Seleccione Archivo>Nuevo>Libro.

3. En el cuadro de diálogo Nuevo libro, escriba como nombre del archivo, `Cookbook.indb` y guarde el archivo en la carpeta `Lesson_11`. El panel Libro se abre, pero está vacío, ya que no hemos especificado ningún archivo de InDesign para el libro.

> **Nota:** Un archivo `.indb` es un archivo de libro y permite abrir el panel Libro. Contiene referencias (vínculos) a todos los documentos de InDesign que forman parte del libro pero no contiene copias de los documentos en sí.

4. En el menú del panel Libro, seleccione Añadir documento para abrir el cuadro de diálogo Añadir documentos.

5. Abra la carpeta `Lesson_11` y seleccione los siguientes documentos de InDesign CS3: `breakfast`, `lunch`, `dinner`, `intro`, `snacks` y `treats`.

No añada los archivos del índice ni la tabla de contenidos.

> **Nota:** Para seleccionar varios archivos, haga clic en uno de los seis documentos y, a continuación, manteniendo pulsada la tecla **Control** (en Windows) o la tecla **Comando** (en Mac OS) haga clic en cada uno de los otros cinco archivos. También puede agregar un documento cada vez, repitiendo los pasos del 4 y 5 para cada uno de los seis archivos.

6. Con los seis archivos seleccionados, haga clic en **Agregar** (en Windows) o **Abrir** (en Mac OS).

Los nombres de los seis documentos aparecen ahora en el panel Libro. Fíjese en que aparecen también en el panel las páginas de cada capítulo.

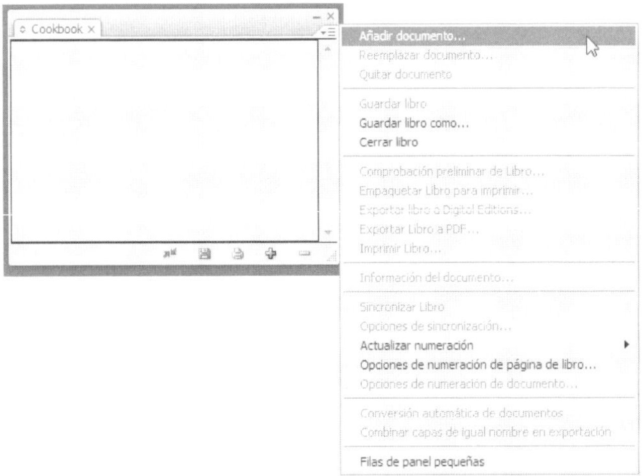

Figura 11.1.
El panel Libro en su opción Añadir documento.

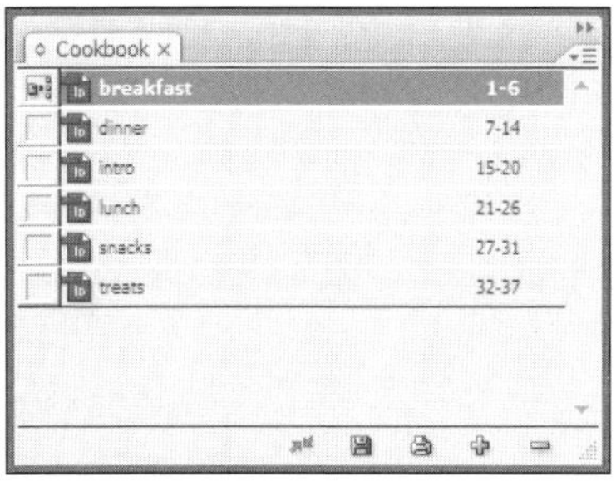

Figura 11.2.
Los seis documentos abiertos.

7. Compruebe cada uno de los documentos abiertos y fíjese en el orden en que aparecen los archivos (el orden de su panel Libro puede diferir de la ilustración anterior, dependiendo del orden en que seleccionó y agregó los archivos).

Establecer el orden y la paginación

El libro de cocina está pensado de forma que los capítulos se organicen en el mismo orden en que aparecerán en el libro. El libro comenzará con una introducción y las comidas empezarán con el desayuno, la comida, la cena, los aperitivos y los postres. Su siguiente tarea consiste en organizar los capítulos siguiendo el orden deseado para el libro, de modo que ajuste adecuadamente la secuencia y numeración de página.

1. En el panel Libro, arrastre el archivo `intro.indd` hasta el principio de la lista. Cuando aparezca una barra negra justo por debajo de la ficha Libro, suelte el ratón. Fíjese en que la paginación ha cambiado reflejando la nueva secuencia de los archivos del libro.

2. Si fuera necesario, arrastre los otros archivos a su posición en la lista de modo que aparezcan con el siguiente orden (de arriba a abajo): `intro`, `breakfast`, `lunch`, `dinner`, `snacks` y `treats`.

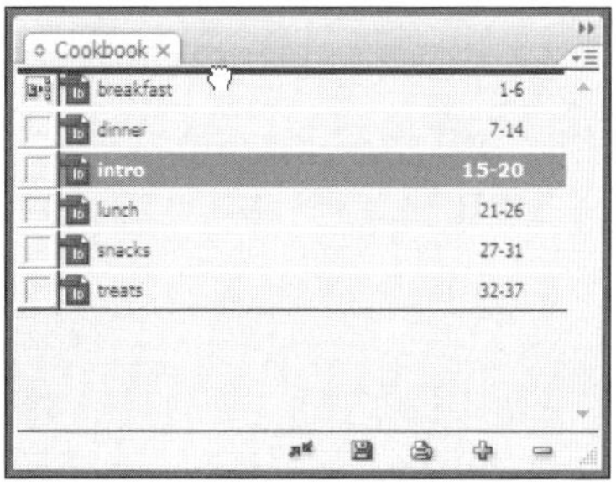

Figura 11.3.
Al arrastrar un archivo a otro, la paginación cambia.

Fíjese en que algunos de los capítulos comienzan en páginas impares. Quiere que cada capítulo comience en un número de página par de modo que el inicio sea coherente, como haremos a continuación.

3. En el menú del panel Libro, seleccione Opciones de numeración de página de libro.

4. En el cuadro de diálogo que aparece, en la sección Orden de páginas, seleccione Continuar en página par siguiente. Marque también la opción Insertar página en blanco para que InDesign añada páginas en blanco al final del documento para facilitar el inicio de cada nuevo capítulo en una página impar. Si no está todavía seleccionada, haga clic también en Actualizar automáticamente números de página y de sección para permitir a InDesign mantener actualizada siempre la numeración de las páginas. Tras ello, haga clic en **Aceptar**. Todos los capítulos comienzan en un número de página impar.

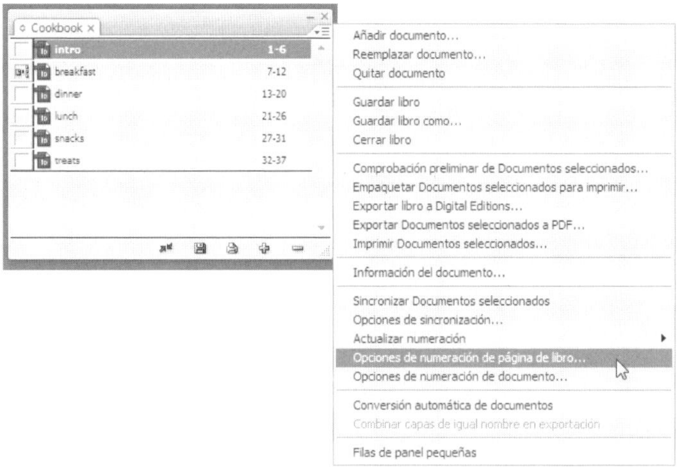

Figura 11.4.
En el panel Libro, seleccione Opciones de numeración de página de libro.

Ahora cambiaremos la numeración de la página de inicio del libro.

5. En el panel Libro, haga clic en el archivo `intro` y seleccione Opciones de numeración de documento en el menú del panel Libro.

6. Marque la opción Iniciar numeración de página en y escriba **3** para que la primera página del documento aparezca en la página 3. A continuación haga clic en **Aceptar**.

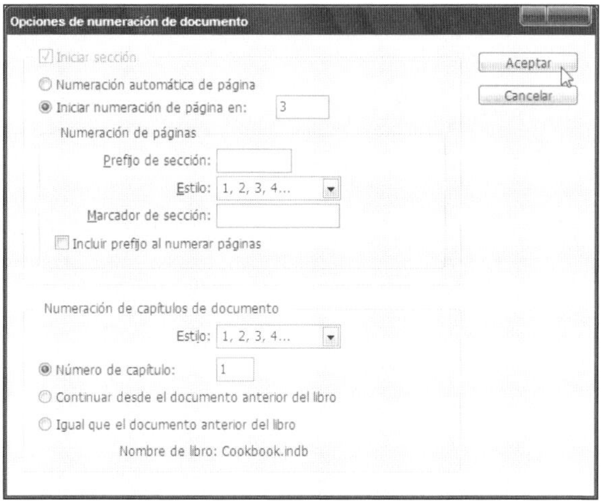

Figura 11.5.
En el panel Libro, seleccione Iniciar numeración de página en.

> **Nota:** Al seleccionar el comando Opciones de numeración de documento en el menú del panel Libro, se abre automáticamente el archivo.

7. Ejecute Archivo>Guardar y, tras ello, seleccione Archivo>Cerrar para cerrar el documento `intro`, pero no cierre el panel Libro.

Trabajar con una tabla de contenido

Una tabla de contenido (TOC) de un libro puede ser un documento independiente de InDesign o se puede colocar como parte del libro en un documento existente. También puede crear una tabla de contenido en un único documento, aunque no haya creado el archivo de libro. En este proyecto creará una tabla de contenido para los títulos de sección y los nombres de las recetas.

Agregar el archivo de la tabla de contenido

Cuando cree un nuevo archivo para la tabla de contenido del libro, debería seleccionar cuidadosamente las mismas especificaciones de configuración del documento que utilice en los demás capítulos de su libro, es decir, el tamaño de página, la orientación del papel, etc. En este capítulo, ya se ha creado ese archivo pero no tiene todavía contenido.

1. En el menú del panel Libro, seleccione Añadir documento. Localice y haga doble clic en el archivo `TOC.indd` de su carpeta `Lesson_11`.

2. Arrastre el archivo `TOC.indd` a la parte superior de la lista del panel Libro, para que aparezca en primer lugar.

3. En el panel Libro, haga doble clic en el nombre del archivo `TOC.indd` para abrirlo en la ventana del documento. En este momento, el documento es una sola página en blanco. A continuación estableceremos la numeración de las páginas en números romanos.

4. En el menú del panel Libro, seleccione Opciones de numeración de documento.

5. Seleccione la opción Iniciar numeración de páginas en e introduzca 1.

Nota: También puede hacer doble clic sobre los números de página de un archivo del panel Libro para abrir la ventana Opciones de numeración de documento de un archivo concreto.

6. Bajo Estilo en el cuadro de diálogo Opciones de numeración de documento, seleccione la opción de números romanos en minúscula, i, ii, iii, iv, y haga clic en **Aceptar**.

7. Seleccione Archivo>Guardar y, en el menú del panel Libro, seleccione Guardar libro. Mantenga abierto el archivo `TOC`.

Generar una tabla de contenido para el libro

Ahora puede hacer que InDesign genere los listados automáticamente. Los listados automáticos pueden generarse a partir de cualquier texto donde se hayan aplicado los estilos de párrafo. Sólo hay que elegir los que se quieran utilizar. En este capítulo, utilizaremos section_start, headline_intro y recipes.

1. Con el archivo `TOC.indd` abierto, seleccione Maquetación>Tabla de contenido.

2. En la zona superior del cuadro de diálogo, seleccione TOC Cookbook en el menú Estilo de TDC. El título cambiará a Powerful Food, ya que el título y otros atributos de la TDC ya estaban preparados. El estilo, situado a la derecha del título, cambia por Título de TDC. La frase *Powerful Food* aparecerá en la parte superior de la página de tabla de conte-

nido con el estilo de párrafo de Título de TDC. El estilo, ubicado a la derecha del título, que cambie a Título de TDC. Las palabras *Powerful Food* aparecerá en la cima de la tabla de contenidos, con el formato asignado. Los estilos section_start y headline_intro ya se han añadido a la lista Incluir estilos de párrafo. Hay que añadir el estilo recipes.

3. Bajo la lista Otros estilos del lado derecho del cuadro de diálogo, seleccione recipes y haga clic en el botón **<<Añadir** para colocarlo en la lista Incluir estilos de párrafo, en la parte izquierda del cuadro de diálogo.

4. Seleccione recipes en la lista Incluir estilos de párrafo. En Estilo: recipes, seleccione TOC Cookbook body text como Estilo de entrada. Se aplicará el estilo de párrafo seleccionado al listado creado en la tabla de contenidos.

Como la casilla Incluir documentos de libro está seleccionada, todo el texto de cualquiera de los documentos del libro que tenga el estilo de párrafo recipes aparecerá en la TDC.

5. Marque la casilla Crear marcadores PDF. De esta forma se crean marcadores PDF a partir de las entradas de la TDC.

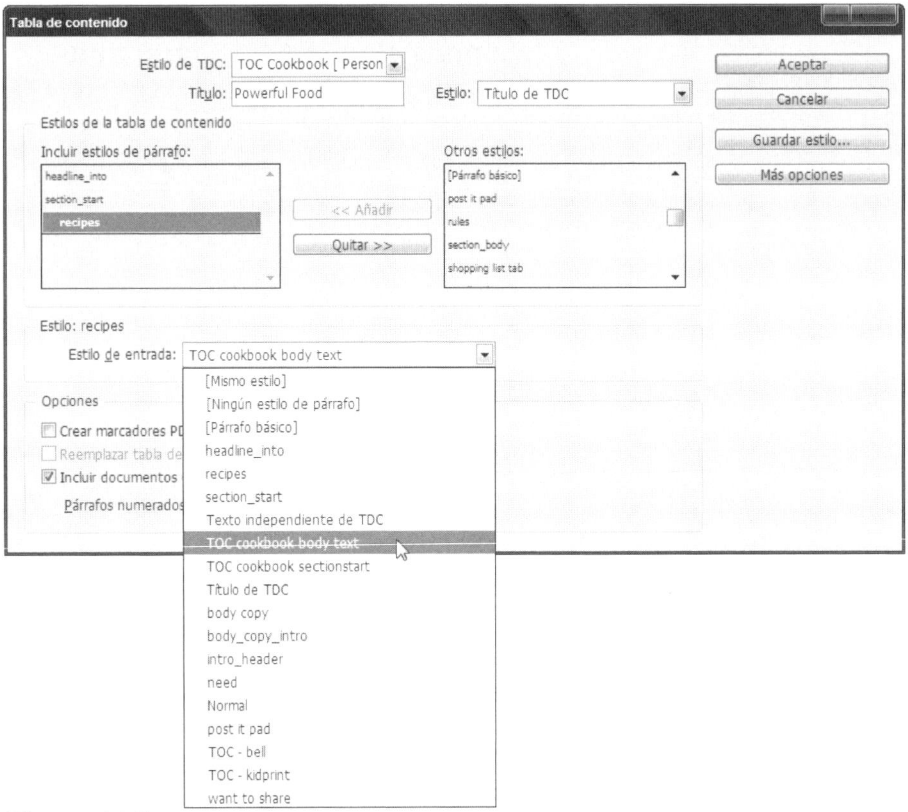

Figura 11.6.
El cuadro de diálogo Tabla de contenidos.

Los marcadores PDF mejoran el desplazamiento por el documento si convierte los archivos del libro a PDF.

6. Haga clic en **Aceptar** para generar la tabla de contenido que añadiremos al documento en el siguiente paso. La TDC generada aparece como el icono de texto cargado.

7. Traslade el icono de texto cargado hasta el centro de la página 1 y haga clic para colocar la TDC generada por InDesign. La tabla se ajusta a la página, mostrando los nombres de los capítulos, los títulos y las recetas.

Figura 11.7.
Colocación del texto en el centro de la página.

8. Ejecute Archivo>Guardar.

> **Nota:** En este archivo, se han creado estilos de párrafos personalizados para la tabla de contenido. Cuando cree sus propios documentos, puede ajustar y dar formato al texto y a los estilos de las entradas de la TDC como lo haría para cualquier otro marco de texto.

> **Truco:** Si ha cambiado el texto del libro y tiene que revisar la TDC, abra el archivo en el que se incluye, sitúe el cursor sobre el texto de la TDC y seleccione Maquetación>Actualizar tabla de contenido.

Mantener la uniformidad entre los archivos de un libro

Para conseguir que una publicación larga posea una apariencia unificada, debe estar seguro de que las especificaciones de los estilos de párrafo y las definiciones de color utilizadas son las mismas a lo largo de todo el libro. Para que esto sea más fácil de gestionar, InDesign considera uno de los archivos como el documento origen de estilo. De forma predeterminada, el primer archivo que coloque en un libro se convierte en el origen de estilo, que no es necesariamente el primer archivo de la lista del panel Libro.

Puede ver qué archivo es el origen de estilo en el panel Libro. Un icono de estilo origen aparece en el cuadro situado a la izquierda del archivo de origen designado. Este cuadro está vacío para el resto de archivos del libro.

Reasignar el origen de estilo

Establecer un archivo diferente como origen de estilo no podría ser más fácil: aquí hará que el archivo `dinner` sea el archivo origen con un solo clic.

- En el panel Libro, haga clic en el cuadro vacío de la izquierda del archivo dinner.

Figura 11.8.
El panel Libro.

El indicador de origen de estilo aparece ahora en el cuadro próximo al archivo dinner.

Sincronizar documentos de un libro

Cuando se sincronizan documentos, InDesign busca automáticamente todos los estilos y definiciones de muestras de los archivos seleccionados y los compara con las definiciones del archivo origen de estilo designado. Cuando el conjunto de definiciones no coincide con el del archivo origen de estilo, InDesign agrega, elimina y modifica las definiciones del archivo seleccionado para que coincidan con las del archivo de origen de estilo. Después de la sincronización, todos los documentos de un libro poseen el mismo conjunto de estilos, garantizando la coherencia a lo largo de todo el libro.

Actualmente, las definiciones de párrafo de varios de los estilos de párrafo están configuradas de forma diferente en varios capítulos del libro. Actualizará las definiciones de cada lista de estilos de cada capítulo con un sencillo proceso.

1. Asegúrese de que el icono de origen de estilo aparece al lado del archivo dinner en el panel Libro, indicando que es el archivo origen de estilo designado.

2. Manteniendo pulsada la tecla **Mayús** y haciendo clic, seleccione estos cinco archivos del panel Libro: breakfast, lunch, dinner, snacks y treats (no es necesario que seleccione los archivos TOC ni intro).

3. En el menú del panel Libro, seleccione Sincronizar Documentos seleccionados.

> **Nota:** Si selecciona todos los documentos, la opción será Sincronizar libro y no Sincronizar Documentos seleccionados.

4. Después de una corta espera, aparece un mensaje, informándole que la sincronización se ha realizado satisfactoriamente y que algunos documentos pueden haber cambiado. Haga clic en **Aceptar**.

Crear el índice del libro

La creación de un buen índice es un arte, que todo lector aprecia cuando ha intentado encontrar una referencia a un tema concreto. La indexación es también un trabajo que tradicionalmente requiere mucha atención por los detalles, con comprobaciones exactas y revisión de las entradas. InDesign CS3 facilita el trabajo poniendo a su disposición los aspectos mecánicos del proceso.

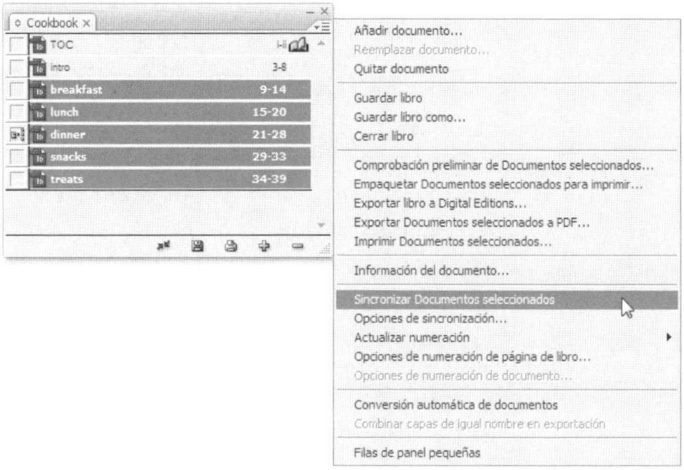

Figura 11.9.
En el panel Libro, seleccione Sincronizar Documentos seleccionados.

Para crear un índice en InDesign CS3, debe incluir referencias de índice en el texto. Si añade o borra texto, o páginas completas del documento de modo que la paginación cambia, las referencias del índice se ajustan junto con el texto de modo que el índice actualizado muestra siempre la página correcta. Puede activar o desactivar la visualización de estos marcadores cuando trabaja, pero los marcadores en sí nunca aparecen en el documento impreso.

Puede crear índices para capítulos independientes, pero normalmente querrá publicar un sólo índice al final del libro que abarque todos los contenidos.

Crear las referencias del índice

Algunas indexaciones han sido ya incluidas en los documentos del proyecto de este capítulo. Agregará algunos marcadores de índice para que aprenda cómo hacerlo por sí mismo.

1. En el panel Libro, haga doble clic para abrir el documento `breakfast`.
2. Desplácese hasta la página 10 para ver la receta "*Eggs & Fruit breakfast*".
3. Seleccione Ventana>Texto y tablas>Índice para abrir el panel Índice.
4. Seleccione la herramienta **Texto** T en el cuadro de herramientas y seleccione las palabras "*Eggs & Fruit breakfast*" del título de la receta.
5. Pulse **Control-Alt-U** (en Windows) o **Comando-Opción-U** (en Mac OS), y pulse **Aceptar** en el cuadro de diálogo Nueva referencia de página que aparece en pantalla. La entrada se añade al panel Índice. Si fuera necesario, desplace hacia abajo la lista hasta la letra E y haga clic en la flecha para ver la nueva referencia de página.
6. Con el título de la receta Eggs & Fruit breakfast seleccionado, seleccione la

opción Nueva referencia de página en el menú del panel Índice para agregar otra referencia de índice a la misma página.

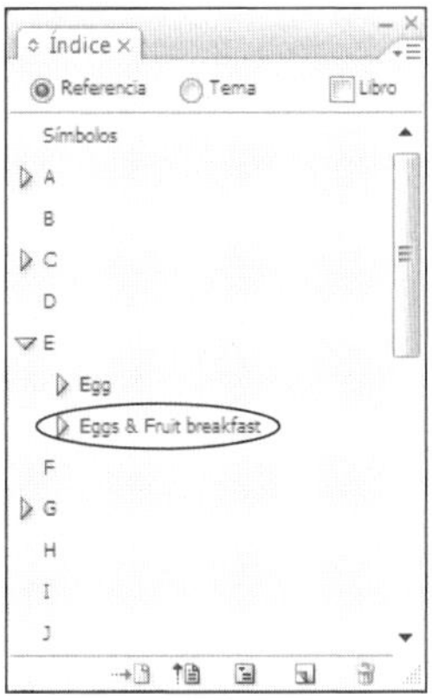

Figura 11.10.
El panel Índice.

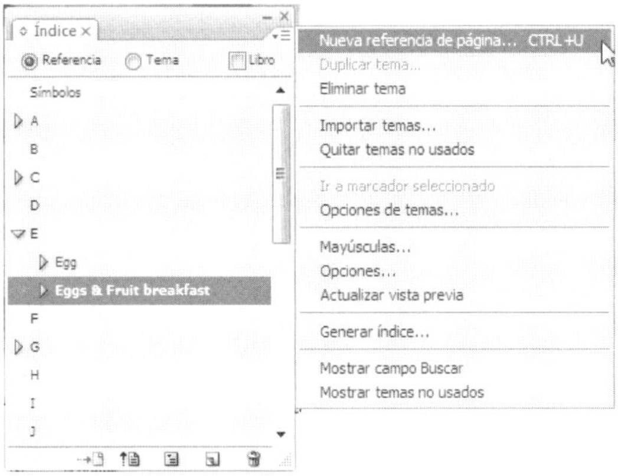

Figura 11.11.
Opción Nueva referencia de página.

7. En el cuadro de diálogo que se abre, bajo Niveles de tema, haga clic en la flecha que apunta hacia abajo para desplazar "*Eggs & Fruit breakfast*" hasta el nivel de tema 2. Introduzca **Breakfasts** en el cuadro 1. De esta forma se crea una entrada para "*Breakfasts*" y el desayuno concreto aparece también bajo este título. Pulse **Aceptar**.

8. En el panel Índice, desplácese por la lista para comprobar las nuevas referencias de página. Si fuera necesario, haga clic en las flechas que acompañan a las letras para abrir o cerrar la lista del índice.

Crear referencias cruzadas del índice

Muchos índices incluyen referencias cruzadas con otros listados dentro del índice. En este procedimiento, agregará una referencia cruzada para que los lectores que busquen en el índice las entradas de "*melon*" busquen en su lugar "*cantaloupe*".

1. En el archivo `breakfast.indd`, seleccione Edición>Deseleccionar todo.

2. En el menú del panel Índice, escoja Nueva referencia cruzada.

3. En Nivel de tema 1, escriba **melon**.

4. En el menú desplegable Tipo, seleccione Véase [también].

5. En el campo De referencia, introduzca **cantaloupe**.

6. Haga clic en **Añadir** y, tras ello, en **Finalizado**.

7. Desplácese por la lista del panel Índice para ver la referencia cruzada nueva. Guarde su archivo.

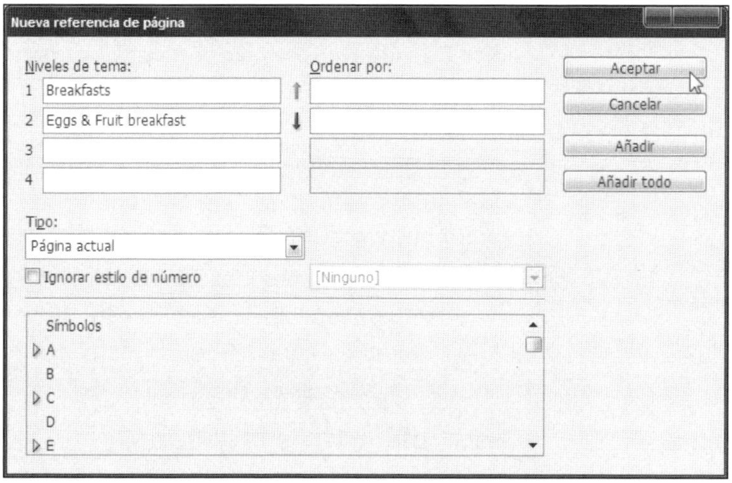

Figura 11.12.
El cuadro de diálogo Nueva referencia de página.

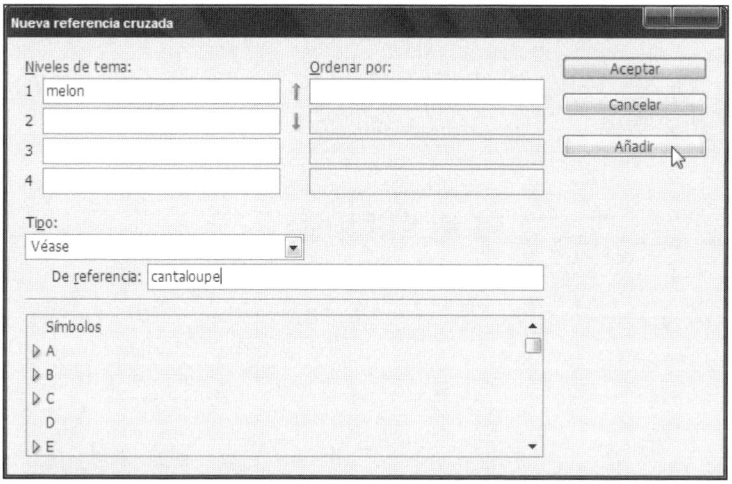

Figura 11.13.
El cuadro de diálogo Nueva referencia cruzada.

Generar el índice

Del mismo modo que la tabla de contenido, puede colocar el índice en un archivo independiente de InDesign o en las páginas de un archivo del libro que contienen también otros temas. En este proyecto, colocará el índice en un archivo independiente.

1. En el panel Libro, haga clic en un área vacía para deseleccionar todos los archivos y, en el menú del panel, seleccione Añadir documento.
2. Localice y haga doble clic sobre el archivo `index.indd` de la carpeta `Lesson_11` para añadirlo al libro. Si el archivo `index.indd` no queda colocado

al final de la lista del panel Libro, arrástrelo hasta esa posición ahora.

3. En el panel Libro, haga doble clic en el nombre del archivo `index` para abrir el documento del índice.

4. Si el panel Índice no está todavía abierto, seleccione Ventana>Texto y tablas> Índice y, en el menú de dicha panel, seleccione Generar índice.

5. En el cuadro de diálogo Generar índice, marque la casilla Incluir documentos de libro y anule la selección de la casilla de verificación Reemplazar índice actual. Haga clic en **Aceptar**.

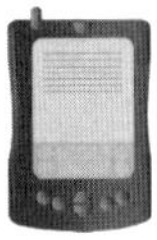

Nota: Puede que InDesign requiera guardar los archivos antes de generar el índice.

6. Después de una pequeña pausa, el puntero aparece como un icono de texto cargado. Desplácelo hasta el centro de la página del documento. Haga clic para que el texto fluya a la página y rellenando las tres columnas.

7. Guarde el archivo.

El índice combina todas las referencias de índice incluidas en los archivos del libro en un índice unificado.

Truco: Utilice siempre el panel Índice para introducir y modificar las entradas de índice. Aunque pueda editar el índice directamente, como cualquier otro marco de texto, estas modificaciones se perderán si regenera el índice.

Enhorabuena; ha finalizado este capítulo.

Si desea obtener más información sobre cómo mejorar o aplicar formato a sus archivos de tabla de contenido e índices, consulte la Ayuda de InDesign.

Por sí mismo

1. Abra el archivo `snacks` y elimine varias páginas aleatoriamente. Guarde el archivo. A continuación actualice la numeración de su libro haciendo lo siguiente:

   - En el menú del panel Libro, seleccione Repaginar>Actualizar numeración> Actualizar todos los números.

Figura 11.14.
El cuadro de diálogo Generar índice.

- En el archivo `index`, en el menú del panel Índice, seleccione Generar índice. Compruebe que las casillas de verificación Reemplazar índice actual e Incluir documentos de libro están marcadas, y haga clic en **Aceptar**.

- En el archivo `TOC`, seleccione el marco de texto de la tabla de contenido y ejecute Maquetación>Actualizar tabla de contenido.

En cada caso, fíjese en los cambios que sufre la numeración de página de las referencias del índice y de las referencias de la tabla de contenido, respectivamente, en el panel Libro.

2. Examine las opciones disponibles cuando selecciona todos los archivos del panel Libro y después escoja los siguientes comandos (uno cada vez) en el menú del panel Libro:

   - Comprobación preliminar de Libro.
   - Empaquetar.
   - Exportar Libro a PDF.
   - Imprimir Libro.

3. Cree una referencia de índice para un conjunto de páginas. Por ejemplo, en el archivo `breakfast`, seleccione la palabra "*Fruits*" de la página 10 y escoja Nueva referencia de página en el menú del panel Índice. A continuación, bajo Tipo, seleccione la opción Hasta el final de la sección para crear una referencia de índice desde la página 10 hasta la 14.

Preguntas de repaso

1. ¿Cuáles son las ventajas de la opción Libro en InDesign CS3?

2. Describa el proceso y los resultados de cambiar de posición un archivo de capítulo de un libro.

3. ¿Cuál es la mejor forma de editar un índice? ¿Por qué?

Respuestas

1. La opción Libro facilita la coordinación de elementos relacionados en un documento largo que se compone de varios archivos. Definiendo los documentos como un libro, puede automatizar lo que de otro modo supondría mucho tiempo de trabajo detallado, incluyendo las tareas siguientes:

    - Mantener el orden correcto de los documentos.

    - Actualizar la paginación de todo el libro después de agregar o eliminar páginas.

    - Generar un índice de todo el libro y una tabla de contenido con referencias exactas de página.

    - Establecer opciones para la comprobación preliminar, empaquetado, exportación e impresión del libro.

2. Para cambiar de posición un archivo de un libro, primero seleccione el archivo en el panel Libro y, tras ello, arrástrelo hasta una nueva posición en la lista de archivos. A continuación, las entradas en el índice y en la tabla de contenido pueden perder precisión. Si ha desactivado la repaginación automática del libro, tendrá que activarla en el menú del panel Libro. Cuando se repagina el libro, actualiza el índice y actualiza la tabla de contenido, todas las referencias de página que apuntaban a páginas que estaban en el archivo desplazado ahora cambian. Aunque el archivo se haya cambiado de posición en el libro, no cambia en su disco duro.

3. Siempre actualice las páginas del índice en el panel Índice. Para hacer esto, haga doble clic sobre la referencia del índice que quiera modificar en el panel Índice (o selecciónela y escoja Opciones de referencia de página en el menú del panel Índice) y después realice los cambios en el cuadro de diálogo y haga clic en **Aceptar**.

    Cuando termine de realizar las modificaciones en las referencias del índice, abra el archivo del índice. A continuación, en el menú del panel Índice, escoja Generar índice y sustituya el índice actual de todos los documentos del libro.

    Es importante que realice sus modificaciones en el panel Índice en lugar de editar simplemente el texto del índice directamente. La razón es que cualquier modificación que haga directamente en el texto del índice se perderá cuando regenere el índice. Si después hace modificaciones en la paginación del libro, corre el riesgo de tener muchas referencias de página incorrectas. Si realiza las modificaciones desde el panel Índice, todas estas referencias se actualizarán automáticamente cuando genere un índice nuevo para actualizar el existente.

Capítulo 12

Salida y exportación a PDF

Puede utilizar los avanzados controles de impresión y preparación de impresión de Adobe InDesign CS3 para administrar sus parámetros de impresión, independientemente del dispositivo de salida que utilice. Con Adobe InDesign CS3 le resultará muy sencillo imprimir en su impresora láser, de chorro de tinta, en película de alta resolución o a un dispositivo de imagen de equipo a placa.

En este capítulo aprenderá cómo hacer lo siguiente:

- Confirmar que un archivo de InDesign y todos sus elementos están preparados para su impresión.
- Generar un archivo PDF para que otros comprueben su trabajo.
- Recopilar todos los archivos necesarios para imprimir o entregarlos a un proveedor de servicios o a una imprenta.
- Imprimir documentos que contengan colores planos.
- Seleccionar la configuración adecuada para fuentes y gráficos.
- Crear un valor de impresión para automatizar el proceso de impresión.

Antes de comenzar

En este capítulo trabajará en una hoja promocional de un producto de una sola página con imágenes a todo color y una tinta plana. El documento se imprimirá en una impresora de chorro de tinta o láser de color para revisarlo y también en un dispositivo de creación de imágenes de alta resolución, como por ejemplo una filmadora. Antes de imprimir, enviaremos el archivo para su revisión en forma de PDF de Adobe, que exportaremos desde Adobe InDesign CS3.

Nota: Aunque no disponga de impresora o sólo tenga acceso a una impresora en blanco y negro, puede seguir las instrucciones descritas en el capítulo. Utilizaremos diversos parámetros de impresión predeterminados que le ayudarán a comprender los controles y las prestaciones de InDesign CS3 en lo que a la impresión se refiere.

Nota: Si todavía no ha copiado los archivos de recursos de este capítulo en su disco duro de la carpeta `Lesson_12` del CD adjunto, hágalo ahora.siguiendo las instrucciones de un capítulo anterior

1. Para asegurar que las herramientas y paneles funcionan exactamente como se indica en este capítulo, elimine o reinicie los archivos de preferencias predeterminadas de InDesign.
2. Inicie Adobe InDesign CS3.
3. Seleccione Archivo>Abrir y abra el archivo `12_a.indd` de la carpeta `Lesson_12`, situada dentro de la carpeta `Lessons` de la carpeta `InDesignCIB` de su disco duro.

4. Aparecerá un mensaje de advertencia indicándole que el documento contiene vínculos modificados o que faltan. Haga clic en **No reparar**; lo solucionaremos más tarde.

   Al imprimir o generar un archivo PDF de Adobe, InDesign CS3 debe acceder a las ilustraciones originales colocadas en el diseño. Si éstas cambian de posición, modifican su nombre o la ubicación en la que se almacenan los archivos, InDesign CS3 nos lo indicará. Esta advertencia aparece al abrir un documento por primera vez, al imprimir o exportar un documento, y al comprobar un documento para su impresión por medio de la opción Comprobación preliminar. Además, InDesign muestra en el panel Enlaces el estado de todos los archivos necesarios para la impresión.

5. Seleccione Archivo>Guardar como, cambie el nombre del archivo por `12_brochure.indd`, y guárdelo en la carpeta `Lesson_12`.

Comprobación preliminar

Adobe InDesign cuenta con controles integrados para comprobar la disponibilidad de todos los archivos necesarios para imprimir un documento. Puede utilizar dichos controles para realizar una comprobación preliminar de su archivo y asegurarse de que todos los gráficos y fuentes utilizados en el mismo están disponibles. También puede comprobar los colores empleados en el documento, incluso los colores y fuentes de gráficos colocados.

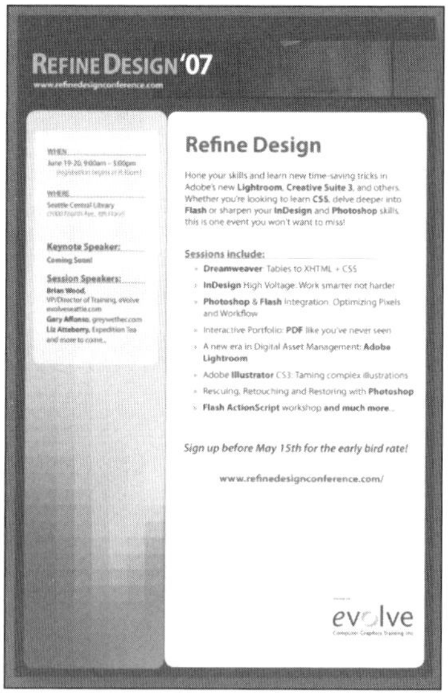

Figura 12.1.
El resultado final.

1. Seleccione Archivo>Comprobación preliminar. Se abrirá el cuadro de diálogo Comprobación preliminar

2. En el cuadro de diálogo Comprobación preliminar, fíjese en el panel de resumen que aparece. El programa le advierte de varios problemas, indicados por un triángulo de color amarillo junto a la información:

   - Falta una imagen.
   - Una imagen utiliza colores RGB.
   - Puede que exista una tinta plana duplicada.

   La sección Resumen del cuadro de diálogo Comprobación preliminar constituye una forma rápida de ver los posibles problemas de un documento. Si necesita información más detallada puede hacer clic en cada una de las seis opciones que aparecen en la parte izquierda del cuadro de diálogo.

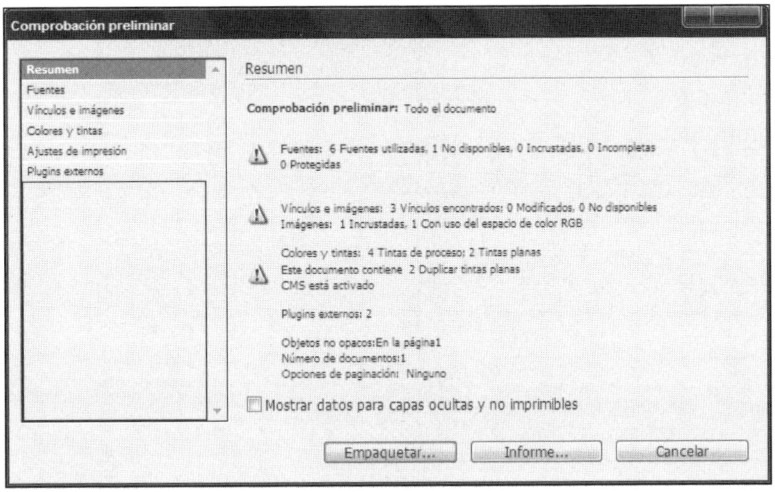

Figura 12.2.
El cuadro de diálogo Comprobación preliminar mostrando la sección Resumen.

3. Haga clic en la opción Fuentes para ver una lista detallada de las fuentes empleadas en el documento. De esta forma sabrá si las fuentes utilizadas son Open Type, PostScript o True Type. También puede acceder a información adicional, como la siguiente:

    * Si una fuente es correcta para impresión, si falta o si está incompleta.
    * Si una fuente está protegida para su incrustación en PDF por parte del fabricante.
    * La primera página en la que se utiliza la fuente.
    * La ubicación del archivo de fuente utilizado.

4. Mientras continua el examen de las fuentes, marque la casilla de verificación Mostrar sólo problemas, situada en la parte inferior del cuadro de diálogo. Si no aparece enumerada ninguna fuente, es que todas ellas están disponibles para la impresión.

5. Haga clic en la opción Vínculos e imágenes, situada en la parte izquierda del cuadro de diálogo.

    Verá la información relacionada con todas las imágenes utilizadas en el documento. Únicamente le interesan los posibles problemas.

6. Marque la casilla Mostrar sólo problemas. Aparecen dos imágenes como posibles problemas. Uno de los archivos, `top_banner.psd` que está incrustado, utiliza colores RGB. Como el documento se imprimirá con tintas CMYK, podría dar problemas. La otra imagen, `rdlogo_red.ai` no está disponible, por lo que será necesario encontrarla antes de imprimir el documento.

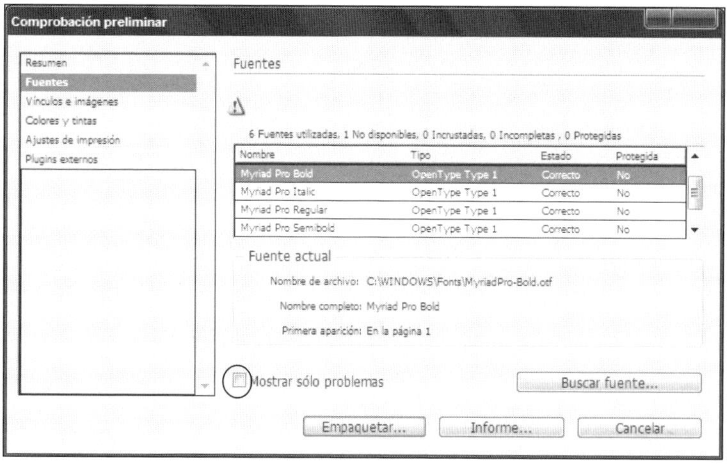

Figura 12.3.
El cuadro de diálogo Comprobación preliminar mostrando la sección Fuentes.

Sustituirá el logotipo RD con una versión revisada que incluye un símbolo de marca registrada. Solucionaremos el problema de la imagen RGB durante el proceso de impresión.

7. Haga clic en el botón **Reparar todo**. Desplácese hasta la carpeta `Links`, que se encuentra en la carpeta `Lesson_12` de la carpeta `Lessons` en la carpeta `InDesignCIB` de su disco duro. Haga doble clic en el archivo `rdlogo_red_new.ai`. Se vinculará el nuevo archivo en lugar del original.

8. Haga clic para seleccionar la imagen `rdlogo_red_new.ai` y pulse **Actualizar**.

   Como el nombre de archivo es diferente, InDesign no actualiza automáticamente la imagen. Si el archivo seleccionado no se hubiera modificado desde que se colocó inicialmente, InDesign no nos habría instado a actualizar el vínculo.

Nota: La opción **Reparar todo** le permite reparar vínculos modificados o que faltan. No le permite cambiar el espacio de color definido en un gráfico colocado. Para ello, debe abrir la imagen vinculada en Photoshop y cambiar su espacio de color o hacer que InDesign convierta los colores para impresión. En un capítulo anterior encontrará más información al respecto.

9. Haga clic en la opción Colores y tintas. Aparecen enumerados los cuatro colores primarios: Cian, Magenta, Amarillo y Negro, junto a dos variaciones de Pantone 1817. C equivale a *Coated*, y U a *Uncoated*. Como no queremos que estos colores se impriman de forma independiente, lo corregiremos cuando se imprima el documento.

10. Haga clic en el botón **Cancelar**.

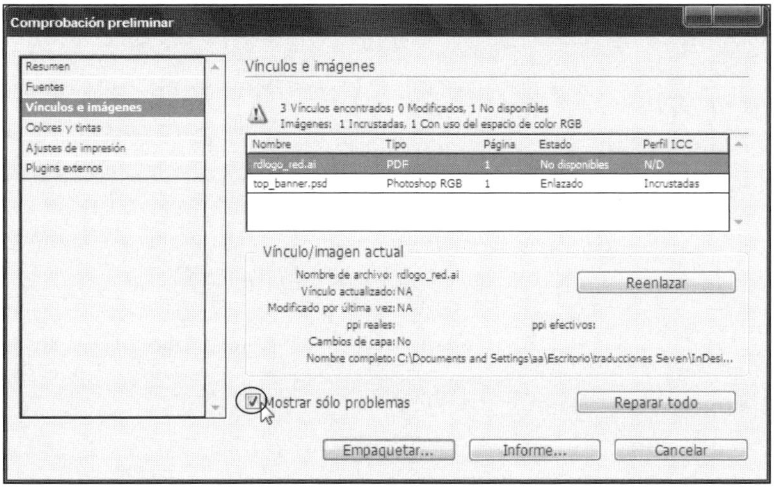

Figura 12.4.

El cuadro de diálogo Comprobación preliminar mostrando la sección Vínculos e imágenes.

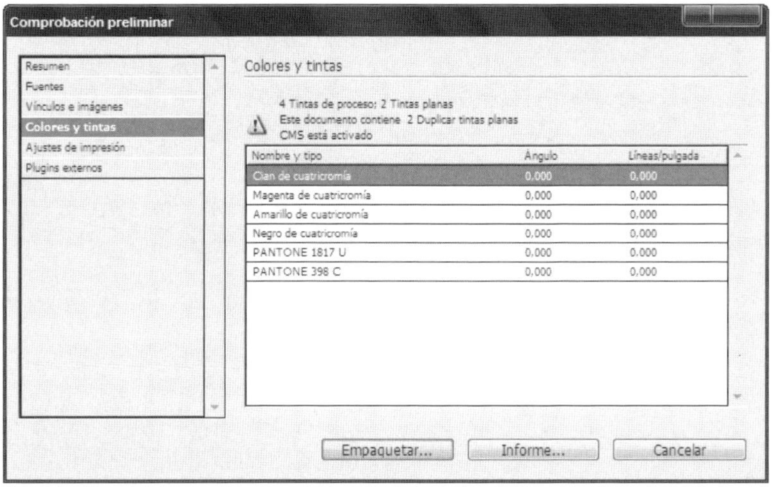

Figura 12.5.

El cuadro de diálogo Comprobación preliminar mostrando la sección Colores y tintas.

Empaquetar

Puede utilizar el comando Empaquetar para obtener una copia de su documento de InDesign, con todos los elementos vinculados, incluyendo gráficos y texto. InDesign también copia las fuentes necesarias para la impresión.

1. Seleccione Archivo>Empaquetar.
2. En el cuadro de diálogo que le advierte de posibles problemas detectados durante la comprobación preliminar, haga clic en **Continuar**.

> **Nota:** Podría empaquetar directamente el archivo como siguiente paso en la preparación del mismo para su entrega. En este capítulo prepararemos el paquete de forma separada.

Siempre que se empaqueta un archivo, InDesign utiliza automáticamente el comando Comprobación preliminar para confirmar que todos los elementos están disponibles y que no hay problemas. Como todavía no hemos corregido el problema de la imagen RGB, InDesign CS3 le advierte de ello. Convertiremos esta imagen a CMYK para impresión más adelante.

3. En la ventana Instrucciones de impresión, introduzca el nombre del archivo y la información correcta. Pulse **Continuar**.

> **Nota:** El nombre del archivo de instrucciones no puede ser el mismo que el nombre del archivo del documento.

Adobe InDesign CS3 utilizará esta información para crear un archivo de texto con instrucciones que acompañará al archivo, los vínculos y las fuentes de InDesign. El receptor lo puede utilizar para saber qué hemos hecho con el archivo o cómo ponerse en contacto con nosotros en caso de duda.

4. En el cuadro de diálogo Empaquetar documento, desplácese hasta la carpeta `Lesson_12` y compruebe que la carpeta creada para el paquete es `Carpeta 12_brochure`. De forma automática, InDesign asigna un nombre en función del nombre del documento, que establecimos al principio del capítulo.

5. Compruebe que las siguientes opciones están seleccionadas:
   - Copiar fuentes
   - Copiar gráficos vinculados
   - Actualizar vínculos de gráficos en paquete

6. Haga clic en el botón **Empaquetar**.

7. Lea el mensaje Alerta de fuente que le informa sobre las diferentes restricciones de licencia que pueden limitar la posibilidad de copiar fuentes. Tras ello, pulse **Aceptar**.

8. En su sistema operativo, desplácese hasta `Carpeta 12_brochure` de la carpeta `Lesson_12`, que se encuentra en la carpeta `Lessons` de la carpeta `InDesignCIB`.

Adobe InDesign ha creado una versión duplicada del documento y también ha copiado todas las fuentes, gráficos y otros archivos vinculados necesarios para realizar una impresión a alta resolución. Como ha seleccionado la opción Actualizar vínculos de gráficos en paquete, ahora el archivo de InDesign está vinculado a los gráficos de la carpeta del paquete. De esta forma al encargado de la impresión le resulta más sencillo administrar el documento, así como archivarlo.

Cierre la `Carpeta 12_brochure` cuando termine de examinar sus contenidos.

Crear una copia en PDF de Adobe

Si tiene que entregar su documento para su revisión, puede crear archivos PDF de Adobe de forma sencilla y eficaz para compartirlo. Adobe InDesign CS3 exporta directamente al formato de archivo PDF de Adobe.

1. Seleccione Archivo>Exportar.

   Seleccione PDF de Adobe en el menú desplegable Tipo (en Windows) o Formato (en Mac OS) y, como nombre, introduzca **proof**. En caso de que sea necesario, desplácese hasta la carpeta `Lesson_12` y pulse **Guardar**. Se abrirá la ventana Exportar Adobe PDF.

2. En el menú desplegable Ajuste de Adobe PDF, seleccione [Impresión de alta calidad]. Este valor crea archivos PDF adecuados para su salida en impresoras láser.

3. En el menú desplegable Compatibilidad, seleccione Acrobat 6 (PDF 1.5). De esta forma podrá utilizar funciones avanzadas del archivo PDF, como por ejemplo las capas.

4. En el grupo Opciones de la ventana, marque las dos siguientes opciones:

   - Ver PDF después de exportar.
   - Crear capas de Acrobat.

   La posibilidad de ver automáticamente el PDF tras exportarlo nos permite comprobar los resultados del proceso de exportación. La opción Crear capas de Acrobat convierte las capas de la maquetación de InDesign CS3 a capas que poder ver en el archivo PDF de Adobe resultante.

5. Seleccione Todas las capas del menú desplegable Exportar capas. Una novedad de InDesign CS3 es la posibilidad de elegir las capas de InDesign que se exportarán cuando se cree el PDF. Haga clic en el menú desplegable al lado de Exportar capas y verá Todas las capas, Capas visibles y Capas visibles, imprimibles.

6. Haga clic en el botón **Exportar**.

   Aparecerá una ventana de advertencia en la que se indica que algunos objetos se encuentran en capas ocultas. Pulse **Aceptar** para cerrar esta ventana. Se generará un archivo PDF de Adobe y se mostrará en el monitor.

7. Revise el archivo PDF de Adobe y, tras ello, vuelva a Adobe InDesign CS3.

Vista previa de separaciones

Si en el documento es necesario separar los colores para su impresión comercial, puede utilizar el panel Vista previa de separaciones para comprender mejor cómo se va a imprimir cada una de las partes del documento.

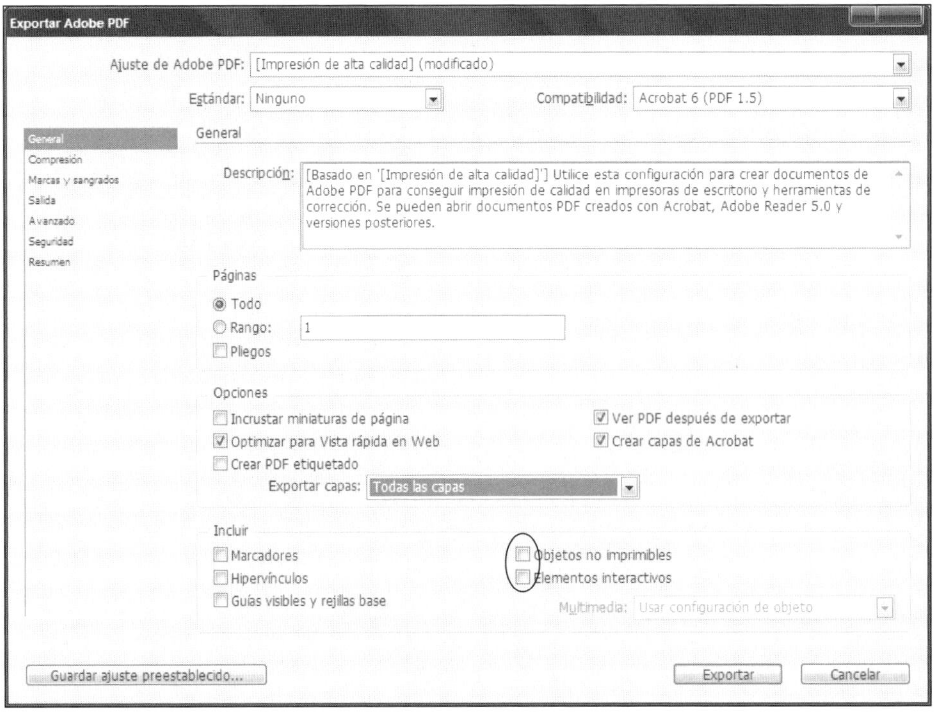

Figura 12.6.

El cuadro de diálogo Exportar Adobe PDF.

Ver un archivo PDF de Adobe con capas en Adobe Acrobat 8

Realice los pasos descritos a continuación para ver un archivo PDF con capas creado desde Adobe InDesign CS3.

1. Haga clic en el icono Capas, situado a la izquierda de la ventana del documento o seleccione Ver>Fichas de navegación>Capas para mostrar el panel Capas.
2. Haga clic en el signo más situado a la izquierda del nombre del documento en el panel Capas. Aparecerán las capas del documento.
3. Haga clic en el icono del ojo  situado a la izquierda de la capa Text. Al ocultar el icono, también desaparecen todos los objetos de esta capa.
4. Haga clic en el cuadro vacío situado a la izquierda de la capa Text para volver a ver el texto.
5. Seleccione Archivo>Cerrar para cerrar el documento y volver a Adobe InDesign CS3.

1. Seleccione Ventana>Salida>Vista previa de separaciones.

2. Haga clic para seleccionar Separaciones en el menú desplegable Ver del panel Vista previa de separaciones.

Figura 12.7.
El panel Vista previa de separaciones.

3. Haga clic en el icono del ojo situado junto a los colores Pantone 2582 para deshabilitarlos. Algunos objetos, imágenes y texto desaparecen al deshabilitar la correspondiente separación de color. Cada uno de estos objetos tiene una variación diferente del color Pantone asociado al mismo. Lo corregiremos más adelante con ayuda de la función Administrador de tinta.

4. Seleccione Desactivado en el menú Ver del panel para volver a ver todos los colores.

Previsualización de acomplamiento

Las imágenes del folleto se han ajustado mediante la función de transparencia. Utilizará el previsualizador de acomplamiento para determinar qué impacto tendrá la transparencia en la versión impresa final.

1. Seleccione Ventana>Salida>Previsualización de acoplamiento.

2. Seleccione Gráficos afectados en el menú desplegable Resaltar del panel Previsual. de acoplamiento.

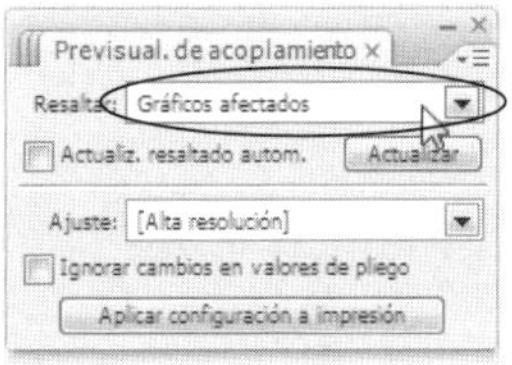

Figura 12.8.
El panel Previsual de acoplamiento.

3. Seleccione [Alta resolución] en el menú desplegable Ajuste. Es el parámetro que utilizaremos más adelante.

Comprobará que algunos de los objetos de la página aparecen resaltados en rojo. Son los objetos a los que les afectará la transparencia utilizada en el documento. Puede utilizar este resalte para identificar zonas de la página que pueden verse afectadas, accidentalmente, por la transparencia y, de esta forma, modificarla según corresponda.

La transparencia se puede aplicar en Photoshop CS3, Illustrator CS3 o directamente en InDesign CS3. La previsualización de acoplamiento permite identificar objetos, independientemente de que la transparencia se haya creado en InDesign o se haya importado desde otro programa.

4. Seleccione Ninguno en el menú Resaltar del panel.

SOBRE EL ACOPLADOR DE TRANSPARENCIAS

Si el documento o ilustración contiene transparencias, antes de imprimirse suele ser necesario someterlo a un proceso llamado acoplado. El acoplado divide una ilustración transparente en áreas basadas en vectores y áreas rasterizadas. Cuanto más compleja sea la ilustración (mezcla de imágenes, vectores, tipos, tintas planas, superposiciones, etc.), más lo serán el acoplado y sus resultados.

Este proceso puede ser necesario cuando se imprime o cuando se guarda o exporta a otros formatos que no admiten transparencias. Para conservar la transparencia sin acoplarla al crear archivos PDF, use el formato Adobe PDF 1.4 (Acrobat 5.0) o posterior.

Puede elegir un valor de acoplador en el cuadro de diálogo Imprimir o en el cuadro de diálogo de un formato específico que aparece después del cuadro de diálogo inicial Exportar.

Si exporta o imprime documentos con transparencias con frecuencia, puede automatizar el proceso de acoplamiento guardando la configuración del acoplador en un valor de acoplador de transparencia. A continuación, puede aplicar esta configuración al imprimir o exportar a formatos PDF 1.3 (Acrobat 4.0), SVG o EPS. En el panel Avanzado del cuadro de diálogo Imprimir, Exportar EPS o Exportar Adobe PDF o en el cuadro Opciones SVG, elija un valor personalizado o uno de los siguientes valores predeterminados:

- [Baja resolución]: Para muestras de documentos que se imprimirán en impresoras de escritorio en blanco y negro, y para documentos que se publicarán en la Web o que se exportarán a formato SVG.
- [Resolución media]: Para muestras y documentos a petición para impresoras PostScript a color.
- [Resolución alta]: Para impresiones finales y muestras de alta calidad, como las muestras con separaciones de color.

Previsualizar la página

1. Haga doble clic en la herramienta **Mano** para ajustar el documento al tamaño de la ventana.
2. Seleccione Edición>Deseleccionar todo.
3. En la esquina inferior del cuadro Herramientas, haga clic manteniendo pulsado el último botón del panel, seleccione Vista previa, de forma que se ocultarán todas las guías, bordes de marcos y demás elementos no imprimibles.
4. Haga clic y mantenga pulsado el botón **Vista previa** y seleccione **Sangrado**. Se mostrará el espacio adicional fuera del perímetro del documento final, lo que confirma que el color de fondo se imprimirá fuera del borde del documento. Una vez impreso el trabajo, recortaremos esta zona sobrante para obtener el tamaño definitivo del documento.

5. Haga clic y mantenga pulsado el icono **Sangrado** y, tras ello, seleccione **Indicaciones**. La página mostrará espacio adicional más allá del borde de la zona de sangrado. Esta zona adicional se suele utilizar para imprimir información de producción sobre el trabajo. Puede ver dicha información en la parte inferior del documento, en el centro de la pantalla. El área de sangrado se configura en Archivo>Ajustar documento y, después, pulsando en el botón Más opciones de forma que aparezcan las opciones de sangrado.

Tras confirmar el aspecto del archivo, ya puede imprimirlo.

Imprimir en láser o chorro de tinta

InDesign facilita la impresión de documentos en distintos dispositivos de salida.

1. Seleccione Archivo>Imprimir.
2. En la lista desplegable Impresora, seleccione su impresora láser o de chorro de tinta.

   Adobe InDesign selecciona automáticamente la PPD (descripción de impresora) asociada a esta impresora cuando se instaló.

3. Seleccione la opción General en el lado izquierdo de la ventana Imprimir, seleccione Capas visibles en el menú Imprimir capas.

   Algo nuevo en InDesign CS3 es la habilidad de elegir Todas las capas, Capas visibles o Capas visibles, imprimibles.

Nota: Si no dispone de una impresora conectada a su equipo o a su red, seleccione Archivo PostScript en la lista Impresora y, en la lista PPD, Independiente de dispositivo. De esta forma podrá realizar los ejercicios del capítulo sin necesidad de tener una impresora conectada.

4. Haga clic en la opción Configuración de la parte izquierda en la ventana Imprimir y elija las siguientes opciones:

   - En Tamaño de papel, seleccione Letter.
   - En Orientación, Retrato.
   - Cambiar escala para encajar.

Nota: Si ha seleccionado Archivo PostScript y no una impresora, junto con la PPD Independiente de dispositivo, no podrá escalar ni ajustar la posición del archivo.

5. En la parte izquierda de la ventana, haga clic en la opción Marcas y sangrado. Configure las siguientes opciones:

   - Marcas de recorte.
   - Información de página.
   - Utilizar configuración de sangrado del documento.
   - Incluir área de indicación.

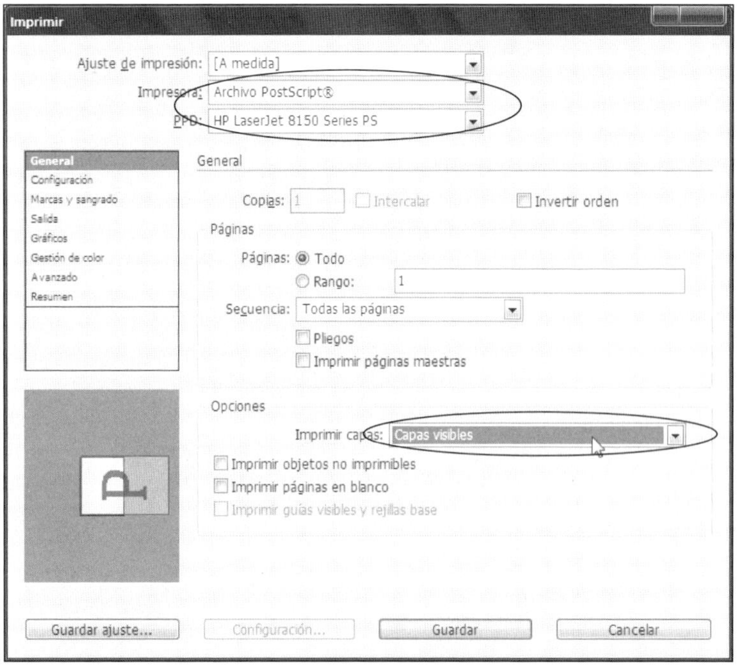

Figura 12.9.
El cuadro de diálogo Imprimir, opción General.

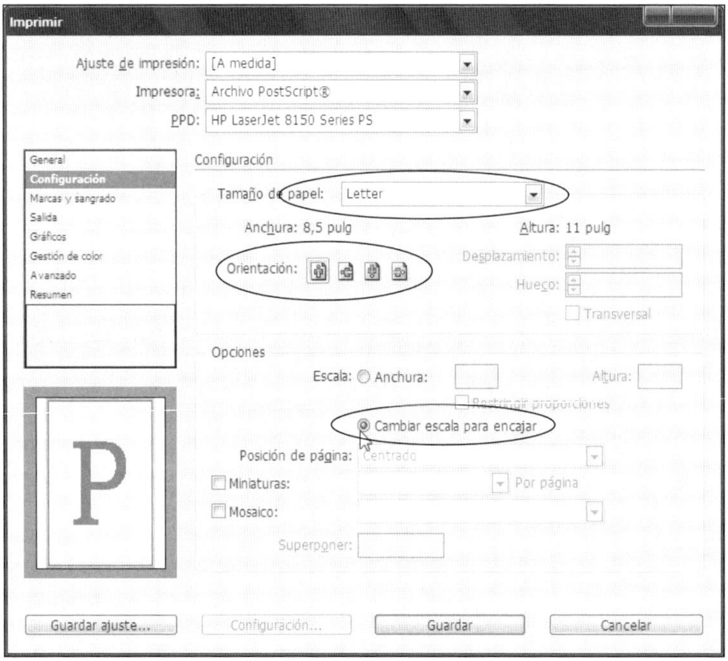

Figura 12.10.
El cuadro de diálogo Imprimir, opción Configuración.

Introduzca un valor de Desplazamiento de 0,125 pulg. Este valor determina la distancia desde la página en la que se encuentran las marcas especificadas y la información de página. Las marcas de recorte se imprimen fuera de la zona de la página y proporcionan guías que indican dónde se recortará el documento tras su impresión. La información de la página añade automáticamente el nombre del documento, junto con la fecha y la hora de la impresión, a la parte inferior del documento. Los parámetros de sangrado e indicación hacen que InDesign imprima objetos que superan el borde de la zona de página. Estas casillas de verificación eliminan la necesidad de indicar la cantidad exacta de espacio adicional que debe incluirse.

6. Seleccione la opción Salida en la parte izquierda de la ventana. Compruebe que Color está establecido en CMYK compuesto. De esta forma se convertirán todos los objetos RGB, incluidas las imágenes, a CMYK en el momento de la impresión. El gráfico original no cambia. Esta opción no está disponible si imprimimos a un archivo PostScript.

7. Haga clic en el botón **Administrador de tinta**, situado en la esquina inferior derecha de la ventana Imprimir. Puede utilizar el Administrador de tinta para convertir tintas planas en tintas Pantone y para administrar las tintas planas duplicadas, como haremos a continuación.

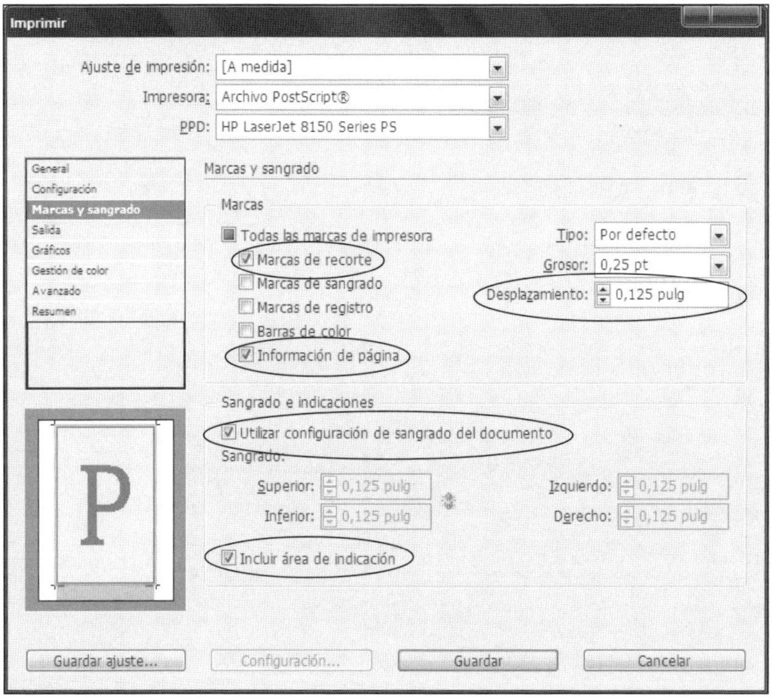

Figura 12.11.

En el área de Vista previa, abajo a la izquierda del cuadro de diálogo Imprimir (la primera letra P de la página), puede verse el recuadro azul del área de la página. Éste es el área de sangrado.

Nota: Puede hacer que InDesign mantenga los colores existentes utilizados en un documento si selecciona No cambiar compuesto en el menú desplegable Color. Además, si tiene que imprimir separaciones de color desde Adobe InDesign, puede seleccionar Separaciones o Separaciones en RIP en función del flujo de trabajo que utilice. También, algunas impresoras, como las preparadas para RGB, no le permitirá utilizar CMYK Compuesto.

8. En la ventana Administrador de tinta, haga clic en el icono de tinta plana situado a la izquierda de la muestra de color Pantone 398 C. Cambiará al icono CMYK. Este color se imprimirá como CMYK y no en su propia plancha de color. Mantenga abierta la ventana.

9. Haga clic en la muestra de color Pantone 1817 M y seleccione Pantone 1817 U en el menú desplegable Alias de tintas. Este alias indica a Adobe InDesign CS3 que trate estos dos colores como si fuesen idénticos, de forma que se impriman como un mismo color en vez de diferentes.

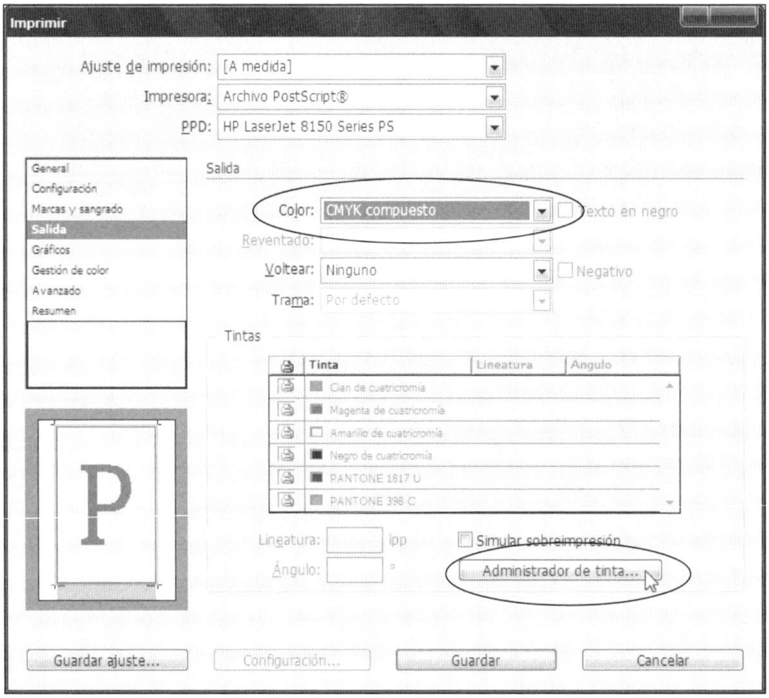

Figura 12.12.
El cuadro de diálogo Imprimir.

Aplicar un alias de tinta, significa que todos los objetos con este color se imprimen en la misma separación que su alias. En lugar de obtener dos separaciones de color distintas, se obtiene una. Repita este proceso para seleccionar Pantone 1817 C y Pantone 1817 U. De esta forma, los tres colores Pantone duplicados se imprimirán en la misma separación. Haga clic en **Aceptar**.

10. Haga clic en la opción Gráficos, en la parte izquierda de la ventana Imprimir. Compruebe que en el menú desplegable Enviar datos está seleccionada la opción Submuestreo optimizado.

    Al seleccionar esta opción, InDesign envía únicamente los datos de imagen necesarios para la impresora que haya escogido en la ventana Imprimir. Para que toda la información de imágenes a alta resolución se envíe a la impresora, lo que puede llevar más tiempo, seleccione Todo en el menú desplegable Enviar datos.

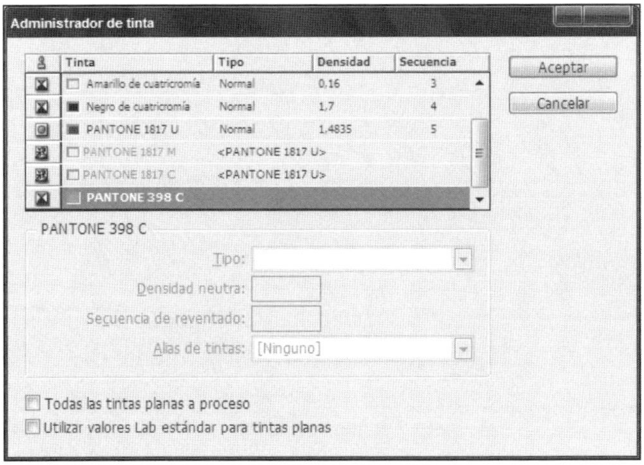

Figura 12.13.
El cuadro de diálogo Administrador de tinta.

> **Nota:** Esta opción no se puede modificar si ha seleccionado la PPD Independiente de dispositivo.

> **Nota:** Al imprimir a un archivo PostScript, esta opción no está disponible.

11. En caso de que sea necesario, seleccione Completo en el menú desplegable Descargar del grupo Fuentes. De esta forma, se envían al dispositivo de salida todas las fuentes utilizadas en el trabajo.

12. Haga clic en la opción Avanzado y, en el grupo Acoplador de transparencia, establezca Valor en [Alta resolución]. Puede seleccionar el valor de acoplador de transparencia que resulte más adecuado para sus necesidades. Este valor determina la calidad de las imágenes o elementos artísticos que incluyan transparencia.

Opciones para imprimir gráficos

Al exportar o imprimir documentos que contienen gráficos complejos (como por ejemplo imágenes a alta resolución, gráficos EPS, páginas PDF o efectos transparentes), suele ser necesario cambiar los parámetros de resolución y rasterización para obtener los mejores resultados de salida.

- **Enviar datos:** Controla la cantidad de datos de imagen de una imagen de mapa de bits se envía a la impresora o al archivo.
- **Todo:** Envía datos a resolución completa, lo que resulta muy indicado para impresión a alta resolución o para imprimir imágenes en escala de grises o a color con un elevado contraste, como ocurre con texto en blanco y negro con una tinta plana. Esta opción requiere mayor espacio en disco.
- **Submuestreo optimizado:** Envía la cantidad justa de datos de imagen para imprimir el gráfico a la mejor resolución posible para el dispositivo de salida. (Una impresora de alta resolución utiliza más datos que un modelo de escritorio de baja resolución.) Puede utilizar esta opción cuando trabaje con imágenes a alta resolución pero imprima pruebas en una impresora de escritorio.

InDesign no submuestrea gráficos EPS o PDF, ni siquiera al seleccionar la opción Submuestreo optimizado.

- **Proxy:** Envía versiones de las imágenes de mapa de bits colocadas a resolución de pantalla, con lo que se reduce el tiempo de impresión.
- **Ninguno:** Elimina temporalmente todos los gráficos al imprimir y los sustituye por marcos de gráfico con barras, lo que reduce el tiempo de impresión. Los marcos de gráfico tienen el mismo tamaño que los gráficos importados, por lo que resulta muy sencillo comprobar las proporciones y la posición. Al eliminar la impresión de los gráficos importados resulta muy apropiado si quiere distribuir borradores en texto a sus editores o correctores. También permite determinar la causa de problemas de impresión.

También afecta a la calidad de los objetos a los que se haya aplicado transparencia por medio de la opción de transparencia de InDesign, incluyendo los que tienen sombras laterales.

13. Haga clic en el botón **Guardar valor**, asigne el nombre **Proof** al valor y pulse **Aceptar**.

Al crear un valor de impresión se guarda la configuración, de forma que no tenga que configurar individualmente cada una de las opciones cada vez que quiera imprimir al mismo dispositivo. Puede crear diferentes valores en función de las necesidades de las impresoras que utilice.

OPCIONES PARA DESCARGAR FUENTES A UNA IMPRESORA

Las fuentes de la impresora están almacenadas en la memoria de la misma o en un disco duro conectado a la impresora. Las fuentes Type 1 y TrueType se pueden almacenar o en la impresora o en el disco duro; las fuentes de mapa de bits únicamente se guardan en el equipo. InDesign descarga las fuentes cuando las necesita, siempre que estén instaladas en el disco duro del equipo.

Las opciones del grupo Gráficos del cuadro de diálogo Imprimir le permiten controlar cómo se descargan las fuentes a la impresora.

- Ninguno: Incluye una referencia a la fuente en el archivo PostScript, que indica al RIP o a un procesador dónde debe incluirse la fuente. Esta opción resulta útil si las fuentes se encuentran en la impresora. Los nombres de las fuentes TrueType dependen del nombre PostScript de la fuente; sin embargo, no todas las aplicaciones pueden interpretar estos nombres. Para garantizar que las fuentes TrueType se interpretan correctamente, puede utilizar una de las otras opciones de descarga.

- Completo: Descarga todas las fuentes necesarias para el documento al iniciarse el trabajo de impresión. De forma automática, InDesign crea subconjuntos de las fuentes que superan el número máximo de pictogramas (caracteres) especificados en el cuadro de diálogo Preferencias.

- Subconjunto: Descarga solamente los caracteres (pictogramas) utilizados en el documento. Los pictogramas se descargan una vez por página. Esta opción suele generar archivos PostScript más rápidos y reducidos cuando se utiliza en documentos de una sola página o en documentos breves con poco texto.

- Descargar fuentes PPD: Descarga todas las fuentes utilizadas en el documento, incluso las que se encuentran en la impresora. Puede utilizar esta opción para asegurarse de que InDesign utiliza los contornos de fuente de su equipo para imprimir fuentes comunes, como por ejemplo Helvetica, Times, etc. De esta forma puede resolver problemas con las versiones de fuente, como conjuntos de caracteres que no coinciden entre el equipo o la impresora. Sin embargo, a menos que utilice conjuntos de caracteres ampliados a menudo, no necesita esta opción para imprimir borradores.

Para utilizar estos valores más adelante, puede seleccionarlos en el menú desplegable Ajuste de impresión situado en la parte superior del cuadro de diálogo Imprimir.

14. Haga clic en **Imprimir**.

Si quiere crear un archivo PostScript, pulse **Guardar** y desplácese hasta la carpeta `Lesson_12`, que se encuentra en la carpeta `Lessons` de la carpeta `InDesignCIB` en su disco duro.

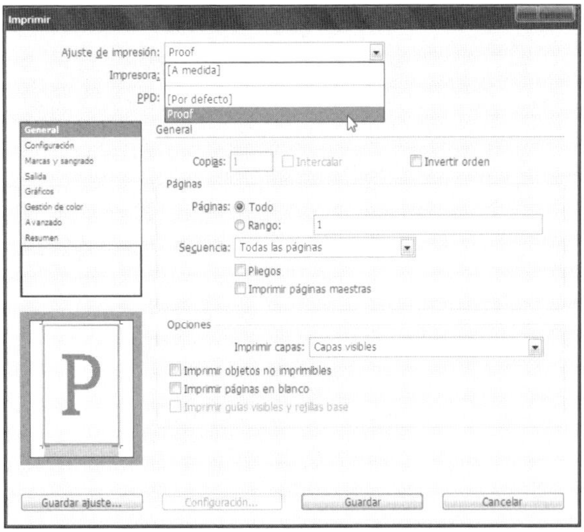

Figura 12.14.
El menú desplegable Ajuste de impresión.

Puede proporcionar el archivo PostScript a su proveedor de servicios, a su imprenta comercial o convertirlo a PDF de Adobe con ayuda de Adobe Acrobat Distiller. Si no dispone de este programa, puede borrar el archivo PostScript cuando termine el capítulo.

> **Truco:** Puede utilizar la numeración absoluta de páginas cuando trabaje con documentos divididos en secciones. Por ejemplo, para imprimir la tercera página de un documento puede introducir **+3** en la sección Rango del cuadro de diálogo Imprimir. También puede utilizar nombres de sección. Si necesita más información al respecto no dude en consultar la Ayuda de InDesign.

Por sí mismo

1. Cree un nuevo valor de impresión por medio de los comandos Archivo>Ajustes de impresión>Definir. Utilice los cuadros de diálogo que aparecen en pantalla para crear valores para impresiones que superen un determinado tamaño o para imprimir en las diferentes impresoras en blanco y negro o a color que emplee.

2. Abra el archivo `12_brochure.indd` y pruebe a desactivar y activar las diferentes separaciones de color por medio de la vista previa de separaciones de color. Cambie a Límite de tinta en el menú Ver del panel. Compruebe cómo los parámetros de tinta utilizados para crear colores CMYK afectan a las distintas imágenes.

3. Con el archivo `12_brochure.indd`, seleccione Archivo>Imprimir. Haga clic en la opción Salida de la parte izquierda de la ventana Imprimir y experimente con las distintas opciones para imprimir colores y documentos.

4. Seleccione el Administrador de tinta en el panel Muestras y pruebe a añadir alias de tinta a tintas planas y a convertir tintas planas a proceso.

Preguntas de repaso

1. ¿Qué elementos recopila InDesign al empaquetar un archivo?
2. ¿Qué elementos busca InDesign al utilizar el comando Comprobación preliminar?
3. Si quiere imprimir la versión de máxima calidad de una imagen escaneada en una impresora láser a baja resolución, ¿qué opciones puede seleccionar?

Respuestas

1. Adobe InDesign recopila una copia del documento de InDesign junto a copias de todas las fuentes utilizadas en el documento y copia todos los gráficos del mismo. Los elementos originales no se cambian.
2. Puede confirmar que todos los elementos necesarios para imprimir a alta resolución están disponibles por medio de los comandos Archivo>Comprobación preliminar. Este comando se asegura de que todas las fuentes utilizadas en el documento o dentro de gráficos colocados están disponibles. InDesign también busca archivos gráficos vinculados e incluso archivos de texto para confirmar que no se han modificado desde que se importaron inicialmente.
3. InDesign sólo envía los datos necesarios al dispositivo si se utiliza la configuración predeterminada. Si desea enviar el conjunto completo de datos, aunque tarde más en imprimirse, puede seleccionar Todo en el menú desplegable Enviar datos de la sección Gráficos de la ventana Imprimir.

Capítulo 13

Utilizar XML

Puede utilizar las potentes funciones XML de InDesign CS3 para crear y compartir documentos orientados a múltiples destinos. InDesign CS3 admite el etiquetado de contenidos, incluyendo texto, tablas y gráficos. Los objetos con etiquetas se pueden organizar en el panel Estructura y, tras ello, exportar como XML. InDesign CS3 nos permite importar XML y colocarlo en una composición estructurada ya sea de forma manual o automática.

En este ejercicio nos centraremos en los siguientes aspectos:

- Importar etiquetas XML.
- Aplicar etiquetas XML.
- Asignar estilos y etiquetas.
- Utilizar el panel Estructura.
- Importar XML.
- Exportar XML.

Antes de comenzar

En este capítulo aplicaremos etiquetas XML a un diseño completo de InDesign. Tras ello, confirmaremos la estructura del documento, exportaremos los contenidos como XML y, por último, importaremos el código XML a otro diseño de InDesign. Antes de comenzar, tendrá que restaurar las preferencias predeterminadas del programa.

1. Para garantizar que las herramientas y paneles funcionan exactamente como se describe en este capítulo, borre o desactive (cambie el nombre) los archivos de preferencias predeterminadas de InDesign CS3. Consulte cómo hacerlo en el Apéndice.

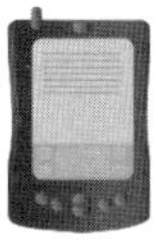

Nota: Si todavía no ha copiado los archivos de recursos de este capítulo en su disco duro de la carpeta `Lesson_13` del CD adjunto, hágalo ahora. Consulte cómo copiar los archivos del CD en el Apéndice.

2. Inicie Adobe InDesign CS3. Para empezar a trabajar, abriremos un documento existente de InDesign.
3. Seleccione Archivo>Abrir y abra el archivo `13_a.indd` de la carpeta `Lesson_13` de su disco duro.
4. Seleccione Archivo>Guardar como, cambie el nombre del archivo por `ski_brochure.indd` y guárdelo en la carpeta `Lesson_13`.

Acerca de XML

El Lenguaje de marcado extensible (XML) se utiliza para distribuir contenidos, incluyendo texto e imágenes, entre varios destinos. XML separa el contenido de su apariencia en una página o una composición. Los archivos XML utilizan etiquetas que identifican el contenido del archivo. Como el contenido de un archivo XML se identifica por medio de etiquetas, se puede modificar para su distribución impresa, en línea o en otro formato como puede ser PDF.

Los archivos XML no dependen de un diseño concreto y podemos aplicarles un formato para ajustarlos a las necesidades del usuario o del dispositivo empleado. Por ejemplo, una versión XML de un folleto puede tener un formato para que muestre un diseño vertical convencional al imprimirlo. La misma información se puede convertir en un diseño horizontal para verla en pantalla en forma de PDF. También se puede convertir a HTML e incluirse en una página Web.

Aunque XML permite presentar los datos en distintos formatos, también sirve para revisar y personalizar diseños impresos. Cuando convertimos documentos de InDesign a XML, podemos extraer parte o todos los datos para reutilizarlos en otros diseños de InDesign. Por ejemplo, un mismo archivo XML puede ser el origen de un folleto de ventas, una lista de precios o un catálogo.

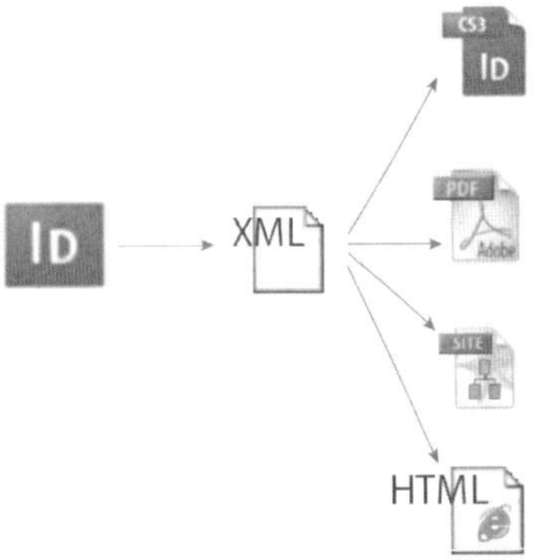

Figura 13.1.
A través de XML, se pueden obtener los formatos más comunes.

Si diseña sitios Web con Adobe Dreamweaver u otros programas, estará familiarizado con el Lenguaje de marcado de hipertexto (HTML). Aunque XML y HTML tienen nombres parecidos y ambos lenguajes de marcado incluyen etiquetas, son muy diferentes. Las etiquetas HTML describen el aspecto del contenido de un archivo HTML y qué formato debe tener. Por el contrario, las etiquetas XML describen el contenido y no el formato. Con XML, las decisiones de formato se realizan al incluir el código XML en un diseño determinado. Para utilizar las funciones XML de InDesign CS3 no necesita demasiados conocimientos sobre XML. Si necesita más información sobre las opciones XML de InDesign CS3, seleccione Ayuda>Ayuda de InDesign. Tras ello, seleccione XML en la sección de contenidos de la ayuda.

Ver etiquetas XML

InDesign CS3 utiliza etiquetas XML para identificar el tipo de contenido que se ha incluido en una página. Dichas etiquetas se utilizan al importar o exportar XML desde un diseño de InDesign. Los marcos se pueden etiquetar o especificar para que incluyan determinados tipos de texto, como por ejemplo artículos o titulares. También se pueden etiquetar para que incluyan gráficos. Las mismas etiquetas se pueden utilizar repetidamente dentro de un documento. Por ejemplo, un documento puede incluir varios títulos y cada uno puede incluir el mismo nombre de etiqueta que lo identifique como título.

Truco: Si trabaja habitualmente con XML, estará familiarizado con los elementos XML. Las etiquetas aplicadas con InDesign CS3 identifican la instancia concreta de un elemento XML.

En este ejercicio analizaremos determinadas etiquetas XML aplicadas a un diseño de InDesign CS3.

1. Seleccione Ventana>Etiquetas para abrir el panel Etiquetas. Se abrirá en pantalla con una lista de las etiquetas creadas anteriormente en este documento.

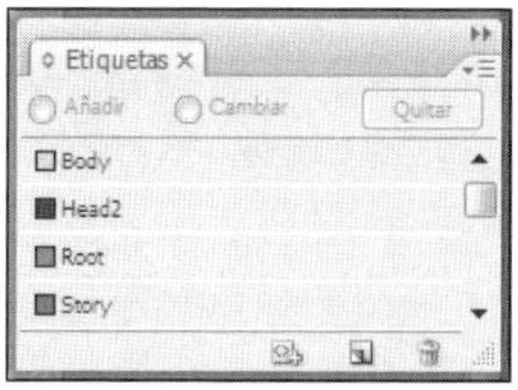

Figura 13.2.
El panel Etiquetas.

2. Con la herramienta **Selección**, haga clic en el marco de texto que contiene el texto "*Snow and Ski Report*", situado en la parte superior del documento. La etiqueta Title quedará resaltada en el panel al seleccionar el marco. El resalte indica que se ha aplicado la etiqueta Title a este marco de texto.

3. Seleccione Edición>Deseleccionar todo.

4. Con la herramienta **Texto** T, haga clic sobre el texto "*Great Year to Ski*". En el panel Etiquetas, aparecerá resaltada la etiqueta Head2, para indicar que este texto también cuenta con una etiqueta XML.

5. Seleccione Ver>Estructura>Mostrar marcos etiquetados. Los dos marcos de texto que hemos examinado muestran un borde y un fondo de color.

   Este color se corresponde con el color de las etiquetas XML aplicadas a los marcos. La etiqueta Title tiene un color magenta, color que aparece alrededor del título de la publicación.

Figura 13.3.
Visualización de los marcos etiquetados.

6. Seleccione la herramienta **Zoom**, pulse y arrastre un marco alrededor del texto "*Great Year to Ski*" junto con varias líneas de texto por debajo del anterior. Aumentará la ampliación de esta zona de la página.

7. Seleccione Ver>Estructura>Ocultar marcadores de etiquetas. Desaparecerán los marcadores de etiquetas XML situados al inicio y al final del título. Ejecute Ver>Estructura>Mostrar marcadores de etiquetas. Se mostrará los marcadores situados a la izquierda de la palabra "*Great*" y la derecha de la palabra "*Ski*". Los marcadores son de color violeta, que se corresponde al color de la etiqueta Head2 en el panel Etiquetas.

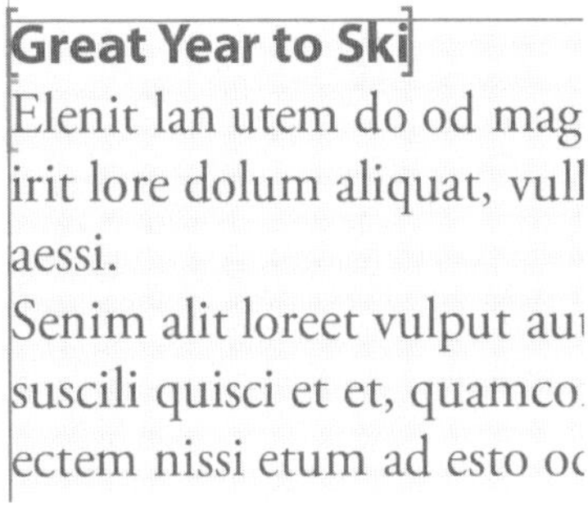

Figura 13.4.
Mostrar marcadores de etiquetas.

> **Truco:** Los marcadores de etiquetas también se pueden ver en el Editor de artículos.

8. Haga doble clic en la herramienta **Mano** para ver toda la página.

> **Nota:** Los indicadores de etiqueta permiten identificar objetos con etiquetas y sólo se ven en pantalla, no al imprimir el documento.

Importar y aplicar etiquetas XML

Podemos crear etiquetas XML en un diseño de InDesign CS3 o importarlas desde otro documento de InDesign CS3 o de una Definición de tipo de documento (DTD). En este ejercicio importaremos nuevas etiquetas y, tras ello, las aplicaremos a objetos del diseño.

1. Seleccione la herramienta **Texto** T y pulse en cualquier punto de la sección lateral "*Super Skiing*", en la parte derecha del documento. Ninguna de las etiquetas del panel queda seleccionada, ya que no hemos aplicado ninguna al texto.

   Al situar el cursor sobre un texto con etiquetas o al seleccionar un objeto etiquetado, la etiqueta aplicada al texto o al objeto aparece resaltada en el panel Etiquetas. Como el texto del ejemplo todavía no tiene etiquetas, ningún nombre queda resaltado. Importaremos nuevas etiquetas y, tras ello, las aplicaremos.

2. Seleccione Edición>Deseleccionar todo.
3. En el menú del panel Etiquetas, seleccione Cargar etiquetas. Desplácese hasta la carpeta `Lesson_13`, seleccione el archivo `tags.xml` y pulse **Abrir**. InDesign añadirá dos nuevas etiquetas al panel: Head1 e Image. Las aplicaremos a objetos y texto del diseño.

> **Nota:** Los nombres de las etiquetas deben coincidir exactamente con las utilizadas en el flujo de trabajo XML. XML es muy preciso, por lo que considera que head1 y Head1 son etiquetas diferentes.

4. En el panel de herramientas, seleccione la herramienta **Selección**, haga clic en el marco de texto que contiene el texto "*Family Fun*" y pulse sobre la etiqueta Head1 en el panel Etiquetas. La etiqueta Head1 se aplicará a este marco de texto y a todos sus contenidos. El marco que contiene el texto "*Family Fun*" se volverá de color azul, para reflejar la etiqueta que se ha aplicado.

Figura 13.5.
Aplicación de etiquetas a un cuadro de texto.

5. En el panel de herramientas, seleccione la herramienta **Texto** T. Pulse y arrastre para seleccionar el título "*Good Snow*" en la segunda columna. Haga clic en la etiqueta Head2 del panel Etiquetas. La etiqueta se aplicará al texto seleccionado. Aparecerán corchetes al inicio y al final del texto seleccionado para indicar que está etiquetado. El color de los corchetes se corresponde al color de la etiqueta. En caso de que sea necesario, seleccione Ver>Estructura>Mostrar marcadores de etiquetas para ver las etiquetas del texto.

> **Nota:** Puede que tenga que deseleccionar el texto para poder ver los marcadores de etiquetas aplicados al mismo. Para ello, ejecute Edición>Deseleccionar todo.

6. Pulse y arrastre para seleccionar el cuerpo de texto que aparece por detrás del título "*Good Snow*". Seleccione el texto de los dos últimos párrafos del artículo, situados en la parte inferior de la segunda columna. Con el texto seleccionado, haga clic en la etiqueta Body del panel Etiquetas.

7. En caso de que sea necesario, desplácese para ver la barra lateral situada en la columna derecha de la página. Con la herramienta **Texto**, pulse y arrastre para seleccionar el título "*Super Skiing*" y, tras ello, haga clic en la etiqueta Head2 para aplicarla al texto.

   Al aplicar la etiqueta Head2, se muestran los marcadores de etiqueta al inicio y al final del texto. El marco también cambia de color, ya que hemos aplicado una etiqueta al mismo tiempo que hemos aplicado otra al título. Un marco debe tener una etiqueta si cualquiera de sus contenidos también la tienen. La etiqueta aplicada al marco puede ser diferente a la aplicada al texto.

8. En la sección lateral, pulse y arrastre para seleccionar el texto restante de la tercera columna. Incluya todo el texto que aparece por detrás del título "*Super Skiing*", sin seleccionar el título. Tras ello, haga clic en la etiqueta Body del panel Etiquetas.

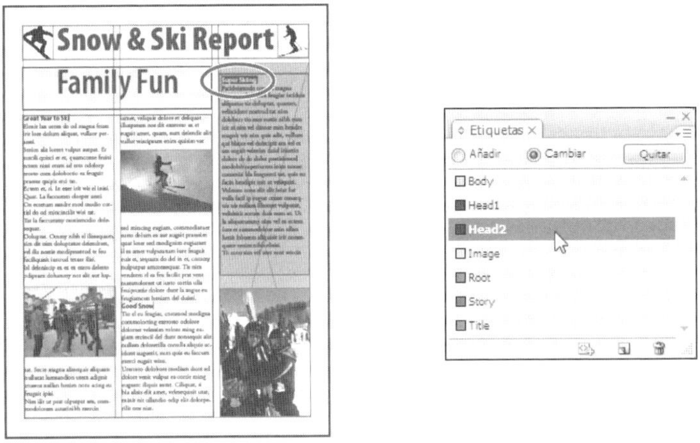

Figura 13.6.
Aplicación de etiquetas Head1 al texto seleccionado.

Ha completado la asignación de etiquetas de texto al diseño.

Puede utilizar el menú contextual para aplicar etiquetas a marcos y texto.

9. Seleccione Edición>Deseleccionar todo.
10. Seleccione Archivo>Guardar.

Etiquetar imágenes

1. En el panel de herramientas, seleccione la herramienta **Selección**.
2. Haga clic en la imagen de los jugadores de voleibol situada en la columna izquierda para seleccionarla. En el panel Etiquetas, haga clic en la etiqueta Image para aplicarla al gráfico.
3. Haga clic en la imagen del esquiador de la segunda columna para seleccionarla. Haga clic con el botón derecho del ratón (en Windows) o haga clic con la tecla **Comando** pulsada (en Mac OS) y seleccione Etiquetar marco>Image en el menú contextual que aparece.

Figura 13.7.
Etiquetar un marco.

4. Con la técnica del paso anterior, haga clic para seleccionar la imagen de los dos esquiadores de la tercera columna y, tras ello, haga clic botón derecho del ratón (en Windows) o haga clic con la tecla **Comando** pulsada (en Mac OS) y seleccione Etiquetar marco>Image en el menú contextual.

   Ha completado el proceso de etiquetar todos los marcos de contenido que exportaremos como XML.

Ver y organizar estructuras

Antes de exportar el documento como XML, puede confirmar que la estructura XML coincide con la jerarquía del diseño.

1. Seleccione Ver>Estructura>Mostrar estructura. Se abrirá el panel Estructura, que muestra las etiquetas aplicadas a los objetos del diseño, en la secuencia en que se han aplicado.

> **Nota:** Puede que tenga que desplazar el panel de herramientas para ver todos los contenidos del panel Estructura.

2. En el panel Estructura, haga clic en el triángulo ▷ situado a la izquierda de la etiqueta Root. Esta etiqueta es la de nivel superior; los demás objetos etiquetados aparecen por debajo de ésta. Todos los documentos deben incluir al menos una etiqueta Root.

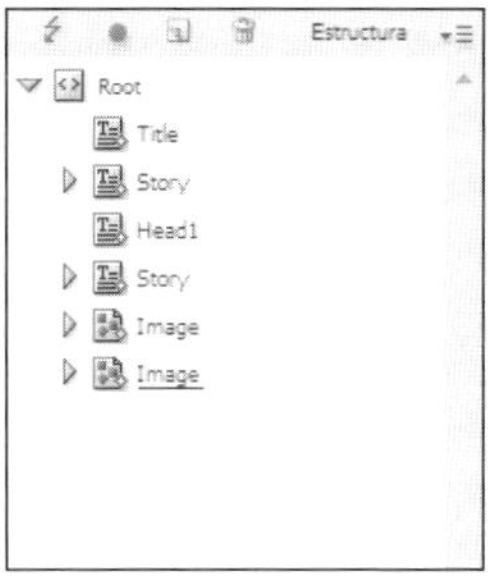

Figura 13.8.
La lista sin expandir.

3. Haga clic en el triángulo situado a la izquierda de la primera etiqueta Story. Se mostrarán todos los elementos estructurados bajo esta etiqueta, incluyendo las etiquetas Head2 y Body.

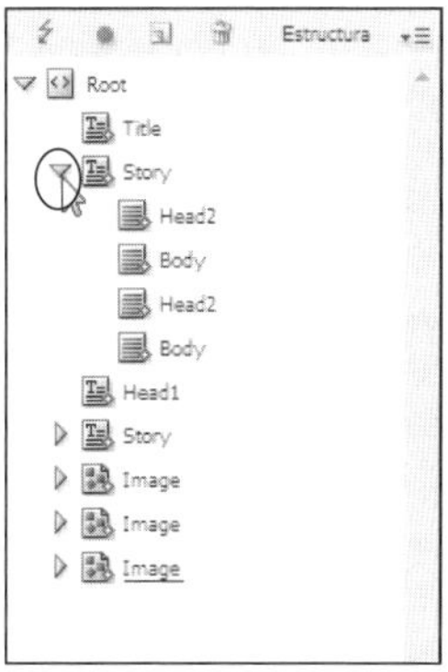

Figura 13.9.
Haga clic en el triángulo para expandir la lista.

   Puede ver las etiquetas que haya aplicado así como las aplicadas anteriormente al documento. Las etiquetas Head2 y Body son secundarias de la etiqueta Story que aplicamos antes. Las etiquetas aparecen enumeradas en el orden en que se han aplicado a los objetos de la página y deben coincidir con la relación entre los objetos del diseño. Por ejemplo, todo el texto relacionado se suele ubicar bajo la misma etiqueta principal. En este caso, las etiquetas Head2 y Body están relacionadas, por lo que ambas aparecen bajo la etiqueta Story. Cada etiqueta Head2 aparece por encima de la etiqueta Body, al igual que los títulos aparecen antes que el cuerpo de texto en el diseño.

4. En el panel Estructura, haga clic en el menú situado en la esquina superior derecha y seleccione Mostrar fragmentos de texto. El panel mostrará la primera parte del texto con la que está relacionada cada etiqueta.

5. En el panel Estructura, haga clic en la etiqueta Head1, que muestra el fragmento de texto "*Family Fun*". En el diseño es el título de nivel superior y aparece por debajo del título. En el panel Estructura, esta etiqueta se encuentra entre dos etiquetas Story. Como título principal, debe ser uno de los elementos superiores de la estructura. Como InDesign añade elementos al panel Estructura en el orden en que se hayan etiquetado, su posición es incorrecta. Pulse y arrastre la etiqueta Head1 hacia arriba para situarla bajo la etiqueta Title. Suelte la etiqueta Head1 cuando aparezca una línea negra por debajo de la etiqueta Title. La posición de la etiqueta en el panel Estructura refleja ahora la posición de este título en el diseño.

Nota: InDesign CS3 también admite el uso de DTD para validar la estructura. Encontrará más información al respecto en la Ayuda de InDesign.

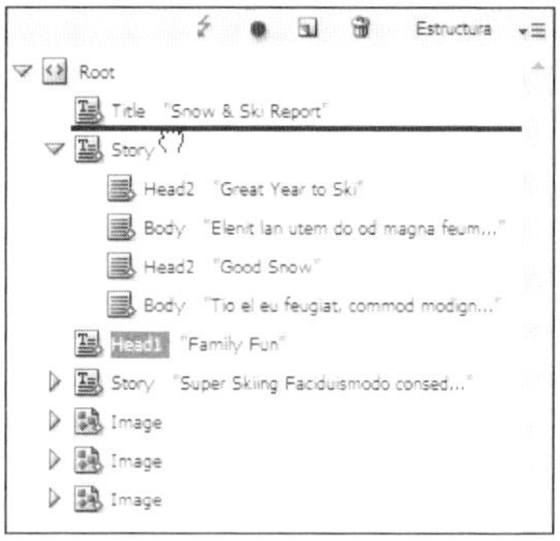

Figura 13.10.
Cambio de posición de etiquetas.

6. Seleccione Archivo>Guardar.

Ver y aplicar atributos

Los objetos con etiquetas también pueden incluir información adicional sobre los objetos. La información que describe el objeto etiquetado se denomina atributo.

1. En el panel Estructura, haga clic en el triángulo situado a la izquierda de la etiqueta Image superior. InDesign mostrará el icono de atributo ● seguido por la ubicación del archivo de imagen.

2. En el panel Estructura, haga clic para seleccionar la etiqueta Title con el fragmento de texto "*Ski & Snow Report*". Haga clic con el botón derecho del ratón (en Windows) o haga clic con la tecla **Control** pulsada (en Mac OS) sobre la etiqueta Title y seleccione Nuevo atributo. Se abrirá la ventana Nuevo atributo.

3. En la ventana Nuevo atributo, introduzca **Issue_Number** en el campo Nombre. Pulse **Tab** y, en el campo Valor, introduzca **12**. Pulse **Aceptar** para añadir el atributo a la etiqueta Title.

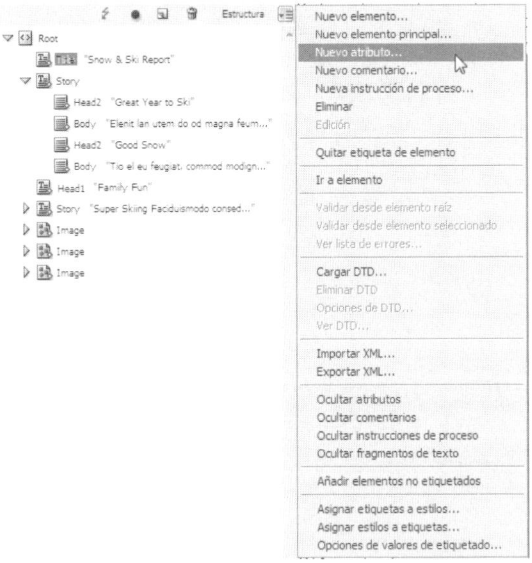

Figura 13.11.
Opción Nuevo atributo.

Los atributos se pueden utilizar para proporcionar información adicional como por ejemplo la fecha de la publicación o datos de derechos de autor.

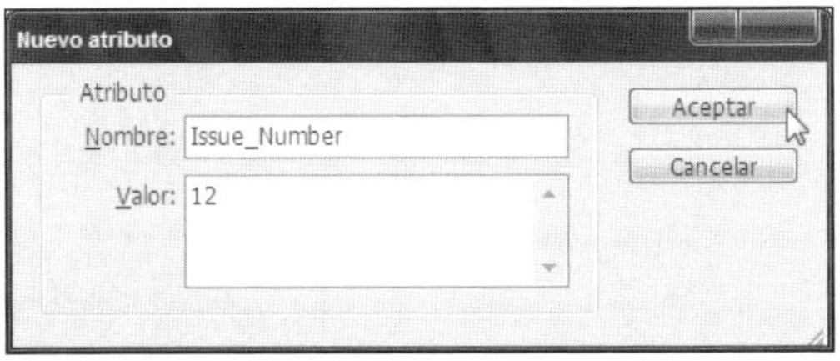

Figura 13.12.
El cuadro de diálogo Nuevo atributo.

4. Seleccione Archivo>Guardar para guardar el documento.

Exportar XML

Tras aplicar etiquetas XML al texto y los gráficos del diseño de InDesign, podemos crear un archivo XML.

1. Seleccione Archivo>Exportar. Se abrirá la ventana Exportar.

2. En caso de que sea necesario, en la ventana Exportar desplácese hasta la carpeta `Lesson_13` y seleccione XML en el menú desplegable Tipo (en Windows) o Formato (en Mac OS). Introduzca el nombre de archivo **snow.xml**. Haga clic en el botón **Guardar**. Se abrirá la ventana Exportar XML.

3. En la ventana Exportar XML, haga clic en la ficha Imágenes. Confirme que no hay ninguna opción marcada.

   Al exportar XML desde InDesign CS3, puede copiar o desplazar imágenes a la misma carpeta que el archivo XML si selecciona las opciones del grupo Copiar en subcarpeta Imágenes de la ventana. De esta forma las imágenes etiquetadas se podrán reutilizar en diseños impresos o Web. Como trabajaremos con el archivo XML en el mismo equipo del que lo hemos extraído, ninguna de las opciones es necesaria.

4. Haga clic en el botón **Exportar** para generar el archivo XML. Mantenga abierto el documento ya que lo utilizaremos más adelante.

Importar XML

A continuación abriremos un documento existente de InDesign con etiquetas XML e importaremos el XML creado en el ejercicio anterior.

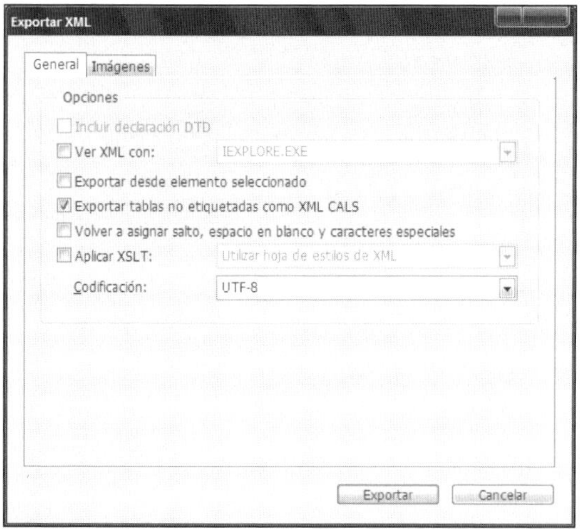

Figura 13.13.
El cuadro de diálogo Exportar XML en su pestaña General.

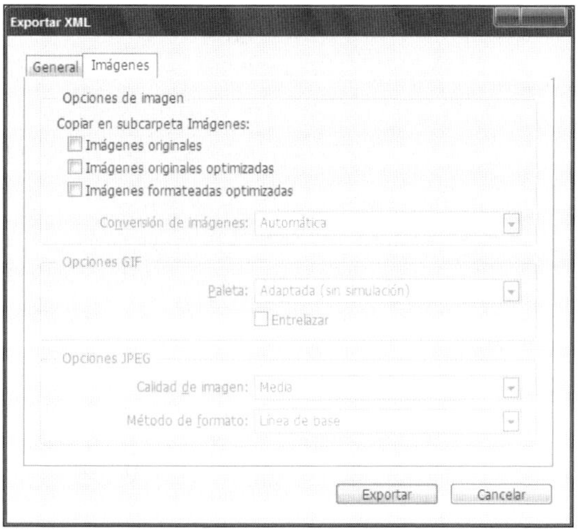

Figura 13.14.
El cuadro de diálogo Exportar XML en su pestaña Imágenes.

1. Seleccione Archivo>Abrir y abra el archivo `13_b.indd` de la carpeta `Lesson_13` de su disco duro.

2. Seleccione Archivo>Guardar como, asigne el nombre `online_brochure.indd` y guárdelo en la carpeta `Lesson_13`.

3. Seleccione Ver>Estructura>Mostrar estructura para abrir el panel Estructura.

4. En el panel Estructura, haga clic en el triángulo situado a la izquierda de la etiqueta Root. Se mostrarán todas las etiquetas aplicadas a los objetos de este documento.

> **Nota:** La estructura de nivel superior del folleto en línea coincide con la estructura utilizada en el diseño impreso original.

5. Seleccione Archivo>Importar XML. Se abrirá la ventana Importar XML.

   En esta ventana, marque la casilla Mostrar opciones de importación XML y seleccione el botón de opción Combinar contenido. Haga clic para seleccionar el archivo `snow.xml` y, tras ello, pulse el botón **Abrir**. Se abrirá la ventana Opciones de importación de XML.

6. En la ventana Opciones de importación de XML, compruebe que el menú desplegable Modo está establecido en Combinar contenido, anule la selección de todas las casillas de verificación y haga clic en **Aceptar**. El XML se importará al diseño horizontal destinado para su reproducción en pantalla.

   El texto y los gráficos a los que añadimos etiquetas en el documento original fluyen al nuevo diseño. En el siguiente apartado aplicaremos formato al texto.

Anexar XML frente a combinar XML

Al importar XML podemos adjuntar o combinar el contenido XML en el documento. Si lo adjuntamos, el nuevo contenido XML se añade al documento y no modifica la estructura y el contenido existentes. Si lo combinamos, se sustituye el contenido existente y, en función de las opciones seleccionadas, se añaden nuevos contenidos en caso de no encontrar elementos equivalentes. Podemos combinar XML en los siguientes casos:

- El documento contiene marcos de marcador de posición que desea completar con el archivo XML entrante.
- El documento contiene XML que desea reemplazar por el archivo XML entrante.
- El documento no contiene ninguna estructura XML y desea que InDesign sustituya la raíz predeterminada por la raíz del archivo XML entrante.

Opciones de importación de XML

Al importar archivos XML por medio de la opción Combinar contenido, el cuadro de diálogo Opciones de importación de XML nos ofrece las siguientes opciones:

- **Crear vínculo:** InDesign crea un vínculo al archivo XML. Si el archivo XML cambia, podemos actualizar los datos XML del documento InDesign.
- **Aplicar XSLT:** Aplica una hoja de estilos para definir la transformación del XML importado. Seleccione el archivo XSLT (`.xsl o .xslt`) en el sistema de archivos utilizando en cada caso las opciones de exploración de Windows o de Mac OS. Al utilizar una hoja de estilos de XML (la opción predeterminada), hace que InDesign utilice la instruccion de procesamiento de XSLT, si está presente en el archivo XML, para transformarlo a datos XML.
- **Clonar elementos de texto repetido:** Duplica el formato aplicado al texto de marcador de posición de etiqueta de cualquier contenido repetido. Las etiquetas y la estructura del contenido XML deben coincidir con las etiquetas y la estructura del texto de marcador de posición. Puede utilizar esta opción para importar contenido con varios elementos que tengan la misma estructura, como por ejemplo una lista de nombres y direcciones, o de productos y precios.
- **Sólo importar elementos que coincidan con la estructura existente:** Filtra el contenido XML importado para que solamente incluya elementos que coincidan con las etiquetas y la estructura del panel Estructura.
- **Importar elementos de texto en tablas si las etiquetas coinciden:** Importa elementos a una tabla si las etiquetas coinciden con las aplicadas a la tabla de marcador de posición y a sus

celdas. Puede utilizar esta opción para añadir registros de base de datos a una tabla, por ejemplo para generar listas de precios o inventarios.

- **No importar contenido de elementos sólo con espacio en blanco:** Conserva el contenido existente si el contenido XML que coincide sólo contiene espacio en blanco (como caracteres de retorno o tabulaciones). Puede utilizar esta opción si ha incluido texto entre elementos que desee conservar. Por ejemplo, al disponer recetas generadas a partir de una base de datos, puede añadir etiquetas como Ingredientes o Instrucciones. Siempre que el elemento principal sólo contenga espacio en blanco, InDesign conservará la etiqueta.

- **Eliminar elementos, marcos y contenido que no coincidan con XML importado:** Elimina elementos que no tengan coincidencias en el archivo XML del panel Estructura y del diseño. Por ejemplo, al importar nombres y direcciones, puede contar con texto de marcado de posición para un elemento que contenga el nombre de la empresa. Si uno de los nombres no incluye dicho elemento, InDesign elimina el elemento que contenga el texto de marcador de posición.

- **Importar tablas CALS como tablas de InDesign:** Importa cualquier tabla CALS del archivo XML en tablas InDesign.

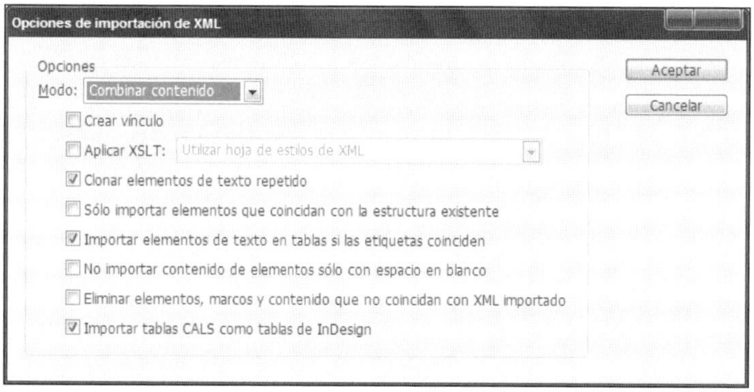

Figura 13.15.
El cuadro de diálogo Opciones de importación de XML.

Asignar etiquetas a estilos

Una vez importado el XML al documento, aplicaremos formato y estilo al texto. Como el documento está estructurado con etiquetas, automatizaremos el proceso de formato estableciendo una relación entre las etiquetas y el estilo.

1. En el panel Estructura, haga clic en el menú de la esquina superior derecha y seleccione Asignar etiquetas a estilos, para abrir la ventana del mismo nombre.

2. En la ventana Asignar etiquetas a estilos, haga clic en el botón **Asignar por nombre**. Como este documento ya incluye estilos de párrafo con nombres idénticos a las etiquetas XML, InDesign CS3 puede aplicar estilos al texto. Mantenga abierta la ventana.

3. Marque la casilla Vista previa. El texto etiquetado recibe formato al aplicarle los estilos de párrafo. Haga clic en **Aceptar**.

4. Seleccione Archivo>Guardar.

Utilizar fragmentos XML

Un fragmento es un archivo XML que representa contenido de InDesign en su totalidad, incluyendo elementos de página y cualquier estructura XML aplicada a los mismos. Un fragmento nos permite reutilizar el contenido, el formato, las etiquetas y la estructura de un documento. Podemos almacenar fragmentos en una biblioteca de objetos y colocarlos en otros documentos. La utilización de fragmentos nos permite reutilizar objetos, incluso los de formato complejo.

1. Seleccione Ventana>ski_brochure.indd para cambiar al documento original que utilizamos anteriormente.

2. Con la herramienta **Selección**, pulse en cualquier punto del documento.

3. Seleccione Ver>Ajustar página en ventana.

4. Disponga la ventana de la aplicación (en Windows) o la del documento (en Mac OS) para que pueda ver tanto el escritorio como el diseño de InDesign.

5. Seleccione la imagen del esquiador situada a la izquierda del título. Quedarán seleccionados el contorno del esquiador y el arco de la parte superior de la página, ya que forman parte de un grupo.

6. Haga clic y arrastre las dos imágenes y el arco hasta su escritorio. Aparecerá un icono con un nombre que empieza por Snippet. Este archivo de fragmento XML incluye toda la información necesaria para reproducir estas imágenes en otro diseño de InDesign.

7. Seleccione Ventana>online_brochure.indd. En caso de que sea necesario, disponga las ventanas de InDesign para poder ver el archivo de fragmento arrastrado hasta el escritorio y el diseño de InDesign.

8. Pulse y arrastre el archivo de fragmento desde el escritorio hasta el diseño.

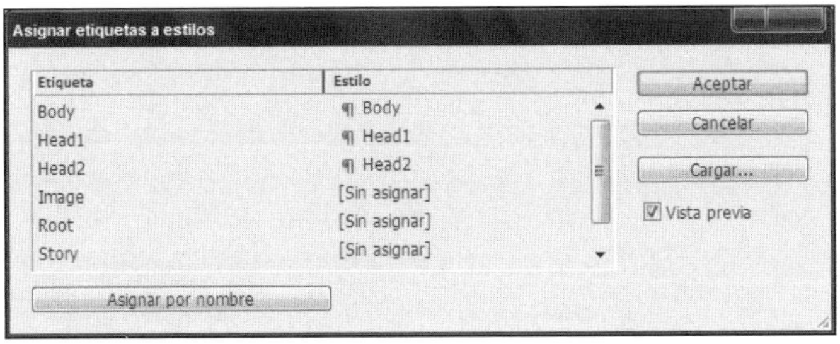

Figura 13.16.
El cuadro de diálogo Asignar etiquetas a estilos.

Figura 13.17.

Método para arrastrar el título al escritorio del sistema .

Las imágenes y el arco se importarán al documento. Los fragmentos conservan las coordenadas X e Y de los objetos originales, por lo que resultan perfectos para objetos que deben utilizarse en varias versiones de un documento idéntico. En este caso, utilizamos un diseño de tamaño diferente, por lo que cambiaremos las imágenes de posición.

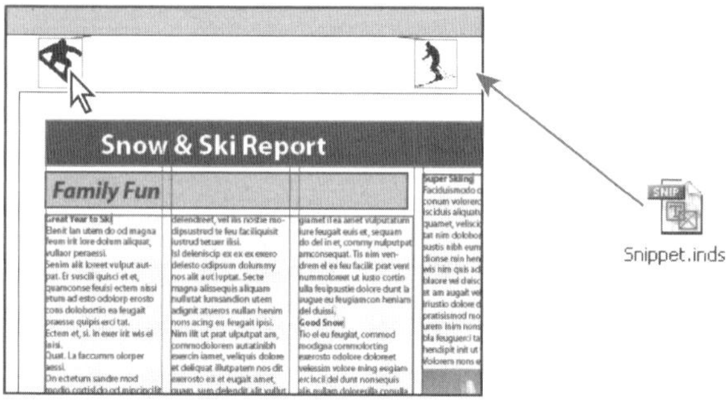

Figura 13.18.

Se colocará el fragmento dentro del título.

9. Pulse y arrastre el contorno de la imagen del esquiador y sitúela a la izquierda del texto "*Snow & Ski Report*".

10. Seleccione Archivo>Guardar.

Enhorabuena, ha completado el capítulo.

Por sí mismo

1. Examine el panel Estructura. Para ello, haga clic con el botón derecho del ratón (en Windows) o haga clic con la tecla **Control** pulsada (en Mac OS) sobre las distintas etiquetas. Experimente con las opciones disponibles en el menú del panel.

2. Aplique etiquetas XML a su propio documento y exporte el XML. Practique con la importación del XML a otro diseño de InDesign.

3. Importe XML a otro diseño de InDesign y asigne las etiquetas a los estilos de InDesign utilizados en el documento, para aplicar formato al texto XML.

Preguntas de repaso

1. ¿Cómo y por qué se utilizan etiquetas XML en InDesign CS3?
2. ¿Qué pasos debe realizar antes de poder exportar un diseño de InDesign CS3 como XML?
3. ¿Qué es el panel Estructura y qué función desempeña en la exportación e importación de XML?

Respuestas

1. Las etiquetas XML se aplican al contenido de un diseño de InDesign CS3, incluyendo el texto, los gráficos y los marcos. Las etiquetas describen el contenido y permiten exportarlo como XML. Además, podemos importar XML a marcos etiquetados.
2. Antes de poder exportar un diseño de InDesign CS3 a XML, es necesario etiquetar todos los objetos. Además, la secuencia de etiquetas XML debe verificarse en el panel Estructura, al que también debemos añadir todos los atributos necesarios.
3. El panel Estructura proporciona un listado de todos los objetos etiquetados utilizados en un diseño de InDesign CS3. Se utiliza para importar, gestionar y exportar XML. También se emplea para organizar la jerarquía de objetos etiquetados, aplicar atributos y establecer la relación entre etiquetas y estilos.

Apéndice

Contenido del CD

Requisitos previos

Antes de comenzar a utilizar Adobe InDesign CS3, debería conocer el funcionamiento de su ordenador y de su sistema operativo. Asegúrese de que sabe cómo utilizar el ratón y los menús y comandos estándar, y también cómo abrir, guardar y cerrar archivos. Si necesita repasar estas técnicas, consulte la documentación impresa o en línea incluida en sus manuales de Windows o Macintosh.

Instalación del programa

Antes de empezar a utilizar este libro, tiene que asegurarse de que su sistema está correctamente configurado y que hemos instalado adecuadamente el software y el hardware.

Debe comprar el software Adobe InDesign CS3 independientemente. Para obtener instrucciones completas sobre la instalación del software, consulte el archivo de instalación del DVD de la aplicación.

Los archivos de este libro utilizan las fuentes instaladas con Adobe InDesign CS3. En caso de que tenga que volver a instalar estos archivos de fuentes, puede realizar una instalación personalizada desde el CD de Adobe InDesign CS3 para reinstalar únicamente las fuentes. Consulte el archivo `Léame` incluido en el CD del programa.

Restaurar las preferencias predeterminadas

Los archivos de preferencias controlan cómo aparecen los valores de las paletas y comandos en su pantalla cuando abre el programa Adobe InDesign. Cada vez que sale de Adobe InDesign, la posición de las paletas y ciertos comandos se almacenan en estos archivos. Si se quiere que las herramientas y los paneles aparezcan con su configuración predeterminada, se pueden borrar los archivos de preferencias de Adobe InDesign CS3. Adobe InDesign CS3 creará unas versiones nuevas de estos archivos la próxima vez que inicie el programa y guarde un archivo.

Se deben restaurar las preferencias predeterminadas de InDesign antes del comienzo de cada capítulo. Esto asegura que las funcionalidades de las herramientas y los paneles funcionan como se indica en el libro. Cuando haya terminado con el libro, puede restaurar la configuración que hayamos guardado.

Guardar las preferencias

1. Salga de Adobe InDesign CS3.

2. Localice el archivo de configuración por defecto de InDesign y el archivo `ActiveWorkspace.xml`.

   - En Windows, el archivo de configuración por defecto de InDesign y el archivo `ActiveWorkspace.xml` se encuentra en la carpeta `Documents and Settings\NombreDeUsuario\Application Data\Adobe\InDesign\Version 5.0`.

   - En Mac OS, el archivo de preferencias predeterminadas de InDesign y el archivo `ActiveWorkspace.xml` se encuentra en `\Users\NombreDeUsuario\Library\Preferences\Adobe InDesign CS3\Version 5.0`.

> **Nota:** Tiene que elegir Ver del cuadro de diálogo Opciones de carpeta para visualizar los archivos ocultos y así ver los archivos de preferencias. Haga clic en el cuadro de opción a la izquierda de `Mostrar todos los archivos y carpetas ocultos`.

Borrar las preferencias y restaurar sus valores predeterminados originales

1. Salga de Adobe InDesign CS3.
2. Localice el archivo de preferencias predeterminadas de InDesign y el archivo `ActiveWorkspace.xml` de la siguiente manera:
   - En Windows, el archivo de preferencias predeterminadas de InDesign y el archivo `ActiveWorkspace.xml` se encuentra en `Documents and Settings\NombreDeUsuario\Application Data\Adobe\InDesign\Version 5.0`.
   - En Mac OS, el archivo de preferencias predeterminadas de InDesign y el archivo `ActiveWorkspace.xml` se encuentra en `\Users\NombreDeUsuario\Library\Preferences\Adobe InDesign CS3\Version 5.0`.
3. Elimine el archivo de preferencias predeterminadas de InDesign y el archivo `ActiveWorkspace.xml`.

> **Nota:** Tiene que elegir Ver del cuadro de diálogo Opciones de carpeta para visualizar los archivos ocultos y así ver los archivos de preferencias. Haga clic en el cuadro de opción a la izquierda de `Mostrar todos los archivos y carpetas ocultos`.

4. Inicie InDesign. La aplicación creará un nuevo conjunto de archivos de preferencias con la configuración predeterminada original.

Para restaurar las preferencias guardadas tras terminar cada capítulo

1. Salga de Adobe InDesign CS3.
2. Localice las preferencias guardadas y arrástrelas a la carpeta de InDesign 5.0.
   - En Windows, el archivo de preferencias predeterminadas de InDesign y el archivo `ActiveWorkspace.xml` se encuentra en `Documents and Settings\ NombreDeUsuario\Application Data\Adobe\InDesign\Version 5.0`.

> **Nota:** Tiene que elegir Ver del cuadro de diálogo Opciones de carpeta para visualizar los archivos ocultos y así ver los archivos de preferencias. Haga clic en el cuadro de opción a la izquierda de `Mostrar todos los archivos y carpetas ocultos`.

Advertencia: Si no tiene que guardar los valores actuales, podemos reiniciar las preferencias por defecto iniciando Adobe InDesign CS3 y después utilizando la combinación **Control-Alt-Mayús** (en Windows) o **Control-Opción-Comando-Mayús** (en Mac OS). Después, haga clic en la opción para eliminar las preferencias. Esto hace que las preferencias de la aplicación, aunque no el espacio de trabajo se reinicie. Para reiniciar el espacio de trabajo predeterminado, seleccione `Ventana>Espacio de trabajo>Espacio de trabajo predeterminado`.

- En Mac OS, el archivo de preferencias predeterminadas de InDesign y el archivo `ActiveWorkspace.xml` se encuentra en `\Users\NombreDeUsuario\Library\Preferences\Adobe InDesign CS3\Version 5.0`.

Copia de los archivos del CD adjunto

El CD adjunto a esta obra incluye carpetas que contienen todos los archivos electrónicos para los capítulos del libro. Cada capítulo tiene su propia carpeta que se debe copiar en el disco duro para completar el capítulo. Para ahorrar espacio en el disco, puede instalar sólo la carpeta del capítulo que necesite, y eliminarlo cuando lo haya terminado.

Para instalar los archivos de los capítulos

1. Introduzca el CD adjunto en su unidad de CD-ROM.
2. Cree una carpeta en su disco duro con el nombre `IDCIB`.
3. Elija entre lo siguiente:
   - Copie la carpeta `Lessons` en la carpeta `IDCIB`.
   - Copie sólo la carpeta del capítulo que vaya a utilizar.

Perfiles de color

Cuando abra los archivos de cada capítulo, recibirá una advertencia. Estas advertencias son normales y debería hacer clic en **Aceptar** para no atender a la advertencia y abrir el documento.

InDesign CS3 tiene soporte para una amplia variedad de configuraciones para acomodarse a sus necesidades de administración de color. Si la configuración de su equipo no coincide con los usados en el documento, InDesign utiliza estos mensajes para avisarnos cuando el documento se abre. Para más información, consulte la Ayuda de InDesign.

Qué hay en el CD

Aquí hay una visión general de lo que puede encontrar el contenido del CD.

Archivos de los capítulos... y más

El CD adjunto incluye los archivos de los capítulos que necesitará para completar los ejercicios de este libro, así como contenido que le ayudará a aprender más sobre Adobe InDesign CS3 para utilizarlo con mayor eficiencia y facilidad. El esquema siguiente le ayudará a comprender dónde encontrar los archivos que necesite en cada momento.

- **Lessons:** Cada capítulo tiene su propia carpeta dentro de esta carpeta. Tendrá que copiar los archivos en el disco duro antes de comenzar cada capítulo.
- **Movies:** Tutoriales en película de `Lynda.com`.
- **Adobe Press:** Busque información sobre otros títulos de Adobe Press, donde se cubre el resto de productos de Adobe.
- **Adobe Certified:** Información sobre cómo convertirse en un experto certificado de Adobe.
- **Design Center:** Valiosa información de trucos y tutoriales de perfiles avanzados y otros valiosos recursos.

La última versión de Apple QuickTime puede descargarse de `http://www.apple.com/quicktime/download/`.

Índice alfabético

A

B

C

D

E

F

G

H

I

J

K

L

M

N

O

P

R

S

T

U

V